KB259953

시민사회와 시민운동 2

새로운 지평의 탐색

시민사회와 시민운동2

새로운 지평의 탐색

유팔무 · 김정훈 엮음

엮은이 서문

『시민사회와 시민운동』을 처음 펴냈던 1995년 봄 시기만 해도 학계와 운동권에서는 시민사회나 시민운동에 관한 논의와 논쟁이 일시적으로 열기가 식어가는 분위기였다. 다른 곳에 관심이 쏠렸기 때문이다.

1990년대 초 이 문제를 비롯하여 각종의 새로운 대안을 둘러싼 토론과 논쟁에 열중했던 학계와 사회운동 활동가들은 1994년 초부터 진행된 국제화와 세계화라는 담론과 김영삼 정부의 신자유주의적 개혁정책으로 말미암아 김빠진 맥주병처럼 되어버리거나 국제화·세계화라는 새로운 화두와 대결하기 위해 재무장을 해야 했다. 1990년대 말에는 또 IMF 경제위기를 겪으면서 경제와 실업문제, 그리고 구조조정의 문제가 심각했다. 그 사이 김대중 정부가 집권했고, 정보화, 디지털화, 초고속 인터넷망의 확산 등과 함께 '새 천년'도 도래하였다.

그러면 시민사회와 시민운동에 관한 논의, 그리고 그 실상은 어떠했고 또 어떻게 변해왔는가?

사실 그런 시대적인 변화의 와중에서도 토론과 연구, 그리고 실천의 측면에서 여러 가지의 진전들이 이루어졌다. 가장 큰 변화는 시민사회와 시민운동이라는 주제가 중·고등학교 교과서에서 정규교육과정으로 채택, 학습되고 있다는 점일 것이다. 또한, 이를 주제로 한 학술대회나 토론회, 그리고 지역 사례 연구, 분야별 연구(교육, 언론, 사회복지, 국회, 지방자치, 문화와의 연관 문제 등), 학위 논문, 단행본 등이 끊임없이 이어졌다.

실제 측면에 있어서도 시민운동단체들은 그 사이 인터넷을 이용한 사이버 운동의 장르를 개척하였고, NGO로서 국제적인 사안에 참여, 개입하는 활동을 전개하는 추세도 보였으며, 새 정부의 개혁정책에 힘을 보태주거나 2000년 총선연대를 통해 전국을 떠들썩하게 흔들어대기까지 하였다. 그래서 이제 시민운동은 언론의 뒤를 이은 '제5부', '제5의 권력'이라는 소리도 듣고 있다.

그러나 이런 변화와 진전에도 불구하고 이론적, 실천적인 논의 사항과 과제들은 많이 남아 있고, 이런 점에서 불만들도 많이 남아 있다. 이러한 불만은 이 책에 수록된, 2000년 봄에 쓰인 홍일표(참여연대 간사)의 글에서도 명백하게 드러나고 있다.

> "1990년대 초반 치열하게 논쟁을 벌였던 바로 그 주제들 — 시민사회와 정치사회의 관계, 시장과 시민사회, 시민운동과 노동운동, 시민운동의 이념적 기반과 현실, 시민운동이 구사하고 있는 운동전략 및 전술, 시민운동의 구성원들에 대한 실증적 분석 등 — 이 이제는 '현장의 치열한 고민'으로 진행되고 있는데도 막상 이론진영은 그것에 대해 별다른 관심을 보이고 있지 않다. 1990년대 초반과는 반대로 이론이 현실을 따라가지 못하는 상황이 지금 벌어지고 있는 것이다.
>
> 하지만 이처럼 이론진영이 시민운동을 여전히 정권과 자본의 2중대로 폄하해버리거나 가만히 둬도 알아서 잘하고 있다고 방기해버리는 것은 상황 변화의 심각성을 고려할 때 이론진영의 분명한 직무 유기이자 책임 방기이다."

이미 중·고등학교 교과서에 등장한 지도 몇 년이 되기는 했지만, 사실 시민사회가 무엇인지, 아니면 무엇으로 보아야 하는지, 그리고 시민사회의 성격은 어떤 것이며, 그것과 국가나 계급, 그리고 문화나 이데올로기,

학교와 언론 기관 등과의 관계는 어떠한지 등에 관한 논의와 연구들은 아직도 미진하다. 시민운동이 무엇인지도, 그것과 다른 사회 부문과의 관계가 어떤 것인지에 대해서도 마찬가지이다. 이런 문제들에 대한 견해들은 시민운동이 무슨 일을 어떻게 해야 하는지 실천적인 면에서 지침을 주거나 시사를 주는 것이기 때문에 이론가뿐 아니라 실천 활동가들, 나아가서는 자원봉사자들과 일반시민들에게도 중요할 것이다. 자칫하면 '맹목'이 될 수 있기 때문이다.

이런 불만들을 해소하고 이와 관련된 논의를 축적, 진전시키기 위해 편자들은 1999년부터 『시민사회와 시민운동2 ─ 새로운 지평의 탐색』을 계획해 왔으나 이제야 햇볕을 보게 되었다.

이 책의 제1부는 손호철, 김성국 두 중견 교수들이 각각 다른 책에서 시민사회와 시민운동에 관한 그간의 논의에 대해 논평하고 독자적인 입장에서 한국 현실을 분석, 설명하고 실천적인 함의를 제시하는 대조적인 논문을 묶어 구성하였다. 여기서는 이 주제에 관한 그간의 커다란 쟁점들이 무엇인지, 또 입장 차이가 무엇인지가 잘 드러나고 있다.

제2부에서는 손호철 교수와 김성국 교수의 직접적인 상호 비판과 토론을 실었다. 이를 통해서는 쟁점과 견해차, 그리고 동의할 수 있는 부분들이 무엇인지를 잘 알 수 있다. 이 책을 위해 흔쾌히, 그리고 진지하게 토론에 응해주신 두 분께 감사를 드린다. 토론 내용이 좋고 학술적인 토론의 정수, 길이 남을 토론의 표준을 보여준 것이라 평할 만하다는 생각이 든다. 여기서는 방대한 분야에 걸쳐 토론이 이루어졌으나, 주요 쟁점은 '이분법'(국가-시민사회)이 설명력이 높으냐, '삼분법'(국가-정치사회-시민사회 등)이 높으냐 하는 점, 시민사회와 국가, 시민사회와 경제의 관계를 어떻게 볼 것이냐, 그리고 특히 국가와 자본의 관계를 어떻게 볼 것이냐 하는 데에 있었다.

제2부의 세번째 글(김정훈 박사)은 이들의 토론에서 제기된 쟁점들에 대한 제3자적 입장에서의 논평이며, 네번째 글(유팔무 교수)은 이미 1997

년 말에 발표된 것이나 국가, 시민사회, 정치사회, 시민운동의 개념과 성격 등의 쟁점에 대해 김성국 교수와 대조되는 또 하나의 입장을 보여주고 있다.

제3부는 한국의 시민운동에 집중하여 그것의 역사와 성격, 주요한 활동을 놓고 평가, 전망하는 내용으로 되어 있다. 이미 서로 다른 잡지에 발표된 글들(유팔무, 조희연, 정종권)이지만 그간의 시민운동이 해온 활동들을 정리하고 평가하는 공통된 주제를 다루고 있다. 이 글들은 모두 시민운동이 지니는 정치적인 성격에 초점을 맞추고 있으나 정종권(사회진보연대 정책기획국장)이 가장 비판적인 입장을 취하고 있다.

끝으로 제4부는 2000년 현재의 시점에서 시민운동의 위상과 역할이 어떠한가 하는 것을 평가, 전망하는 것이 중심 주제이다. 2000년 들어 맞이한 4·13 국회의원 총선을 앞두고 본격화된 낙천·낙선운동의 와중에서 홍일표는 한국의 시민운동이 이를 통해 새로운 국면, 그렇지만 위태로운 국면으로 진입해 들어가고 있다는 불안감을 토로하고 있다. 그만큼 한국의 시민운동이 아직도 불안정한 상태에 있다는 것을 암시해준다.

이와 달리 조희연 교수는 선거 이후 총선연대의 활동에 대한 정리 및 평가를 통해 한국의 시민운동이 한 단계 올라갔다고 긍정적으로 평하고 있다. 여기서는 시민운동이 특히 낙선운동을 통해 '처음' 공식적, 직접적으로 보수정당과 대립, 갈등하고 다른 한편으로는 진보세력을 대표하는 민주노총이나 민주노동당과 불편한 관계가 '노정'된 점에 대해서도 논하고 있다.

이어서 수록된 장상환 교수의 글은 민주노동당의 선거 참여 결과를 분석, 평가하는 것을 주내용으로 삼고 있으나, 선거에 영향을 준 시민운동의 낙선운동에 대해 진보정당운동의 입장에서 비판적으로 평가하는, 따라서 조희연 교수와 대조되는 입장을 보이고 있다. 이러한 대조는 '진보적 시민운동'과 '진보정당운동' 사이에 잠재해왔던 입장의 차이나 긴장관계를 보여주는 것이라 할 수도 있다. 조 교수와 장 교수 각각이 그러한 운동들의 이론적 대변인격으로 활동하고 있기 때문이다.

뒤이은 주종환 교수의 글은 총선 이후 한국사회의 시민운동과 민중운동이 그러한 긴장관계를 풀면서 함께 진보해갈 수 있는 조직적인 해법을 한국사회 성격에 대한 진단을 통해 제기하고 있어 신선한 충격을 주고 있다.

편집을 마치면서 남는 몇 가지 아쉬움이 있다. 그것은 무엇보다도 시민사회와 시민운동이라는 주제가 매우 방대한 범위와 분야의 문제들과 연관되어 있기 때문에 역사, 지역, 국제적 특성과 관계, 정보화, 이데올로기 등등의 측면에서 연구하고 토론하는 글들이 포함되어야 하는데 그렇지 못했다는 점이다. 또한, 견해와 시각의 차이는 이 책에 수록된 필자들의 범위를 사실상 크게 벗어난다. 삼분법적 정치사회론의 입장에서 시민사회를 개념화하는 시각, 유교적인 역사와 전통을 통해 시민사회를 파악하는 시각, 마르크스주의적 이데올로기론이나 계급론의 입장에서 시민사회를 보는 시각 등이 포함되지 못했다. 그리고 부문이나 지역의 경험적 사례를 연구하거나 평가하는 논문 혹은 글들이 빠졌다. NGO가 도대체 무엇인지 하는 문제를 다루지 못했으며, 일단의 이론가나 활동가들이 시민운동을 '시민사회운동'이라 호칭하는 이유에 대해서도 논의하지 못했다. 그러나 모든 것을 한 권에 담을 수는 없지 않느냐는 생각으로 위안을 삼고자 한다.

끝으로 미흡하나마 이 책을 낼 수 있도록 격려하고 힘을 보태주신 한울출판사 김종수 사장에게 감사드린다.

2001년 5월
유팔무, 김정훈

차례

2부 국가와 시민사회, 정치사회와 시민운동, 그 상호관계

국가와 시민사회, 어떻게 볼 것인가?

1. 국가-시민사회론: 한국정치의 새 대안인가?

손호철(서강대 교수, 정치학)

1. 여는 글

세계 사회과학계의 주된 화두는 1980년대 후반 이후 '국가'에서 '시민사회'로 변화하였다. 잘 알려져 있듯이 이 같은 변화에는 현실 분석적인 이유와 규범적 이유가 도사리고 있다. 현실 분석 차원에서 보자면 1980년대 후반 이후 광범위하게 진행되고 있는 제3세계와 소련·동구의 세칭 '민주화'는 '시민사회의 성장' 내지 '시민사회의 반역'을 그 주된 동력으로 주목하게 만들면서 시민사회를 사회현상 설명의 핵심 변수로 부각시키고 있다. 다른 한편 금세기의 대표적인 두 가지 '국가주의적' 프로젝트로 일컬어지는 스탈린주의와 복지국가의 실패 내지 위기로 상징되는 '국가의 실패'는 국가가 더 이상 '해결책'이 아니라 '문제아'라는 통념을 확산시키면서 시민사회에 새로운 규범적 가치를 부여하고 있다.

한국정치 나아가 한국사회에 대한 연구 역시 여기에서 예외는 아니다. 한국 관련 연구에서도 국가론의 황금시대는 가고 시민사회론이 황금기를 구가하고 있다. 특히 한국의 사례는 시민사회론의 시각에서 볼 때 단순한 일개 사례 연구를 넘어서 비교정치, 비교사회학적으로 중요한 함의를 갖는 중심 사례로 주목을 받고 있다. 즉, 한국은 시민사회에 대해 강한 국가, 특히 개발독재로 통칭되는 '권위주의적 발전국가'가 달성한 성공적인 산업화가 아이러니컬하게도 시민사회의 성장을 가져왔고 그 결과 권위주의적 국가를 해체하고 민주화를 가져온 대표적인 사례라는 것이다.

이 글은 이 같은 현실에 기초하여 한국 현대사(해방 50년사)를 국가·시민사회의 틀로 분석하려는 최근의 지배적인 경향을 비판적으로 평가해보는 데 그 목적이 있다. 특히 이 글에서는 국가-시민사회론적인 한국 현대사 해석 중 위에서 지적한 가장 지배적인 패러다임(과대성장국가 → 국가주도형 산업화 → 시민사회 성장 → 민주화 테제)을 그 주된 분석 대상으로 삼고자 한다. 결론부터 이야기하자면 이 글의 기본 입장은 다음과 같다. 국가-시민사회론은 국가-계급 내지 국가-토대론이 주목하지 못했던 비계급관계적인 사회적 관계와 제도적, 사회적 그물망을 부각시킴으로써 그 동안 인식하지 못했던 사회적 다이내믹을 인식할 수 있게 하는 긍정적 측면이 있으나 현재 한국에서의 국가-시민사회론의 지배적 경향, 즉 시민사회를 하나의 '공간' 내지 '영역'이 아니라 하나의 행위자로 속류화시키고 국가-시민사회를 대비시키는 식으로 한국정치를 설명하면서 시민사회의 성장이 민주화를 가져왔다고 보는 경향[1]은 새로운 것을 밝혀주는 측면보다는 사회적 동학의 핵심 부분들을 은폐하는 측면이 훨씬 크다는 것이다.

2. 이론적 전제들

하나의 사회를 분석하는 기본 분석틀로서 국가-시민사회론이 최근 유행하고 있지만 이 같은 분석틀을 채용한 연구를 읽을 때 부딪히는 첫번째 어려움은 시민사회라는 개념의 모호성이다.[2] 특히 국내의 국가-시민사회론 논의의 경우 시민사회 개념은 너무도 확장되어 일종의 만병통치

약 식의 '도깨비 방망이'가 되어버리고 있는 추세이다. 이밖에 그 개념화와 용법 또한 다양하기 이를 데 없어 이에 대한 별도의 연구가 필요할 지경이다.[3] 그러나 이 글에서는 이에 대한 몇 가지 핵심 문제만을 간단히 언급하고 넘어가고자 한다.

우선, 시민사회가 무엇인가 하는 문제에 있어서, 여러 측면이 있기는 하지만 그 외연(外延)이라는 측면에서 바라볼 때, 크게 보아 두 가지 입장이 있다 하겠다. 지배적인 경향에 따르면 시민사회는 무엇(즉 국가)이 아니라는 "부정적 개념화(negative conception)"[4]에 입각한 일종의 '잔여 범주(residual category)'이다. 간단히 말해 이에 따르면 시민사회는 특정 사회 구성체에서 "국가를 뺀 모든 것"이며 전통적으로 우리가 '사회'라고 불러온 것을 '시민사회'라는 포장으로 '상품화'시킨 것과 다름없다. 시민사회에 대한 이 같은 정의는 이로 하여금 헬드(Held)나 킨(Keane)의 전통을 따라[5] '국가-시민사회'라는 이분법적인 이론틀을 한국정치의 기본적인 분석틀로 채택하게 한다. 또 다른 학파에 따르면 시민사회는 보다 좁은 의미, 즉 생산관계 내지 '토대'로 환원할 수 없는 생산관계 이외의 사적 그물망과 결사체의 영역으로 정의된다. 다시 말해 시민사회는 그람시(Gramsci)의 표현대로 "두 개의 주된 상부구조 '수준들' 중의 하나"로서 "흔히 '사적'이라고 불리는 조직체의 총체"[6]이다. 따라서 이 입장은 그람시와 아라토(Arato)처럼[7] '국가-시민사회-토대(경제)'라는 삼분법을 기본틀로 선택한다. 이 같은 두 개의 학파 이외에도 한국사회 분석을 위한 나머지 세 가지 입장에 대해 간단히 언급하고 넘어갈 필요가 있다. 첫번째, '전통적인' 국가-계급 내지 '국가-토대'라는 분석틀이다. 국가에 대한 토대 결정과 계급성의 문제에 주목하는 이 시각은 아직도 이들 문제들과 관련하여 적지 않은 지지자들을 유지하고 있는바 이 입장은 '시민사회'라는 분석틀 자체를 '부르주아적'인 것으로 부정하는 것이 특징이다.[8] 두번째, 새롭게 부상하는 패러다임으로서 민주화 이후 열려진 '정치적 공간'에 주목하여 '정치사회'라는 독자적 공간을 상정하는 '국가-정치사회-시민사회'라는 또 다른 삼분법이다.9) 이 입장은 독자적인 토대를 별도로 상정하지 않고 생산관계를 시민사회의 한 구성 부분일 뿐인 것으로 간주한다는 점에서 '국가-시민사회론'과 유사하며 이의 변형이라고 할 수 있다. 다만 국가-시민사회론에서 시민사회가 "국가를 제외한 모든 것"이라면 이 입장 속에서 시민사회는 "국가와 정치사회를 제외한 모든 것"이 된다. 마지막으로 아직 직접 현재화되지 않았지만 그간의 이론적 경향들을 고려할 때 앞으로 나타날 가능성이 농후한 분석틀이다. 이는 '국가-시민사회-토대'의 삼분법에 '정치사회'라는 문제의식을 수용하는 것으로서 '국가-정치사회-시민사회-토대'라는 사분법이다. 이 경우 '시민사회=사회구성체-국가-토대-정치사회'라는 매우 제한적인 의미를 갖게 된다.10) 이 같은 이론틀에 대한 체계적인 비교 평가는 이 글의 주제 밖에 놓여 있는 일이다. 다만 각 틀들은 나름의 문제 결정과 그 결과 다른 패러다임에 비해 '상대적 우위'를 갖는 '안방 지대(home domain)'가 있으며 그 역으로 특정한 문제설정에 의해 시야를 방해하는 '사각 지대'가 있게 마련이다. 또 개인적으로는 생산관계로 환원할 수 없는 사회적 관계 및 그물망의 영역에 대한 인식의 필요성이라는 점에서 시민사회라는 영역 설정에 긍정적이다. 이와 관련, 그람시와 마르크스의 분석을 상기할 필요가 있다. "국가가 모든 것이고 시민사회는 원시적이고 아교질인" 러시아와 "국가와 시민사회 간에 적절한 관계가 존재하는" 서구에 대한 그람시의 비교 분석이 보여주듯이11) 국가-시민사회간의 관계는 민주화를 포함하여 한 사회의 동학을 이해하는 데 있어서 매우 중요하다. 바로 이 같은 이유로 시민사회를 기본적으로 '부르주아 사회'라고 간주하여 이에 비판적이었던 것으로 알려진 마르크스까지도 "프랑스 사회를 올가미처럼 그물망 속에 옭아넣고 이의 모든 인자들을 질식시키는" 보나파르트 국가에 대해 한마디로 "기생적"이라고 힐난하는 한편 "자유는 국가를 사회 위에 군림하는 기관으로부터 사회에 완전히 종속된 것으로 전환시키는 것이며 오늘날 국가 형태가 얼마나 자유로운가는 그것이 '국가의 자유'를 얼마나 제한하느냐에 달려 있다"고 주장한 바 있다.[12] 그러나 시민사회라는 문제설정을 하더라도 '토대'를 독자적인 영역으로 설정하지 않음으로써 생산관계를 그저 다른 사회적 관계와 동일한 '하나'의 측면으로 상대화시키는 '국가-시민사회'의 이분법보다는 '국가-시민사회-토대'라는 삼분법이 보다 설득력이 있다고 생각한다. 명확히 하고 넘어갈 또 다른 문제는 사회계급을 중심으로 한 행위자로서의 사회세력이 각축하는 '계급정치의 지형'으로서의 시민사회라는 영역 설정에 대한 승인이 앞으로 이 글에서 분석할 국가-시민사회론에 의한 한국 현대 정치에 대한 지배적인 설명방식, 즉 국가, 시민사회를 하나의 독자적인 행위자들로 설정하여 한국정치를 '국가 대 시민사회'라는 이들간의 대립과 이들간의 힘의 관계로 설명하는 방식[13]에 대한 승인을 의미하지는 않는다는 것이다. 역으로 이 같은 분석이 한국정치의 진정한 동학을 얼마나 은폐, 왜곡하는지를 밝히고자 한다.

3. 한국의 국가와 시민사회: 비판적 검토

1) 잘못된 시작: '과대성장 약탈국가'?

(1) '과대성장국가' 대 '약한 시민사회'

국가-시민사회론에 의한 한국정치에 대한 표준적 패러다임은 일본 제국주의의 유산으로서의 과대성장국가에서부터 이야기를 풀어간다. 그 골격은 다음과 같다.[14] 다른 제3세계 나라들과 마찬가지로 한국은 일본의 식민지 지배로부터 시민사회에 대해 국가가 과대성장한 '과대성장국가'를 유산으로 물려받았다.[15] 특히 일제의 자본주의는 후발자본주의라는 특성과 관련된 국가 주도성을 그 특징으로 하였고 그 결과는 한국이 유산으로 물려받은 국가의 과대성장이었던바, 이는 제3세계 내에서도 예외적이었다. 어쨌든 1945년 해방은 그 동안 억압되어온 시민사회를 활성화시켜 지방인민위원회, 전평, 전농 등 자발적인 결사체들의 폭발, 즉 시민사회의 폭발을 가져왔다. 그러나 미군정은 일제의 유산인 과대성장된 국가장치를 해체하기보다는 이용, 강화하여 활발해진 시민사회를 격퇴하기로 했다. 미군정과 과대성장국가 대 시민사회 간의 대립으로 특정지어지는 해방 정국은 전자의 승리로 귀결되었고, 이는 시민사회의 성장에 따라 민주화가 이루어지는 1987년까지 한국정치를 특정짓는 기본 골격을 제공한다. 결론적으로 현대 한국정치는 강한 과대성장국가 대 약하지만 주기적으로 도전하는 시민사회라는 대립 축으로 요약될 수 있다.

위에 지적했듯이 국가-시민사회 관계는 한 사회의 이해에 있어서 중요한 함의를 갖는다는 점에서 한국 현대사에 대한 이 같은 이해는 매우 시사적이고 많은 연구 과제를 제시한다. 그러나 문제는 과연 해방 정국의 주된 갈등의 축이 과대성장국가 대 시민사회였는가, 따라서 국가 대 시민사회라는 분석틀이 해방 정국의 동학을 제대로 설명하고 있느냐는 점이다. 그렇지 않다. 왜냐하면 이른바 '시민사회'의 중요한 한 부분, 즉 친일지주와 자본가계급들의 조직, 결사체, 그물망은 과대성장된 국가로부터 시민사회의 자율성을 지키기 위해 전평 등과 동맹하여 국가에 대해 투쟁한 것이 아니라 국가와 동맹하여 나머지 시민사회를 정복하기 위해 필사적인 노력을 기울였기 때문이다. 해방 정국에 대한 한 실증적 연구는 당시 존재했던 것으로 기록되는 2만 3,800개의 자발적 결사체 중 19%가 친정부, 반공주의적 조직이었음을 보여주고 있는바 이들이 누구와 동맹하여 누구에 대항하여 투쟁했을 것인가는 쉽게 상상이 가고도 남는다.[16]

따라서 해방 정국을 제대로 설명하는 것은 "이승만 체계와 시민사회 사이"의 "치열한 갈등",[17] 즉 '국가(흔히 정부로 칭해지는 일련의 공적 조직들이라는 좁은 의미의 국가) 대 시민사회'가 아니라 차라리 전통적인 '국가(광의 내지 마르크스주의적 의미의 국가, 즉 지배계급 그 자체 내지 좁은 의미의 국가와 지배계급의 동맹으로서의 국가) 대 민중(또는 민중부문, '민중사회')이다. 다시 말해 해방 정국의 결과를 결정한 것은 국가-시민사회론에서 의미하는 국가와 시민사회의 일부인 지배계급 간의 동맹 대 나머지 시민사회를 구성하는 민중 간의 투쟁이었다. 결국 경제적 지배계급들은 '시민사회의 구성원'으로서 '자율적인 시민사회'의 방어를 위해 국가에 대립하는 이해관계보다는 시민사회를 가로지르고 있는 계급모순과 관련하여 지배계급의 '계급적 구성원'으로서 민중부문과 대립하는 측면이 압도적인 후자의 길을 택했다. 이 같은 사실에 비추어볼 때 해방 정국을 국가-시민사회라는 영역간의 관계에 주목하여 조명하거나 여기서 한 발 더 나아가 국가-시민사회를 행위자로 치환시켜 해방 정국을 이 양자간의 투쟁으로 분석하는 것은 해방 정국의 참된 동학을 은폐하는 엄청난 오류를 야기한다.

일부 학자들은 국가-시민사회론을 한국정치사에 적용할 경우 야기되는 이 같은 문제점을 인식하고 있는 듯 시민사회의 개념을 상당히 자의적으로 재정의함으로써 국가-시민사회론의 '곤궁'을 해결하고자 한다. 즉 이들에 따르면 한국의 시민사회는 전체 사회구성원을 총괄하는 것이 아니라 "일정한 정치의식을 가지고 기존 정치의 전제적 지배를 극복하려는" 피지배계급만으로 구성되어 있고, 따라서 산업노동자계급과 중간 제 계층[18] 내지 농민, 노동자, 중간 제 계층[19]만이 시민사회의 구성 부분이라는 것이다. 결국 이 같은 정의에 따르면 시민사회는 민중부문과 동일한 것이 되어버리는바,[20] 그렇다면 이미 광범위하게 통용되는 민중이라는 용어 대신해 시민사회라는 새로운 개념을 도입, 혼란을 불러일으킬 이유가 없다. 그러나 보다 근본적인 문제는 따로 있다. 이처럼 시민사회 개념의 자의적 해석을 통해 위에서 지적한 곤란을 피할 수 있으나 바로 이로 인해 뒷문으로 보다 엄청난 문제를 불러들인다는 것이다. 즉 시민사회가 피지배계급만을 지칭한다면 지배계급은 국가도 시민사회도 아닌 그 어느 곳으로 가는 것이냐 하는 문제로서 시민사회의 이 같은 개념화는 자본주의 생산양식의 고유한 특성과 관련하여 나타나는 세칭 '국가와 사회의 분리'라는 시민사회론의 본래의 문제의식을 희화화시켜버리고 만다는 점이다.

마지막으로 일각에서는 한국 '시민사회', 특히 민중운동의 끈질긴 저항의 전통에 주목하여 '강한 국가' 대 '약한 시민사회'라는 분석틀[21] 대신 '강한 국가' 대 '강한 시민사회' 내지 '도전적 시민사회(contentious civil society)'라는 틀을 한국정치에 적용하고 있다.[22] 그러나 위의 비판이 문제 삼고 있는 것이 국가와 시민사회라는 틀 그 자체라는 점에서 이 같은 입장 역시 위의 비판을 면할 수는 없다.[23]

(2) '약탈국가'?

한국 현대 정치사에 대한 두번째 통념은 과대성장국가가 5·16 쿠데타 내지 유신을 통해 '관료적 권위주의' 체계로 바뀌었고 이 같은 관료적 권위주의 국가는 1950년대의 '약탈국가(predatory state)'[24]와는 대조적인 '발전국가(developmental state)'로 이 국가가 한국경제를 정체성에서 해방시켜 산업화를 이루었다는 주장이다. 우선 이 주장 중 과대성장국가가 관료적 권위주의로 바뀌었다는 주장은 문제가 있다. 왜냐하면 이 주장에 따르면 관료적 권위주의 국가는 더 이상 과대성장국가가 아니며, 따라서 5·16 내지 유신 이후 한국의 국가와 시민사회 관계는 국가의 과대성장성을 극복한 '정상관계'였다는 주장과 다름없기 때문이다. 따라서 이 주장은 과대성장국가의 하나의 하위 유형인 '전통적 권위주의'로부터 또 다른 하위 유형인 '관료적 권위주의' 내지 '종속적 파시즘'으로 바뀌었다는 쪽으로 교정되어야 한다.

다음 문제는 '1950년대 국가=약탈국가', '1960년대 이후 군사정권국가=발전국가'라는 등식이 성립될 수 있느냐는 것이다. 이 같은 등식이 부분적 진리를 내포하고 있는 것은 사실이나 이승만 정권을 단순히 약탈국가로 특징지어 군사정권의 발전국가와 대비시키는 것은 과잉 단순화이다.

이 정권하의 국가가 '지대추구(rent-seeking) 행위'에 몰두했고 그 결과 정치적 연줄주의에 기초한 '제로섬적 축적'[25]이 팽배하게 된 것은 부인할 수 없다. 사실 그것이 그 동안 진보학계가 주목한 1950년대의 '관료자본주의적' 성격이기도 하다.[26] 또한 이 정권이 군사정권식의 적극적인 경제개발계획을 추진하지 않았다는 것도 사실이다. 그러나 이 같은 측면을 과장하여 1950년대 국가를 일면적인 약탈국가로 특징짓는 것은 문제가 있다. 만일 1950년대 국가가 일면적인 약탈국가였다면 1950년대 한국경제의 연간 실질적인 제조업 생산증가율이 어느 기준으로 보아도 낮다고 할 수 없는 연평균 16.8%의 증가를 기록했다는 사실을 증명할 수 없게 된다. 사실 당시의 세계경제 경기 등을 고려하기 위해 같은 기간의 제3세계 일반의 증가율과 비교할 경우 놀랍게도 1950년대의 기록이 1960~1970년대의 기록을 앞서고 있다(<표 1> 참조). 물론 이밖에 공업화 단계에 따른 난이도의 차이 등을 고려해야 하며 따라서 <표 1>을 통해 1950년대가 1960~1970년대보다도 산업화에서 비교사회학적 실적이 앞섰다는 주장을 하고자 하는 것은 아니다. 다만 1950년대는 정체성의 시기이며, 1950년대 국가는 약탈국가라는 일면적 평가는 과장된 것임을 지적하고자 할 따름이다.

뿐만 아니라 산업화를 위해 제3세계가 할 수 있는 가장 중요한 조치이자 한국을 '정체화'된 다수 제3세계의 운명에서 해방시켜준 가장 중요한 조치인 농지개혁을 실시한 것이 이 정권이었다는 점을 기억해야 한다.

<표 1> 제1공화국과 제3공화국의 경제실적 비교(제조업 실질 성장률)

	제1공화국(1950~1960)	제3공화국(1960~1980)
개발도상국 평균(a)	5 %	6.6 %
한국(b)	16.8 %	20.3 %
b/a	336 %	307 %
외적 자원(연평균)	2억 달러(원조)	10억 5,100만 달러(차관)

*출처: World Bank, *World Statistics*, Third Edition, 1983 등.

농지개혁과 산업화 간의 관계에 대해서는 자세한 설명이 필요없이 제3세계의 발전·저발전은 '계급 구조화된 이윤 기회'의 결과라는 브레너의 유명한 테제, 나아가 자본주의적 산업화의 성공사례로 각광을 받는 '아시아 4인방'의 공통점은 농업지주계급의 몰락 내지 부재라는 점을 지적하는 것만으로 족할 것이다.[27]

2) 첫번째 전환, "권위주의적 발전국가": 얼마나 자율적이었나?

한국에서 산업화가 본격화되는 1960년대 이후 경제발전에서 국가가 중심적인 역할을 한 것은 주지의 사실이다. 그러나 문제는 주류이론이 상정하고 있는 것처럼 관료적 권위주의 내지 '종속적 파시즘'으로 불리는 '권위주의적 발전국가'가 거의 '절대적 자율성'을 구가해온 '한국 주식회사'의 "상위 파트너"[28]였으며 자본은 국가정책에 대한 "소극적 적응자"[29] 내지 "국가의 이해에 봉사하는 국가의 시녀"[30]에 불과했는가 하는 점이다. 한국사회의 지배계급을 독점자본이 아니라 국가관리자 그 자체로 파악하는 이 같은 '국가주의적' 시각은 국가의 자율성을 강조하는 국가주의적 국가론을 채택하면서도 자본에 의해 주어지는 구조적 제약으로 인해 자본에 대한 국가의 "시녀의 역할은 가장 자율적인 근대국가에 있어서까지도 그 레퍼토리의 불가피한 한 부분으로 남아 있다"[31]는 서구판 국가주의적 시각과 비교해볼 때도 매우 대조적인 주장이다. 특히 이 문제는 국가-시민사회론, 특히 뒤 절에서 다룰 시민사회의 성장과 민주화의 관계와 관련하여 중요한 함의를 가진다. 즉 군사정권하의 국가를 절대적 자율성을 누려온 지배계급 그 자체로 인식하는 국가주의적 관점은 결국 그 간의 한국정치의 억압성의 원인을 이 같은 국가 그 자체의 권력 남용에서 찾고 이에 대항하는 시민사회의 성장을 민주화의 원인으로 인식하도록 만들기 때문이다.[32]

1960년대 이후 군부통치하의 국가가 구체적인 정책결정에서 자본을 압도하고 주도권을 쥐어온 것은 사실이다. 나아가 이 국가는 비교국가론적 시각에서 볼 때 '도구적 자율성'이라고 불리는, 개별 자본의 영향으로부터의 상당한 격리성을 가질 수 있었을 뿐 아니라 개별 자본들의 반대에도 불구하고 이들에 반하는 정책을 펼 수 있는 '상대적인 구조적 자율성'까지도 상당히 지니고 있었다.[33] 그러나 이 경우에도 이 구조적 자율성은 구조적으로 제한되어 있었고 '자본에 대한 구조적 의존'[34]을 벗어날 수 없었다. 사실 국가의 상대적인 도구적 자율성과 상대적인 구조적 자율성의 존재와 이 자율성의 한계 내지 국가의 자본에의 구조적 의존이라는 두 가지 모순된 것처럼 보이는 경향의 공존은 국가로 하여금 '관념적 총자본'으로서의 역할을 상대적이나마 성공적으로 수행할 수 있도록 만들었다.[35] 한편으로 전자는 국가가 자본 전체의 장기적 이익의 '수호자'가 아니라 개별 자본들의 '포로'로 전락하는 것을 막아주었다. 한국에서 "산업화의 내용과 속도는 개별 기업가들의 개별적 결정의 총합에 전적으로 의존하도록 남겨지지 않았으며", "정부 관료들에 의해 기안된 투자의 장기적인 국민적 합리성이라는 구상에 의해 성공적으로 선도되었다"[36]는 주장은 바로 이 같은 맥락 속에서 제대로 이해될 수 있다.

이 같은 주장을 입증하기 위해 이 글은 5·16군사정권이 집권 직후 시행한 제1차 경제개발 5개년 계획을 간단히 살펴보고자 한다. 한국의 정치경제에 대한 가장 일상적인 그릇된 통념은 군사정권이 처음부터 수출주도형 산업화 전략을 주도하여 한강의 기적을 가져왔다는 주장이다. 이 같은 통념과 달리 군부가 제시한 제1차 5개년 계획은 수출주도형 산업화가 아니라 중화학공업과 사회간접자본을 중심으로 한 수입대체 산업화를 심화시키고 산업화 재원으로서 외자가 아니라 재벌의 부정축재재산의 몰수와 화폐개혁 등을 통한 국내 유휴자본에 의존하며 사적 자본에의 불신에 기초하여 국가를 경제의 주된 주체로 설정하는 한편 농업과 공업의 동시 발전을 도모하는 것을 목적으로 하고 있었다. 또 군부는 이 같은 계획에 따라 금융기관을 국유화했으며 농촌 고리채를 탕감하는 한편 재벌들을 구속하여 342억 환(3억 달러)을 환수하기로 결정하였다.[37] 한마디로 이 계획은 자립경제를 지향하는 낫셀주의적인 '국가자본주의적' 성격을 띠고 있었다.

그러나 국가의 대내, 대외적 구조적 자율성의 한계는 군부로 하여금 이 같은 전체 계획을 포기하도록 만들었다. 이 같은 계획에 불만을 느낀 미국과 국내 재계는 구조적 힘을 이용하여 군부를 길들였다. 미국은 이 계획에 일련의 원조삭감으로 대응하였고, 자본은 일종의 소극적인 파업, 즉 투자기피로 대응하였다. 그 결과 경제는 엉망이 되었고 다음해 1인당 국민총생산은 87.71달러에서 85.25달러로 오히려 뒷걸음질쳤다. 폭력에 의해 정권을 잡음으로써 그나마 최소한의 정통성이라도 확보할 수 있는 유일한 방법이 경제발전밖에 없었던 군부는 미국 및 재계와 소원한 관계를 유지할 수 없었다. 구속된 기업인들은 석방되었고 공장을 지어 정부에 헌납하는 것으로 부정축재의 처벌 문제는 낙착이 되었다. 이 문제는 다시 당초 몰수 목표의 고작 5%에 해당하는 금액의 벌금 징수로 끝나고 말았다. 나아가 군부는 당초 5개년 계획을 포기하고 이후 한강의 기적의 비법으로 알려지게 되는 수출주도형 산업화, 외자 의존 등을 골자로 하는, 미국이 만들어온 5개년 계획 수정안을 채택, 발표할 수밖에 없었다. 그리고 박정희는 "군사혁명은 실패"했다고 공식적으로 선언하게 되었다.

당시 군부는 대내, 대외적으로 많은 도구적 자율성을 갖고 있었다. 혁명 주도세력은 군부 내에서 "가장 미국과 접촉이 적은"[38] 분파들이었고 재계와도 과거에 별 접촉이 없었던 세력이었다. 특히 이들의 대내 도구적 자율성은 이 같은 자율성이 낮았던 이승만 정권이 할 수 없었던, 관료자본가들의 제로섬적 축적행위의 처벌을 가능케 함으로써 자본의 활동을 생산적 투자로 전환시킬 수 있었다. 그러나 앞에서 보았듯이 국가의 대내, 대외적 구조적 자율성은 절대적인 것과는 거리가 멀었고 한계가 많았다. 특히 당시가 산업화가 본격화되는 이후 시기에 비해 자본의 힘이 약했던 시기이자 동시에 혁명적 상황, 즉 국가의 자율성이 극대화되는 '국가적 위기' 상황이었다는 점[39]에 주목할 필요가 있다. 즉 군부통치기 중 가장 국가의 자율성이 극대화되었던 시기라고 할 수 있는 이 시기에서조차도 국가의 자율성은 한계가 있었고 국내의 '자본에의 구조적 의존'을 벗어날 수 없었다.

결론적으로 군사 통치기의 국가가 정책결정에서 주도권을 가지고 있었고 때로는 자본의 반대에도 불구하고 자신이 바라는 정책을 펴나가기도 했지만 정책결정의 과정이나 결과라는 측면에만 주목하는 '편협한 경험주의'에 기초하여 '국가의 재벌에 대한 우위' 테제와 '지배계급=국가 그 자체' 테제를 주장하는 것은 엘리트이론이 다원주의의 정책결정 경험주의 비판에서 지적한 것처럼 권력의 또 다른 얼굴, 즉 '구조적 권력'의 문제와 '무결정(non-decision)' 문제를 보지 못한 오류라고 할 수 있다. 이와 관련, 한 연구자의 다음과 같은 주장이 훨씬 설득력을 갖는다. 군부정권하에서 지배블록 내에서 "누가 상위 파트너이며 누가 하위 파트너였는지의 문제가 크게 의문시될 이유는 없다. 외형상으로는 고도의(거의 절대적인) 자율성을 보여주었던 이 시기의 국가는 그 계급적 본질에 있어서는 의연히 자본가계급의 국가, 독점자본의 국가였음이 자명하기 때문이다."[40]

3) 두번째 전환, 민주화: 시민사회의 성장?

많은 제3세계의 민주화와 마찬가지로 한국의 민주화는 시민사회의 성장에 기인한 바가 크다는 주장이 광범위하게 유포되어 있다. 앞에서 지적했듯이 국가-시민사회 간의 관계, 특히 이들간의 힘의 역관계가 민주주의에 대해 갖는 함의를 생각할 때 여기에는 충분한 이유가 있는 것처럼 보인다.

그러나 문제를 보다 엄밀하게 바라본다면 문제는 그리 단순하지 않다. 즉 시민사회의 성장과 민주화 간의 인과관계는 매우 모호하며, 이 둘을

잇는 구체적인 동학은 '실종된 고리'로 남아 있다. 단도직입적으로 말하자면 쟁점은 다시 한국의 민주화가 빚지고 있는 것이 '시민사회의 성장'이냐 아니면 '민중운동 내지 민중부문의 성장'이냐는 것이다. 이 문제에 대한 해답은 또다시 민주화과정에서 보여준 지배계급, 특히 재벌과 그들의 공식, 비공식조직과 그물망이 보여준 정치적 태도이다. 한국 현대사는 국가와 민주화세력 간의 전투가 있을 때면 재벌들은 항상 국가와 동맹했음을 보여주고 있다. 그들은 '경제적 자유화'를 지지했지만 '정치적 민주화'는 결코 지지한 적이 없었다.[41] 재벌들 그리고 그들의 사적 그물망 그리고 전국경제인연합회, 대한상공회의소, 한국무역협회와 같은 이들의 공식적인 조직(이 모두는 시민사회의 중요한 조직들이다)들이 특히 1980년 봄이나 1987년 봄과 같은 결정적인 국면에서 억압적 국가의 민중배제적 정책이 가능케 한 노동자계급의 '초착취(superexploitation)'를 즐기는 대신 민주화를 위해 조금이라도 노력했다는 증거를 찾아볼 수가 없다.

이 점에서 한국의 경제적 지배계급, 즉 독점자본은 그 정치적 성향에 있어서 '자유주의적 부르주아'와는 거리가 멀어도 한참 멀다. "부르주아 없이 민주주의 없다(no bourgeoisie, no democracy)"라는 베링턴·무어의 유명한 공식[42]이 설사 사실일지 몰라도 한국정치를 조금이라도 들여다본 사람이라면 그 역인 "부르주아 있는 곳에 민주주의가 있다(bourgeoisie, then democracy)"라는 공식이 성립되지 않음을 쉽게 입증할 수 있다.[43] 따라서 최근의 제3세계 민주화를 자본가계급 등 "특권부문"까지를 포함한 '시민사회의 부활'의 결과로 그린 오도넬·슈미트의 민주화 프로젝트의 연구 결과는 라틴아메리카에서는 설사 사실일지 몰라도 최소한 한국에 있어서는 한마디로 말이 되지 않는 그릇된 주장이다. 이 연구에 따르면 초기의 군부독재에 대한 이들의 지지와는 대조적으로 시간이 흐르면서 자본가계급들은 "사실상의 반정부세력으로 행동하기 시작했고" 이들이 가진 자원의 우수성은 "이들에게(민주화투쟁의) 초기단계에 있어서 핵심적 역할을 부여”하였으며 그 결과 이들은 “자신들이 일종의 부르주아 민주주의 혁명을 주도하는 것으로 믿도록” 만들었다는 것이다.[44] 이 같은 분석이 사실이라면 최소한 라틴아메리카 등에 관한 한 “국가에 반하는 시민사회”[45]라는 표현은 가능하며 민주화를 시민사회 성장의 결과로 볼 수도 있다. 그러나 이들의 분석과 달리 한국의 자본가계급, 특히 독점자본가계급은 군부에 대해 “사실상의 반정부세력으로 활동”하지도, 이들의 우수한 자원에 기초해 “민주화 투쟁 초기에 핵심적인 역할을 수행”하지도 않았다. 이 점에서 한국에 관한 한 “국가에 반하는 시민사회”는 하나의 신화에 불과하다.[46]

뿐만 아니라 억압적 국가와 민주화 세력이 ‘사활을 건 결전’을 벌인 1987년 봄의 경우, 시민사회의 또 다른 중요한 축이자 국가조합주의 아래 유일한 합법적인 노동자 대표기관이었던 한국노총까지도 5공이 다수 국민들의 대통령 직선 요구를 무시하고 발표한 호헌선언에 지지성명을 발표함으로써 사실상 국가와 동맹하였다. 이는 당시 엄청난 정부의 탄압 속에서도 직선제 개헌과 민주화를 위해 치열하게 투쟁했던 민주 노동단체 등 민중부문의 풀뿌리 조직들의 행동과는 좋은 대조를 보여주는 것이다.

문제를 명확히 하기 위해 이를 다른 각도에서 분석해볼 필요가 있다. 즉 한국의 민주화를 시민사회의 성장의 결과로 인식하는 것은 그 동안 한국정치의 억압성과 반민주성의 원인은 단순히 국가에 있다는 것, 즉 군부를 중심으로 한 국가 운영자들의 자의적인 권력 남용의 결과로 인식하는 것과 다름없는 것이다. 이는 억압상의 보다 근원적인 원인이 시민사회 내부, 특히 이의 계급적 균열 속에 있었다는 사실을, 나아가 한국 자본주의의 ‘토대’ 속에 있었다는 사실을 은폐하고 직시하지 못하도록 하는 부작용이 있다.

결론적으로 1987년을 포함하여 한국 민주화의 주대치선은 ‘국가’ 대 ‘시민사회’가 아니라 ‘광의의(내지 마르크스주의적 의미의) 국가’ 대 ‘민중'이었다. 또 한국의 민주화를 가져다준 것은 '시민사회의 성장'이 아니라 '민중부문의 성장'이었다.[47] 다시 말해 민주화의 원인은 시민사회의 성장 그 자체가 아니라 광의의 국가 내지 권력 블록과 민중 간의 힘의 역관계의 변화였다. 굳이 시민사회라는 틀을 선호한다면 민주화는 시민사회의 성장 그 자체가 아니라 민중부문에게 유리한 방향으로의 시민사회 '내'의 힘의 역관계의 변화의 결과였다.

4) 현재: '자유민주주의' 국가?[48]

1987년 6월 항쟁이 가져다준 '민주화'의 결과로 이제 한국은 30여 년 만에 처음으로 '문민정부'를 갖게 되었다. 이 같은 문민정부의 출범과 함께 이제 한국은 '민주화의 공고화'[49] 단계에 들어갔다는 것이 일반적인 견해이다.

한국이 이제 또다시 군사독재로 되돌아갈 가능성은 희박하다는 점에서 한국이 '민주주의 공고화' 단계에 들어간 것이 사실인지도 모른다. 그러나 현재의 문민정부가 '진정한 민주주의', 보다 정확히 말해 '진정한 자유민주주의' 정권[50]이냐는 것은 이와는 다른 문제이다. 불행히도 답은 부정적이다. 최근 유행하는 민주주의에 대한 최소주의적 정의에 의해서도 현 정권하의 국가는 민주주의와 거리가 멀고 기껏해야 정치적 민주주의 기준으로도 민주주의의 수준이 제한적인 '제한적 정치적 민주주의(limited political democracy, democradura)'[51]이다. 게다가 정치적 민주주의의 수준에서도 장래는 그리 밝은 것 같지 않다. 이는 단지 정권의 의지 부족이나 분단구조의 탓만은 아니다. 궁극적으로 한국사회가 자유민주주의를 제도화할 수 있느냐는 자본가계급이 국가 공권력의 직접적인 개입이나 도움이 없이 자신들의 헤게모니로 노동을 통제하고 포섭할 수 있느냐에 달려 있으나 그 전망은 그리 밝지 않다.[52] 헤게모니적이 되기 위해서는 지배계급이 '민족-민중적(national-popular)'이 되어야 하며, 이는 자신들의 좁은 '경제적·조합주의적' 이해를 어느 정도 양보하고, 피지배계급의 '경제적·조합주의적' 이해를 어느 정도 충족시켜주는 것을 필요로 한다.53) 그러나 한국 자본가계급은 이 같은 준비가 전혀 되어 있지 않은 것 같다.54) 아니, 이들은 대표적인 반민주적인 법인 노동관련법들이 "너무 반자본주의적이고 너무 선진적"이라고 이의 개정을 요구하고 있는 실정이다.

이 같은 제한적인 정치적 민주화 이외에 최근 국가성격과 관련하여 주목할 만한 변화는 '탈발전국가화'이다. 즉 자유화와 관료적 비효율성 제거라는 이름하에 현 정부는 '한국의 기적'의 성공 원인으로 지적되어온 국가의 경제적, 기업가적 역할을 줄이기 시작했다. 그러나 이 같은 역할을 얼마나 줄일 수 있을지, 이 같은 자유화가 과연 바람직한 것인지는 불분명하다.55)

현 정권을 둘러싼 가장 논쟁적인 쟁점은 개혁의 평가 문제이다. 많은 국내외 관찰자들은 현 정권의 개혁이, 특히 기대에 비해, 인상적이고 성공적이라고 평가하고 있다. 이 같은 평가는 현 정권이 독자적인 힘에 의해 정권을 획득한 것이 아니라 군사독재의 본거지였던 집권여당과의 합당을 통해, 집권여당의 도움에 기초하여 집권을 했다는 사실을 감안하면 이해가 되고도 남는다. 그러나 이는 이야기의 반쪽만을 보여줄 따름이다.

현 정권의 개혁을 올바르게 평가하기 위해서는 개혁의 두 유형을 구별해야 한다. 하나는 지배의 효율성을 제고시키기 위한 권력 블록과 지배 블록의 '합리화'로서의 개혁이며 또 다른 하나는 보다 적극적인 의미, 진정한 의미의 개혁으로서 단순한 지배 블록의 합리화가 아니라 지배 블록과 민중과의 관계를 '정상화'시키고 민주화시키는 개혁이다. 이 같은 유형론의 입장에서 볼 때 현 정권의 개혁은 첫번째 의미의 개혁에 있어서는 매우 급진적이나, 두번째 의미의 개혁에 있어서는 군사정권과 별 차별성이 없고 오히려 퇴보한 면도 적지 않다. 지금까지의 개혁은 주로 한국 자본주의의 특수성, 이와 연관된 지배 블록의 '비정상적'이고, '예외적'인 내부 배열 등의 결과로 최근 표면화되기 시작한 부작용들을 치유하는 데 초점이 맞추어져왔다. 군부와 정보기관에 대한 개혁은 분명 민주주의를 위한 중요한 전진이지만 기본적으로는 그 동안 한국 자본주의의 민중 배제성과 관련해 민중부문을 통제, 억압하기 위해서 '기능적으로' 필요했던 억압적 국가장치의 과대성장과 과잉 자율화에 따른 부작용이 그 효용성보다 더 커짐으로써 이를 교정키 위한 지배의 합리화이다.

현 정권이 실시한 가장 급진적인 개혁인 금융실명제와 정치관련법 개정 역시 마찬가지이다. 우선 금융실명제는 지하경제의 비생산적 투기자본들을 생산적인 산업자본으로 전환함으로써 국제경쟁력을 제고시키고 경제회복을 이끌어내려는 총자본적인 정책이지 결코 반자본적인 정책이 아니다.[56] 둘째, 이 정책은 "돈 안 드는 깨끗한 선거"를 목표로 하는 정치관련법 개정과 맞물려 자본가계급과 국가 간의 관계(정경유착 등으로 물들어온)를 '정상화'시키고 정치가 더 이상 한국 자본주의의 '족쇄'가 되지 않도록 하는 데 그 목적이 있다. 이는 특히 최근 천문학적으로 뛰어오른 선거비용, 이의 조달을 위한 '준조세' 형식의 정치자금이 국제경쟁력 등 한국 자본주의 발전의 족쇄로 기능하기 시작했다는 점과 밀접한 관계가 있다. 나아가 이 같은 개혁들은 과거와 같은 정치자금 기부, 정치적 특혜로 이어지는 정경유착을 어렵게 함으로써 기술 투자 등 '정상적'인 기업활동보다는 정경유착 등 '비정상적' 방식에 의해 좌우되던 기업경쟁을 지양하고 본래적 의미의 경쟁이 주가 되는 기업 풍토를 창출, 한국자본주의의 합리화를 꾀하는 것이 그 주기능이다. 여기에서 주목할 점은 가히 혁명적이라는 정치관련법이 이 같은 합리화와는 대조적으로 노동조합의 정치참여 금지, 소수정당 해산 조항 등 민중의 정치세력화에 장애가 되는 독소조항은 그대로 남겨놓고 있다는 점이다. 이는 이 같은 가장 급진적인 개혁들도 단지 지배 블록의 합리화에 그칠 뿐 지배 블록과 민중관계의 정상화와는 거리가 먼 것임을 웅변적으로 보여주고 있다.

이와 관련, 현 정권의 개혁의 특징은 국가보안법, 노동악법 개정에 대한 현 정권의 미온적 태도가 잘 보여주듯이 이 같은 적극적이고 진정한 의미의 개혁에 있어서는 너무도 소극적이고 부정적이라는 사실이다. 특히 이들 개혁들은 결코 급진적인 것이 아니라 자유민주주의적인 것들에 불과하며 김영삼 대통령을 비롯한 현 정권의 수뇌부들이 야당 시절 이 악법들의 희생자였고 이의 개정을 줄기차게 요구해온 것들이라는 점을 고려할 때 더욱 충격적이다. 노동개혁의 실패는 이와 관련해 매우 좋은 사례이다.

1993년 봄 김영삼 정권은 출범 직후 야심적으로 내세운 개혁의 일환으로 '신노동정책'이라는 이름하에 노동개혁을 선언했다. 이 개혁은 급진적인 것과는 거리가 멀어도 한참 먼 대표적인 악법인 노동법의 개정을 위한 연구팀을 구성하는 한편 우선 이 악법을 기준으로 할 때에도 이 법을 지키지 않고 실시해온 잘못된 행정지침 등 반민주적 관행들을 최소한 현행법에 맞도록 고치는 것이 그 골자였다. 대통령의 측근인 이인제 노동부 장관은 이와 관련, "노사간의 이해가 대립할 때 가능하면 공정하고 객관적인 중재자의 입장을 취하되 양측 중 어느 한쪽을 선택해야 할 경우 근로자의 입장을 두둔하는 방향으로 노동정책을 펴나가겠다"고 선언하기까지 했다.[57] 그러나 언론을 앞세운 자본가들의 반발과 투자기피 형태의 자본가들의 '파업' 앞에서 현 정권은 결국 스스로 이 정책을 포기하고 말았다. 사실 첫번째 유형의 개혁으로 대표적인 예인 금융실명제도 언론과 재벌의 반발로 인해 원안을 대폭 수정하여 너무 많은 예외조항을 허용함으로써 사실상 실패하고 말았다. 최근 조사에 따르면 실명제 실시에도 불구하고 지하경제는 아직도 전체 경제의 22%를 차지하고 있는바, 이는 실명제 실시 전에 비해 불과 2% 정도 줄어든 규모라는 것이다.[58]

결국 여기에서도 근본적인 문제는 국가의 자본에의 구조적 의존이다. 김 정권은 집권 후 경제활성화를 위해 금리인하, 여신확대 등 기업에게 엄청난 특혜가 주어지는 '기업 인심 얻기' 전략을 추구했다. 나아가 문민정부는 대통령이 직접 나서 개혁이 경제활성화의 장애가 아니라 경제활성화를 위한 것이라고 수차 밝힘으로써 개혁을 우려하는 재벌 무마작업에 나섰다. 그러나 개혁에 불만을 품고 불안전한 정국에 우려를 가진 기업들은 투자를 회피한 채 일종의 '소극적인 파업'에 들어갔다. 즉 금리인하와 여신완화에도 불구하고 1993년 1/4분기의 금융시장에의 투기적 성격의 투자는 지난해 같은 기간에 비해 무려 두 배로 늘어난 반면 생산시설에의 투자는 오히려 줄어들었다.[59] 경기의 호·불황 여부가 정권의 인기와 지지도에 막강한 영향을 끼치는 상태에서 이를 그대로 두고볼 수 없게 된 문민정부는 재벌총수들을 개별적으로 청와대에 초청, 그들의 요구에 귀를 기울이기 시작했다. 결국 현대 노사 분규가 터져나오자 정부의 입장은 급속히 바뀌기 시작했다. 김 대통령은 6월 중순 현대 노사분규와 관련, "정부는 어디까지나 노동자와 회사 어느 측에도 기울지 않고 법을 어기면 이를 묵과하지 않고 법을 엄격히 집행할 것"이라고 선언, 파업에 대한 엄한 법적 대응을 강조했다.[60] 그러나 이 발언이 그대로 '양비론적'이라면 이후의 입장은 군사정권의 입장과 별 다를 바 없는 것으로 후퇴했다. 김 대통령은 7월 초 취임 후 처음으로 재벌총수 26명과 회동, 신경제 5개년 계획의 기조를 설명하고 재계의 적극적인 협력을 호소하면서 "우리 경제가 모처럼 회복기미를 보이고 있는 때에 근로현장에서의 불법행동은 국가 기강확립 차원에서 용납하지 않을 것"[61]이라고 단호한 입장을 천명했다. 이로써 신노동정책은 물 건너간 것이 되고 말았다. 특히 우루과이 라운드의 제정을 기화로 개혁의 구호는 '국제경쟁력'으로 바뀌었고 이후 문민정부는 낯익은 '경제성장 제일주의', '국제경쟁력 제일주의'에 기초한 '문민 개발독재'를 닮아가고 있다.[62] 물론 군부 개발독재와 문민 개발독재의 차이는 존재한다. 그것은 전자의 경우 최소한 외형적으로 민중부문과 재벌 양자 모두에 강한 통제를 유지해온 반면 문민 개발독재는 국제경쟁력 강화를 위해 민중부문에 대한 통제는 강화, 세련화시키면서 재벌에 대해서는 자유화라는 이름하에 규제완화를 선사하는 '개악'이다.

이 같은 개혁 실패는 위에서 지적한 자본의 구조적 힘 이외에도 민주계라는 헤게모니적 분파의 한계, 민주계가 소수파인 지배 블록 자체의 모순으로부터 우루과이 라운드로 상징되는 세계자본주의의 구조적 제약 등 다양한 수준의 변수들이 작용하였다.[63] 다만 한 가지 반드시 짚고 넘어갈 것은 이 같은 개혁 실패와 민주화의 정체에 기여한 중요한 원인은 민중운동의 약화이다. 즉 6공 출범 이후 뚜렷한 투쟁대상으로서의 독재세력의 실종, 소련·동구의 몰락에 따른 이데올로기 지형의 변화 등에 의해 중간 제 계층이 보수화되어 기층 민중으로부터 분리되었고 기층 민중을 중심으로 한 민중운동 역시 위기에 처하게 되었다. 이 같은 변화는 결국 문민정부에 개혁을 강제할 수 있는 사회적 동력의 상실을 의미한다.

위에서 살펴본 문민정부하에서의 정치개혁을 포함한 1987년 이후의 정치적 변화는 국가-시민사회론의 시각에서 어떻게 설명될 수 있는 것일까? 일각에서는 3당 통합 이후의 민주화의 '후퇴' 내지 민주화의 정체와 관련하여 '시민사회의 퇴조'를 이야기하기도 한다. 그러나 1987년 이후 시민사회는 직선적은 아니어도 계속 팽창되어왔지 수축하거나 쇠퇴했다고 볼 수 없다. 결국 이를 시민사회의 쇠퇴로 보는 것은 시민사회는 선험적으로 민주적이고 민주주의에 기여한다는 당위론적 전제와 현실에 있어서의 민주주의의 정체라는 현실을 연결시킴으로써 도달한 그릇된 현실분석이다. 즉 민주주의가 정체한 것을 보니 시민사회가 쇠퇴했기 때문일 것이라는 분석이다. 이 같은 오류는 앞에서의 여러 오류와 마찬가지로 국가, 시민사회를 하나의 행위자들로 보고 이를 대비시키는 국가-시민사회론의 틀로써 한국정치를 바라보기 때문에 생겨난 것이다. 그러나 현실은 시민사회가 쇠퇴했기 때문에 민주화가 정체된 것이 아니라 시민사회가 계속 팽창되고 있음에도 불구하고 위에서 지적했듯이 중간 제계층의 이탈과 민중운동의 위기에 따라 시민사회 내의 힘의 역관계가 민중부문에 불리한 쪽으로 바뀌었기 때문에 그러한 것이다. 즉 다시 한번 문제는 국가-시민사회 간의 힘의 역관계가 아니라 광의의 국가와 민중 간의 힘의 역관계이다. 이 점에서 세간의 속류 국가-시민사회론과 달리 문제는 (시민사회의 쇠퇴가 아니라) "시민사회 성격의 보수화"이며, "시민사회가 팽창할 것인가 아닌가"가 아니라 "시민사회가 어떻게 진보적으로 형성되느냐"에서 해답을 찾아야 한다는 최장집 교수의 분석[64]이나, 최근의 민주화의 정체, 후퇴를 "시민사회와 정치사회를 패권적 부르주아와 야누스적인 중산층의 계급동맹의 장으로 바꾸어가는 현재 진행중인 위기 재봉인의 과정"[65]의 결과로 인식하는 임영일 교수의 분석은 문제의 핵심을 정확히 짚고 있다. 지금까지의 논의, 즉 국가-시민사회라는 계급투쟁의 지형들간의 관계변화와 구체적인 행위자로서의 지배세력과 민중 간의 힘의 역관계의 변화라는 두 측면을 동시에 바라다보는 한국정치분석에 대한 이해를 돕기 위해 이를 과잉 단순화의 위험에도 불구하고 도식화시켜보면 아래와 같다(<그림 1> 참조).

<그림 1> 현대 한국정치의 변화

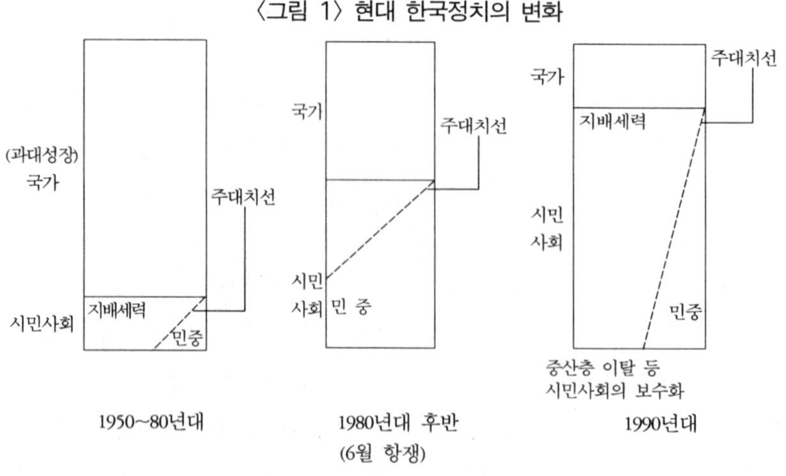

※ 참고: 시민사회 내의 지배세력 대 민중은 단순한 구성원의 수를 나타내는 것이 아니라 그 조직 정도, 타조직에 대한 헤게모니 정도 등을 의미하는 것이다.

4. 맺는 글

이 글은 앞에서 국가·시민사회론을 한국정치에 적용한 주된 경향을 시기별 쟁점을 중심으로 비판적으로 검토해보았다. 이에 기초하여 국가·시민사회론 일반에 관한 몇 가지 이론적 쟁점들에 대해 간략히 논평함으로서 결론에 대신하고자 한다.

일반적인 통념과 달리 국가-시민사회 일반, 나아가 한국의 국가와 시민사회 간의 관계가 단순한 '제로섬(zero-sum)적 관계'[66]가 아니라는 주장이 제기되고 있다.[67] 이는 국가-시민사회 간의 보다 복합적인 관계를 인식하게 하는 중요한 지적으로서 주의 깊게 경청할 필요가 있다. 그러나 이 양자간의 관계가 '제로섬'적이 아니라는 것이 정확히 무엇을 의미하는가를 명확히 하지 않으면 안된다. 예를 들어 한 나라가 다른 나라들에 비해 강한 국가를 가지고 있으면서도 동시에 다른 나라들에 비해 강한 시민사회를 갖고 있을 수 있다. 즉 한 사회가 다른 사회보다 강한 국가를 갖고 있다고 해서 그 나라의 시민사회가 반드시 다른 나라보다 약한 것이 아니다. 또 킨이 지적했듯이 동태적으로 볼 때 국가의 힘이 증가한다고 해서 반드시 시민사회의 힘이 줄어드는 것이 아니라 국가의 힘과 시민사회의 힘이 모두 증가할 수 있다. 이밖에도 한 시점에서 한 사회가 시민사회에 대해 강한 국가(강한 국가, 약한 시민사회)를 갖고 있지만 다른 어떤 시점에서는 강한 시민사회(약한 국가, 강한 시민사회)를 가질 수 있다. 그러나 한 시점의 한 사회에서 강한 시민사회(국가에 대한)와 강한 국가(시민사회에 대한)가 동시에 존재할 수는 없다. 왜냐하면 이 경우 국가의 힘과 시민사회의 힘이란 각각 그 반대쪽인 시민사회의 힘과 국가의 힘에 대해 상대적인 것이기 때문이다. 따라서 이같이 엄격한 의미에서는 국가와 시민사회의 힘관계는 정의상(by definition) 제로섬적일 수밖에 없다.

최근의 시민사회론의 유행이 가져온 가장 심각한 병폐 중의 하나는 국가는 독재의 근원이고 시민사회는 민주주의의 보루라는 통념이다. 이미 이론적 전제 부분에서 지적했듯이 국가에 대해서 자율적이고 튼튼한 시민사회가 민주주의의 중요한 전제 조건이라는 데에는 의심의 여지가 없다. 그러나 한국사회에 대한 실증 분석이 보여주었듯이 억압성의 원인을 국가 그 자체에서만 찾고 시민사회는 무조건 민주주의의 진지가 된다고 보는 것은 크나큰 오류이다. 나치즘 출현 초기의 나치스 민간 조직의 확대, 최근 미국에서 문제가 되고 있는 극우 테러 조직의 확대도 시민사회의 팽창이고 확대이다. 사실 국내의 잘못된 통념과는 달리 시민사회론의 가장 열렬한 주장조차도 "국가의 보호, 재분배, 갈등 중재 기능이 없이는…… 시민사회는 게토화되거나 그 나름의 새로운 불평등과 부자유를 배태할 것이다"고 경고한 바 있다.[68] 이와 관련, 한국의 시민사회에 대한 최장집 교수의 다음과 같은 통렬한 비판에 모두 귀를 기울여야 할 것이다.

> 오늘날 우리는 시민사회가 민주화의 사회적 기반이라는 안일한 시민사회론에만 의존할 수 없다. 오히려 우리는 지금 민주화를 가로막고 있는 것이 시민사회라는 역설적 인식을 가질 필요가 있는지 모른다. 국가의 거대한 권력과 영향력이 일정하게 벗겨진 이후 드러나는 시민사회는 지역 차별과 학연에 뿌리를 둔 완강한 엘리트 구조, 현상유지에 안주하는 광범한 중간층, 재벌을 중심으로 한 거대한 부르주아 지배구조의 체계로서 장기간의 군부 권위주의 권력구조의 사회적 그물망의 복제판 이상의 것이 아닌 것으로 나타났기 때문이다.[69]

사실 불행한 이야기이지만 어쩌면 현 국면에 있어서 한국의 시민사회는 국가보다도 오히려 더 '반동적'이고 '반민주적'이라는 느낌이 들 때가 한두 번이 아니다.

이와 관련된 또 하나의 유행을 짚고 넘어갈 필요가 있다. 이는 국가는 더 이상 '해결책'이 아니고 단지 '문제'일 따름이라며 따라서 시민사회, 자율화, 작은 국가(야경국가류의)가 '해결책'이라는 주장이다. 스탈린주의와 복지국가의 위기를 논거로 하는 이 같은 주장들은 신자유주의 담론에 포섭된 채 진보학계에까지 광범위하게 그 영향력을 확대하고 있다. 그러나 문제의 표피를 넘어 문제의 뿌리로 들어가보면 복지국가의 위기는 단순한 '국가의 실패'가 아니라 동시에 '시민사회의 실패'이기도 하다. 이 점에서 "국가를 해체하는 것이 해답은 아니다. 이를 재구성하는 것이 문제이다"는 에반스의 지적[70]은 문제의 정곡을 찌르고 있다. 특히 한국에서 자유화, 민영화가 문제의 답은 아닌 것 같다. 해답은 차라리 어떻게 하면 과거의 국가에 의한 경제의 권위주의적 통제로부터 민주적 통제, 사회적 통제로 전환시킬 것이냐는 것이다. 왜냐하면 자유화는 이미 막강한 재벌의 힘을 더욱 가속화시켜줌으로써 경제적 부작용은 물론 그나마 '제한적인 정치적 민주화'마저도 후퇴시켜버릴 것이 자명하기 때문이다. 나아가 그간의 '경제성장'이 상대적 자율성을 가진 총자본으로서의 국가의 역할에 기인하는 만큼, 자유화는 이 같은 역할의 실종에 따라 지구화라는 엄청난 세계자본주의의 위협 앞에서 그만큼 체계적인 대응을 어렵게 만든다고 할 수 있다.

최근 들어 국가-시민사회 간의 관계에 관한 새로운 이론적 기여는 국가의 '장착된 자율성(embedded autonomy)'이라는 개념이다.[71] 특히 이 개념은 국가자율성이 반드시 '국가능력'과 일치하지 않는다는 점과 관련하여[72] 국가자율성과 국가능력을 연결시켜줄 수 있는 새로운 경로를 제시해주고 있다. 이 이론에 따르면 국가자율성 이론과 달리 동아시아 모델의 성공은 사회로부터 "격리되었다기보다는 사회 속에 뿌리내리고 장착된(embedded) 국가"에 기인한다는 것이다(p.148). 왜냐하면 경제정책 수행에 있어서 이들 국가들이 보여주고 있는 효율성은 "국가 자신의 내재적인 능력으로부터가 아니라 시장행위자들과의 복잡하고 안정된 상호작용"(p.154)으로부터 생겨났기 때문이다. 즉 국가정책이 효율적이 되기 위해서는 국가가 사회로부터 격리되는 것이 아니라 사회 속에 뿌리내려 기업 모니터링, 건의 수용 등 정책수립에 필요한 올바른 정보들을 확보하지 않으면 안된다는 것이다. 그러나 '장착성(embedded)'만으로는 불충분하다. 왜냐하면 이 경우 국가는 사회의 '포로'가 될 수 있기 때문이다. 따라서 "장착성은 자율성의 맥락 속에서만 가치를 가진다고 하겠다"(p.179). 즉 "효과가 있는 것은 장착성과 자율성의 결합"이다(p.179). 장착성이 없고 자율성만 있는 국가는 약탈국가가 될 가능성이 크고 역으로 장착성은 있으나 자율성이 없는 국가는 특정 분파의 도구로 전락할 가능성이 크다는 것이다. 특히 이 모델은 이 같은 문제의식에서 국가가 시민사회에서 장착되어 국가-시민사회 간의 상호작용이 이루어지는 패턴이 '제도(institutions)'라고 보고 이 같은 구체적인 제도를 분석하는 '제도주의적' 국가론을 제안한다. 결국 이 같은 접근법은 그 문제의식에 있어서의 출발은 다르지만 궁극적으로 구체적인 '제도의 강조'라는 점에서 조절이론 류의 최근 이론과 일맥상통하는 바가 크다.73) 어쨌든 이 같은 이론화는 국가-시민사회, 국가-지배계급 관계와 관련하여 '국가의 효율성'(총자본적 효율성)과 국가능력 문제를 이해하는 데 진일보한 것이기는 하지만 여러 가지 의문이 생긴다.

이 모델은 우선 국가의 상대적 자율성 모델을 비판함에 있어서 이 모델의 국가의 자율성이 국가의 사회세력, 특히 경제적 지배계급으로부터의 격리를 의미하는 것처럼 가정하고 있다. 그러나 앞에서 보았듯이 국가의 자율성의 다양한 측면(도구적 자율성, 구조적 자율성)을 제대로 이해할 경우 국가의 상대적 자율성이 '격리'를 의미하지는 않으며 '장착성'과 양립 불가능한 것으로 상정되어온 것이 결코 아니라는 것을 쉽게 알 수 있다. 사실 도구적 자율성도 격리를 의미하지 않으며 장착성과 모순되지 않는다. 둘째, 국가의 효율성이 주로 국가의 자율성에 맞서는 국가의 장착성의 기능인지 의심스럽다. 특히 이 같은 주장을 뒷받침하기 위한 한국-대만의 동아시아 사례와 인도-브라질 사례, 자이레의 사례 비교는 문제가 많다. 한국-대만은 자율성과 장착성 모두를 갖추어 성공한 사례이지만 자이레는 자율성은 있으나 장착성이 없어 약탈국가가 된 사례로, 인도-자이레는 양 극단의 중간 사례로 그려지고 있으나 과연 그러한 가 하는 것이다. 이 모델은 자이레의 경우 "관료자본가계급"과 연계된 국가의 '정치적 특혜주의'를 강조하고 있는데 이는 국가의 자율성은 있으나 장착성이 없는 것이 아니라 역으로 1950년대의 한국처럼 국가의 자율성, 특히 '도구적 자율성'이 없는 대표적인 경우이다. 또 경제 실적에 있어서 한국-대만, 인도-브라질, 자이레의 차이가 장착-격리나 이 같은 관계가 물질화된 제도의 차이에 더 기인하는가 아니면 이들 국가들이 장착-격리 관계를 맺고 있는 사회의 구체적인 계급구조와 사회구성체 성격의 차이에 더 기인하느냐는 것이다. 즉 장착/격리의 문제가 아니라 인도, 브라질, 자이레에 있어서는 강력한 지주와 관료자본가계급이 존재하고 이와는 대조적으로 한국, 대만에 있어서는 지주계급이 몰락하고 산업 자본가계급이 우위에 있다는 것이 보다 근본적인 차이일 가능성이 크다.

이 같은 주장이 제도, 제도들의 그물망, 장착성 등이 중요하지 않다는 뜻은 아니다. 다만 문제의 분석에 있어서 생산양식, 사회구성체, 제도로 이어지는 추상성의 위계성, 즉 규정의 위계성을 망각하지 말아야 한다는 주장일 뿐이다. 이와 관련, 선진 자본주의 나라들간의 차이를 이 같은 '제도들'의 차이로 설명하려 한 조절이론에 대한 역사학자들의 비판이 매우 시사적이다.[74] 이 비판은 조절이론이 제도의 차이라고 분석한 것들이 사실은 제도가 아니라 생산 양식의 차이에 기인한 것이었음을 잘 보여주고 있다.

마지막으로 국가-시민사회론의 장래이다. 앞에서 누차 지적했듯이 국가-시민사회론은 그 나름의 분석적 힘이 있다. 그러나 이는 전통적인 계급분석, 특히 국가(마르크스주의적 의미의)-민중 모델을 대치하는 새로운 '대안적 모델'이 아니라 이를 보완하는 '보완적 모델'로 활용되어야 할 따름이다. 즉 국가-시민사회의 관계는 사회적 영역, 즉 계급투쟁의 구체적인 지형을 이해할 수 있도록 해주는 것일 뿐이지 국가와 시민사회가 계급을 대체하여 역사의 주체로서 서로 싸우고 대립하는 것은 결코 아니다. 민주주의론의 문제의식에서 바라볼 때 국가-시민사회론이 제기하는 문제의식은 국가가 '과잉 자율화'하여 독자적 세력으로 사회를 누르는 관료제의 문제일 것이다. 물론 이 문제는 중요하다. 그러나 이에만 매몰되어 국가=억압, 시민사회=민주주의라는 도식하에 양자를 분석단위로 하여 한국정치를 이해하려는 것은 민주주의의 또 다른 문제, 어쩌면 민주주의보다 근본적인 문제를 보지 못하게 만든다. 그것은 시민사회 자체의 문제, 즉 시민사회 내의 계급적 갈등의 문제, 특히 자본의 억압 문제이다. 이 같은 문제의식에서 바라볼 때 한 연구자가 정확히 지적했듯이 "궁극적으로 가장 중요한 변수는 시민사회 내에서의 경쟁적 계급간의 힘의 역관계, 즉 민중세력이 얼마나 효과적으로 시민사회 내의 권력 블록에 대항해 자신들의 힘을 조절하느냐, 그리고 그들이 국가권력을 술책에서 능가하여(outmaneuver) 이를 민주화할 수 있느냐"이다.[75]

보론

'국가-정치사회-시민사회'?

엄밀히 말하자면 한국정치 연구에 있어서 '국가-시민사회론'은 이제 더 이상 '새로운 패러다임'도 '떠오르는 태양'도 아니다. 그것은 이미 진부한 1990년대 '초기'의 문제의식이고 이제 떠오르는 태양은 본문에서 지적했듯이 '국가-정치사회-시민사회'라는 새로운 삼분법이다. 최장집 교수에 의해 제기된 이 모형[1]은 민주화 이후 새롭게 열려진 '정치적 공간'의 존재와 관련하여 최근 분석모형이라는 측면과 실천적 지침이라는 양 측면에서 급속히 주목을 받으면서 지지자들을 넓혀나가고 있다.[2] 이같은 추세에 따라 이 보론에서는 간략하게 이 모델에 대한 잠정적인 평가를 제시하고자 한다.

이 새 모형의 새로운 점은 국가와 시민사회 사이에 이 양자를 매개하는 '정치사회'라는 제3의 공간을 설정하고 있다는 점이다. 즉 정치사회는 "선거와 정당체제를 중심으로" 구성되어 있으며 "국가와 정책과 조정 능력을 시민사회에 전달하고 부과하며 시민사회의 요구와 갈등을 국가에 투영한다."[3] 또는 다른 추종자의 표현을 빌리자면 시민사회가 "자본주의 사회의 계급갈등, 계급투쟁의 일상의 지형"이라면 정치사회는 "시민사회에서의 계급갈등이 권력문제를 지향하는…… '정치적 계급투쟁의 주된 지형'"으로서의 "독립된 정치지형으로서 핵심적인 중요성을 갖는다."[4] 한마디로 과거 '전통 좌파'들의 '정치체계(political system)'라는 개념과 유사한 것이다.[5]

그렇다면 정치사회라는 새로운 공간을 설정한 '국가 - 정치사회 - 시민사회'론은 우리에게 무엇을 새로이 가르쳐주는가? 이는 이 모델이 갖고 있는 문제의식을 재구성함으로써 간접적인 방식으로 규명될 수 있다고 하겠다. 우선 비교사회학적 시각에서 제기되는 '과대성장국가'와 '미발달된 의회 및 정당체제'라는 한국 현실에 대한 문제의식일 것이다. 이 같은 문제의식은 이 모델을 가장 건설적으로 한국정치의 실증적 분석에 응용하고 있는 임영일의 분석의 바탕에 깔려 있는 것으로서 한국의 경우 다른 제3세계 나라들과 마찬가지로 정치적인 계급투쟁의 지형으로서의 정당체계가 국가로부터 분리되어 상대적인 자율성을 갖고 있는 것이 아니라 국가에 의해 독점되고 종속된 예속적인 관계에 놓여왔다("길들여진 정치사회")는 문제의식이다. 즉 국가는 '시민사회'에 대해서 뿐만 아니라 '정치사회'에 대해서도 '과대성장'해왔다는 문제의식이다. 나아가 한국 현대사 내에서도 정당체계가 완전히 국가에 종속되었던 유신 시기 및 1980년대 초와 정당체계가 그래도 상대적인 자율성을 갖고 있었던 1960년대 및 1985년 2·12총선 이후 등의 시기에서 사회적 다이내믹의 차이는 정치사회라는 독자적 지형을 상정하지 않은 국가-시민사회론으로는 파악하기 어려우나 국가-정치사회-시민사회론에 의해서는 잘 설명될 수 있다는 입장이다.

두번째, 다시 비교사회학적 시각과 관련이 있는 것으로 계급정당이 부재하고 '제도정치권' 내로 노동자계급이 정치세력화하는 것이 봉쇄되어 있는 현실이다. 즉 이 모델은 '시민사회'의 사회적인 계급관계가 '정치사회' 속에 상대적으로 반영되도록 정당체제 등 '정치사회'가 조직되어 있는 서구와 이 같은 계급관계를 "정치사회 속으로 투입시킬 통로가 차단"된 채 "계급관계의 구도로부터 자립화된 탈구화된 정치사회"[6]가 특징인 한국의 산물이다. 즉 첫번째 문제의식이 국가와 정당체제 간의 관계가 갖는 한국적 특수성에 주목한다면 두번째 문제의식은 시민사회와 정당체제 간의 관계가 갖는 한국적 특수성을 부각시키고자 한다. 세번째, 최근 민주화 이후 그 중요성이 커진 선거와 정당 등 '정치의 제도적 공간'에 대한 문제의식이다. 특히 이 문제의식은 현실분석을 위해 이 같은 공간을 독자적인 하나의 영역으로 설정할 필요성을 제기했을 뿐 아니라 이처럼 "열려 있는 공간을 어떻게 적극적이고 능동적으로 활용할 것인가"7) 하는 실천적 과제를 제기한다. 이와 관련, 이 새로운 모형은 이 제도적 공간과 대의제 민주주의 제도를 통해 사회주의를 달성한다는 '선거 사회주의' 프로젝트와 관련하여 이 공간을 주된 실천의 장으로 설정하기 위해 독자적인 영역으로 주목하는 것이다.

이제까지 국가-정치사회-시민사회론이 갖는 장점을 그 문제의식의 설명방식을 빌려 간접적으로 분석해보았다. 그러면 이 같은 분석틀이 갖는 문제점은 어떠한 것들이 있을까? 우선 이 모델 자체가 갖고 있는 문제점보다는 이 모델을 실제 분석에 적용시킬 때 나타나는 편향에 대해 지적한 뒤 모델 자체가 갖는 문제점을 지적하는 순서로 논의를 진행하고자 한다.

첫째, 비록 이 모델이 아직 초기 단계에 있다고는 하지만 이 모델을 한국정치에 적용시킨 기존의 실증적 연구를 보자면 국가-정치사회-시민사회 간의 관계에 주목한 임영일의 논문을 제외하고는 대부분 과거의 정당론, 선거론과 차이가 전혀 없다는 점이다. 이는 연구자들의 개인적인 자질의 문제 때문이 아니라 정치사회가 바로 그와 같은 공간을 지칭하기 때문에 그러할 텐데 사실상 한국의 국가-정치사회-시민사회의 관계에 대한 새로운 대안적 해석(임영일의 해석에 반대하는)이 나오지 않는 한 결국 앞으로도 정치사회론의 논의는 정치사회의 내부구성의 문제로 집중될 수밖에 없고 그렇게 되면 정치사회론은 계속 정당론과 선거론을 벗어나지 못하게 된다는 결론에 이르게 된다. 결국 '낡은 술'에 '정치사회'라는 '새 포장'만 입힌 꼴이 될 공산이 크다.

둘째, 시민사회론의 속류화와 동일한 정치사회론의 속류화이다. 정치사회론을 적용한 경험적 연구들에 있어서 나타나고 있는 잘못된 경향은 정치사회를 시민사회처럼 하나의 영역 내지 계급투쟁의 지형으로 보지 않고 하나의 행위자로 속류화시켜 국가-정치사회-시민사회 관계를 분석하는 것이다. 예를 들어 1987년 6월항쟁을 1985년 2·12총선을 통해 부활한 '정치사회'가 '시민사회'와 연대하여 '국가'와 싸워 승리한 것으로 바라보는 관점이다. 한마디로 '정치사회=야당', '시민사회=재야 내지 노동자계급과 중간 제 계층'으로 등치시키고 야당과 재야의 연대투쟁을 정치사회와 시민사회가 억압적인 국가에 대항하여 연대투쟁한 것으로 그리는 것이다.

셋째, 모델 자체의 문제점으로서 이 같은 모델이 정치사회라는 국가와 시민사회의 매개공간을 설정함으로써 다양한 수준에서의 사회적 매개의 동학을 보다 구체적으로 밝혀주고 이에 대한 우리의 이해를 풍부하게 해주는 반면 그만큼 총체적인 분석을 흐리게 하는 것이 아니냐는 우려이다. 즉 '서술의 풍부화'를 얻는 대신 '분석적 힘'을 상실하는 것이 아니냐는 것이다. 이와 관련, 주목할 것은 전통적인 사고에 따르면 정당은 '정치적인 이데올로기 국가장치'[8)로서 국가의 내재적 계기 내지 '국가의 통합적 구성부분'[9)으로 인식되어왔다는 점이다. 특히 이 모델은 자본주의의 발전단계와 관련하여, 국가로부터 자유로운 독자적인 정치사회가 발달하지 못한 한국과 독자적인 정치사회가 발달한 서구를 대비시키고 있으나 서구에 있어서도 독자적인 정치사회는 사실상 신화에 불과하고 정당은 '대중통합 기구화' 내지 '의사국가장치화'[10)되어 사실상 "국가권력의 전동 벨트로 기능해왔다"[11)는 비판을 받고 있음을 주목할 필요가 있다. 결국 이 모델이 거북스럽게 느껴지는 중요한 이유는 국가와 정치사회를 구별함으로써 많은 것을 얻을지 모르지만 그 대가로 그간 엄청난 노력을 들여 축적해놓은 국가론의 문제의식은 모두 쓰레기통에 던져버리고 국가를 결국 단순한 정부의 문제로 후퇴시켜버리지 않느냐는 것이다. 아니 일부 이 모델의 이론가들은 의회도 정치사회의 일부로 간주함으로써[12] 사실상 국가를 정부 전체는커녕 입법부를 뺀 단순한 행정부(기껏해야 행정부+사법부)로 전락시켜버리고 있다.

마지막으로 선거사회주의 프로젝트와 관련하여, 제도정치권을 중심으로 한 '의회 투쟁', '선거 전술'의 특권화 우려이다.[13] 분명 '좌익 공론주의자'가 아니라면 열려진 정치공간을 적극 활용하는 정치투쟁의 필요성에 모두 공감할 것이다. 그러나 정치사회의 지나친 강조는 이의 특권화로 인해 '대중조직'의 문제를 등한시할 우려가 있다(이 같은 점이 한 연구자로 하여금 정치사회론이 전통적인 의미의 "정치 중심적 사고"라는 비판을 불러일으키는 부분이다).[14] 특히 이와 관련, 우려되는 것은 진지전을 그람시가 원래 의미했듯이 공장평의회, 노동조합 등 진보적 대중조직의 건설을 통한 '시민사회' 수준에서의 진지전이 아니라 선거, 의회 등 '정치사회'에서의 진지전을 통한 '국가' 내에서의 진지전(의회 나아가 '국가'의 점진적 장악테제[15])로 우경적으로 해석하여 후자에 중점을 주는 편향이다.[16] 또 정치사회에 대한 지나친 강조가 민주주의의 문제를 정치사회의 정치적 경쟁 등 단순히 정치적 절차와 제도의 문제로, 따라서 정치사회의 영역 내지 국가와 정치사회의 관계 문제로 협애화시키는 결과를 가져오지 않을까 하는 우려이다.[17]

2. 한국의 시민사회와 신사회운동

김성국(부산대 교수, 사회학)

"神도 主人도 필요없다;
그대 더 많이 소비할 수록 더 적은 삶을 살리라.
모든 힘을 상상력에 바치자;
우리는 금기를 금지시켜야 한다;
불가능한 것을 요구하라"(1968년 프랑스 5월 운동의 구호에서)

1. 한국 시민사회론의 정립을 위하여

아직도 한국 시민사회의 문화적·도덕적 그리고 물적 기반은 매우 취약하다. 사회문화적으로, 공공적 시민의식은 여전히 개인적·집단적 이기심의 구속에서 벗어나지 못하고 있으며, 공론의 장과 공론의 힘은 독점적 언론재벌들에 의해 조작되거나 오도되고 있다. 더욱이 급성장한 시민운동세력조차 중앙집권적 구조하에서 거대화, 관료제화, 상업주의화, 명망가 중심화하는 오류에 빠져들고 있다.

정치경제적으로도, 내실있는 복지국가적 타협은 이룩되지 못한 채, 기존의 계급갈등은 잠정적으로 봉인되고 있을 뿐이다. 이 와중에서 무적의 국가와 지배권력집단은 민주화세력의 보수화와 분열 그리고 자기도취를 틈타 다시금 기존 체제의 유지를 위한 헤게모니적 전열을 정비하고 있다. 그런데도 일부 민중·계급론자들은 한국에서 형성시켜야 할 비판적-진보적 시민사회(론)의 역사적 존재 의의와 역할을 여전히 부정하거나 의심함으로써 반지배연합의 가능성과 힘을 약화시키고 있을 뿐이다. 이제 한국 시민사회론은 성장기적 자기 과시를 탈피하여 자기 성숙을 위한 새로운 이론적-실천적 지평을 개척해나가야 할 것이다.

이 글의 목적은 세 가지이다. 첫째는, 한국 시민사회론에 대한 최근 손호철(1995: 19-56)의 비판을 재비판하면서, 한국 시민사회의 이론적 틀을 정립해보려는 것이다(제2절). 이를 위하여, 하버마스의 의사소통적 균형모델에 입각한 코헨과 아라토(Cohen & Arato, 1992)의 국가, 경제, 시민사회로 구성된 삼분모델과 자기 제한적 급진주의(self-limiting radicalism)의 한계를 제시하면서, 고전적인 국가-시민사회 간의 대립적 권력관계에 기초한 이분모델의 적실성과 새로운 이념적-실천적 전략으로서 자기 확대적 급진주의(self-expanding radicalism)의 타당성을 주장하고자 한다. 국가와 시민사회의 관계는, 본질적으로, 타협적 세력균형이 요구되는 수평적 관계라기보다는 끊임없이 상호 갈등하는 수직적인 지배와 종속의 관계이다.[1]

둘째는, 한국 시민사회의 구조적 취약성을 논의함으로써 시민사회의 성숙을 위한 과제를 제기하는 것이다(제3절). 왜냐하면 현재 한국의 시민사회는 양적 성장의 측면에서는 일정한 수준에 도달하고 있으나, 시민사회의 성숙이라는 측면에서는 상대적으로 취약한 상황이기 때문이다.

셋째는, 시민사회의 성숙을 위한 실천전략으로서 신사회운동의 가능성을 한국적 상황에서 검토해보는 것이다. 비록 신사회운동은 시민사회의 성숙도가 높은 서구에서 발생한 것이기는 해도 민주주의의 심화라는 보편적인 인간사회의 요구를 반영하는 것이므로 한국 나름의 수용 및 활용은 얼마든지 가능한 것이다.

현대 시민사회는 바야흐로 신사회운동의 물결과 함께 새로운 자기 변혁의 역사적 과제를 부여받고 있다. 그러나 시민사회는 민주주의의 전개과정에 나타나는 필수적인 그러나 과도기적인 단계이므로 그 자체로서 완결된 역사 발전의 의미를 갖는 것이 아니다. 그러므로 현대 시민사회는 현존하는 자본주의 혹은 사회주의적 모순을 해소하고, 이와 동시에 모든 사회조직(특히 국가)에 고유한 권력의 집중과 남용을 철저히 그리고 효율적으로 규제하는 과정에서 자율적이고 다양한 공동체들의 연합으로 발전해야 할 것이다.

물론 이 같은 시민사회에 대한 장기적인 유토피아적 전망은 현실적 토대를 결여하고 있는 것처럼 보일지 모르나, 그렇지 않다. 왜냐하면 어차피 불완전하고 부조리한 인간 세계에서 유토피아란 현실적 모순을 감소해나가는 과정에서 존재하는 것이지 결코 역사의 완성이나 종말과 함께 도래하는 것은 아니기 때문이다.

유토피아는 디스토피아와 공존할 수도 있고, 혹은 모순 속에서 그람시적 진지의 형태로 존재할 수도 있다. 그리하여 자유해방주의(libertarianism)의 관점에서 사회 중심적 시각을 지닌 필자는 신사회운동을 수행하는 과정에서 시민사회 자체가 자유연합의 공동체로 변모하고, 이와 동시에 종국적으로 기존의 강압적이고 착취적인 국가를 변형시켜 (즉 국가의 공동체적 재구성) 국가를 하나의 전혀 새로운 사회 즉 "공동체들을 공동 관리하는 또 하나의 공동체(a community of communities)"로 다시 태어나도록 해야 할 것이라고 제안한다.[2]

과연 신사회운동은 시민사회(론)을 새롭게 재구성하는 역사적 동력으로서 작용할 수 있는 것일까?

2. 시민사회론 비판에 대한 재비판

흔히들 한국사회는 1980년대 후반을 기점으로 하여 민중사회로부터 시민사회로 전환되기 시작하였다고 한다. 그렇지만 최근 한국이 시민사회적 성격(예컨대, 시민권의 확대와 권력의 분산, 중산층의 증가와 이익집단의 분화, 시민운동의 확산 등)을 현저하게 강화하였다고 해서 결코 기존의 계급적 모순이 해소되었다거나 혹은 현존하는 계급갈등의 중요성이 사라졌다는 것은 아니다. 근대사회에서도 전통사회(적 요소)가 온존하며, 때로는 강력한 영향을 발휘할 수 있고, 마찬가지로 현대의 고도 독점자본주의 시대에서도 전자본주의적 소상품 생산양식은 소멸하지 않고 있으며, 소위 말하는 일부 비공식 부분은 번성하기조차 한다. 시민사회론은 사회분석에 있어서 계급갈등의 단일하고도 결정적인 중심성을 거부하는 것이지 그 역사적 존재 의의 자체를 부인하는 것은 결코 아니다.

최근 손호철(1995; 이 책의 17쪽 이하)은 시민사회론에 대한 가장 직접적이고도 강력한 비판을 제기하고 있다. 손호철(1995: 20; 이 책의 18쪽)은 시민사회론이 "비계급관계적인 사회적 관계와 제도적, 사회적 그물망을 부각시킴으로써 그 동안 인식하지 못했던 사회적 다이내믹을 인식할 수 있게 하는 긍정적 측면"이 있음을 일단 인정한다. 그렇지만 시민사회론은 "시민사회를 하나의 공간 내지 영역이 아니라 하나의 행위자로 속류화시키고 국가와 시민사회를 대비시키는 식으로 한국정치를 설명하면서 시민사회의 성장이 민주화를 가져왔다"고 주장함으로써 사회적 동학의 핵심 요인들을 은폐하는 측면이 훨씬 크다고 시민사회론을 전면적으로 공박한다.

민중-계급론적 관점에서 개진되고 있는 이 같은 손호철의 비판은 한국 시민사회의 형성과 성격에 관한 고전적인 (다시 말해, 자본주의적 모순에 관한) 문제의식을 재차 강조하고 있다는 점에서는 적지 않은 의의를 지닌다. 다만 시민사회론에 대한 편협한 고정관념으로 인하여 자신의 계급론적 비판의 설득력을 상당히 손상시키고 있을 뿐 아니라, 동시에 시민사회론을 일정 부분 자의적으로 왜곡시키고 있는 것 같다. 그의 비판이 지닌 문제점을 검토하여 나가면서 필자 나름의 시민사회론을 제시하여 보기로 하겠다.

1) 시민사회의 개념

먼저 손호철은 시민사회 개념의 모호성에 관하여 문제를 제기한다. 서구에서 발생하여 역사적으로 수세기에 걸쳐 변화를 겪은 시민사회의 개념은 복잡하지 않을 수 없다. 특히 한 동안 사장되었다가 최근에 와서 다시 복원된 개념인 만큼 약간의 발생론적 편차와 혼란을 보이기도 한다. 그러나 어떤 형태의 시민사회 개념이건 "억압적-착취적 국가로부터 저항적-자율적 시민사회의 분리"라는 민주주의의 발전과 관련된 역사적 경험에 기반을 두고 있다. 시대별로, 사회별로 이 같은 역사적 분리가 발생하고, 전개되는 양상은 상이하겠지만 국가와 시민사회의 역학관계가 변화한다는 사실에서는 동일한 것이다. 이처럼 시민사회란 역사적 실체성을 갖는다는 점에서 "특정 사회구성체에서 국가를 뺀 모든 것"이라는 단순한 "잔여 범주"가 결코 아니다. 그러므로 전통적으로 우리가 '사회'라고 부르는 것을 '시민사회'라는 새 포장으로 '상품화'시킨 것과 다름없다는 손호철(1995: 21; 이 책의 19쪽)의 주장은 마르크스주의자들에게 사회구성체(social formation)라는 표현 대신에 사회구조(social structure)를 쓰면 어떻겠느냐는 억지와 다름없다. 시민은 계급만큼이나 역사적으로 실체성을 갖는 존재이다. 마르크스에게 있어서 시민사회는 바로 계급사회가 아니었던가?

나아가 손호철(1995: 20, 24)은 시민사회나 국가를 하나의 독자적인 행위자로 설정하여 한국정치를 국가 대 시민사회라는 대립적 역학 관계로 설명하는 방식을 격렬하게 비난한다. 왜 이 같은 설명방식이 잘못되었는가? 사회명목론과 실재론 간의 불필요한 형이상학적 논쟁을 재현하자는 것은 아닐 것이다. 그렇다면? 그는 "시민사회를 다양한 사회세력이 각축하는 공간으로 인식하여 그 내부구성과 균열구조"에 주목하는 것은 찬성하나, 국가나 시민사회를 개별적인 행위자로 인식하여 서로 투쟁하고 대립하는 것으로 파악하는 것은 오류라고 선언한다. 왜 하나의 사회세력으로서 시민사회를 집합적 행위자로서 개념화해서는 안되는가? 노동자계급의 핵심적 문제가 자본가계급과의 착취적-억압적 계급관계에 있는 것처럼 자율적 시민사회의 핵심적 성격도 강권적 국가와의 대립관계에 있는 것이다.

시민사회는 다양한 내부 구성을 갖는 독립된 하나의 영역인 동시에 국가라는 다른 영역과 끊임없는 상호 작용의 관계를 수행하는 "집합적 행위자(collective actor)"로 간주하여 설명할 수도 있다. 다만 행위자로서의 시민사회를 어떤 단일한 중심과 동질적 의지로 통합된 생명 유기체적 행위자로 간주하는 것은 부적절할 것이다. 실제로 시민사회는 자주 균열되고 갈등하는 무질서한 모습을 노출한다. 그러나 하나의 전체(혹은 집합적 행위자)로서 시민사회는 국가에 대하여 공통의 일관된 집합 행위를 표출함으로써 일정한 역학관계를 형성하는 것으로 파악할 수 있다. 요컨대, 시민사회를 영역으로 보느냐, 아니면 행위자로 보느냐 하는 점보다는 각축하는 세력관계의 행위-실천 공간으로서의 시민사회가 또 다른 세력관계의 행위-실천 공간인 국가와 구조적으로 맺게 되는 상호 갈등적인 권력관계가 가장 결정적인 문제인 것이다.3) 시민사회란 각종 세력집단들이 갈등하고 타협하는 하나의 역학적 공간으로 개념화될 수 있다. 이 같은 시각에서 볼 때, 손호철의 비판은 "주체 없는 역사(history without subject)"를 구축하려던 구조주의적 마르크스주의를 연상시키면서, 시민사회론의 핵심적 쟁점을 벗어난 엉뚱한 목표를 겨냥하며 출발하고 있다.

그렇다면 시민사회의 내부구성 혹은 내적 관계는 어떠한가? 놀랍게도 손호철(1995: 26-27; 이 책의 23쪽 이하)은 시민사회를 자본가계급을 중심으로 한 지배 블록과 노동자와 농민은 물론이요 중간 제 계층까지 포함하는 민중으로 양분하고 있다. 그렇다면 시민사회의 표상인 시민은 어디에 숨어 있는가? 자본가계급도 시민인가? 민중과 시민은 무엇이 다른가? 이 질문들은 결코 간단히 대답할 수 있는 성질의 것이 아니다. 다만 한 가지 분명한 사실은 시민사회의 시민은, 객관적 규정으로는, 국가와의 권력관계에 있어서 피지배적 위치에 존재하는 모든 사회구성원을 포괄한다. 그러나 계급의식이 없는 계급은 진정한 계급이 아니듯이, 폭력적 국가와 그것의 제도화된 각종 지배형태에 저항하는 시민의식이 없는 시민은 진정한 시민이 아닐 것이다.[4]

따라서 노동자계급도 혹은 민중도 얼마든지 시민에 포함될 수 있다. 단 그가 폭력혁명적 계급투쟁의 노선을 버리고 노동운동 혹은 시민운동에 의해서 사회를 변형시키고자 한다면. 이처럼 국가와의 권력관계(즉 지배-종속관계)라는 차원에서 규정된 시민이란 저항의식을 담지한 모든 피지배층을 포함하는 것이며, 국가는 폭력, 권력, 자본력 그리고 문화적 헤게모니를 배타적으로 장악하고 행사하는 세력집단과 더불어 지배층을 구성하는 것이다. 비록 국가부문에 종사한다 하더라도 피지배자적 지위와 강압적 국가체제에 대한 비판적-저항적 속성을 지닌다면 그는 시민에 속할 수 있는 것이다.[5]

손호철처럼 시민사회를 지배 블록과 민중으로 양분하는 것은 시민사회 내부의 권력투쟁을 혹은 갈등 양상을 부각시키는 데 도움이 될지 모르나, 시민사회와 국가의 관계를 분석함에 있어서, 적어도 시민사회론자가 보기에는, 혼란만 초래할 뿐이다. 대부분의 경우 그리고 일상적으로 정치적 지배세력과 자본가를 중심으로 구성된 지배 블록은 국가권력의 외연 혹은 기능적 대리인일 뿐이다. 차라리 국가와의 관계에서 피지배자로서의 속성을 갖는 시민을 생활세계의 차원에서는 생활인으로 규정하고, 경제의 차원에서는 (광의의) 노동자로 규정하면 어떨까? 어차피 고도로 분화된 현대자본주의사회에서 개별 인간은 다차원적 정체성을 가질 수밖에 없으며, 이 가운데서 가장 중요한 영향력을 행사하거나, 필수적인 자원을 제공하는 정체성이 대표적 지위가 되는 것이다.

민주와 반민주의 대립 구도가 퇴색된 오늘날 과거 민중운동의 지도자(혹은 민중세력의 지배권력자?)들이 여야 구별 없이 제도권 정당에 참여한 것은 개인의 정치적 선택문제 이전에 권력구조적으로는 권력(자)의 수평이동에 불과한 것이 아닐까? 혹은 일본의 경우나 한국의 경우처럼, 이념도 명분도 없이 이리저리 당적을 바꾸거나 새로운 정당을 만들면서 정치적 생존을 도모하는 것은 정치도덕이 실종되었기 때문이 아니라 지배권력(추구자)의 영원한 자기보존 속성일 뿐이다.

여야를 막론하고 정치개혁법과 부정부패방지법에 소극적인 것도 권력자들의 영원한 종족보존의 본능 때문이 아니겠는가?

국가의 자율성에 관한 손호철(1995: 30-32; 이 책의 26쪽 이하)의 논의는 한국의 국가는 계급적 본질에 있어서 자본가계급, 혹은 보다 구체적으로 독점자본의 국가였기 때문에 구조적으로 제한된 자율성을 지닐 수밖에 없었다고 본다. 그러나 시민사회론적 관점에서 볼 때, 국가는 거의 절대적인 권력을 장악하고 있었기 때문에 자본가를 포함한 모든 사회집단에 대하여 "무적의 국가"로서 군림하였으며, 자본가계급은 이 같은 국가의 보호막 속에서 적어도 노동자계급에 대하여는 "무적의 부르주아"로 행세할 수 있었던 것이다. 베버의 탁월한 지적처럼, 자본은 자본주의 사회에서 권력의 주요한 구성요소의 하나이다. 그러나 궁극적으로 자본(가) 없이도 국가는 성립할 수 있지만, 자본(가)은 국가(의 법적 정당화) 없이는 존재할 수 없다. 비록 국가는 때로 견제당하고, 공격받으며, 심지어는 파괴되기조차 하지만 현재까지 국가의 역사를 보면 항상 최종적으로는 불사조처럼 되살아나는 승리자였다.

여기서 우리는 최근 시민사회 개념을 분석적으로 보다 심화시킨 유팔무(1995: 375-377)를 검토해보자. 그는 시민사회의 형성, 성장, 혹은 활성화를 논할 때에는 "자본주의의 경제발전과 함수관계를 맺으며 성장 혹은 축소되는 (소비, 문화, 여가생활의 장으로서) 공간적 측면과 국가권력과의 관계 속에서 성장 혹은 억압되는 (물리적 강제력과는 다른 여론이나 정신적인 신념을 발휘하는 것과 같은 힘으로서의) 역학적 측면을 분리할 필요가 있음"을 역설한다. 그에 의하면, 시민사회의 역학적 측면은 공간적 측면의 확장 또는 축소와 직접적인 함수관계 속에 있지 않다. 필자의 판단으로는, 시민사회의 공간적 측면은 대체로 시민사회의 양적 팽창과 일치하는 것이며, 역학적 측면은 시민사회의 성숙과 관계된 것이다. 유팔무의 지적처럼, 1980년대 중반부터 현저해진 공간적 확장과 함께 1987년의 6월항쟁이나 노동자 대투쟁과 같은 민주화가 폭발적으로 촉진된 것은 사실이다. 그리고 역학적 측면 즉 시민사회의 성숙이라는 관점에서 볼 때, 국가권력은 아직도 시민사회 위에 군림하고 있는 반면, 시민사회의 힘은 국가권력을 압도하는 수준에는 훨씬 미치지 못한 상태에 있다.

다만 시민사회를 공간과 힘이라는 두 개의 상이한 범주로 구분하기보다는 (행위자로서) 역학 관계를 형성하는 "역학적 공간"으로 파악하는 것이 보다 타당할 것이다. 왜냐하면 유팔무가 의미하는 물리적 공간에서도 그 속성상 문화적 헤게모니와 정치경제적 힘이 부단히 행사되기 때문이다.

재차 강조하지만, 시민사회 내부의 계급적(예컨대, 중간계급과 노동자계급 간, 노동자계급 내부의 계층간, 빈민층과 중산층 간, 농민과 도시빈민 간의), 지역적, 성적, 세대간 이질성과 갈등은 국가 대 시민사회의 권력관계를 형성함에 있어서 매우 중요한 영향을 미친다. 그러나 이제는 더 이상 시민사회 내부의 계급관계만이 절대적 중요성을 지닌 결정적 요인이라는 주장은 수용하기 힘든 상황이다. 한국의 기층민중과 노동자계급은 이미 오래 전부터 경제적으로는 노동자 상층과 하층으로, 지역적으로는 영남과 호남, 수도권과 충청권으로, 그리고 이념적으로는 한국노총과 민주노총으로 분열되고 있었으며, 특히 한국사회에 고유한 각종 연고주의적 구속성에 의해서 파편화되고 있다. 만약 여전히 계급투쟁에 의한 혁명적 사회변화를 추구하는 의미의 계급이라면, 그것은 적어도 오늘의 한국에서는 고지식한 계급론자의 향수 속에 존재하는 것이 아니면, 19세기에 등장했던 낡은 이념에 매달린 유령에 불과할 뿐이다. 물론 시민사회론자에게도 "시민사회를 어떻게 진보적으로 형성시키느냐" 즉 시민사회 성숙의 과제는 매우 지난하지만 회피할 수 없는 것이다.

2) 이분모델 대 삼분모델

사실 손호철(1995: 21)의 시민사회 개념에 대한 비판은 국가 대 시민사회라는 이분법적 개념화에 대한 비판이지, 그가 은근히 선호하는 국가-시민사회-토대(경제)라는 상부구조의 이원화에 의한 삼분법적 개념화를 대상으로 한 것이 아니다. 이분법이냐 삼분법이냐 하는 이론적 논쟁은 현재에도 진행중인 것으로서 여전히 이론적 선택의 문제로 남아 있는 것이지 어떤 모범 답안에 의해서 정답 풀이가 끝난 시험문제는 아니다. 물론 '토대'를 독자적인 영역으로 설정하여 하나의 생산양식으로서의 자본주의 규정과 계급관계를 등한시하지 않는 '국가-시민사회-토대'라는 삼분법은 나름대로의 충분한 설득력을 지닌다. 특히 시민사회를 하부 구조적 토대로서만 이해하려 했던 정통 마르크스주의로부터 그람시적 의미의 상부구조로서 시민사회의 자율성을 인정하게 된 것은 이론적 진전이 아닐 수 없다.

그러나 현대 시민사회론의 재구성에 있어서는 삼분모델보다는 고전적인 그러나 수정된 이분모델이 이론적으로나 실천적으로 보다 적실성을 갖는다고 판단한다. 필자는 기존의 자유주의적 시각(국가와 시민사회의 대립)을 기본으로 전제하면서, 시민사회 내부에 마르크스의 경제와 하버마스의 생활세계를 두 개의 구성영역으로 포함하고, 궁극적으로 국가의 공동체적 재구성을 통하여 강권적 지배(즉 국가) 체제와 자본주의적 불평등의 소멸을 지향하는 자유해방주의적(libertarian) 시민사회론을 구축하고자 한다. 이 같은 우리의 입장을 코헨과 아라토에 대한 비판을 통하여 설명해보기로 하자.

주지하듯 코헨과 아라토는 하버마스의 체계와 생활세계에 관한 구분을 토대로 하여 국가, 시민사회, 경제의 삼분모델을 제시하고 있다. 킨에 대한 비판(Arato, 1986: 262; Cohen & Arato, 1992: 144)의 핵심적 내용은 국가-시민사회의 이분법이다. 즉 킨의 이분모델은 국가에 대한 저항과 견제를 목표로 하나 시장의 횡포를 제어하지 못한다는 것이다. 다시 말해, 경제영역을 시민사회의 주요 범주로 간주한다면 경제와 시민사회 간의 관계 혹은 경제가 갖는 자율성 및 독자적인 효과를 간과하게 된다는 것이다. 나아가 코헨과 아라토(Cohen & Arato, 1992: 3-7, 418, 464-469, 798)는 시민사회의 재구성에 있어서 이분적 대립 모델을 추구하는 신자유주의(neoliberal), 반정치주의(antipolitical), 반모더니즘(antimodern)을 시장사회를 재구성하여 이익집단이나 정당정치를 배제하는 반면 문화 및 사회운동이 주축이 되는 사회를 재건설하거나, 상호 부조성, 호혜성, 그리고 직접 협동에 기반을 둔 "탈분화적 사회경제(a dedifferentiated socially embedded economy)"를 구축하고자 하기 때문에 "환원주의적(reductionist)"이라고 비판한다.

먼저 킨에 대한 코헨과 아라토의 비판은 이분모델 자체의 문제라기보다는 킨이 이분법을 제시하는 방식이 설득력을 결여하고 있는 데서 기인한다. 즉 킨은 시민사회론을 개진함에 있어서 자유주의적 전통과 마르크스주의적 전통을 원칙 없이 결합하여 사회주의적 시민사회의 가능성을 모색하려 하였기 때문이다. 마르크스의 "시민사회=경제적 토대"의 등식을 묵시적으로 수용한 채, 그러나 경제결정론은 거부하면서(즉 시민사회의 자체 수정력을 과신하면서 혹은 자동조절능력에 기대하면서), 국가에 의한 시민사회의 지배라는 전제주의를 거부하는 자유주의적 전통을 견지하고 있기 때문에, 킨의 모델은 이질적 논리의 중첩성에 따른 자기 그물에 얽매여 있는 것이다.

실제로 킨(Keane, 1988: 15)은 국가와 시민사회의 분립 즉 양자의 대립관계를 "성숙한 민주주의적 정치사회 질서의 영원한 징표"라고 주장한다. 나아가 그는 국가의 안전보장적, 재분배적, 그리고 갈등조정적 기능이 없다면 시민사회는 새로운 형태의 불평등과 부자유에 직면하고 말 것이라고 경고한다. 코헨과 아라토가 하버마스적 균형 모델에 의존하고 있듯이, 킨은 국가와 시민사회의 균형을 강조하던 토크빌(Tocqueville)에 기대고 있다. 물론 필자의 자유해방주의적 시민사회론의 관점에서 볼 때, 킨의 모델은 유토피아적 해방 대신에 현실주의적 가능성을 추구한다는 이점을 가질지는 몰라도, 국가의 기능에 대한 낙관적 환상을 견지하고 있다는 점에서 비현실적이라 판단된다. 만약, 모든 시민사회론자들이 묵시적으로 혹은 공개적으로 인정하고 있듯이, 국가가 필요악(a necessary evil)이라면, 국가는 필요만을 충당하도록 최소화되어야 할 것이다.

한편 탈분화와 반정치성의 이유로 이분법을 비판하는 코헨과 아라토의 주장은 현존하는 대의정치와 자본주의적 산업발전의 불가피성과 필수성을 인정하고 있다는 점에서 지극히 자기 제한적이다. 그렇지만 현존하는 생태파괴와 사회경제적 불평등과 억압을 직시하지 않고 있다는 점에서 그것은 급진적이라고 하기는 어렵다. 사회적 혹은 산업적 성장의 속도를 완화하거나 감소시키는 것 혹은 자원절약적이고 생태 친화적인 방향으로 우리의 생활양식을 보다 소박하고 단순하게 변화시키는 것 이외에는 별다른 대안이 없는 전지구적 생태위기, 지역공동체를 형성하여 조속히 직접-참여민주주의와 협동적 경제체제를 구축하지 않고서는 치유할 길 없는 자본주의와 국가주의의 모순을 앞에 두고 우리는 더 이상 자기 제한적으로만 문제에 접근할 수 없다. 자기 확대적 급진주의가 요청되는 이유가 바로 여기에 있는 것이다.

따라서 경제를 시민사회에 포함시켜 삼분모델을 단순화시킨 것이 문제라기보다는 시민사회의 내부구조를 경제와 생활세계로 명확하게 구분하여 설명하지 않은 것이 킨의 잘못인 것 같다. 즉 경제의 독립성은 이분모델에 의해서도 얼마든지 인정될 수 있다. 예컨대 하버마스가 체계의 두 가지 형태로서 국가와 경제를 포함하면서도 양자를 권력과 화폐의 기능적 합리성으로 각각 독립적으로 설명하고, 나아가 의사소통적 합리성이 지배하는 생활세계와 대비시키고 있지 않은가? 마찬가지로 우리는 시민사회의 주요한 두 가지 영역으로서 경제와 생활세계를 생산과 소비, 노동과 여가-휴식, 이차적 관계와 일차적 관계 그리고 가장 중요하게 경쟁과 상호 협동의 대조적인 기능이 작용 또는 상호 작용하는 차원으로 설정할 수 있다. 경제와 생활은 동일한 사회적 행위의 연속된 그러나 양면적인 양식이 아니겠는가? 적어도 단순사회에서는 이 두 가지 행위양식은 고도로 통합되어 있었기 때문에 분리할 수 없었던 것이다. 비록 현대사회의 기술적 분업의 고도화를 감안하여 기능적인 측면에서는 구조적인 분화의 필요성을 인정해야겠지만, 규범적인 측면에서는 과다한 사회적 분업에 따른 노동의 소외를 극복하는 사회적인 통합의 장으로서 시민사회에 대한 개념화를 이론적으로 배제해서는 안될 것이다.

시민사회의 한 영역으로서 생활세계는 주로 생산에 대비되는 재생산의 영역인 만큼 시민사회는 생산과 재생산이 상호 작용하는 영역이다. 시민사회의 영역은 때로 모순적 갈등으로 계급(및 성, 인종, 환경, 지역) 투쟁의 장이 되기도 하나, 때로는 헤게모니의 지평으로서 합리화와 정당화가 모색되는 일상적 타협의 장이 되기도 하는 것이다.

나아가 이분모델의 적실성을 높여주는 또 하나의 사실은 시민사회의 주체인 시민은 생산과 재생산에 동일인으로서 참여하고 있다는 점이다. 시민은 경제에 노동자로 혹은 피고용인으로 참여하며, 동시에 생활세계에는 아버지, 종교인, 동창 회원, 투표인 등으로 참가하는 것이다. 물론 대부분의 경우 그는 국가부문의 특권적 지위 점유자는 아니다. 다시 말해 경제를 완전하게 독립적인 "부문"으로 정립하기 위해서는 화폐나 상품화의 논리라는 기능적 측면뿐 아니라, 경제구성인의 독립적 성격을 입증해야 할 것이다.

이처럼 이분모델은 시민사회에 규범성을 부여하여 경제와 생활, 생산과 소비, 일과 여가-놀이의 통합이라는 상실된, 그러나 포기할 수 없는 유토피아를 회복하려는 동태적 영역으로서 규정한다. 역사적으로 시민사회의 성립 이전에 시민사회의 원형으로서 인간의 자유로운 공동체적 결합이 존재하였듯이, 원래 가정과 일터는 분리되지 않았고, 일과 놀이-휴식은 연결되어 있었으며, 경제는 생활 그 자체이었다. 물론 이 같은 원

시공산사회적 동경이 고도의 기술적 및 사회적 분업이 진행중인 현대사
회의 대안으로서 적용되기에는 무리일지 모르나, 현대적 삶을 철책과 사
막으로부터 탈출시키는 유일하고도 확실한 길은 시민사회를 중심으로
사회의 원초적 공동체성을 회복하고 확산시켜 나가는 것이다.

　이제 이분모델의 상대적 우월성을 코헨과 아라토의 삼분모델이 지닌
문제점들을 비판함으로써 보다 분명하게 제시해보기로 하자. 코헨과 아
라토는 시민사회와 경제의 매개영역으로 경제사회(예컨대, 생산 및 분배
조직, 회사나 협동조합 등)를, 시민사회와 국가의 매개영역으로 정치사회
(정당, 정치조직, 의회 등)를 설정함으로써 시민사회를 국가와 경제 간의
상호작용의 영역(Cohen & Arato, 1992: 111)으로서 파악하고자 한다. 그들
은 비록 국가나 경제에 의한 시민사회의 침투 혹은 식민화가 보편적으로
진행되고 있지만 시민사회는 여전히 영향의 정치, 정체성의 정치, 혹은
신사회운동을 통하여 자신의 독립적 지위를 확보하는 동시에 저항의 거
점 혹은 진지전을 위한 대항 헤게모니를 구축할 수 있다고 생각한다.

　그렇지만 코헨과 아라토가 기대하는 의사소통적 합리성이 기능적 합
리성이나 행정적 합리성을 지배할 수 있는 담화윤리의 계기가 시민사회
에 선험적으로 내재되어 있는 것은 아니다. 그들의 삼분모델은 마치 "보
이는 손에 의한 현대판 마술"처럼 각 합리성들간의 합리적인 상호 경쟁
과 자기 제한적 보완으로 상호 관계의 균형과 안정을 유지하면서도 전체
로서의 사회관계를 개선시킬 수 있다는 급진주의에 기초하고 있다. 이것
은 지나친 낙관주의가 아니면 지루한 개량주의에 빠질 뿐이다. 생활세계
의 식민화를 거부할 수 있는 의사소통적 합리성의 영향력이 불확실하다
는 점에서 그것은 근거 없이 낙관적이요, 국가와 경제에 대한 영향력의
침투가 자기 제한적이라는 점에서, 다시 말해 영향력과 영향의 의미를
상대화시킴으로써 그것은 자기 제한의 자족감이라는 현상유지적 개량성
에 머무르는 것이다. 코헨과 아라토의 삼분모델이 지닌 결함은 두말할
것 없이 원래의 하버마스 모델이 지닌 근본적 제약성 즉 합리성에의 집

착과 이로 인한 의사소통적 계기의 선험적 전제로 인하여 코헨과 아라토 또한 대화나 담론의 최종적 순간의 치유능력을 과대평가하는 데서 기인하는 것 같다. 결국 권력과 화폐는 코헨과 아라토에 의해서 "필요악"(Alexander, 1993: 880)으로 수용되며, 이것들에 대한 근본적인 부정은 "총체적 혁명(total revolution)이나 탈분화"의 오류를 초래할 것이라고 기피하는 것이다.

코헨과 아라토의 삼분모델에서 가장 취약한 부분은 그들이 정치사회와 경제사회 간의 관계를 명확하게 규정하지 않음으로써 경제에 대한 국가의 침투 혹은 국가에 대한 경제의 개입문제를 기능적 합리성들간의 단순한 기능적 관계로 파악하는 데 있다. 아마도 그들은 이분모델에 대한 경계심으로 인하여 경제의 권력구조를 애써 외면하려 했던 것은 아닐까? 한편으로 경제는(필자처럼 시민사회의 한 영역으로 간주하더라도) 분명히 화폐나 상품으로 변형된 권력이 지배하는 장이다. 동시에 경제의 상층부를 점유하는 특권적 자본가계급은 국가부문의 지배자들과 세력동맹을 형성하여 정치적 권력과 화폐적 권력의 충돌을 방지하거나 갈등을 축소시키고자 한다.6)

그러나 다른 한편으로 경제는 노동운동이나 산업민주주의가 전개되는 탈권력화의 장이기도 하다. 적어도 삼분모델에서는 이 같은 경제 내부의 다양한 모순적 관계를 적절히 설명할 수 없다. 이분모델에서는 아래의 <그림 1>에서 제시되고 있듯이, 경제가 국가부문 및 생활세계와 형성하는 역학관계(예컨대, 노동운동과 소비자운동)를 보다 입체적으로 설명할 수 있다.

이처럼 시민사회와 국가의 대립을 상정하는 이분모델은 공공영역과 같은 매개영역을 부정하지 않는다. 그러나 우리는 이 중간지대의 정치적 성격에 주목하여 정치사회라는 개념을 선호한다. 다만 정치사회는 시민사회나 국가에 의한 운동정치, 문화정치, 제도정치 등이 상호 포섭과 배제의 전략을 통하여 영향력의 확대 혹은 헤게모니의 장악을 추구하는 투

<그림 1> 국가-시민사회의 내부구성과 역학관계

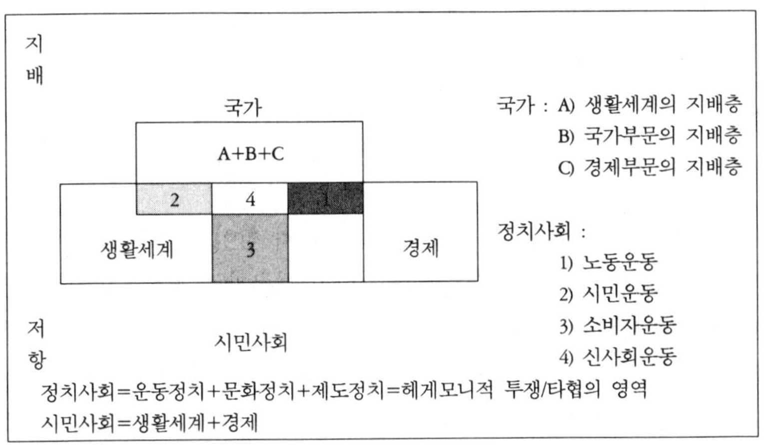

쟁과 타협의 매개영역이라 할 수 있다. 요컨대, 이분모델은 시민사회의 자유로운 정치적, 경제적, 문화적인 연합과 연대를 파괴하는 근본 세력으로서 국가를 분명하게 대립항으로 설정함으로써 이론적 비판과 실천적 저항의 대상, 방법, 강도, 전략에 있어서 끊임없이 급진성을 유지할 수 있다. 더욱이 시민사회 내에 경제를 포함시킴으로써 노동과 여가의 통합, 노동운동과 시민운동의 연대와 같은 구체적인 실천전략을 모색할 수도 있다.

그러나 국가와 시민사회의 역학관계는 다양한 역사적 유형을 유지하면서 존재할 수 있다. 한 시점의 한 사회에서 강한 시민사회와 강한 국가는 동시에 존재할 수 없는 것인가? 손호철의 생각과는 달리, 국가와 시민사회의 권력관계는 상황에 따라서는 제로섬이 아닐 수도 있다. 만약 국가의 민주화를 국가의 약화, 시민사회의 강화라고 보는 단순논리를 채택하지 않는 한, 국가는 시민사회의 힘에 지배를 받으면서도 얼마든지 강한 국가가 될 수 있다. 다만 이 경우 "강하다" 혹은 "약하다"의 의미를 어떻게 규정하느냐에 대해서는 이견이 존재할 수 있을 것이다. <그림

〈그림 2〉 국가-시민사회의 역학관계

세력 주체		시민사회	
	세 력	강	약
국	강	C	B
가	약	D	A

2>에서 제시되고 있듯이, 시민사회나 국가의 힘이 모두 약한 국가 출현 이전의 상태(A)로부터, 신정(神政)국가나 봉건국가 체제의 출현이나 근대 국가의 형성과 함께 점차 국가의 힘이 강화되는 단계(B)를 거쳐, 시민혁명이나 민주화에 의해서 시민사회의 대항력이 다시 상승하는 수준(C)에 도달하여, 마침내 사회에 의한 국가의 공동체적 변형이 진행되는 과정(D)으로 나아갈 수 있다.

자본주의사회에서 자본가는 구조적으로 국가와 무적의 동맹관계를 형성하고자 할 것이므로 노동자로서 혹은 시민으로서의 개인들이 국가의 다양한 타율적 통제와 강제에 효과적으로 대처하기 위해서는 노동자와 시민이 연대전선을 구축하는 길(혹은 노동자계급과 시민의 역사적 주체로서의 통합된 정체성 형성)밖에 없다(김성국, 1991). 바로 이 같은 역사적 과제 때문에 우리는 국가, 경제, 시민사회가 분할 지배하는 삼분모델의 타협된, 그러나 모순적인 균형체계보다는 국가 대 시민사회라는 긴장과 갈등이 예고된, 그러나 시민사회의 최종적 승리를 추구하는 이분모델의 단순하나 분명한 그리고 변화지향적 대립관계를 선호한다. 뿐만 아니라 시민사회의 영역 내에 경제를 위치시킴으로써 노동자(계급)과 시민의 통합을 모색할 수 있으며, 바로 이 같은 통합을 통하여 인간소외를 지양하는 해방적 잠재력도 획득할 수 있는 것이다.

3) 한국 시민사회의 형성

해방 정국의 역사적 전개는 이승만 체제와 시민사회 사이의 치열한 갈등 즉 "국가 대 시민사회"가 아니라 "국가 대 민중" 다시 말해 "국가와 시민사회의 일부인 지배계급간의 동맹 대 나머지 시민사회를 구성하는 민중 간의 투쟁"이라는 관점에서 파악해야 한다고 손호철(24-27; 이 책의 22쪽 이하)은 시민사회론을 비판한다. 여기서 우리는 비판자의 시민사회에 대한 두 가지 오류의 가능성을 발견하게 된다. 무슨 근거로 1945년 일제의 식민지로부터 갓 독립한 한국의 해방 공간에 시민사회가 성립되어 있다고 주장할 수 있는 것인가? 그 당시에는 어떤 국가가 우리에게 존재하고 있었던가? 미군정체제라는 신식민지 파시즘 국가인가? 적어도 최소한의 이념형을 기준으로 하더라도, 시민사회가 성립되기 위해서는 근대 주권국가라는 형식적 파트너가 있어야 하고, (자본주의적) 산업화(혹은 노동자계급의 성장)와 함께 진보적 부르주아(혹은 정치적 민주화를 요구하는 중산층)의 성장이 전제되어야 한다. 그렇지 않으면, 동학혁명도 시민혁명이 될 수 있고, 항일 독립운동도 시민운동이 될 수 있다. 요컨대, 한국의 해방 공간에는 아직도 시민사회가 자리잡고 힘을 발휘할 수 있도록 만드는 교양있는 시민도, 이기심에 충실한 장사꾼도 없었다. 오직 존재하였던 것은 국가건설이라는 구식민지국가들에게 공통된 역사적 과제를 좌우의 이념으로 무장한 소수 지배집단이 자신들의 권력투쟁을 위한 명분으로 사용하였고, 거기에 소용돌이처럼 휘말려 들어간 "동원된 민중"이 존재할 뿐이었다.

우리의 민중들이 막걸리와 고무신 선거를 거쳐 4·19시민혁명의 대열에 동참하기 위해서는 아직도 긴 시간이 필요한 것이었다. 그러나 4·19는 미완성의 혁명으로 끝나고, 그나마 다시 맞았던 '서울의 봄'마저 배신당하나 5·18로 폭발하여 마침내 6·29를 획득하게 되는 민주화의 대장정을 통하여 한국에서 시민사회가 성립되기까지에는 또 한번의 기다림이 필요한 것이었다. 한국의 시민사회는 모래시계의 비극적 종말에서 혹은 민중이 최종적으로 승리하는 순간 그 역사적 모습을 전면에 부각시켰던 것이 아닌가? 이 같은 의미에서 해방 공간의 분석을 위하여 시민사회의 개념을 적용하는 것은 부적절하며, 더욱이 시민사회가 지배 블록과 민중으로 구성된 것으로 파악하는 것은 이해할 수 없다. 국가권력의 유지와 강화를 대변하는 지배 블록 혹은 지배계급은 결코 시민사회 세력을 구성하지 않는다.

친일지주와 자본가계급들은 시민사회의 대변자가 아니라 권력투쟁에 참여한 지배 블록의 한 분파에 불과한 것이다. 물론 당시에도 시민사회적 비전과 문제의식을 가진 한국인들과 정치지도자가 전혀 부재한 것이라고 단정지을 수는 없겠지만, 여전히 대다수의 한국인은 과거의 착하고 어진 백성으로서 지녔던 신민적 속성과 항일 애국심으로 뭉쳐진 국민적 속성을 강력하게 보유하였던 것이다. 역사적으로 봉건체제나 제국주의적 식민지체제에 저항하면서 근대국가를 건설하려는 과정에서 등장하는 세력은 시민이 아니라 민중이라고 규정하지 않는가? 마찬가지로 일단 성립된 근대국가의 정치적 억압에 대항하는 민주주의 세력집단을 시민이라고 규정하며, 그리하여 국가의 강제력으로부터 분리된 자율적 공간을 시민사회라고 지칭하였던 것이다. 다만 서구의 시민사회는 역사적으로 자본주의의 발전과 함께 성장하였기 때문에 시민은 프롤레타리아와 부르주아라는 적대적 계급으로 양극화되었으며, 시민사회도 삶터와 일터가 확연히 분리되는 가운데 기능적으로 (여가와 소비-재생산 그리고 의사소통이 이루어지는) 생활세계와 (일과 생산이 중심이 되는) 경제의 양대 부문으로 분화된 것이다.

그리하여 손호철(1995: 34-37; 이 책의 29쪽 이하)은 과연 "한국의 민주화는 시민사회의 성장에 의한 것이냐 아니면 민중운동 내지 민중부문의 성장에 의한 것이냐?"는 질문을 던진다.[7] 우선 필자에게는 민주화의 논공행상을 하자는 듯한 이 같은 질문 자체의 적실성이 의심스럽다. 손호철은 한국의 경제적 지배계급 즉 독점자본은 정치적 성향에 있어서 서구나 남미의 자유주의적 부르주아와는 전혀 상이하게 민주화 혹은 반정부 세력으로서의 활동을 수행하지 않았기 때문에 한국의 민주화에 거의 기여하지 않았다고 주장한다. 그 대신 "한국의 민주화를 가져다준 것"은 "민중부문의 성장" 때문이다. 이 점에 대하여는 필자는 물론 부분적으로 동의한다.

그러나 문제는 그가 자본가계급을 민중과 함께 시민사회의 양대 부문으로 개념화하고 있기 때문에 이 같은 불필요한 문제를 제기하는 것이다. 적어도 시민사회론을 기본적으로 수용하려는 사람이라면, 역사적으로 시민사회의 성장과 초기 민주화의 전개 간에는 강력한 선택적 친화력 혹은 긍정적 상관관계가 있었음을 부정하지 않는다. 물론 시민사회의 성장과 성숙을 그 자체로서 민주화의 주요한 지표로도 파악할 수도 있기 때문에 양자간의 엄밀한 인과관계를 설정하기 위해서는 시민사회의 성장과 민주화에 대한 보다 구체적인 개념화가 선행되어야만 할 것이다. 그리고 계급주의자로서 그가 한국정치의 억압성과 반민주성의 근원적 원인을, 계급적으로 균열된 한국 자본주의의 토대에서 발견하는 것은 그의 자유이지만, 그와는 달리 군부 독재국가의 강권성에서 발견할 수 있는 우리의 권리를 무시해서는 안된다. 절대권력국가가 절대적으로 부패하듯이, 절대논리 또한 절대적으로 파산할 수 있다. 민주화의 원인을 "광의의 국가 내지 권력 블록과 민중 간의 힘의 역관계의 변화"로 규정하는 그가 왜 보다 역사적-구조적 차원에서 개념화된 국가 대 시민사회라는 권력관계를 애써 외면하려는지 이해하기 힘든다.

그렇다면 문민정부하에서의 정치개혁을 포함한 1987년 이후의 정치적 변화는 국가-시민사회론의 시각에서는 어떻게 설명될 수 있는 것일까? 손호철(1995: 37-44; 이 책 33쪽 이하)에 의하면, 문민정부란 기껏해야 "제한된 정치적 민주주의"의 수준에 머무른 채, 정치적으로는 지배 블록과 민중과의 관계를 정상화-민주화시키기기보다는 "지배의 효율성을 제고"시키기 위하여 "권력 블록과 지배 블록의 합리화"를 추구하고, 경제적으로는 "반자본적인 정책"이 아니라 "총자본적인 정책"을 구사함으로써 "문민 개발독재"로 나아가고 있을 뿐이다. 한편 "6공 출범 이후 뚜렷한 투쟁 대상으로서의 독재세력의 실종, 소련과 동구의 몰락에 따른 이데올로기 지형의 변화 등에 의해서 중간 제 계층이 보수화되어 기층 민중으로부터 분리되었고, 기층 민중을 중심으로 한 민중운동 역시 위기에 처함으로써 문민정부에 개혁을 강제할 수 있는 사회적 동력이 상실(=민중운동의 약화)되고 있다.

만약 손호철의 주장대로 1987년 이후 시민사회가 계속 팽창해왔는 데도 불구하고 현재 한국에서 민주화가 지연되거나 정체하고 있다면, 그것은, 그의 기계론적 유추와는 달리, 시민사회가 퇴조하였기 때문이 아니라, 시민사회의 양적인 성장이 질적인 성숙으로 전환되지 못하고 있기 때문이다.[8] 서구 민주주의 역사를 보더라도, 프랑스의 위대한 시민혁명에도 불구하고 숱한 민중적 반동과 시민적 반혁명이 민주화의 대장정에 암초로 나타났으나, 결국은 시민(권 확대)운동의 확산으로 시민의식을 내면화하게 된 (노동자를 포함한) 중산층이 사회의 주도세력으로 등장하면서부터 민주화는 돌이킬 수 없는 역사적 추세로 전개되지 않았던가? 물론 한국의 민주화 수준은 아직도 극히 제한적이며, 시민사회의 기반 또한 매우 불안정하다. 그렇지만 한국의 현 단계 민주화과정을 너무 성급하게 "부정적으로만" 판단하려 들지는 말아야 할 것이다. 벌써 박정희 정권에 대한 평가도 각양각색이 아닌가? 비록 양자는 매우 밀접하게 연관된 것이기는 하지만, 시민사회의 성장(법적 시민권의 확대, 각종 제도적 정비와 확장, 생활양식의 분화 및 자발적 집단의 조직, 대중매체의 확산 등)과 성숙(시민의식과 시민윤리의 내면화, 여론형성 과정의 민주화와 여론의 영향력 증대, 시민참여의 제고와 시민운동의 기반 확장 및 활력 유지, 그리고 직접-참여민주주의와 사회 경제적 민주주의의 실현 등)은 개념적으로 구분할 필요가 있다.

4) 한국 시민사회의 과제

시민사회에 대한 손호철(1995: 45-46; 이 책의 36쪽 이하)의 불신은 마침내 시민사회는 민주주의의 보루라는 통념을 비판하기에 이른다. 시민사회론은 결코 국가체제를 무조건적으로 부정하지 않는다. 단지 억압적이고 착취적이며 폭력적인 강권국가를 대상으로 비판하고, 저항하며, 때로는 거부할 뿐이다. 나아가 시민은 천사가 결코 아니다. 모든 고전적 시민사회론자는 처음부터 이 점을 철저히 인식하고 있었다. 주지하듯, 초기의 부르주아는 세련된 교양인, 탐욕적 장사꾼, 진보적 정치의식의 소유자이나 프롤레타리아에 대해서는 냉담한 지배자였다. 시민사회는 오늘에 이르기까지 여전히 반동성과 보수성을 선호하는 불안정성을 지속적으로 노출하기도 한다. 그렇다면 시민사회 성립의 역사가 극히 최근에야 이루어진 한국에서, 최장집(1993)처럼 도덕주의자의 칼을 들고 우리 한국의 시민들(민중론자에게는 대단히 불행한 일이지만, 이들의 대다수는 또한 민중이기도 하다)에게서 나타나는 중우성을 개탄하고, 시민사회의 보수성 내지 반민주성을 일방적으로 질타할 필요는 없다.

계급주의자로서의 손호철은 어쩔 수 없이 국가에 대한 미련을 버리지 못하고 있는 것 같다. 국가는 독재의 근원이 아니라는 그의 주장, 국가를 재구성하여 국가의 실패를 만회하자는 그의 해결책은 매우 합리적으로 보일지 모른다. 왜냐하면 그에게 있어서 모든 문제의 장본인은 언제나 표면에 나선 국가가 아니고 숨어 있는 자본주의와 독점자본가계급이기 때문이다. 그러나 역사적으로 국가는 언제나 폭력의 독점체로서 방치하면 부패하거나 독재화하려는 속성을 지니고 있을 뿐이었다. 러시아혁명이 이처럼 비극적으로 파산하고 만 중요한 원인의 하나도, 불필요하게 프롤레타리아독재의 원리에 따라 강력한 국가기구를 존속시킨 결과 때문이 아니었을까? 나아가 모든 자본가계급의 힘은 국가의 법적 보호(예컨대, 사유재산권)를 통해서 유지 혹은 강화되거나, 혹은 법적 제재(예컨대, 독과점금지법, 공정거래법, 노동권 등)에 의해서 축소 혹은 약화될 수 있다는 점에서, 그들은 이미 국가권력의 주요 구성원이요 때로는 주체적 행위자이기도 하다. 특히 현대의 거대 독점자본가는 이미 전세계적인 네트워크를 구축하여 기업국가의 형성을 준비하고 있다. 현대나 삼성은 이미 국가보다 더 효율적인 조직과 기능을 지니고 있지 않을까? 그래서 현대자본주의를 국가와 독점자본이 통합된 국가독점자본주의라고 하지 않는가? 다시 한번 강조하거니와, 자본주의는 국가 없이 존재하지 못하나, 국가는 자본주의 없이도 존재할 수 있다.

물론, 필자의 시민사회론은 현존하는 강권적 국가체제를 재구성하여 국가란 시민사회를 조정하는 최소한의 공동체적 기능만을 수행하도록 요구한다. 이 경우 국가는 이미 오늘날 우리들이 알고 있는 바의 국가와는 질적으로 엄청나게 상이한 것이 될 것이다. 우리에게는 또다른 국가가 있을 수 있다.[9]

마지막으로, 손호철(1995: 51; 이 책의 45쪽)의 "떠오르는 태양론"에 의하면, "……한국정치연구에 있어서 국가-시민사회론은 이제 더 이상 새로운 패러다임도 떠오르는 태양도 아니다. 그것은 이미 진부한 1990년대 초기의 문제의식이고 이제 떠오르는 태양은…… 국가-정치사회-시민사회라는 삼분법이다".

이미 수많은 그람시 연구에서 제시되었고, 코헨과 아라토가 하버마스의 논의를 계승하여 언급한 바 있는 삼분모델은 오늘날 시민사회론자들의 인기있는 모델이 되고 있다.[10] 이분모델을 주장하는 필자로서도 상호작용의 영역으로서 정치사회 혹은 경제사회를 설정하여 분석에 활용하는 것에 아무런 이의가 없다. 그러나 손호철처럼 그것을 좌파적 의미로 해석하여 계급투쟁이나 선거사회주의 프로젝트와 연결시켜 이해하려는 것에는 동의하지 않는다. 모든 상호작용 관계에는 중간-매개지대 혹은 접합영역이 형성되게 마련이다. 특히 현대사회에서는 국가의 시민사회에 대한 침투(예컨대, 생활세계의 식민화)가 확산되어 있으며, 반대로 시민사회에 의한 국가의 흡수(국가 기능의 민간화 혹은 시민참여)도 꾸준히 전개되고 있다.

이 점에 있어서 정치사회는 시민사회 대 국가의 권력관계를 보다 역동적으로 파악하기 위한 개념적 세련화라고 할 수 있다.[11] 마치 노자간의 계급갈등을 제도화하기 위하여 노동조합이 탄생되었듯이, 정치사회도 역사적으로는 국가 대 시민사회의 직접적 충돌을 회피하기 위한 제도적 장치로서 국가에 의해서 혹은 시민에 의해서 고안되거나 요구된다. 예컨대, 정당의 기원만 고찰해보더라도 그것은 한편으로는 시민사회의 정치적 참여욕구를 수용하지만, 다른 한편으로는 정당 지배자의 권력투쟁이나 권력유지의 기능을 수행하는 양가성을 지니는 것이다. 오늘날 한국의 정당도 마찬가지 성격을 지니고 있는 것이다. 그러므로 정당은 그 기능과 역할에 있어서는 정치사회의 영역에 부합되는 것이지만, 내부적으로 그 조직과 운영을 해부한다면 거기에는 정도의 차이는 있겠으나 여전히 지배와 종속이라는 권력관계가 엄존하고 있는 것이다.

결국 '국가 대 시민사회'에 '정치사회'를 가미한 삼분모델은 권력관계에 대한 설명력을 다소 높여줄지는 몰라도, 권력관계의 본질 그 자체에 대해서는 아무런 새로운 해석을 제공하지 못한다. 손호철도 서구에 있어서조차 "독자적인 정치사회는 사실상 신화에 불과하고 정당은 대중통합기구화 내지 의사국가장치화되어 사실상 국가권력의 전동 벨트로 기능"하고 있음을 비판하고 있다. 그런데도 왜 삼분모델만이 떠오르는 태양인가? 차라리 정치사회를, 특정한 제도적 기구(정당, 선거)로서 설명하려는 대신에, 권력획득을 목표로 하는 국가의 제도정치와 영향력의 행사를 목표로 하는 시민사회의 비제도정치 혹은 운동정치간의 상호작용 관계 내지 상호작용 과정으로서 파악하는 것이 보다 합당할 것 같다.

3. 한국 시민사회의 구조적 취약성

정치적으로, 한국은 학생운동과 노동운동을 중심으로 한 민주화운동을 통하여 군부독재체제로부터 민주적 체제로 전환하고 있다. 이 같은 통치체제의 변화와 함께 그간의 급속한 경제발전에 따른 사회구조적 분화와 중산층의 대두를 토대로 하여, 한국사회 또한 획일적이며 수동적인 신민(臣民)사회로부터 다원적이고 능동적인 시민사회로 서서히 탈바꿈하고 있다. 특히 1990년대를 맞이하면서부터 각종의 자발적 시민조직과 시민운동들이 폭발적으로 대두하였으며, 지방자치제가 활성화되기 시작하였다.

그러나 한국의 시민사회는 아직까지 양적 성장(예컨대, 법적 시민권의 보장, 생활양식과 사회조직의 분화 등)의 범주에 머물러 있을 뿐, 질적 성숙(예컨대, 철저한 권력분산의 보편화, 시민참여의 제도화, 시민의식의 내면화 등)의 측면에서는 여전히 매우 취약한 수준이다. 다시 말해, 형식적 대의민주주의의 틀은 그런 대로 유지, 보완해나가고 있으나, 실질적 민주주의(혹은 경제적, 사회적 민주주의와 직접민주주의)의 구축을 위한 제도적 개혁과 규범적 내면화는 상대적으로 지지부진한 상황이라 하겠다. 이 같은 한국 시민사회의 불안정성은 무엇보다도 시민사회의 성숙을 가로막는 한국 특유의 역사 문화적 조건과 구조적 제한성 때문에 발생하는 것이다.

서구와는 달리, 한국의 시민사회는 강력한 중앙집권적 국가주의의 전통, 분단구조에 의한 국가건설의 미완성, 연고주의 문화에 따른 시민사회의 분열과 과소합리화, 국가, 자본, 그리고 언론의 삼각 지배동맹, 시민사회의 과도한 정치화, 복지국가적 기반의 취약성, 시민운동의 풀뿌리화 저조라는 특수성을 시민사회의 형성과정에서 드러내고 있다. 이 같은 시민사회를 위축시키는 구조적 제한성으로 인하여 시민사회는 폭발적인 외형적 성장에도 불구하고 내적 성숙의 전기를 확장시키지 못하고 있다.

그리하여 지배집단은 국가주의적 압력과 설득을 구사하여, 시민사회를 (지역이기주의라고) 매도하거나, (선심성-특혜성 국책사업을 제공함으로써) 순치시키고자 한다. 한국에서, 비록 그 폭력적 강도는 약화되었으나, 국가와 자본은 여전히 무적의 황금동맹을 맺은 채 시민사회를 잠식하고 있다. 바로 이 같은 이유 때문에도 우리는 "국가 대 시민사회"라는 대립 갈등하는 이분모델을 한국 시민사회의 분석틀로서 선호하였던 것이다.

1) 강력한 중앙집권적 국가주의의 전통

한국은 일본의 제국주의적 군국주의에 의한 식민지 지배를 경험하였고, 해방 이후에도 분단상황을 빌미로 하여 식민지적 잔재를 청산하지 않은 채, 이를 정치적으로 활용하여 지배집단은 강력한 중앙집권적 권위주의 체제를 구축하였다. 물론 역사적으로도, 한국사회는 서구적 봉건주의를 거치지 않고 삼국시대 이후부터 오랜 기간 국가주의체제를 수호하여 왔기 때문에 오늘날에까지 관존민비나 행정-정치만능의 풍조가 여전히 맹위를 떨치고 있다.

군부독재체제가 사라지고 민간정부가 들어선 지금에도 문민독재라는 비판이 분분한 현실을 고려할 때, 강권적 국가주의의 뿌리가 한국사회에 깊숙이 착근되어 있음을 실감할 수 있을 것이다. 나아가 몇 년 전부터 지방자치제가 다시 실시되고 있기는 하나 권력의 지방분산은 극히 미미한 수준에 불과할 뿐이다. 아울러 서울을 중심으로 한 수도권의 비대화는 중앙집권주의를 합리화하는 근거로 사용될 수도 있다.

2) 분단구조에 의한 국가건설의 미완성

역사적으로 국가건설이 상당히 진전되기까지에는 당연히 국가중심주의가 사회적으로 득세하게 마련이다. 그런데 한국의 경우, 남·북한 모두 이미 국가건설은 어느 정도 완료한 셈이지만 통일국가의 건설이라는 미완의 과제를 남겨두고 있기 때문에, 권력집단은 필요에 따라서 국가주의를 언제든지 동원할 수 있다. 남한의 경우에는 통일논의가 본격화되거나 혹은 통일 가능성이 가시화되더라도 북한측에 의한 무력도발의 징후가 발견되면, 즉각 전쟁가능성에 대한 비상시국적 위기의식이 고조되고, 국력이나 자원의 신속한 대량동원과 일사불란하고도 강력한 여론통합의 필요성이 제기되어 국가주의가 재차 강화되는 상황이다. 특히 많은 젊은 이들은 청년기를 군대에서 보내면서 국가주의적 권위와 기율에 순응하는 훈련을 무의식적으로 받고 있는지도 모른다. 남한의 많은 사람들이 상정하는 통일된 한국의 모습이란 강력한 단일중심의 국가체제이지, 자치적인 지역들이 느슨하고도 자유롭게 결합된 연방주의체제는 아닌 것 같다.

3) 민족주의와 국가주의의 혼합

한국의 역사는 수많은 외침에 저항하는 민족투쟁의 역사이었다. 특히 조선말에는 제국주의적 세력에 대한 민중적, 민족적 각성이 엄청나게 고조되었으며, 봉건적 사회질서를 대체하려는 시민사회적 욕구가 서서히 형성되고 있었다. 그러나 일제에 의한 식민지화는 이 같은 역사적 과제를 민족독립과 자주국가 건설이라는 민족주의적인 동시에 국가(건설)주의적이기도 한 이념적 지향성을 한국사회에 매우 강력하게 확산시켜왔다. 그리하여 한국에서는 지금까지도 줄기찬 반일의식과 하염없는 통일 염원 그리고 최근에는 국제 스포츠 대회 우승의 감격을 갈구하는 스포츠 민족주의가 전통적인 국가주의와 끊임없이 상호 보강 작용을 하고 있다. 벌써부터 월드컵 유치와 국가주의는 민족주의의 좋은 파트너가 되어 우리를 유혹하고 있지 않은가?

4) 연고주의 문화에 따른 시민사회의 분열과 과소합리화

시민사회의 분열은 고전적 의미로는 계급적 분열을 의미하는 것이다. 그러나 한국의 시민사회에서는 각종의 연고주의적 집단화로 인하여 계급적 갈등은 제한적으로 표출되는 반면 지연, 학연, 혈연 등에 의한 시민사회의 내적 갈등이 구조화되어 있는 형편이다. 이 같은 자집단중심주의에 입각한 배타적 혹은 특수주의적 연고집단의 존재는 사회의 합리적 다원화를 억제할 뿐 아니라, 개인주의적, 합리적인 의사결정과 사고-행위양식의 확산을 방해할 수 있다. 이처럼 한국의 연고주의는 사회적 합리화의 장애요인으로 작용하고 있다.

특히 지역감정은 선거 때마다 태풍처럼 등장하여 선거판을 싹쓸이 분할하는 마력을 발휘하고 있다. 비록 지연주의적 투표행위를 해당 지역주민의 합리적 선택으로 간주할 수 있을지 몰라도, 그것은 (국가권력의 쟁취를 일념으로 하는 즉 국가주의의 영원한 옹호자인) 중앙에 있는 지배정치집단의 지역분할 구도를 재생산할 뿐이며, 지역갈등과 지역간 불평등을 더욱 조장할 수 있는 것이므로 자율적 지역 시민사회의 형성에 매우 부정적인 결과를 초래한다.

실제로 1960년대부터 시작된 근대화는 물량 위주의 산업화에만 치중하였기 때문에 의식이나 가치 그리고 제도의 합리화는 상대적으로 소홀히 진척되었을 뿐이다. 나아가 근대화 과정 자체가 지나치게 빠른 속도로 전개된 결과 한국인의 생활세계에는 여전히 전근대적인 요소와 근대적인 요소가 혼합된 채, 일종의 문화 지체적 현상이 세대간, 계층간, 지역간, 부문간에 노출되고 있다. 특히 감정성에 기반을 두며, 특수주의적이고 집합주의적 가치관에 입각한 연고주의 문화가 전체 사회관계를 지배하게 됨으로써 보편주의적 규범이 시민사회에 제대로 확산되지 못하는 실정이다. 연고주의적 집단 문화 속에서 합리적 토론은 인간관계적 정리에 의해 무시되거나, 의사소통적 합리성은 사적 친밀성에 의해 압도당할 가능성이 높다. 한국에서 학문과 예술분야의 비평풍토가 아직도 정착되지 못한 것은 비판과 토론의 공론적 합리성보다는 사적 친밀성이 우선시되는 연고주의 문화 때문이다. 최근 지구화 및 정보화의 추세와 함께 새로운 문화변동의 바람이 일고는 있으나 아직까지 그것은 이국적인 것과 다양성에 대한 호기심의 차원을 크게 벗어나지 못한 채, 어떤 국제주의적 혹은 보편주의적 가치나 행위양식을 수용하려는 단계로까지 고양되어 있지는 않다.

불행히도 한국의 생활세계는 (상호주관성에 바탕을 둔 이해와 합의를 추구하지 않고, 효율성을 지향하는) 화폐나 권력에 의해 식민화되고 있다는 사실만큼이나 생활세계 자체가 연고주의 문화의 영향 아래서 비합리적 성격을 온존하고 있다. 어쩌면 근대적 관료제도의 도입에 의해서 국가체계는 어느 정도 합리화되어 있을지 모른다. 그러나 연고주의적 문화가 지배하는 한국의 생활세계에서는 인간의 자연스런 언어적 상호작용 속에 내장되어 있는 의사소통적 합리성이 제대로 동원될 수 있는 통로가 극히 제한되어 있다. 나아가 이 같은 생활세계의 부정적 속성은 체계 전반에 침투하여 목적합리성 자체의 효율적 조절 기능마저 훼손(예컨대, 인재등용의 편파성, 산업입지 선정의 특혜성 등)시키고 있는 것 같다.

그러므로 한국에서는 먼저 생활세계 자체의 탈주술화, 즉 합리화를 강력하게 추진하지 않으면 안될 것 같다. 이를 위해서는 무엇보다도 시민운동적 차원에서 배타적 연고주의 문화를 관용적 공동체 문화로 전환시키려는 노력을 기울여야 할 것 같다. 이와 더불어 국가정치를 기존의 "민주 대 반민주"라는 해방정치적 명분 싸움이나 권력투쟁으로부터 탈피시켜, "더 많은 민주냐 더 적은 민주냐" 하는 실질적인 생활정치로 전환시키는 운동정치를 전개해야 할 것 같다. 이 같은 전환은 노동운동을 포함하여 모든 민간 주도의 신사회운동 조직이 이념 주도형, 명망가 중심형, 거대화, 중앙집중화 등의 유혹을 거부하는 자기 변신의 의지를 갖출 때만이 가능해질 것이다. 그렇지 못할 경우, 생활세계는 그야말로 중우성과 탐욕성으로 분열된 채, 체계에 의해 끊임없이 조작적으로 재생산되는 자기 파괴적인 욕망의 늪으로 변모하고 말 것이다.

5) 국가, 자본, 언론의 삼각지배동맹

한국에서 경제는 일류이고, 정치는 삼류라고 한다. 경제부문의 합리성과 효율성은 다른 사회부문을 압도하고 있다. 문제는 이 같은 합리화가 시장경쟁에서 무차별적인 약육강식을 초래하여 재벌이 지배하는 경제구조를 형성하기에 이르고 있다는 사실이다. 이 같은 상황은 한국의 재벌그룹을 일종의 기업국가로 간주해도 좋을 만큼의 막강한 지배집단으로 군림하게 한다. 물론 개별 국가정책과 개별 독점자본은 때로 상호 견제하며, 갈등하기도 하나 총국가정책과 총자본은 항상 자본주의국가에서는 영원한 무적 동맹의 파트너이다.

현재 한국의 자본은 국가의 경제규제 완화를 강력히 요구하고 있으나, 노동정책에 있어서나 국책사업에 있어서는 국가의 전폭적인 지원을 요구하는 이중성을 보인다. 그러나 국제경쟁력의 확보라는 대전제를 앞두고 국가와 독점자본은 재차 정경유대를 강화해 나가면서 국가주의의 연장으로서 기업보국주의에 입각한 재벌공화국의 입지를 더욱 확장할 것으로 판단된다. 그리하여 한국에는 세 개의 국가가 존재하게 될 것인데, 그 하나는 선거로 뽑은 대통령이 통치하는 대한민국이요, 다른 하나는 대한민국의 실질적인 대변자인 서울공화국이요, 마지막은 재벌의 후계자가 세세손손 상속하게 될 재벌공화국일 것이다.

그런데 최근 이 같은 정경유착의 관계를 더욱 강화하는 메커니즘으로서 언론이 새로운 사회의 지배세력으로 동참하면서 국가, 자본, 언론의 삼각지배동맹이 아직까지는 비록 불안정한 모습을 보여주기는 하나 서서히 형성되고 있는 것 같다. 소위 말하는 제도언론의 보수주의적인 사회적 메시지는 한국 시민사회의 진보적 역동성에 보이지 않는 제동역할을 수행하고 있는 셈이다.

오늘날 재벌언론과 언론재벌이 지배하는 한국의 공론장에는 시민들의 의사소통을 체계적으로 왜곡시키는 권력관계가 작용하고 있다. 그리하여 한국에는 "공개적이고 무제한적인 지배 없는 토론"을 가능하게 해주는 공론장은 극히 제한적으로만 존재할 뿐이다. 소위 말하는 한국의 제도권 언론은 여전히 계몽주의적 엘리트/선구자 의식을 지닌 채, 의사소통적 합리성에 근거하여 형성되었다고 볼 수 없는, 즉 자신들이 결정하여 확산시키고, 강화하여 결집시킨 여론을 등에 없고 언론권력으로 자신도 모르는 사이에 변질되고 있거나, 여전히 특수 정파의 이해를 대변하는, 다시 말해 체계의 하청 메커니즘의 역할을 수행하고 있거나, 아니면 문화 예술 혹은 학술계의 패거리 집단들이 연고주의적 연대를 강화하기 위한 수단으로서 사용하는 선전용 대변지로 만족하고 있거나, 아니면 철저한 세속주의를 표방하며 인간의 욕망을 무한히 자극하는 장사꾼 노릇을 하고 있는 상황이다.

6) 시민사회의 과도한 정치화

한국 현대사를 지배한 강력한 국가주의는 필연적으로 정치 권력 제일주의의 신화를 신봉하게 만들었다. 그야말로 한국의 정치는 무에서 유를 창조하고, 방방곡곡, 처처소소 어디 안 미치는 곳이 없을 만큼 막강한 위력을 발휘하였다. 특히 한국정치의 지연주의적 속성에 따라서 모든 지역 시민사회는 혈연과 학연 그리고 인맥에 따라서 정치적 네트워크 속에서 거의 완벽하게 장악되고 있다고 하여도 과언이 아닐 것이다. 선거 때가 되면, 이 연결망을 타고 돈봉투를 중심으로 하여 온갖 루머, 인신 공격, 흑색 선전으로 탈바꿈한 정치판이 벌어진다. 여기에는 노동자도, 도시빈민도, 농민도, 지식인도, 중산층도 무차별적으로 얽혀 들어 피동적으로 정치화된다. 선거에서 이기고, 권력을 장악한 자만이 미소지을 수 있는 권력형 사회에서 시민사회의 구성원들은 생존을 위해서는 자발적이건 혹은 비자발적이건 정치화되지 않을 수 없다.

문제는 시민사회 자체가 과도하게 정치화되어 권력투쟁의 대리영역으로 오염되는 데 있다. 대부분의 대학 학생회장은 정치지망생이고, 대부분의 시민운동가도 정치지망생이며, 대부분의 지역활동가/지역 봉사자도 정치지망생이며, 재야운동가도 기성 정당에 들어가는 한국의 정치문화에서 시민사회의 정치적 안정성과 저항성의 기반은 극히 취약할 수밖에 없는 것 같다. 이 점에 있어서 최근 선거에서 투표율의 저하는 정치적 저항의 반가운 신호로도 해석할 수 있지 않을까? 시민사회에 머무르면서 (즉 권력추구를 거부하면서), 시민사회를 수호하려는 진정한 (정치개혁 혹은 반지배) 시민연합세력이 결집될 수 있는 전망은 아직도 밝지 않다.

7) 복지국가적 기반의 취약성

시민사회의 물질적 기반은 자본주의적 경제발전이 지속되어 복지국가적 기획과 타협이 성취되는 경우 나름대로의 안정성을 지녔다고 평가된다. 그러나 한국은 그 경제성장의 규모에 걸맞지 않는 매우 낮은 수준의 복지정책을 실시하고 있을 뿐이다. 따라서 만약 도시빈민, 장애인, 노약자, 만성질환자, 실업자 등이 사회보장의 혜택 없이 무관심 속에 이대로 계속 방치된다면 시민사회는 "가진 자와 가지지 못한자 간의 계급투쟁"에 다시 한 번 직면하고 말 것이다. 어쩌면 이 같은 갈등의 징후는 급속히 확산되는 사회의 폭력화, (특히 생계유지형) 부정부패화에서 발견할 수 있을 것이다.

물론 한국은 선진국형은 아니더라도 중산층사회에 진입한 것으로 간주할 수 있다. 그러나 한국의 중산층은 일정한 정도의(상층과 하층의 대립과 갈등을 조정하고 완화하는) 중산층 규범문화를 내면화하지 못하고 있을 뿐 아니라, 중산층의 내부구성도 다양하여 동질적인 문화를 형성할 만큼 응집력도 지니지 못하고 있다. 이처럼 복지국가의 계층적 지주라 할 수 있는 중산층이 문화적으로 취약한 상황에서는 사회적 약자에 대한 공동체적 지원정책은 추진되기가 쉽지 않을 것이다. 물론 현 단계의 한국 자본주의가 보유한 물적 기반 자체가 복지국가를 지향할 수 있을 만큼 안정된 것이 아닐 수 있다. 아무튼 복지국가적 기반 없이는 시민사회는 끊임없이 내부(특히 계급) 갈등에 시달리면서 빈번히 국가의 편향적 공권력에 의존하는 한계에 직면할 것이다.

8) 시민운동의 풀뿌리화 저조

이상과 같은 한국 시민사회의 구조적 취약성은 이를 극복하려는 대항적 사회세력의 상대적 취약성에 의해서 분명하게 드러난다. 시민사회의 역동적 기반이라 할 수 있는 시민운동세력은 그 간의 꾸준한 성장에도 불구하고 여전히 많은 한계성을 지니고 있다. 대다수의 시민운동은 중앙집중주의, 서울중심주의, 명망가주의, 거대화 등의 문제점을 안고 있다. 특히 시민운동은 적극적이고도 광범위한 시민들의 지속적인 참여를 획득하고 있지 못하다는 점에서 시민운동의 대중화 혹은 풀뿌리화라는 과제를 부여받고 있다.[12]

4. 신사회운동과 한국 시민사회의 성숙

이처럼 한국의 시민사회는 아직까지 구조적으로 불안정한 측면을 많이 보여주고 있다. 그러므로 우리는 한국 시민사회를 보다 성숙시키기 위하여 최근에 대두되고 있는 신사회운동으로부터 그 이념적, 실천적 자원을 발견해 보고자 한다. 다만 총체적 위기상황에 직면하고 있는 한국에서는, 신사회운동의 전개과정에 있어서 자기 제한적(=체제개혁적 혹은 방어적?) 급진주의와 자기 확대적(=체제변혁적 혹은 공격적 - 해방적?) 급진주의 전략을 동시에 활용하는 이중적이고도 유연한, 즉 "이중적 유연성 전략"을 추구할 필요가 있을 것 같다. 이점에 있어서 우리는 신사회운동의 "좌파 자유해방주의(left libertarian)"(Kitschelt, 1990; Della Porta & Rucht, 1991)에 주목하고자 한다. 결국 한국의 신사회운동이 지닌 해방적 잠재력을 극대화하기 위해서는 현재의 자본주의적 시민사회를 자유해방주의적 공동체의 연합(a free association of libertarian communities)으로 재구성하고 이와 동시에 국가를 공동체들의 공동체(a community of communities)로 변형시키는 장기적인 실천전략을 구상해야 할 것이다.

1) 신사회운동의 이념적 특성

역사적으로 신사회운동이 언제 어떤 상황에서 대두되기 시작하였는가에 관한 논의는 다양하게 제시되어 왔다. 우리는 이 점과 관련하여 1960년대의 전세계적인 반문화 및 반체제운동, 특히 프랑스의 1968년 5월 운동에 주목하고자 한다.[13]

월러스타인(Wallerstein)이 20세기의 가장 중요한 역사적 사건으로 간주하고 있는 프랑스의 5월 운동은, 주지하듯, 자본주의적 산업사회에 대한 총체적인 문명비판의 성격을 담지하고 있었다는 점에서 가히 혁명적인 잠재력을 분출하였던 것이다. 비록 프랑스 5월 운동은 제도화와 지속성이라는 측면에서는 실패하였다고 규정할 수 있을지는 몰라도, 장기적인 관점에서 관찰하였을 때, 그 이념적 참신성과 조직적 자발성은 오늘날에 이르기까지 꾸준하게 영향력을 행사하여 오고 있다.

1968년 프랑스 5월 운동은 이념적으로 다양하게 구성되어 있었지만, 그 핵심적 성격은 신좌파(new left)와 자유해방주의(libertarianism) 혹은 무정부주의(anarchism)라는 두 가지 흐름으로 크게 대별할 수 있을 것 같다. 신좌파는 기존의 정통 마르크스주의가 지닌 경직된 이론적 실천적 권위주의를 거부하는 동시에 자본주의적 계급관계의 모순을 비판하는 데 주력하였던 반면, 자유해방주의나 무정부주의 계열의 운동은 모든 관료화된 위계서열적이고, 경쟁적인 사회관계 대신에 자주적이며, 상호 협동적인 공동체사회를 건설하고자 하였다.

이 같은 5월 운동의 이념적 지향성은 당대의 지역자치운동, 자주관리운동, 반전반핵운동, 페미니즘, 환경운동, 인권운동 등을 새로운 시각에서 재구성 혹은 재조직화시키는 근원적 동력이 되었으며, 그 결과로 등장한 것이 바로 신사회운동인 것이다. 우리가 신사회운동의 주된 이념적 특성을 "좌파 자유해방주의적(left libertarian)"이라고 규정한 이유도 여기에 있다.

키트쉘트(Kitschelt, 1990:180)가 지적하고 있듯이, 신사회운동은 자본주의적 시장경쟁 및 성취주의 논리를 불신하며, 평등주의적 분배를 추구하는 전통적 사회주의를 계승하고 있다는 점에서 "좌파"이며, 개인적 혹은 집합적 행위의 자율성을 규제하려는 모든 형태의 관료제적 권위를 부정한다는 점에서 "자유해방주의적"이다. 요컨대, 신사회운동은 직접/참여 민주주의, 개인과 집단의 고양된 자율성 그리고 사회관계의 상호 협동과 공존성을 강조한다.

그렇다면 신사회운동과 구사회운동을 적어도 분석적으로 구별할 수 있는 기준은 무엇일까? 스코트(Scott, 1990:19)는 아래의 <표 1>을 통하여 신사회운동을 기존의 자본주의적 산업사회의 대표적 운동형태인 노동운

〈표 1〉 신사회운동과 노동운동 간의 핵심적 대조

		노동운동	신사회운동
위	치	점차 정치체계 내부로 이동	시민사회
목	표	정치적 통합과 경제적 권리	가치 및 생활양식의 변화 시민사회의 방어
조	직	형식적/위계서열적	네트워크/풀뿌리
행동 수단		정치적 동원	직접 행동/문화적 혁신

동과 운동의 위치, 목표, 조직, 행동수단이라는 측면에서 각각 대비시키고 있다.

이와 유사한 맥락에서, 피셔와 클링(Fischer & Kling, 1994) 또한 신사회운동의 특성들을 (1) 지역사회/커뮤니티 기반, (2) 초계급적 집단화와 문화적 정체성, (3) 새로운 직접 민주주의의 추구와 위계서열적 사회관계의 거부, (4) 문화와 사회적 정체성을 위한 투쟁에 보다 적극적인 역할 부여, (5) 정치적, 문화적 영역의 파편성 그리고 (6) 지역사회의 자립성과 자주성 강조라고 기술하고 있다.[14]

과거의 사회운동(old social movement)에서는 마르크스주의와 자유주의의 이념 아래 노동운동과 시민권 확대 운동이 주도적인 역할을 담당하여 왔다. 그러나 노동자의 중산층화와 보수주의화가 진척되면서 노동자는 역사의 변혁적 주체세력으로서의 독점적 지위를 상실하게 되었으며, 중앙집권적 형식민주주의의 모순과 역기능이 드러나면서 지역자치, 시민자치를 추구하는 직접/참여민주주의에 대한 요구가 거세게 일고 있다.

특히 베버(Max Weber)가 일찍이 경고한 바 있듯이, 인간의 자율적 삶은 거대하고도 효율적인, 그러나 아무도 책임지지 않는 삭막한 관료제의 철창 속에서 화석화되어 가고 있다. 인간을 둘러싸고 있는 자연생태계가 파괴되고 황폐화되듯이, 인간의 내면적 세계 또한 물신주의와 소비주의에 의해서 조작되거나, 권력과 폭력에 의하여 감시되거나 위협당하며 파편화되기 일쑤이다. 그리하여 인간들은 새로운 자아 정체성(self- identity)을 확립하고자 주체성과 자주성의 의미를 재인식하기 시작했다.

나아가 정보혁명의 확산과 냉전체제의 종식으로 인하여 세계화의 추세가 시대적 조류로 자리잡게 됨에 따라서 기존의 국민/민족국가의 존재 의의는 서서히 약화되고 있다. 예컨대, 인터넷의 급속한 전지구적 확산은 국가의 경계를 무색하게 만들고 있으며, 그야말로 자유로운 네트워크형 사회관계를 형성함으로써 새로운 세계적 시민사회 혹은 전지구적 공동체의 가능성을 우리들에게 희망적으로 시사하고 있다. 인터넷은 아마도 자유해방주의의 이상향인 자유연합적 공동체의 가능성을 가장 분명하게 시사하는 현실적 모델이 아닐까?

이 같은 시대적 상황은 새로운 이념과 새로운 운동의 필요성을 요구하였으며, 여기에 부응하는 과정에서 신사회운동의 좌파적 자유해방주의가 핵심적인 이념으로 정착되었던 것이 아닌가 싶다. 현대 아나키즘의 지도적 이론가인 북친(Bookchin, 1989:271)의 지적처럼, 신사회운동의 아나키즘적 차원은 "반위계주의(反位階主義, anti-hierarchicalism)"에서 출발하는 자유연합(혹은 자발적 참여)과 상호부조의 원리에 입각하여 공동체사회를 형성하려는 아나키즘의 목표와 신사회운동의 주요 형태인 페미니즘, 지역주의, 생태주의, 평화주의는 상호 이론적으로나 실천적으로 강력한 선택적 친화력을 지니고 있다는 점에서 설명할 수 있다. 신사회운동에 내장되어 있는 이 같은 자유해방주의적 급진성을 보다 구체적으로 살펴보기로 하자.

첫째, 생태주의는 지금까지 인류의 주된 생존방식이었던 인간에 의한 자연의 정복과 지배 혹은 인간중심주의를 거부한다는 점에서 인식론상의 근본적인 전환을 요구한다. 생태주의는 환경오염이나 생태파괴의 원인을 단순히 자본주의적 산업발전이라는 관점에서만 파악하지 않는다. 사회주의도 자본주의와 마찬가지로 생산력의 끊임없는 증대를 요구하는 산업주의(Industrialism)의 논리에 구속되어 있다. 자본주의건 사회주의건 일방적으로 인간 중심의 자연개발로써 경제성장을 추구하는 산업주의를 채택하는 한, 다시 말해, 인간 중심주의, 개발주의, 성장주의, 산업주의의 논리가 우리의 삶을 지배하는 한 생태계의 파괴는 필연적인 과정으로서 존속할 뿐이다. 왜냐하면 산업주의는 불행히도 자연자원의 파괴를 초래하는 에너지와 (그것의 변형체인) 물질적 상품의 소비를 끊임없이 증가시키기 때문이다.

이 점에 있어서 인간과 자연 간의 합치 혹은 조화를 추구하는 자연권 개념을 공통적인 가치로 내면화하고 있는 아나키즘이야말로 생태주의의 이념적 기초를 제공한다고 하여도 과언이 아닐 것이다. 최근의 사회생태학적 에코아나키즘(Bookchin, 1980; 1982; 1990)은 "자연과 사회의 변증법" 혹은 "생물학과 정치학의 결합"을 통하여 인간 위주의 자연 지배에 대한 윤리적 비판을 제기하면서, 비계급적인 생태사회의 동적 균형 또는 에코토피아를 추구하고자 한다. 인간사회란 전체 생명사회(biotic society)의 한 부분으로서 "제2의 자연(second nature)"이다. 그렇지만 자연과 인간사회의 관계는 상호 일방으로 환원될 수 없는 고유한 "반위계적 관계상의 참여와 분화라는 도적적 원칙" 혹은 생태학적 윤리에 입각한 것이다. 따라서 신사회운동의 생태주의가 지향하는 에코커뮤니티(ecocommunity) 혹은 에코토피아(ecotopia)는 기존 사회를 재창조함으로써만 실현가능한 것이다.

둘째, 페미니즘은 가부장적 권위주의에서 비롯된 남성 지배와 여성 복종이라는 불평등한 권력관계를 거부하려는 움직임이다. 따라서 여성해방의 문제 또한 단순히 자본주의적 착취나 가부장제적 억압의 차원에서만 설명하기보다는 모든 사회조직과 사회관계에 구조화되어 있는 서열적 권력관계의 산물로 파악되어야 한다.

남성에 의한 여성의 종속은 (남성적=폭력적) 인간에 의한 자연(=여성)의 정복으로부터 시작하여 이 과정에서 발생한 모든 서열적 지배 - 종속관계의 재생산 기구들인 국가, 종교, 가부장제, 자본주의 등에 의하여 정당화되어 왔던 것이다. 그러므로 현존하는 남성적(=폭력적) 지배구조(=국가체제)를 해체하려는 페미니즘의 목표와 "강제적 지배가 없는 자유연합의 상태"를 추구하면서 강권적 국가체계를 부정하는 신사회운동의 자유해방주의적 과제는 상호 긴밀하게 합치되는 것이다.

지금까지 페미니스트 운동의 주류를 이루어 왔던 남녀 간 성적 투쟁의 논리에 기초하는 성의 정치학을 극복하여 남녀 협동의 공동체 사회를 지향하는 신사회운동의 아나르코-페미니즘(anarcho-feminism)은 성의 생태학에 주목한다. 지배와 복종이라는 인위적 질서의 산물인 모든 형태의 제도화된 사회적 불평등(예컨대, 계급, 성, 인종, 지역 불평등)은 이 사회로부터 강제성이 제거될 때만이 자연적 질서와 균형을 회복할 수 있는 것이다. 그러므로 자본주의체제나 현존하는 국가체제 아래서 완전한 성적 해방이 이루어 질 수 없음은 자명한 일이다. 바로 이 점에 있어서 신사회운동의 페미니즘은 급진화된 투쟁목표를 가지는 것이다.

셋째, 지역주의는 강권적 중앙집권주의를 거부하는 지역자치운동 혹은 지역공동체운동을 의미한다. 근대 국민국가의 형성과 함께 국가는 각종 폭력적 수단을 동원하여 권력을 제도적으로 독점하기 시작하였다. 이같은 팽창적 국가주의는 외부적으로는 제국주의라는 형태로 약소국가의 주권을 약탈하여 식민지를 만들었고, 내부적으로도 지역자치와 시민참여를 억압하여 중앙집권적 통치체제를 구축하여 중앙/국가에 의한 지방/지역의 지배라는 불평등을 초래하였다.

비록 국가는 그 간 민중/시민운동의 집요한 저항에 의하여 분권적 지방자치를 다소나마 허용하기는 하였으나 생활세계의 식민화(colonization of life world) 혹은 국가에 의한 지방의 내적 식민화(internal colonization)는 지속되고 있다.

이 같은 지역과 지방의 위기에 직면하여 강권적 국가주의에 대항하는 대안적 지역공동체를 형성하려는 신사회운동의 지역주의가 갖는 주요한 목표인 것이다. 특히 최근에 대두되고 있는 전지구화의 추세와 함께 국가주의는 연방주의적 개혁전략 앞에서 급속히 약화되는 반면 지역적 자율성, 자치성, 공동체성의 의미가 새롭게 부각되고 있다.

물론 지역주의의 확대는 국가권력의 단순한 지역분산을 의미하는 것이 아니다. 소수의 지역 토착세력이 지배하는 지방자치란 국가주의의 지역적 재생산에 불과할 따름이다. 진정한 지역적 분권주의란 국가권력이 소규모 지역단위의 시민들 자신에게 되돌려지는 시민권력의 시대를 요구한다. 시민이 권력의 주체가 되어, 직접적 참여민주주의가 확대되면 국가란 강제적 권위의 집결체로서 시민들 위에 군림하는 것이 아니라, 마샬(Marshall, 1993: 646)의 지적처럼 "공동체들의 공동체(a community of communities)” 혹은 자유 결사체들의 연합체(a Federation of free associations) 로서 시민들을 위하여 봉사할 것이다.

다시 한번 강조하거니와, 현대국가의 위기는 하버마스(Habermas, 1975), 오페(Offe, 1984), 그리고 오코너(O'Connor, 1973; 1984)가 강조하였던 정당성의 위기, 관리의 위기, 재정적 위기와 같은 자본축적의 위기 혹은 자본주의 자체의 위기를 의미할 뿐 아니라, 나아가 사회조직의 원리와 사회 발전의 주체로서의 역할 위기를 맞이하고 있다. 그러므로 코헨(Cohen, 1984: 23)의 기대와는 달리, 우리는 부분적인 제도적 개혁에 의해서 현대국가의 정체성 위기가 극복되리라고 보지 않는다. 과대성장으로 과부하되어 있는 현대국가(Scott, 1990)는 이제 철저한 분권화와 시민권력화를 통하여 최소국가(minimum state)의 단계를 거쳐 공동체로 다시 태어나지 않으면 안된다. 결국 지역주의는 반강권국가적, 지역공동체주의적(communitarianism) 자치사회를 추구하는 자유해방주의를 통하여 가장 적극적인 실천방안과 구체적인 목표를 설정할 수 있는 것이다.

넷째, 비폭력의 평화주의야말로 신사회운동이 추구하는 최고의 가치이다. 왜냐하면 자유해방주의가 거부하는 국가의 본질이 바로 강권적 폭력이기 때문이다. (핵)무기와 전쟁, 경찰과 법은 결정적 순간에는 언제나, 폭력적으로 혹은 강제적으로 인간을 지배하거나 파괴하는 수단이다. 이같은 “국가의 폭력화” 현상은 최근에는 테러리즘, 조직범죄, 성 폭력과 아동학대 등의 형태로 사회에도 확산되어 이제는 “사회의 폭력화”가 전개되어 우리는 그야말로 베크(Urlich Beck)가 말하는 위험사회(risk society)에서 살게 되었다. 따라서 신사회운동은 톨스토이와 간디의 평화주의 노선을 따라서 현대의 반핵(anti-nuclear)운동, 반군사(anti-military)운동, 총기휴대금지운동, 반범죄운동, 성 폭력 퇴치운동 등에 적극적인 기여를 할 수 있다.

여기서 우리가 분명히 인식해야 할 사실은 인간사회의 역사적 발전과 함께 폭력 또한 꾸준히 증가해 왔다는 사실이다. 특히 현대사회에서 폭력은 양적으로 증대되었을 뿐 아니라, 질적으로도 흉포화, 조직화, 대형화의 추세를 뚜렷이 나타내고 있다. 이 같은 폭력의 증가를 단순히 매스미디어에서 폭력물이 범람하고 있는 현상의 탓으로 돌려서는 안된다. 역사적으로 폭력은 항상 경쟁이 심화될수록 더욱 확대되는 경향을 보여왔다. 예컨대, 폭력은 전쟁이라는 국가간 경쟁의 최종적 국면에서 가장 극대화되고 있으며, 또 전쟁상태의 심화과정에서 핵무기라는 극한적 폭력수단이 고안되었던 것이 아닌가? 따라서 이 사회가 자본주의적 경쟁체제 대신에 자유연합과 상호부조의 공동체로 전환된다면 폭력 또한 점차 감소하기 시작할 것이다.

나아가 남성과 여성 간의 성적 불평등 또한 가장 본질적인 측면에 있어서는 남성의 폭력성과 긴밀하게 관련되어 있다. 오늘날 여성들은 남성에 의한 각종 물리적 폭력의 위협에 노출되어 신체적으로나 심리적으로 공포감과 그에 따른 활동상의 위축으로 끊임없이 시달리고 있거나 불이익을 당하고 있다. 앞으로 여성의 적극적인 경제참여에 따라서 남성과 여성 간의 경쟁관계가 첨예화된다면 비록 남녀간 경제적 평등은 상당히 성취될 수 있을지 모르나 폭력적 충돌사태는 더욱 빈번하게 증가할 가능성이 높다. 그러므로 성적 평등 혹은 여성해방은 남녀간의 성적 투쟁이나 사회적 경쟁에 의해서 획득되기보다는 여성과 남성의 인간적 상호 협조에 의해서만이 이루어질 수 있을 것이다.

2) 신사회운동의 과제

한국사회에서도 1990년대의 시작과 함께 신사회운동의 물결이 급속하게 확산되고 있다. 물론 서구의 신사회운동과 한국의 신사회운동은 그 형성 배경과 운동의 성격에 있어서 상이한 맥락과 내용을 지닌다. 그렇지만 한국 또한 지구촌의 일원으로서 탈자본주의, 탈산업주의, 탈관료주의, 탈중앙집권적 권위주의 혹은 탈국가주의와 같은 세계사의 보편적 요구에 직면하고 있기는 서구와 마찬가지이다. 서구적인 것과 비서구적인 것의 차이에 관한 엄밀한 이론적 차별화도 중요하겠지만 이제 우리는 전 지구적인 혹은 총역사적인 보편적 동질성에 보다 관심을 기울여야 할 시점에 도달하여 있다. 언제나 비동시적인 것들의 동시적 공존으로 인하여 혼란과 활력을 동시에 간직하고 있는 한국사회는 다시 한번 역사의 건너뛰기를 시도해보아야 할 것 같다.

그렇지만 한국사회에서는, 이미 강조하였듯이, 아직도 시민사회가 제대로 성숙되지 못한 상태이다. 그러므로 자본주의의 물적 토대나 민주주의의 제도화, 그리고 시민윤리나 시민의식의 내면화와 같은 차원에서 상대적으로 높은 수준의 시민사회적 성숙도를 구비한 상태에서 제2차 시민사회혁명을 시도하는 서구의 신사회운동은 당연히 한국 신사회운동과는 질적인 차별성을 지니고 있다. 그럼에도 불구하고 우리가 한국의 최근 각종 시민운동들을 신사회운동의 범주에 포함시키는 까닭은 한국의 신사회운동에도 서구적 의미의 이념적 지향성이 다소 미약하기는 해도 분명하게 존재하고 있기 때문이다. 나아가 이 같은 신사회운동의 좌파 자유해방주의적 급진성을 한국의 신사회운동도 이념적으로 철저히 내재화해야만 진정한 의미의 "새로운" 사회운동으로 지속발전할 수 있을 것으로 판단한다.

물론 한국의 신사회운동들은 당연히 과도기적인 혹은 초창기 특유의 이념적 혼란성과 모호성을 노출하고 있다. 과거의 혁명적 성격의 계급운동이나 민중운동과는 상이한 자기 정체성을 확립해야 하는 한국의 신사회운동은 때로는 지나친 현실타협적 개량주의에 빠지기도 하며, 때로는 민중운동과 시민운동적 요인들이 서로 통합되지 않은 채 이중구조를 이루며 불안정한 공존을 이루기도 한다. 이 같은 한국 신사회운동의 일반적 성격을 토대로 하면서 몇 가지 구체적인 당면 과제를 제기하여 보기로 하자.

첫째, 한국의 환경운동은 여전히 오염 방지와 피해자 보상이라는 이해관계가 직접적이고도 가시적으로 표출되고 있는 사항들에 대하여 집중적인 관심을 표명하고 있다. 그리하여 "지속가능한 개발"이라는 표어는 아직도 많은 환경운동가나 일반 시민의 이념적-실천적 지침이 되고 있다. 명실상부한 선진국가로 진입하기 위하여 보다 고도의 자본주의적 산업화를 필요로 하는 한국으로서는 성장/개발과 환경보전이라는 두 마리 토끼를 동시에 잡으려 할 수밖에 없을 것이다. 그러나 슈나이버그(Schnaiberg)의 단언처럼 우리는 이제 더 이상 두 마리 토끼를 쫓을 수 없는 상황이다. 한국의 총체적이고도 급박한 환경위기에도 불구하고 환경파시즘이라는 반동적 공격이 벌써 설득력을 지니기 시작하는 상황에서 한국의 환경운동은 보다 근본적으로 그리고 장기적 관점에서 급진화된 이념적 지향성(예컨대, 사회생태주의적 관점)으로 무장되어야 할 것 같다.15)

나아가 환경/생태주의 운동은 (뒤에서 언급할) 지역공동체운동과 결합하여 성장주의, 물신주의 그리고 소비주의의 신화에 빠져 있는 자본주의 사회의 생활세계를 환경/생태친화적으로 새롭게 재구성시키는 신생활양식운동(new life-style movement 또는 new mode of life movement)으로 발전할 필요가 있을 것이다.16)

둘째, 여성운동의 경우에는 과거의 자유주의적 인권 혹은 시민권 확대운동으로부터 사회주의적 평등운동을 거쳐 최근에는 문화적 정체성을 확립하려는 운동으로 나아가는 다양한 면모를 보여주고 있다. 그렇지만 한국의 여성운동은 초기 서구의 여성운동이 범한 "남성과의 성적 투쟁", "여성의 자기 몫 찾기와 자기 목소리 내기", 그리고 "모든 것을 남성 대 여성으로 이분화 혹은 양극화하려는 성적 결정론"의 오류를 제대로 극복하지 못하고 있는 실정이다. 남성과 남성, 여성과 여성도 서로 끊임없이 투쟁하고 차별화하도록 강요하고 있는 폭력적 경쟁사회의 구조가 존속하는 한, 그리고 아무도 제 목소리를 제대로 내지 못하는 형식민주주의와 권력화된 공론장의 구조가 존속하는 한, 나아가 성적 모순도 계급모순, 민족모순, 인종모순 등과 함께 모순의 다원적 구조를 존속시키는 한, 새로운 여성운동의 가능성은 별로 크지 못할 뿐이다. 이 같은 상황에서, 여성 할당제와 여성의 정치참여만이 우리의 살 길이라고 외치는 여성운동은 구태의연한 권력 추구형 엘리트 중심주의로 변질될 가능성이 높을 것이다.

지금까지 한국여성의 정치참여 수준이 극히 부진하였기 때문에 여성들이 앞으로 보다 많이 정치에 참여해야 한다는 주장은 매우 설득력이 있어 보인다. 그러나 이 같은 주장이 어떤 양적인 차원에서의 균형이나 평등을 획득하기 위한 것이라면 그 설득력은 의문시된다. 왜냐하면 우리 사회에서 그간 정치적으로 배제된 채 억압받고 짓눌려온 계층으로는 여성뿐 아니라, 저소득자, 노동자, 특정 지역의 주민, 장애인과 노약자 등 이루 헤아릴 수 없이 많다. 어쩌면 대부분의 남성 또한 진정한 의미의 정치참여로부터 소외당하였다고 해도 과언이 아닐 것이다. 나아가 여성이 남성보다도 정치를 더욱 잘할 것이라는 (예컨대, 부정부패를 덜 한다든지 혹은 생활정치에 더욱 치중할 것이라는) 보장이 과연 어디에 있을까? 그리고 문제투성이의 현실적인 제도정치권에의 진입은 어차피 극소수의 여성들만이 누릴 수 있는 특권이 되고 말 것이다. 호랑이(=권력)를 잡기(=개선하기) 위해서는 호랑이굴(=정치판)에 들어가야만 한다는 논리는 모든 참여론의 정당화 근거이지만, 적어도 한국 제도정치의 참여에 관한 한 우리는 매우 신중하게 접근하지 않으면 안될 것이다. 왜냐하면 한국의 정치판은 파행적, 소모적 차원에서 권력쟁취와 이해득실에 따른 이합집산으로 얼룩진 채, 정상배들이 지배하는 곳이라는 점을 냉정하게 상기해야 한다. 이 같은 상황에서 어떤 대안적인 뚜렷한 정치이념이나 풀뿌리운동의 경험이나 조직의 기반 없이 특정 정파 보스의 추천에 의하여 여성이 정계에 입문하여 보았자 그것은 또 하나의 정치적 시녀가 되든지 아니면 있어도 없어도 그만인 정치꾼의 탄생을 의미할 뿐이다. 현 단계 한국에서 여성의 정치참여는 기존 중앙당 독점지배의 틀 내에서 단순히 여성정치인의 숫자의 비율 증가로 그치고 말 가능성이 높다. 그러므로 한국의 여성운동(가)도 당분간은 비당파성을 견지하면서 권력추구를 거부하는 순수한 사회개혁세력으로서 운동정치에 몰두한다면 앞으로 보다 광범위하고도 지속적인 대중적 기반을 획득할 수 있을 것이다. 인류의 역사는 남성이건, 여성이건 일단 지배권력의 일원이 되면 사회의 특권층으로서 기득권의 수호세력으로 변모하였다는 사실을 우리는 잊지 말아야 할 것이다.

셋째, 한국에서는 아직도 진정한 의미의 지역주의운동이 부재한 것 같다. 중앙집권적 국가주의의 "찬연한 역사적 전통"이 "군부독재주의 및 관료적 권위주의"와 결합하여 무소불위의 맹위를 떨치는 한국에서 중앙의 권력집단에 의한 지방주민의 상호 분할 술책의 산물인 지역감정은 풍부하고도 빈번하게 발휘되고 있으나, 중앙으로부터 명실상부한 자치성을 획득하려는 지역주의운동은 발전되지 않고 있다. 지역주의는 편리하게 지역이기주의로 매도되기 십상일 뿐이다. 이 같은 현실적 여건이 갖는 살벌할 정도의 척박함을 고려할 때, 지역운동이 "내고장 문화, 역사찾기의 향토운동"으로 잔존할 수밖에 없는 현실을 당분간 인정해야 할 것 같다. 이 같은 향토문화운동도 복고주의적 취향이나 전통회귀적 보수주의로 변질되지 않고, 지방 특유의 문화적 정체성을 회복하는 전기로 고양시킬 수 있는 방안을 적극적으로 모색할 필요가 있을 것이다. 지역 정체성의 가장 순수한 형태는 아마도 문화적 정체성으로부터 발견될 수 있을 것 같다.

그러나 최근 지역공동체를 건설해 보려는 움직임이 농촌과 도시에 걸쳐 서서히 확산되는 조짐을 발견할 수 있다. 각종의 농장형, 단지형 공동체, 아파트 주민들의 생활/문화공동체, 새로운 실험학교, 자유학교를 추구하는 교육공동체 등이 종교적인 유대 없이도 시도되고 있다. 이 같은 지역공동체운동은 자율성과 평등성이라는 이념적 급진성을 내장하고 있기 때문에 가장 주목할 만한 신사회운동의 형태로 간주하고 싶다. 비록 소규모 단위의 집단에서라도 개인들이 자신의 생활양식을 새롭게 변화시켜 나간다면 그것은 언젠가 밑으로부터의 풀뿌리적 사회혁명을 위한 토대를 구축하게 될 것이다. 기존의 강고한 국가체제에 대한 전면적이고도 직접적인 도전의 가능성과 유효성이 부정되고 있는 오늘날 반혁명의 시대에서는 생활세계의 차원에서 생활양식 변화운동, 즉 신생활양식운동을 통하여 생활정치를 활성화시켜 나감으로써 자본주의라는 경제적 생산양식과 관료적 권위주의나 형식민주주의라는 정치적 통치양식을 변화시킬 수 있는 것이다.[17]

다만 이 같은 지역공동체운동이 폭넓은 사회적 연대를 지향하지 않은 채, 고립 분산적으로 선구자적 모험주의나 자기 만족주의에 빠져들 경우, 그것은 1970년대 구미에서 한때 풍미하다 사라져버린 커뮤니테어리언(communitarian)운동의 전철을 되풀이할 위험성도 있다. 스페인 바스크 지방의 몬드라곤 공동체의 경이적인 성공사례가 시사하여 주듯이, 지역운동은 오랜 기간에 걸친 그야말로 희생적이고 신념에 가득찬 헌신적 노력을 필요로 한다. 시민사회란 지역사회와 결코 분리될 수 없는 것인 만큼, 지역이 자유롭고 평등하지 못하다면 시민과 시민사회도 영원히 국가에 종속된 부자유스럽고 불평등한 상태를 벗어나지 못할 것이다.

끝으로 평화운동 또한 한국적 분단상황에서는 엄청난 제약에 직면하고 있다. 최근에는 잠수함 사건으로 인하여 그나마 유지되던 남·북한의 탈냉전적 유화적 국면이 재차 급격히 냉각되고 있다. 반핵운동도 주로 환경운동의 차원에서만 거론되고, 미군기지 철수운동도 반제국주의 전통의 반미운동이 그 기저를 이루고 있다. 서구에서 시도되는 반군사주의 혹은 반군국주의(anti-militarism) 운동 계열의 평화운동은 전쟁의 위험이 상존하는 한국에서는 당분간 시기상조의 과제로 남아 있을 수밖에 없는 것인지?

따라서 한국의 평화운동은 현 단계에서는 정치군사적인 반전운동의 형태를 추구하기보다는 사회적 평화운동, 예컨대 반폭력운동, 반범죄운동, 안전운동 등으로 발전할 수 있는 계기를 모색하는 것이 적절할 것 같다. 전쟁과 군대는 인간사회의 안전을 폭력적으로 수호 혹은 파괴하려는 수단인 만큼, 비폭력적인 방식으로 인간의 사회적 안전을 확보하려는 운동도 평화운동의 주요한 내용이 될 수 있는 것이다.

이상에서 간략하게 고찰하였듯이, 한국 신사회운동에서 나타나는 때로 지나치게 타협적이고, 체제 안주적인 성격을 해소하기 위해서는 이념적으로 보다 "급진화"될 필요가 있다. 나아가 신사회운동은 운동조직의 차원에서는 시민사회의 미성숙에 따른 다음과 같은 "구태의연한" 제약성을 극복해야 할 것이다.

첫째, 중앙집중화 혹은 서울중심화의 문제이다. 현재 거의 대부분의 전국적 사회운동은 조직적으로 지역분산형이라기보다는 중앙집중형의 구조를 지니고 있다. 한국의 정치, 경제, 문화 등의 모든 현상이 중앙의 독점적 지배구조하에 있는 만큼 시민운동 조직 또한 어쩔 수 없는 한계를 보여 주고 있는 셈이다. 그러나 한국의 신사회운동이 극복하고자 하는 과제 자체가 중앙집중적 국가주의이므로 시민운동단체들은 전국 조직을 자율적인 지역조직들의 자유롭고도 평등한 연합체로서 형성해야 할 것이다. 사회주의혁명 전략의 실패에서 너무도 자명하게 드러났듯이 운동의 목적과 수단은 가능한 상호 일치하는 것이 좋은 것이다. 따라서 한국 신사회운동의 조직은 탈중앙집중화 혹은 탈서울중심화를 실천하기 위하여 지역분산형, 지역연합형, 혹은 다중심형 네트워크 조직체계를 모색해야 할 것이다.

둘째, 명망가중심주의 혹은 엘리트주의의 문제이다. 신사회운동단체들은 대부분의 경우 지식인이나 사회 저명인사들이 위로부터 조직한 것으로서 일반시민의 자발적이고도 적극적인 참여는 매우 제한적으로 이루어지고 있을 뿐이다. 그리하여 운동단체의 재정수입은 회원의 회비로 충당되기보다는 기업이나 국가기관 (혹은 독지가)의 후원금에 의존하는 경우가 많다. 이 같은 재정적 불안정성으로 인하여 운동 자체가 구조적으로 제약을 받게 되어 때로 어용적, 관변적 성향으로 기울어지거나, 비 중립적인 편파성을 보이기도 한다.

나아가 운동단체의 운영은 소수의 운동독재가에 의해서 장기적으로 독점되거나, 사당화하는 경향을 보여주기도 한다. 신사회운동단체가 비민주적인 방식으로 운영된다면, 그 단체는 민주주의적 개혁을 요구할 자격이 없다. 한국에서의 모든 사회운동은 구조적으로 정치화의 압력을 받고 있으므로 운동의 지도자들 또한 "영향의 정치"로부터 "권력추구의 정치"로 나아가려는 유혹을 거부하기 힘든 상황이다. 과거 내로라하던 많은 운동지도자들이 권력추구의 제도권 정치에 참여하지 않았던가. 물론 일부 운동지도자의 정치참여는 개인적으로 자유롭게 선택할 문제이나, 만약 그 같은 선택의 결과가 운동 자체에 대한 시민들로부터 회의와 불신을 초래할 위험성이 있을 경우에는 매우 신중한 고려가 요청되는 것이다. 이 같은 명망가중심의 운동단체 운영이 갖는 위험성과 폐해를 극복하기 위해서는 풀뿌리형, 시민참여형 운영조직이 확대되어야 할 것이다.

신사회운동은 운동의 목적 자체를 조속히 달성하도록 주력해야 하겠지만, 그것보다도 더욱 중요한 것은 운동의 전개과정에서 직접/참여민주주의를 내부적으로 실천해 나감으로써 운동이 내건 목적이 구체적 현실에서도 실현가능하다는 것을 스스로 시민들에게 보여주어야 한다.

끝으로, 관료적 거대화의 문제이다. 일찍이 슘페터는 자본주의의 성공 자체가 바로 자본주의의 파멸을 초래한다는 역설적 진실을 설파하였다. 마찬가지로 사회운동도 초창기의 난관을 극복하여 운동산업(movement industry)으로서도 확고한 경제적 토대를 구축하고, 운동권력(movement power)으로서도 확실한 정치적 영향력을 행사하며, 운동문화(movement culture)의 영역에서도 확립된 헤게모니를 형성하게 되면, 조직상으로 점차 관료주의화와 거대화의 질곡으로 빠져들게 된다.

실제로 이미 몇몇 시민운동단체들은 이 같은 노쇠화의 징후를 보여주고 있다. 조직관리자와 운동전문가들이 운동을 독점하여, 시민들은 수동적으로 동원되기만 할 뿐, 주체적 행위자로서의 실질적인 참여는 배제당할 뿐이다. 그리하여 운동산업은 독점산업으로 변질되고, 운동권력은 제도 권력의 대리인이 되며, 운동문화는 대항문화를 차단하는 안전판의 구실을 하게 될 수도 있다. 물론 오늘날 한국의 신사회운동이 벌써 이 같은 운동 말기적 상황에 처해 있다는 것은 결코 아니다. 그러나 사회적 저항(social protest)으로서 신사회운동 또한 과거의 모든 저항운동이 당면했던 것처럼(예컨대, 서구 사회주의운동과 노동운동의 관료주의화, 권력기구화, 비민주화 그리고 비급진화 등) 엄청난 자기 타락의 유혹을 극복해 나가야만 할 것이다. 자본주의적 규모의 경제를 신봉한다면 효율성을 위하여 관료화와 거대화의 추세를 거부할 수 없겠지만, 민주주의적 공동체사회의 이상을 존중한다면 직접/참여민주주의가 보장되는 소규모의 유연한 결합적 조직형태가 보다 바람직할 것이다.

이상과 같이, 한국의 신사회운동은 이념적으로나 조직적으로 적지 않은 당면 과제를 지니고 있다. 여기서 우리는 신사회운동의 한국적 가능성을 모색하기 위하여 우리보다 먼저 신사회운동을 시작한 서구의 경험을 살펴볼 필요가 있다.

서구에서는 이미 상당 부분 제도화되었거나 아니면 이익집단 운동화되고 있는 신사회운동에 대하여 그것이 과연 진정으로 "새로운" 것이냐 하는 비판이 대두되고 있다. 이 같은 사실은 신사회운동이 제기하였던 많은 개량주의적 요구들이 이미 정책적으로 수용되었으며, 정치적으로도 그 중요성을 인정받게 되었다는 것을 의미한다. 그렇지만 서구에서는 여전히 자본주의적 상품화로 인한 경제적 불평등과 인간 소외가 만연하며, 형식민주주의와 국가주의로 인하여 시민적 참여와 지역적 자치가 제한되어 있으며, 관료적 권위주의로 인하여 사회관계는 위계서열화되어 정치적, 문화적 지배와 종속구조는 온존되고 있는 실정이다. 보다 자유롭고도 평등한 해방사회, 인간과 자연이 공존하는 생태사회, 억압과 착취가 없는 공동체사회의 이상은 서구에서도 여전히 아득한 유토피아로서 남아 있을 뿐이다.

그렇다면 신사회운동이 앞으로도 계속 "새로운" 운동으로 확산되기 위해서는 기존의 수동적, 방어적, 문화적 차원에서 선택하였던 자기 제한적 급진주의로부터 적극적, 공세적, 정치경제적 차원까지 포괄하는 자기 확대적 급진주의로 발전해야 할 것이다. 1968년 프랑스의 5월 운동에서 집약적으로 표출된 "좌파 자유해방주의"의 이념적 급진성과 포스트모던적 운동조직과 반문화를 재활성화시킴으로써 신사회운동은 개량주의적 타협이라는 막다른 골목길로부터 탈출할 수 있는 진보적 통로를 발견할 수 있을 것 같다.

이 같은 서구적 상황을 고려할 때, 한국 신사회운동은 "이중적 유연성 전략(dual and flexible strategy)"을 채택해야 할 것이다. 왜냐하면 한국은 아직까지 시민사회의 성장과 성숙을 동시적으로 추구해야 한다는 점에서 이중적인 전략(즉 민중주의와 시민주의의 결합, 급진주의와 개량주의의 결합, 제도정치와 운동/문화정치의 결합 등)을 필요로 한다. 나아가 시민사회의 구조적 기반 자체가 매우 취약한 상황이기 때문에 "국가 대 시민사회의 대립적 역학관계"를 제로섬 게임으로 양극화시키기보다는 양자가 때로는 상호 보완하는 윈-윈(win-win)게임의 논리를 추구하기도 해야 한다는 점에서 유연한 전략이 필요하기 때문이다. 다시 말해, 시민사회는 내부의 적대적(?)인 동지들과 연대할 수 있는 이중성과 함께, 국가와의 대립관계를 단기적인 동맹관계로 전환시키는 유연성을 구사해야 한다는 점에서 이중적 유연성 전략을 모색할 필요가 있다.

특히 총체적 부패 구조와 총체적 환경/생태 파괴로 인하여 총체적 위기를 맞이하고 있는 한국적 특수상황에서는 안이한 개혁주의나 모험주의적 급진주의는 금물이겠으나, 급진적 개혁주의 혹은 개혁적 급진주의는 한국 신사회운동의 바람직한 운동이념이 될 수 있다. 나아가 한국 시민사회의 미성숙과 구조적 취약성을 감안할 때, 한국 신사회운동은 코헨과 아라토(Cohen & Arato, 1992)가 제시하는 자기 제한적(self-limiting) 급진주의보다는, 자기 확대적(self-expanding) 급진주의에 입각하는 시민운동을 전개해야 할 것으로 판단한다.

왜냐하면 제도적 개혁에 의해서 국가, 시민사회, 경제사회의 상호 균형과 공존을 모색하는 제한적 급진주의는 현대사회를 자본주의적 구속성으로부터 벗어나게 하기에는 미흡한 전략이기 때문이다. 반면 국가와 시민사회의 대립과 갈등을 강조하면서, 시민사회에 의한 자본주의 국가의 공동체적 변형과 재구성을 목표로 하는 자기 확대적 급진주의는 특히 한국사회와 같은 총체적 위기 상황에서는 보다 적실한 전략이 될 수 있다.18)

5. 결어: 국가와 시민사회로부터 공동체로

다소 과장된 것인지는 몰라도 다시 한번 강조하지만, 한국사회는 현재 구조적으로 총체적인 위기 상황에 직면한 것으로 판단된다. 하기야 자본주의는 언제나 위기를 통하여 발전한 것인 만큼 절망할 필요는 없을 것이다. 오늘의 한국 시민사회는 아직도 취약하고 불안정한 만큼 그 미래도 불투명하다. 그러나 한국의 시민사회를 역동적으로 활성화시킬 수 있는 내재적인 의사소통적, 저항적 잠재력이 한국사회에 고갈된 것은 결코 아니다. 최근에는 시민운동과 재야운동이 상호 결집하는 놀라운 연대의지를 보여주기도 한다. 아울러 우리 사회에는 1950년대와 1960년대를 풍미한 실존적 고뇌로 몸부림치던 성난 젊은 사자들도 비록 이빨은 빠졌으나 여전히 한번 포효할 준비가 되어 있으며, 1970년과 1980년대를 살아온 민중의식의 담지자들도 새로운 비판과 저항의 칼을 준비하고 있고, 언제나 영원한 신세대로 불려지고 싶어하듯 우상 파괴에 적극적인 그야말로 "멋진 신세계의 용감한 신세대들"도 있다.

더욱이 지구화와 정보화사회의 물결은 새로운 의사소통의 가능성을 안고 밀려오고 있다. 특히 신사회운동의 세계적 물결은 새로운 사회변혁을 위한 이념적 급진성을 담고 있다. 한국의 시민사회가 억압적이고 획일적인 국가체제에 저항하여 명실상부한 실질적 민주주의를 확대해 나가기 위해서는 우선 신사회운동에 내장된 자기 제한적 급진주의(예컨대, 참여와 영향력의 정치, 생활정치, 자아 정체성 구현의 정치 등)과 자기 확대적 급진주의(예컨대, 자유해방주의에 기반을 두는 신생활양식운동, 직접/참여민주주의, 사회경제적 민주주의, 지역공동체운동 등)를 동시에 적극적으로 활용할 필요가 있다.

물론 신사회운동의 주요 이념들은 자본주의적 상품화, 관료제적 획일화, 민주주의의 형식화 등에 대한 근본적인 저항을 통해 새로운 사회의 가능성을 추구한다는 점에서 유토피아적 해방의 잠재력(혹은 자기 확대적 급진성)을 또한 지니고 있다. 예컨대, 생태주의는 우리들 인간 문명의 원동력이었던 자연개발과 자본주의적 경제성장의 절대논리를 거부하며, 페미니즘은 가부장제의 기초가 남성적=지배적 국가체제에 있음을 비판하고 있으며, 반핵 평화주의는 폭력적 상호 경쟁 대신에 의사소통적 상호 부조를 지향하며, 지역공동체주의는 중앙집권적 국가주의 대신에 다원주의적 생태공동체를 추구하고 있다는 점에서 저항의 논리와 해방의 유토피아를 동시에 포괄하고 있는 것이다.

그간 한국의 신사회운동들은 척박한 여건 속에서도 비약적인 성과를 축적해 오고 있으나, 이제 새로운 도약을 위한 과감한 자기 수정의 노력(탈중앙집중화 혹은 네트워크화, 탈서울중심화 혹은 지역주의화, 탈명망가화 혹은 풀뿌리화, 소수 지배화 거부 혹은 다수 참여화, 반거대화 혹은 소규모 공동체화 등)을 해야 할 것이다.

한국의 시민사회는 여전히 자본주의적 계급갈등, 대중사회적 천박성, 개인주의적 탐욕성 등과 같은 구조적 모순을 지니고 있으므로 신사회운동은 구사회운동과의 다양한 공동체적 연대를 통하여 기존 국가체제의 (방법상으로는) 점진적이나, (목표설정에 있어서는) 장기적인 관점에서 근본적인 변혁과 사회적 모순의 감소를 추구하는 전략을 모색해야 할 것이다. 나아가 시민사회의 성장과 성숙은 인류가 국가의 지배로부터 다시 공동체적 자율성을 확보해 나가는 역사적 대장정의 중간 과정이며, 신사회운동은 그것의 이념적 실천수단임을 재인식해야 한다. 따라서 신사회운동의 진정한 급진성은 결코 자본주의적 시민사회에 의해서 포섭되거나, 제도화될 수 없을 것이다. 오히려 그것을 창조적으로 파괴해 나갈 것이다.

결론적으로 우리는 한국 시민사회의 미래를 "국가의 공동체적 변형과 재구성"이라는 유토피아적 관점에서 설정하여, 그 같은 역사적 비전을 따라서 장기적인 실천전략들을 강구할 필요가 있다. 다시 말해, 성장중심주의에 대한 신사회운동의 자기 제한적 비판이론으로부터 국가의 권위주의화와 관료제적 획일화 그리고 자본주의적 상품화에 대항하는 새로운 해방운동의 자기 확대적 비판이론을 모색해야 할 것이다. 유토피아는 현실비판의 비타협적 척도가 될 수 있다는 점에서 언제나 현실적이기도 한 것이다. 만약 시민사회의 유토피아가 불분명하다면, 신사회운동의 수많은 진지들은 국가에 의해 서서히 포섭됨으로써 마침내 급진성과 자기 정체성을 상실하고 말 것이다.

폭발적인 급성장의 후유증으로 일시 정체된 듯한 한국 시민사회는 이제 신사회운동의 새로운 급진주의를 통하여 성숙한 시민사회로 다가가는 통로를 발견해야 한다. 시민사회는 세계사적으로 민주주의의 전개과정에 나타나는 필수적인, 그러나 과도기적인 단계이므로 그 자체로서 완결된 의미를 갖는 것이 아니다. 그러므로 현대의 시민사회는 현존하는 자본주의 혹은 사회주의적 모순을 해소하고, 이와 동시에 모든 사회조직(특히 국가)에 고유한 권력의 집중과 남용을 철저히 그리고 효율적으로 규제하는 과정에서 자율적이고 다양한 공동체들의 연합으로 발전해야 할 것이다. 이제 국가로부터 시민사회를 거쳐 공동체로 나아가기 위하여 우리는 오랜 동안 수많은 그람시적 진지(=소규모 공동체)전을 필요로 할 것이다.

국가와 시민사회, 정치사회와 시민운동, 그 상호관계

3. 김성국 교수에 대한 반론: 자본인가, 국가인가?

손호철(서강대 교수, 정치학)

많은 글들이 쏟아져 나오지만 요즈음 읽을 만한 글은 많지 않은 것이 우리의 현실이다. 또 우리 사회과학에는 논쟁이 사라진 지 오래이다. 이 점에서 김성국 교수의 글은 오랜만에 독서의 재미를 만끽하게 해주는 '글다운 글'이자 1990년대 이후 쟁점이 되고 있는 시민사회론에 대한 논쟁을 유발하는 매우 중요한 글이다. 특히 이 글은 시민사회론에 대한 나의 비판적 평가라고 할 수 있는 1995년의 "국가-시민사회: 한국정치의 대안인가"라는 글에 대해 준엄한 반비판을 가하고 있다. 보다 구체적으로, 김 교수는 아나키스트 내지 '자유해방주의(libertarianism) 좌파'의 관점(1998: 17-18; 이 책의 51쪽 이하)에서 나의 글을 비판하면서 시민사회론, 특히 국가-시민사회라는 이분법을 옹호하고 있다.

국가-시민사회라는 이분법의 옹호에도 불구하고 김 교수의 글은 시민사회를 단순한 잔여 범주로 생각하는 '속류' 자유주의적인 시민사회론(한국의 시민사회론자들의 다수를 차지하는)과는 달리 이론적으로 세련되어 있고 정치적으로 급진적이다. 또 상당히 동의할 수 있는 부분들도 많으며 국내의 시민사회론을 한 단계 끌어올린 역작이다. 뿐만 아니라 이 글은 그 동안 한국에서 자취를 감춘 아나키즘을 현재적 맥락에서 재

구성하여 복원시킨 글이라는 점에서 이론사적으로도 중요하기 짝이 없
는 글이다. 그러나 여러 문제들이 있는 것도 사실이다.

1. 시민사회＝민중사회?

우선 김 교수는 시민사회란 단순한 국가를 뺀 잔여 범주가 아니라 "국
가와의 권력관계에서 피지배적인 위치에 존재하는 모든 사회구성원"의
상호작용의 총체라고 개념화한다(1998: 21). "폭력적 국가에 저항하는 시
민의식이 없는 시민"은 시민사회의 구성원이 아니라는 이야기이다(1998:
21; 이 책의 55쪽). 이처럼 시민사회는 처음부터 저항적 시민의식으로 정
의됨으로써 김 교수의 이론체계 내에서는 "억압적-착취적 국가"와 "저항
적-자율적 시민사회"라는 이분법 내지 대당, 나아가 국가＝억압, 시민사
회＝민주주의의 보루라는 등식이 가능해진다. 또 내가 국가 대 시민사회
라는 이분법의 핵심적 문제로 제기했던 자본가계급 등 시민사회 내부의
반민주 지배세력의 존재와 이들 대 민중세력 간의 시민사회 내의 내부균
열 문제는 자연스럽게 해결된다. 왜냐하면 이들 지배세력은 정의 그 자
체에 의해(by definition) 시민사회의 구성원이 아니기 때문이다.

그러면 문제는 국가가 아니고 시민사회의 구성원도 아닌 '반민주적 시
민', 즉 지배계급과 지배세력은 어디에 속하느냐 것이다. 이에 대해 김
교수는 "국가와 자본은 여전히 무적의 황금동맹을 맺은 채"(1998: 40; 이
책의 75쪽), "국가, 자본, 언론의 삼각동맹"(1998: 44; 이 책의 79쪽), "국가
는 폭력, 권력, 자본력, 그리고 문화적 헤게모니를 배타적으로 장악하고
행사하는 세력집단과 더불어 지배층을 구성"(1998: 21; 이 책의 56쪽)하고
있다는 표현을 쓰고 있어 지배계급은 국가도, 시민사회도 아닌 '제3의 부
문'을 구성하고 있는 것으로 묘사하고 있다. 그러나 다른 곳, 즉 <그림
1>(1998: 30; 이 책의 65쪽)에서는 국가를 단순히 '국가부문의 지배층'만

을 의미하는 것이 아니고 '생활세계의 지배층', '경제부문의 지배층'을 포괄하는 의미로 사용함으로써 지배계급을 사실상 국가의 일부로 이해하고 있다. 이 같은 두 가지 방식의 모순된 이해 중 전자의 경우 많은 이론적 문제들을 야기한다는 점에서 보다 건설적인 것은 후자이다. 따라서 이 글에서는, 우호적인 입장에서, 김 교수의 글을 후자로 이해하여 논의를 전개해 나가겠다.

이 같은 김 교수의 문제의식을 정리해볼 때, 결국 김 교수가 의미하는 시민사회란 전통적으로 우리가 의미해온 민중 내지 민중부문, '민중사회'에 다름아니며, 그가 사회분석의 틀로 주장하고 있는 국가 대 시민사회라는 대당 역시 말만 국가 대 시민사회이지 속류 자유주의적 시민사회론자들의 국가 대 시민사회와는 거리가 멀고 사실상 광의의 국가(마르크스주의적 의미의 국가, 즉 '협의의 국가'(정부)+지배계급) 대 피지배계급("국가와의 권력관계에서 피지배적인 위치에 존재하는 모든 사회구성원")에 다름아니다. 즉 그의 국가 대 시민사회란 내가 주장해온 광의의 국가 대 민중에 다름아니다.

사실 이 같은 이해방식은 김 교수의 독창적인 것이 결코 아니며 국내의 시민사회 논쟁에서 이미 초기에 일부 학자들에 의해 개진된 바 있고 이에 대해서는 이미 나의 글에서 비판적 평가를 한 바 있다. 즉 이 같은 문제의식은 속류 자유주의적 시민사회론에 비해 비교할 수 없을 만큼 진일보한 것이지만 두 가지 문제가 있다. 우선 내용상 시민사회란 민중부문(그것도 그냥 민중이 아니고 자기의식을 가진 '대자적 민중')과 별로 다를 것도 없는데, 민중이란 말만 시민사회로 바꾸어 혼선을 야기한다는 것이다. 둘째, 보다 근본적인 문제로서, 시민사회를 그람시식으로 모든 시민들의 상호작용의 총체 내지 "사적 조직의 총체"로 이해하지 않고 시민사회=민주주의라는 선험적인 자신의 정치적 판단에 모순이 생기지 않도록 시민사회에서 작의적으로 지배계급을 배제해버림으로써 자본주의의 고유한 특성으로서의 국가와 시민사회의 분리라는 역사적 특성, 이 같은 분리에 기반한 국가 대 시민사회라는 대당의 의미를 사장하고 왜곡시키고 있다는 사실이다.

뿐만 아니라 이같이 김 교수 식으로 시민사회를 개념화하면 시민사회=계급투쟁의 장, 이에 따른 시민사회 내의 진지전이라는 그람시의 탁월한 문제의식이 사라져버리고 만다. 시민사회=민주세력만의 영역이라면 그곳에서의 계급투쟁과 진지전은 불필요해지기 때문이다. 어디 그뿐인가? 이상하게 들리겠지만, 역설적이기도, 김 교수 식의 개념화는, 그의 의도와는 정반대로, 원래 국가-시민사회론이 갖고 있던 문제의식, 즉 국가(좁은 의미의 국가) 대 시민사회 간의 힘의 역관계라는 문제의식을 사회분석에서 퇴장시키고 만다. 왜냐하면 그가 말하는 국가 대 시민사회 간의 역관계란 사실상 광의의 국가(파워블록=국가+지배계급) 대 민중의 역관계이기 때문이다. 이 같은 일원론적 분석틀에 비해 전통적인 시민사회(협의의 국가의 대당으로서의)의 개념화에 기초한 나의 분석은 두 가지 변수를 고려하는 이원론으로서 훨씬 풍부한 분석을 가능하게 한다. 즉 이미 나의 글에서 지적한 바 있듯이 국가-시민사회론에 관한 한 나는 민주주의를 포함하여 한 사회를 분석할 때 두 가지 측면을 동시에 고려해야 한다. 그것은 (1) 협의의 국가 대 시민사회(지배계급을 포함한)의 역관계와 (2) 시민사회 내의 (지배계급과 민중 간의) 역관계 내지 광의의 국가(협의의 국가+지배계급) 대 민중 간의 역관계이다. 그러나 김 교수는 시민사회의 기이한 개념화에 의해 (2)만 보고 (1)은 보지 못하게 된다. 사실 마르크스주의는 이 중 (2)에 주로 주목하지만 (1)에 대해서도 많은 관심을 기울여왔다.

예를 들어, 이미 나의 글에서 지적했듯이, 마르크스가 보나파르티즘 분석에서 국가가 지배계급까지도 몽둥이로 굴복시키고 시민사회의 구석구석까지 통제하고 있는 것을 비판한 것, 그람시가 서구와 달리 러시아에서는 국가가 모든 것이고 시민사회는 아교질에 불과하다고 비교사회학적으로 분석한 것은 모두 (1)의 측면에서 시민사회에 대한 '과대성장국가'에 주목한 것이다.

2. 민중과 시민

이와 관련, 짚고 넘어갈 것은 민중과 시민이라는 개념 간의 관계에 대한 독특한 김 교수의 생각이다. 김 교수에 따르면 "봉건체제나 제국주의적 식민지체제에 저항하면서 근대국가를 건설하려는 과정에서 등장하는 세력은 시민이 아니라 민중"이며 "일단 성립된 근대국가의 정치적 억압에 대항하는 민주주의 세력집단"은 '시민'이라는 것이다(1998: 33; 이 책의 68쪽). 즉 근대국가 성립 이전=민중, 근대국가 성립 이후=시민이라는 개념화는 과문한 나로서는 처음 들어보는 기발한 발상으로 문제가 많다. 근대국가가 성립한 지 수백 년이 지난 서구나 라틴아메리카의 1970~1980년대 논쟁을 보면 나아가 라클라우 같은 포스트주의자들의 경우 현재의 논의을 보면, 민중에 해당되는 people이나 popular sector를 변혁의 주체로 일상적으로 논의하고 있다. 즉 현대사회 분석에서도 급진적 전통에서는 정확히 김 교수가 의미하는 시민사회의 의미, 즉 권력 블록에 대립되는 대당으로 민중을 사용해오고 있다. 사실 민중과 시민에 대한 김 교수 식의 개념화는 과문한 탓인지 나로서는 처음 들어보는 것이다. 나아가 김 교수는 민중과 시민에 대한 자신의 독특한 개념화에 기초해 "흔히들 한국사회는 1980년대 후반을 기점으로 하여 민중사회로부터 시민사회로 전환되기 시작하였다고 한다"고 쓰고 있다. 흔히들 이렇게 주장하고 있다고 하는데 누가 이렇게 주장하고 있는지, 한국 사회과학계에 결코 흔한 것 같지 않다. 나아가 이 주장은 자신의 논리, 즉 민중과 시민에 대한 그의 정의와도 모순이다. 즉 이 주장대로라면 한국사회가 1980년대 중반까지는 "봉건체제나 식민지체제에 저항하면서 근대국가를 건설하려는 과정"이고 1980년대 후반에 들어서야 "일단 근대국가가 성립"되어 이의 "정치적 억압에 대항하는 민주주의 세력집단", 즉 시민이 등장하는 정이어야 하는데, 이처럼 1980년대 후반을 한국사회의 근대국가의 성립 시점으로 보는 시각은, 긴 설명이 필요 없이 지나친 주장이다. 다만 김 교수의 '국가-시민사회'론이 내용상 광의의 국가 내지 권력 블록 대 민중을 의미하지만 그것도 조금 다른 점, 따라서 광의의 국가 대 민중이라는 개념 대신 국가 대 시민사회를 사용해야 하는 이유를 옹호해줄 만한 측면이 없는 것은 아니다. 그것은 김 교수가 주장하고 있는 근대국가의 성립 이전과 이후의 문제가 아니라 김 교수가 지적하고 있는 또 다른 문제, 즉 "다차원적 정체성"(1998: 22; 이 책의 56쪽) 문제이다. 보다 구체적으로, 민중이 계급중심적 시각에서 피지배'계급'의 연합이라는 측면이 강해 계급 이외의 측면까지를 포괄하는 피지배'세력'을 의미하는 면이 취약하다는 문제이다. 이 같은 측면은 상당한 타당성을 갖는다. 그간의 민중론은 지나치게 계급환원론적 시각에 빠져 있었다. 그리고 그것은 분명히 잘못이며 이에 대해서는 나 자신 역시 일종의 자기 비판을 한 바 있고 김 교수 역시 이를 인용하고 있다. 그러나 모든 민중론이 계급환원론적인 것은 아니며 민중론이 계급환원론적이어야 하는 필연적인 이유가 있는 것도 아니다. 사실 민중론 중에서도 최장집 교수의 민중민주주의론[1]의 민중론의 경우 계급만이 아니라, 정치, 성, 지역, 분단, 언술 등 여러 측면에서 피지배세력의 연합으로 민중을 개념화한 바 있다. 나 역시 이 같은 개념화가 맞다고 생각한다. 또 앞에서 지적한 라클라우류의 급진적 민주주의 기획 역시 다차원적 정체성에 주목하지만 파워 블록에 대립되는 다차원적인 피지배세력의 등가적인 연합을 시민사회가 아니라 people 내지 popular sector, 즉 민중으로 개념화하고 있다. 따라서 다차원적 정체성이라는 문제가 민중 개념을 시민사회 개념으로 대치해야 하는 이유일 수는 없다.

  여기에서 아직 남아 있는 문제가 있다. 그것은 민중 개념 문제에 그치지 않고, 이분법인가, 삼분법인가의 문제, 앞으로의 변혁전략 문제 등과 밀접히 관련되어 있는 것으로서 '계급중심성' 문제이다. 위에서 지적했듯이 계급환원론은 분명히 잘못된 것이다. 그러나 다차원적 정체성 중 계급이 중심적이라는 계급중심성까지도 포기해야 하느냐는 문제이다. 이는 결국 현대사회에서의 자본주의사회의 중심성 문제에 다름아니다. 사실 현대사회는 단순히 자본주의사회가 아니라 다차원적 정체성이라는 면에서 가부장적 사회이고 동성애자 억압사회이기도 하다. 그러나 동시에 자본주의의 규정성이 다차원적 정체성과 관련된 다른 규정성보다 중심적이라는 것을 부인하는 것은 자본주의의 문제를 과소평가하는 잘못이며, 이는 이론적으로나 실천적으로 엄청난 오류라고 생각한다. 그렇다면 계급중심성 문제도 마찬가지다. 자본주의가 중심적인 한, 개개인이 실질적으로 갖는 경험적인 중심적 정체성과 상관없이 계급은 중심적이다. 그리고 김 교수처럼 '정체성의 정치(politics of identity)'론에 근거해 계급중심성을 부정하고 다차원적 정체성 중 "가장 중요한 영향력을 행사하거나, 필수적 자원을 제공하는 정체성이 한 개인의 대표적인 지위가 되는 것"(1998: 22; 이 책의 56쪽)이라는 입장을 취하는 것은 경험주의와 절대적 상대주의에 매몰되고 마는 것이다. 따라서 '토대' 내지 '경제사회'의 문제는 시민사회의 일부로 축소되어 국가 대 시민사회라는 이분법으로 귀착될 수 없는 중요한 문제이며, 따라서 '토대'의 문제를 독자적인 영역으로 상정하는 국가-시민사회-토대라는 그람시적 삼분법이 보다 타당한 분석틀이다.

3. 삼분법은 개량주의인가?

이와 관련, 김 교수는 그람시의 삼분법을 변형시킨 코헨과 아라토의 삼분모델의 '자기 제한적 급진주의'가 갖고 있는 한계(개량주의의 위험 등)를 삼분법에 반대하는 이유로 제시하고 있다. 분명히 코헨류의 자기 제한적 급진주의는 많은 문제점을 가지고 있으므로 이에 대한 김 교수의 비판에 전적으로 동의한다(이와 관련, 재미있는 것은 국가 대 시민사회라는 이분법을 주장해온 대표적인 자유주의적 시민사회론자들이 김대중 정부에 와서는 김대중 정부의 "민주주의와 시장경제의 병행발전"론과 관련해 슬그머니 경제사회를 다시 추가하여 국가-시민사회-경제사회라는 삼분법으로 변신을 하여 국가와 시민사회, 경제사회 간의 상호 견제와 균형이라는 처방을 제시하고 있다는 사실이다. 그러나 삼분법이 자기 제한적 급진주의로 귀결되어야 할 필연적인 이유는 전혀 없다. 아니 그람시가 보여주듯이 삼분법은 토대, 즉 자본주의의 발본적인 변혁을 중심으로 한 근본적인 변혁을 지향하는 근본주의적 급진주의가 그 본류이다. 따라서 자기 제한적 급진주의의 한계 때문에 삼분법을 포기하는 것은 "목욕물 버리려다 아기까지 버리는 격"이다. 그리고 김 교수가 생각하듯이 국가 대 시민사회라는 이분법을 취한다고 "단순하나 분명한, 그리고 변화지향적 대립관계"가 성립되는 것도, "시민사회의 영역 내에 경제를 위치시킴으로써 노동자(계급)와 시민이 통합을 모색할 수" 있는 것(1998: 32; 이 책의 67쪽)도 아니다. 오히려 국가 대 시민사회라는 이분법은 자본이라는 '주적'을 은폐하고 토대(자본주의)의 변혁이라는 근본적이고 엄중한 과제를 시민사회의 문제로 해소해버리고 말 뿐이다.

이와 관련, 또 다른 문제는 이분법을 포함한 김 교수의 이론틀과 프로젝트, 즉 자기 확대적 급진주의가 갖는 낭만성, 모호성이다. 김 교수는 시민사회를 넘어서 "가정과 일터는 분리되지 않았고, 일과 놀이/휴식은 연결되어 있었으며 경제는 생활 그 자체"였던 "사회의 원시적 공동체성을 회복하고 확산시켜"(1998: 28) "자유연합의 공동체"(1998: 17, 66)를 구성해나가야 한다고 주장한다. 전적으로 동감이다. 그러나 문제는 어떻게이다. 결국, '자유연합의 공동체'는 마르크스가 이야기한 "자유로운 생산자의 연합"을 중핵으로 하지 않으면 안된다. 그리고 이는 자본의 힘에 대한 발본적인 통제와 전복을 통하지 않고는 불가능하다. 특히 현재 전지구를 '20 대 80'사회[2])로 몰고 가고 있는 신자유주의적 지구화와 자본의 힘을 통제하지 않고는 '자유연합의 공동체'는커녕 그나마 있던 '사회'마저도 해체되고 파괴될 것이 자명하다. 그러나 자본주의의 중심성, 계급 중심성, 독자적인 영역으로서의 토대의 중요성을 부정하는 김 교수의 경험주의적이고 절대적 상대주의적인 다차원적 정체성주의, 독자적 영역으로서의 토대의 존재를 부정하는 국가-시민사회라는 이분법으로서는 이를 변혁하기는커녕 제대로 분석할 수단조차 갖지 못하고 있다. 아니 김 교수는 이분법을 고집함으로써 토대를 따로 분석할 필요 그 자체를 부정하고 있는 셈이다.

주목할 것은 김 교수가 국가-시민사회라는 이분법을 주장하면서도 시민사회의 두 개의 하위 범주 중의 하나로 '경제'를 상정하고 있다는 점이다(1998: 30의 <그림 1>). 이는 그래도 '경제'의 중요성을 인정하고 있다는 점에서 자유주의적 시민사회론과 이분법보다는 진일보한 것이다. 그러나 위에서 지적했듯이 경제를 독자적 범주가 아니라 시민사회의 하위 범주로 간주하는 것은 문제가 많다. 재미있는 것은 김 교수가 경제를 시민사회의 두 개의 하위 범주 중의 하나로 개념화함으로써 스스로 다차원적 정체성론을 부정하는 한편 스스로 비판해온 자본주의의 중심성, 계급의 중심성을 간접적으로 내지 반쯤은 인정하고 있다는 사실이다. 즉 사회적 정체성이 계급중심적이지 않고 그저 여러 정체성 중 가장 영향력을 행사하는 것으로 구성되는 것이라면, 시민사회는 예를 들어 가부장제와 생활세계로 양분되지 않고 왜 하필 선험적으로 경제와 생활세계로 양분되는가?

4. 주적, 국가인가? 자본인가?

김 교수와 내가 갈라지는 중요한 또 다른 접점은 민주주의의 최대의 적이 국가인가 자본인가 하는 문제이다. 이 문제에 대해 김 교수는 나의 입장을 "모든 문제의 장본인은 표면에 나선 국가가 아니고 숨어 있는 자본주의와 독점자본가계급"(1998: 37; 이 책의 72쪽)이라고 요약하고 "한

국정치의 억압성과 반민주성의 근본적인 원인을 …… 군부독재국가의 강
권력에서 발견할 수 있는 시민사회론자들의 분석적 권리를 무시해서는
안된다"(1998: 34; 이 책의 67쪽)고 분노한다. 또 때로는 시민사회가 국가
보다 더 반동적일 수 있으며 '국가=문제아'라는 시민사회론자들의 일방
적 진단은 문제가 많다는 나의 비판에 대해서도 내가 "국가에 대한 미련
을 버리지 못하고 있는 것" 같으나 "역사적으로 국가는 언제나 폭력의
독점체로서 방치하면 부패하거나 독재화하려는 속성을 지니고 있을
뿐"(1998: 37; 이 책의 72쪽)이며 "자본주의는 국가 없이 존재하지 못하나
국가는 자본 없이 존재할 수 있다"(1998: 37)고 반박하고 있다. 결국 김
교수는 이 같은 입장에 기초해 "기존의 강압적이고 착취적인 국가를 변
형시켜" "공동체를 공동 관리하는 또 하나의 공동체로 다시 태어나도록
해야 할 것"(1998: 17; 이 책의 52쪽)이라는 처방을 내리고 있다.

우선 김 교수의 비판은 악의적인 것은 아니라고 믿지만, 나의 주장에
대한 상당한 왜곡에 기초해 있다. 나는 현대민주주의, 나아가 현대사회
의 최대의 적이 자본이라고 주장했지 "모든 문제의 장본인"이 자본이라
고 주장한 적이 결코 없다. 또 나는, 아니 어느 사회과학자도 국가를 "폭
력의 독점체로서 방치해도" 부패하거나 독재화하지 않는다고 주장한 바
없다. 그러나 이 중요한 부분들을 김 교수는 왜곡하여 마치 나의 주장이
그러한 것처럼 독자들을 현혹시키고 있다. 그리고 한국정치의 억압성의
근본적인 원인=군사독재라는 시민사회론자들의 분석적 권리를 무시하
지 말라는 주장도 기이하다. 물론 분석은 분석자의 자유이고 권리이다.
그러나 억압성의 근원을 마르크스주의자들은 자본으로 보고 시민사회론
자들은 군사독재라고 보는 각각의 분석적 권리를 서로 인정하고 각각 제
갈 길을 간다고 문제가 해결될 수 있는 것은 아니다. 각각의 분석적 권리
에도 불구하고 어느 것이 진정한 억압의 근원인가, 따라서 어느 이론이
맞는 것인가는 규명되어야 하고, 나의 글은 그 같은 규명을 위해 시민사
회론을 비판한 것이지 시민사회론의 분석적 권리를 부정한 것은 결코 아

니다. 이는 김 교수의 글이 마르크스주의의 분석적 권리를 무시하기 위해 쓰여진 것이 아닌 것과 동일한 논리이다.

그렇다면 문제의 쟁점인 "자본인가, 국가인가"의 문제를 살펴보자. 이는 한국의 역사분석과 현대사회 일반의 두 수준에서 살펴볼 필요가 있다. 우선 군사독재가 한국정치의 억압성의 근원이라면 군사독재가 아니었던 이승만 정권의 억압성은 어떻게 설명할 것인지 궁금하다. 나아가 군사독재가 등장한 1960년대 이후도 마찬가지다. 물론 이 시기의 억압성이 군사독재에 기인한 부분이 상당한 것은 사실이다. 그러나 이는 어디까지나 중첩 결정적 요인이었지 본질적인 요인은 아니었다. 즉 본질적인 것은 민중배제적인 종속적 산업화, 특히 유례없이 급속한 종속적 산업화를 위한 민중억압의 필요성이었다. 군사독재가 억압성의 근원이었다는 주장은 민간정부가 당시 있었다면 종속적 산업화를 이루면서도 민주주의도 할 수 있었다는 낭만적 주장을 하는 것에 다름아니다. 다시 말해 민간 민주정부더라도 박정희 정권 식의 급속한 종속적 산업화를 하려면 정도의 차이는 다소 있을지 몰라도 민중배제적 억압성을 가질 수밖에 없었다.

현대사회 일반수준에서도 문제는 마찬가지다. 물론 김 교수의 지적대로 방치하면, 아니 감시해도, 국가는 부패하고 독재화하는 경향이 있다. 특히 우리는 '프롤레타리아독재'라는 이름하에 '프롤레타리아에 대한 독재'로 변질했던 소련과 동구의 경험을 통해 이를 뼈저리게 실감한 바 있다. 그러나 그렇다고 그것이 국가가 자본보다 더 큰 적이라는 것을 의미하지는 않으며 국가가 아니라 자본이 최대의 적이라는 나의 주장이 단순한 국가에 대한 미련을 의미하지도 않는다. 아니 나는 국가도 자본도 모두 민주주의의 적이지만, 자본을 민주화하기보다는 국가를 민주화하기가 상대적으로 쉽다고 생각하며 이 점에서 그 차이만큼 국가에 대한 미련을 갖고 있다. 이는 김 교수가 '복지국가'에 대한 미련을 갖는 것만큼의 미련이다. 사실 김 교수는 국가에 대한 미련을 버리라면서 동시에 복지국가의 필요성을 주창하고 있다. 이 '복지국가'가 국가의 복지정책에 전혀 의존하지 않는, 사적 부문과 시민사회의 복지 네트워크(신자유주의자들의 '사회적 안전망')을 의미하지 않는 한, 김 교수 역시 국가에 대한 미련을 버리지 못하고 있는 셈이다. 사실 "기존의 강압적이고 착취적인 국가를 변형시켜" "공동체를 공동관리하는 또 하나의 공동체로 다시 태어나도록 해야 할 것"이라는 김 교수의 처방 역시 마찬가지다. 말로는 멋있는 말이다. 그러나 착취적인 자본을 근본적으로 변혁하지 않고 어떻게 착취적인 국가를 변형시키는가? 또 국가를 "공동체를 관리하는 또 하나의 공동체"라고 부른다고 그것이 김 교수가 국가의 속성으로 지적한 부패화와 독재화의 경향으로부터 자유로워지는가? 사실 '공동체를 관리하는 또 다른 공동체'라는 김 교수의 표현은 정확히 레닌의『국가의 혁명』의 국가소멸론을 연상시킨다. 즉 레닌의 구상 역시 새로운 사회의 국가는 국가이되 억압적이지도 착취적이지도 않다는 점에서 "일상적 의미의 국가(the state in the proper sense)가 아니며 단순히 공동사를 관리하는 관리체에 불과하다고 주장한 바 있다. 국가와 독점자본이 통합된 국가독점자본주의국가라고 하지 않는가?"(1998: 37)

분명 국가는 민주주의의 적이며 부패화와 독재의 경향이 내재해 있다. 그것은 기본적으로 관료화의 경향과 관련된 것이다. 그러나 보다 근본적인 민주주의의 적은 자본이다. 사실 역사적으로 민주주의의 발전에 따라 국가의 민주화는 부족하지만 상대적으로 진행되어왔다. 그러나 자본의 민주화는 요원하기만 하다. 단적으로 시민권은 공장 문 앞에서 멈추고 있다. 또 그나마 투쟁을 통해 획득한 국가의 민주화와 민주적 권리들은 세계적으로 1980년대 이후 신자유주의라는 자본의 공세에 의해 오히려 후퇴하고 있다. 이와 관련, 김 교수는 최근의 초국적 자본의 움직임에 대한 분석을 통해 자본의 반민주성에 대한 김 교수의 무감각(그리고 이에 따른 국가의 반민주성에 대한 과잉감각)을 극적으로 보여주고 있다. 즉 초국적기업의 움직임을 자본이 국가를 넘어서 자신의 지배를 확대하고 전지구에 하향 평준화를 강요하는 것이 아니라 자본이 이제 권력자인 국가의 반열에 올라가 국가에 끼여드는 것으로 해석하고 있다("현대의 거대독점가는 이미 전세계적인 네트워크를 구축하고 기업국가의 형성을 준비하고 있다"(1998: 30). 이제 남은 것은 "자본주의는 국가 없이 존재하지 못하나 국가는 자본 없이 존재할 수 있다"는 주장이다. 맞는 이야기이다. 자본주의 이전에도 봉건제국가, 노예제국가가 존재했고 자본주의냐, 사회주의냐라는 논쟁이 있기는 하지만 현존 사회주의국가에서도 국가는 존재했다. 다시 말해, 국가의 문제는 자본의 문제를 해결한다고 해도 남을 문제이다. 그리고 자유주의자들의 착각, 그리고 야경국가의 신화와 달리, 자본주의는 국가 없이 존재할 수 없다. 그러나 그것이 현대 자본주의사회에서 국가가 자본보다 더 근본적인 악의 원천이라는 것을 입증해 주는 것은 아니다. 이 둘은 논리적으로 별개의 문제이다. 이는 예를 들어 남녀 성 차별이 국가보다 오래되었으며 국가 없이도 존재할 수 있기 때문에 남녀 차별이 국가보다 현대사회에서 더 악의 근원이라고 주장하는 바와 다를 바가 없다.

5. 기타 잡동사니, 그러나 중요한 문제들

마지막으로 중요하지만 지면관계상 길게 논의하지 못할 문제들을 간단하게 논의하고 넘어가고자 한다.

우선 국가와 시민사회의 힘의 관계가 기본적으로 '제로섬'적이라는 나의 주장에 대해 김 교수는 그렇지 않다는 것을 그림까지 만들어 자세히 설명하고 있다(1998: 31). 그러나 이는 이미 나의 글에서 다 지적한 문제로 빗나간 반비판이다. 즉 한 사회를 역사적으로 국가와 시민사회가 동시에 다 강해질 수 있고 또 한 시점에서 한 나라를 다른 나라와 비교할 때 국가도 시민사회도 다 강할 수 있다는 것은 이미 내가 인정한 바이다.

그러나 문제는 한 시점, 한 사회에서의 국가와 시민사회의 힘의 관계이다. 내가 문제를 제기한 것은 "국가가 강하다"면 그것은 결국 '시민사회에 대해서 강하다'는 관계적인 면에서 그렇다는 뜻이고 시민사회가 강하다는 것도 마찬가지로 국가에 대해 그러하다는 뜻으로 기본적으로 제로섬적 관계인데, 이 같은 문제의식이 없이 한국은 강한 국가와 강한 시민사회가 동시에 존재한다는 식으로 마구 인상주의적으로 논의를 전개하는 것을 비판한 것일 따름이다.

둘째, 흥미로운 것은 다양한 사회운동에 대한 김 교수의 개념화이다. 김 교수는 <그림 1>을 통해 이를 체계화하고 있는바, 매우 독창적이고 좋은 노력이지만 문제가 많다. 우선 김 교수는 사회운동을 노동운동, 시민운동, 신사회운동, 소비자운동이라는 네 범주로 유형화하고 있는데 (1998: 30), 우선 기이한 것은 시민운동과 신사회운동의 관계이다. 시민운동이란, 내가 아는 한 서구 등에는 없는 개념으로서, 사실상 서구의 신사회운동을 한국식으로 번역해 부르고 있는 것이라고 할 수 있다. 김 교수식으로 시민운동과 신사회운동이 다른 것으로 범주화될 수 있는 것인지, 그렇다면 그 차이는 무엇인지가 의문이다. 또 경제부문의 운동을 노동운동으로 규정하고 있는데 경제적 이해관계에 대한 중산층운동 등은 없는가? 예를 들어 최근의 의사폐업은 위의 네 가지 운동 중 어디에도 속하지 않는 것 같다. 그리고 생활세계의 운동을 시민운동이라고 규정하고 있는바, 그러한 것인지 의심스럽다. 즉 신사회운동과 소비자운동은 생활세계의 운동이 아닌 것으로 그려져 있는데 왜 그러한가? 다시 말해, 시민사회의 두 부문이 경제와 생활세계라면서, 이 둘 어디에도 속하지 않는 소비자운동과 신사회운동이 존재한다면 그것은 경제도 생활세계도 아닌 제3의 부문이 존재한다는 이야기인가?

이와 관련된 또 다른 문제는 정치사회의 문제이다. 나는 정치사회라는 개념이 국가를 단순히 정부로 축소시켜 희화화하고 이를 이용한 기존의 분석이 결국 정당론과 선거론을 이름만 바꾸어놓은 수준에 불과하며 그람시의 진지전(시민사회에서의 대중조직의 확대)을 정치사회에서의 진지전, 즉 선거에 의한 의회의 점진적 장악으로 희화화하고 있다는 점에서 비판한 바 있다. 그러나 그것이 정치사회라는 개념이 갖는 서술적 힘(descriptive power)를 부정하는 것은 아니었고(범주를 많이 나누면 나눌수록 서술적 힘이 생기는 것은 당연하다) 사실 이 같은 서술적 힘 때문에 나 자신도 최근에 위의 이론적 문제점들을 전제로 하여 이 개념을 이용해 한국정치를 분석한 바 있다. 특히 이 개념은, 임영일 교수가 잘 지적했듯이, 진보세력의 '정치세력화'(정확한 표현은 '정당화') 여부를 분석하기에 적합한 표현이다. 그러나 앞에서 지적한 정치사회라는 개념의 문제점에 대한 나의 비판은 여전하며 김 교수처럼 토대를 독자적 영역으로 인정하지 않으면서 정치사회를 독자적 영역으로 상정하는 것(이 점에서 김 교수는 사실상 국가-시민사회의 이분법론자가 아니라 국가-정치사회-시민사회의 삼분법론자이다)에는 결코 동의할 수 없다. 이와 관련, 주목할 것은 정치사회에 대한 김 교수의 생각이다. 기존 자유주의적 시민사회론자들에 비해 진보적이고 이론적으로 앞서 있는 학자답게 김 교수는 선거와 정당론으로 귀결되고 있는 정치사회론에 대한 나의 비판의 적실성에 동의해주고 있다(1998: 38; 이 책의 73쪽 이하). 그러면서도 이 개념을 구제하려고 하다 보니 무리수를 두고 있다. 그것은 정치사회가 "자발적 결사체로서의 중간집단이나 사회운동단체도 포괄해야 할 것"(1998: 38)이라는 주장이다. 즉 일반적으로 시민사회의 중핵을 이루는 것들을 정치사회라고 부르고 있다. 사실 문제의 <그림 1>(1998: 30)을 보면 "시민사회=생활세계+경제"이고 노동운동, 시민운동, 소비자운동, 신사회운동, 다시 말해 모든 운동의 합이 정치사회로 개념화되어 있다. 자유주의적 학자들에게 있어서 정치사회가 선거, 정당 등 일상적인 의미의 정치의 공간을 의미한다면 김 교수에게 있어서는 사회운동의 공간이자 합인 것이다. 이 같은 독창적인 개념화를 통해 김 교수는 정치사회라는 개념을 구해내지만 동시에 더 큰 문제를 야기시킨다. 즉 모든 운동들을 시민사회로부터 분리시켜 정치사회로 규정함으로써 시민사회는 사실상 '운동이 없는 생활세계와 경제만의 공간', 즉 '자본과 국가의 지배만이 존재하는 고통의 연옥'으로 전락하고 만다. 이렇게 될 경우, 결국 그의 논리는 "정치사회를 통해 시민사회를 구제하고 해방시켜야 한다"는 논리로 가야 한다. 이 점에서 그는 자신의 생각과 달리 '시민사회론자'가 아니라 '반시민사회론자'이자 '정치사회론자'이다.

한국의 시민사회의 분석에 대해서도 간단히 짚고 넘어가고자 한다. 우선 사소한 것이지만 독자들이 오해를 할 수 있기에 분명히 하고 넘어갈 문제가 하나 있다. 김 교수는 위에서 지적한 민중과 시민의 차이와 관련해, 근대국가가 성립된 뒤에야 시민과 시민사회가 가능하다는 점에서 해방 정국에 시민사회가 존재하지 않았다는 것을 주장하기 위해 "미군정체제라는 신식민지 파시즘"(1998: 32)이 시민사회의 대당인 근대국가인가 반문하고 있다. 나를 포함하여 군사독재에 대해 신식민지(종속적) 파시즘론을 주장해온 '좌파학자'들을 겨냥한 이 반문은 신식민지 파시즘론에 대한 무지에 기초한 잘못된 질문이다. 신식민지 파시즘론을 주장했던 학자들은 박정희와 전두환체제의 국가성격이 그러했다는 것이지 미군정의 성격이 그렇다고 주장한 사람은 아무도 없다.

보다 근본적인 문제는 김 교수가 제기하고 있는 한국에서의 시민사회의 역사적 근원 내지 형성의 문제이다(1998: 32-33; 이 책의 67쪽 이하). 이는 매우 중요한 주제이며 본격적인 연구가 나오지 않은 미개척 분야이다. 다만 유팔무, 최장집 교수들은 자본주의가 도입되는 한말과 일제를 그 형성의 시점으로 보고 있고(최장집, 1989; 유팔무, 1995), 일부에서는 해방 공간으로부터를 그 형성 시점으로 보고 있다. 따라서 김 교수의 도발적인 문제제기는 매우 의미가 있다. 그러나 위에서 이미 지적했듯이, 김 교수의 비판은 근대국가 형성 이전=민중과 민중사회, 형성 이후=시민과 시민사회라는 잘못된 이분법에 기초한 잘못된 비판이다. 또 "교양 있는 시민"과 '진보적 부르주아'가 존재해야 시민사회라는 규범적 시민사회론에 기초해 사실상 한국사회에서의 시민사회의 성립을 1980년대 후반으로 보고 있는 것(1998: 33; 이 책의 68쪽)은 지나친 규범주의이다. 즉 이는 김 교수 식의 표현을 빌리면 시민사회의 성장과 성숙을 혼동한 것이다. 또 김 교수는 1990년대의 시민사회의 보수성을 비판하는 최장집 교수에 대해서 "도덕주의 칼을 들고" 시민사회를 비판한다고 반비판하고 있으나 김 교수야말로 '도덕주의의 칼을 들고' 1980년대 이전의 한국의 사회를 시민사회가 아니라고 부정하고 있는 셈이다. 이 문제는 앞으로 보다 많은 논의와 연구가 있어야 하지만 시민사회의 핵심이 자본주의의 독특한 특징으로서의 국가와 사회의 분리에 있다고 할 때 한국에서의 시민사회의 성립도 식민지국가라는 특수성이 있기는 하지만 일체로 보아야 하는 것이 아닌가 싶다.

마지막으로 김 교수가 대안적 운동으로 주목하고 있는 신사회운동에 대해서 한 가지만 지적하고자 한다. 김 교수는 이에 지지를 보내면서도 한국의 '신사회운동'이 갖는 문제점, 즉 이념적 지향성의 취약성, 현실타협적 개량주의(1998: 56-57; 이 책의 91쪽 이하), 권력추구형 엘리트 중심주의(1998: 58), 운동산업화, 운동권력화(1998: 65)의 문제점을 지적하고 있다. 날카로운 비판이고 전적으로 공감한다. 그러나 김 교수가 신사회운동이라고 명명한 한국의 시민운동의 가장 결정적인 문제점을 김 교수는 보지 못하고 있는 것 같기에 지적해주고자 한다. 이는 내가 시민운동을 믿지 않는 결정적인 이유이기도 한데 그것은 한국의 시민운동이 세련된 서구의 신사회운동의 논리를 도입하여 많은 이야기를 하고 있지만 실천에 있어서는 시민권의 가장 기초단계인 자유권, 즉 19세기적인 표현과 사상의 자유에 대한 국가의 탄압에 대해 침묵을 해왔다는 사실이다. 즉 이른바 민주화와 시민사회, 시민운동의 시대에, 국가보안법에 의해 일련의 사상과 표현의 자유와 관련된 자유권이 침해되어 민중운동진영이 감옥에 보내지고 탄압을 받고 있을 때 이들은 침묵을 지키며 엉뚱한 짓도 하고 있었다. 이 점에서 신사회운동은커녕 진정한 의미의 자유주의도 되

지 못하는 것이 우리의 1990년대 그리고 일정하게 현재의 이른바 시민운
동의 현주소이다.

4. 손호철 교수에 대한 재반론: 자본주의 국가를 넘어서

김성국(부산대 교수, 사회학)

먼저, 손호철 교수의 장문의 반론에 감사드린다. 필자는 때로 거친 표현과 단정적인 해석으로 비판의 도구주의적 합리성에 편향되기도 하였지만, 손 교수의 엄중한 반박은 그 격류 가운데서도 시종일관 의사소통적 합리성을 견지하고자 노력한다. 토론 민주주의의 품(品)과 격(格)을 발견하였다. 특히, 손 교수가 아나키즘의 현대적 의의를 인정하고, 필자의 자유해방주의적 시민사회론을 나름대로 평가해준 사실에 큰 격려를 받았다.

손 교수의 반론에 접하면서 어떤 변증법적 종합이나 지양의 가능성을 구상해보았으나 무위에 그치고 말았다. 능력과 시간 부족으로 토론의 위상을 제고하지 못해 아쉽다. 어쩌면, 손 교수와 필자가 이론적으로 화해하기에는 각자 이념적 조상들의 불신과 오해가 너무나 깊고도 단단하기 때문일까? 마르크스주의와 아나키즘의 역사적 결별에 빗대어 우리의 차이를 이해하고, 정당화하고자 한다면,[1] 그것은 너무나 "고전적" 취향일까?

우리는 각자 민중(사회)론자와 시민사회론자로서 21세기의 한국을 맞이한다. 손 교수는 시민운동을 믿지 않는다. 반면, 필자는 기존의 시민운동이 신사회운동으로 급진화됨으로써(혹은, 그람시적 표현으로, 시민운동이 기동전적 진지전을 수행함으로써) 시민사회와 국가가 공동체적으로 재구성되고, 그리하여 인위적 지배와 강제의 집합체로서 국가는 자유연합과 상호 부조의 네트워크 속으로 용해되는 현실적 유토피아를 모색한다. 이처럼, 우리는 가치 전제를 달리하고 출발하며, 각각 다른 길을 가고 있다. 또, 그 목적지가 같은 것이라고 확신할 수도 없다. 그렇지만 서로 노력한다면 언젠가는 길동무가 가능할 것 같기도 하다. 과연 길동무가 가능할지는 아래의 재반론을 읽은 독자가 판단할 것이다.[2]

1. 시민사회=민중사회: 혼선과 왜곡?

개념적으로, 필자의 시민과 손 교수의 민중은 화이부동(和而不同)이다. 왜냐하면 양자는 모두 피지배세력이지만 시민은 초계급적이나 민중은 역시 계급중심적이기 때문이다. 나아가, 손 교수의 시민사회에는 지배세력으로서 대자본가와 부유층이 존재하지만, 필자의 시민사회에는 피지배세력만이 존재한다. 이를 두고, 손 교수는 필자가 시민사회에서 "작의적으로 지배계급을 배제해버림으로써 자본주의의 고유한 특성으로서 국가와 시민사회의 분리라는 역사적 특성, 이 같은 분리에 기반한 국가 대 시민사회라는 대당의 의미를 사장하고 왜곡시킨다"(이 책의 107쪽)고 한다. 마르크스적 시민사회론의 전형적인 주장이다.[3] 마르크스의 이름으로 마르크스주의적 관점을 비판해보자.

주지하듯, 초기 시민사회의 성립과정(16세기~17세기)에는 마르크스가 "역사적으로 진보적 역할을 담당했다"고 인정한 부르주아들이 적극 참여하였다. 이때 부르주아는 제3신분이었지 결코 지배계급이 아니었다. 그러나 자본주의의 발전(18세기~19세기)과 함께 시민사회는 계급투쟁의 장으로 변질되고, 부르주아는 독점적 대자본가로 변신하여 지배계급으로서 시민사회와 국가를 장악하게 된다. 마르크스가 국가를 "자본가들을 위한 집행위원회"라고 인식하였던 것은 이처럼 자본가가 국가부문에 침투하여 지배세력으로 정착하였음을 간파하였기 때문이다. 나아가 마르크스는 당시 증가하던 신중산층(new middle class)의 역할을 과소평가하면서 계급 양극화를 전망하였으나, 시민사회는 계급·계층적으로 다원적 분화를 지속시켜왔다.

여기서, 마르크스는 필자의 시민사회론에 두 가지 이론적 보완의 여지를 남겨주었다. 첫째, 자본가의 계급적 기초는 경제(적 토대)에 있지만, 지배계급으로서 그의 능력은 정치적 상부구조인 국가로 확대되어 국가부문의 정치적 지배세력과 직접적인 동맹·협력관계를 구축한다. 자본주의 사회구성에 있어서 상부구조와 토대의 결정·조응관계로 보아 당연한 일이다. 필자가 자본가를 지배세력으로서 국가부문에 포함시킨 이유가 여기에 있다. 둘째, 신중산층의 역사적인 "계급적 완충" 역할과 성장으로 서구자본주의적 시민사회는 점차 중산층사회로 변화하였다. 노동자계급의 부르주아화(embourgeoisement of working class)·중산층화는 제조업 생산직 노동자 비중의 급격한 감소와 함께 시민사회의 탈계급적 성격을 강화하였고, 산업구조의 고도화와 함께 점차 시민사회의 핵심적 영역이 노동·생산·경제와 여가·재생산·생활세계로 양분되는 현상을 맞이한다. 그래서 필자는 시민사회를 경제적 토대·계급관계로서만 이해하는 대신 초계급적으로 이해하게 되었고, 두 개의 주요 구성부문으로서 경제와 생활세계를 구분한 것이다.

다시 쟁점으로 돌아가자. 신흥 (시민)사회세력으로서 봉건체제에 저항하였던 부르주아는 '자본가'라는 지배계급으로 변모하면서 민주적 저항의 거점인 시민사회를 떠나 국가라는 지배체제의 구성원이 된다. 현대 자본주의사회에 고유한 노자갈등을 국가가 친자본가적으로 제도화하였기 때문에 시민·노동자의 경제투쟁은 근본적으로 국가의 산업·노동정책·노동법과의 투쟁이다. 노사자치주의라는 구도하에 자본가가 전면에서 노동자와 싸우는 것 같지만 항상 국가는 자본가의 뒤에서 공권력의 칼을 준비하고 있다(간혹, 자본가의 등을 찌르는 듯한 제스처도 활용하면서!). 물론, 보나파르티스트 국가처럼 자본가계급을 "일시적으로" 위협하는 사례는 오늘의 한국에서 자행되는 "재벌 길들이기"나 "재벌 손보기"로 나타나듯 드물지 않다. 그렇지만 자본주의국가라는 가면무도회에서 자본가와 국가지배세력은 서로의 파트너만 바꾸어나갈 뿐 항상 쌍쌍으로 시민사회라는 무대를 휘젓고 돌아다닌다. 현대의 국가독점자본주의 시대에서 그 쌍쌍무도회는 더욱 자신만만하고 힘에 넘쳐 보이지 않은가? 총자본으로서의 국가개념은 완전하지는 않지만 여전히 설득력을 간직한다.

필자의 분석틀은 단순하다. 국가 대 시민사회라는 "지배와 저항의 이분법"에서 시민사회는 피지배세력의 영역이다(물론, 국가의 "뻗은 팔"과 "보이지 않는 손"들이 시민사회 내부에 존재하지만!). 그런데 손 교수는 고전적 계급론의 유산을 "너무 정직하게, 그래서 경직되게" 이어받아 여전히 시민사회 내에 자본가라는 지배세력을 포함시킨다. 시민사회에 대한 마르크스 정치경제학의 목표가 "은폐된" 계급관계의 진상을 폭로하는 것이었다면, 이제는 자본가를 분명하게 국가부문의 (경제적?) 지배세력에 포함시켜야 할 것이다. 국가라는 지배체제를 정치꾼만의 전용놀이터로 협소하게 보아서는 안된다. 정상배들과 언론·문화·예술계의 권력 패거리가 거세게 항의할 것이다.

2. 시민사회=민주세력의 영역: 기이한 개념화?

손 교수의 주장과는 달리, 필자는 "시민사회=민주세력만의 영역"이라고 언급하지도 시사하지도 않았다. 그 같은 주장은 경험적으로 지지될 수 없을 뿐 아니라, 이론적으로도 자살행위이다. 아나키스트는 사회의 자기 조직성(self-organization)과 자기 방어성(self-defense)을 전제하지만 결코 사회를 미화하지 않는다. 시민이란 처음부터 문명화된 교양인과 이기적 탐욕에 눈먼 장사꾼이라는 이중성을 갖는 존재였던 만큼 시민사회 자체의 폭력성과 부패성은 항상 문제가 되어왔다. 그래서 필자는 최장집 교수에게 시민사회를, 특히, 구조적으로 불안정하고, 미성숙한 한국의 시민사회를 엄격한 도덕적 잣대로 평가한다면, 비관적인 진단만을 내리게 된다고 지적했던 것이다.

국가의 민주화와 함께 시민사회의 민주화가 동시에 필요하다는 헬드(Held)의 이중적 민주화 전략이나, 생활세계의 식민지화를 극복하려는 하버마스(Habermas)의 의사소통론, 혹은 시민사회의 쇄신을 요구하는 기든스(Giddens)의 '제3의 길' 그리고 최장집 교수의 시민사회 비판론은 바로 시민사회의 비민주적 성격에 주목한 이론이다. 필자(김성국, 1998a : 36, 42-46, 56)도, 분명하게 "시민사회의 반동성과 보수성", "연고주의 문화에 따른 시민사회의 분열과 과소합리화" 그리고 "시민사회의 과도한 정치화" 등의 문제점을 지적하면서, 한국 시민사회의 미성숙을 시민윤리나 시민의식의 내면화라는 관점에서 언급하고, 신생활양식운동이나 국가체제의 연방주의적 개편 등을 통하여 시민사회의 비민주성(예컨대, 지연주의적 정치성향)을 극복할 것을 역설하였다. 필자의 글 자체가 한국 시민사회의 성숙을 위해서 신사회운동이 필요함을 역설한 것이 아니었던가!

이처럼 비판의 근거가 무너진 이상, 필자에게 내려진 "시민사회의 기이한 개념화"라는 단죄를 면책받아 자유의 몸을 되찾고자 한다. 역설적이지만, 이제는 오히려 손 교수가 논리의 사슬에 매여 부메랑을 맞을 것 같다. 즉, 광의와 협의의 국가를 구분하는 손 교수에 의하면, 필자는 전자에 치중하는 일원론에 머물러(필자의 국가-시민사회론은 이원론이다!) 분석적 풍요함을 손상시킨다. 국가의 두 가지 개념적 구분을 근거로 하여 일원론과 이원론을 나누거나,4) 이원론이 일원론보다 분석적으로 더 풍부하다는 논리야말로 정말로 기이하다. 국가부문의 지배세력을 "협의의 국가·정치부문의 지배층, 경제부문의 지배층, 생활세계의 지배층"의

세 가지 하위범주로 구분하고 있는 필자의 분석틀로서도 얼마든지 손 교수의 이원론적 분석에 상응하는 결과를 얻을 수 있다. 특히, 생활세계의 지배세력(예컨대, 종교지도자, 문화·예술·연예·언론계의 지배집단, 어용·관변단체의 지도자 등)을 범주화하고 있는 필자의 틀은 자본가계급만으로는 설명하기 어려운 현대사회의 복합적-헤게모니적 지배구조와 중층적 역학관계를 설명하는 데 매우 효과적이다.

3. 민중과 시민의 개념: 기발한 발상, 지나친 주장, 경험주의와 절대적 상대주의에 매몰?

먼저, 하나의 역사적 실체로서 혹은 관계적 주체로서 시민, 민중, 계급을 경험적으로 확연히 구분짓기는 매우 어렵다. 왜냐하면 동일한 인간집단을 두고 세 가지 범주의 적용이 모두 가능하기 때문이다. 예컨대, 1980년대 한국의 노동자들은 시민이요, 민중인 동시에 계급이었다. 나아가 이들이 어느 특정 시점을 기준으로 계급에서 시민으로 급변하거나, 민중에서 시민으로 돌변하는 것이 아니다. 우리가 특정 사회를 개념적으로 민중사회라고 규정지으면, 그 사회에서 민중의 중심적 역할과 역사적 과제를 주요 논점으로 취급하는 것이다. 이 같은 인식을 토대로 쟁점에 접근해보자.

민중과 시민에 관한 필자의 용어법에 대하여 손 교수의 비판은 두 갈래로 나뉘어진다.[5] 첫째, 근대국가 성립 이전=민중, 근대국가 성립 이후=시민이라는 개념화에 대한 문제제기다. 이 문제와 관련된 필자의 의도는 1945년~1948년의 해방 공간을 분석함에 있어서 시민사회의 개념을 적용하는 것은 부적절하다는 점을 밝히려는 것이었다. 필자가 규정하는 명실상부한 혹은 이념형적인 시민사회는 "국가와 시민사회의 분리"라는 역사적 명제가 성립하는 조건, 보다 구체적으로, 정치적 시민혁명과 근대민주주의 국가체제 성립 그리고 자본주의적 산업발전에 따른 물적 토대의 확장과 중산층의 성장을 필요로 한다.[6] 그런데 남한에서 단독정부가 수립된 것은 1948년이다. 그러므로 근대국가체제가 성립되지 않은 해방 공간에서 시민사회를 설정하기는 어렵다.

그런데 왜 이 시대를 필자는 민중의 시대로 표현하였는가?[7] 한국사회는 이조 말부터 각종의 민란 혹은 민중의 저항이 일어나 당시의 지배세력이었던 봉건지배계급과 제국주의세력에 대항하여 반봉건-반외세를 추구하였지만, 일제에 의한 식민지지배가 시작되자 민족독립운동으로 전환된다. 그렇지만 민족과 민중은, 신채호의 민족주의와 아나키즘이 융합된 조선혁명선언에서처럼, 동일한 집단의 상이한 모습일 뿐이었다. 사회세력으로서의 이 민중성은 해방 공간에서는 좌·우파의 이념적 분열로 민족간 투쟁으로 방황하고, 이승만 체제에서는 민족간 전쟁으로 멍들고, 가난한 백성의 살림살이에 찌든 채 그 고유한 저항성을 제대로 발휘하지 못한다. 그러나 근대국가체제의 독재적 성격이 노골화됨에 따라서 전통적인 민중적 저항성/민중세력과는 중복되면서도 구별되는 시민적 저항성/시민세력이 이승만 체제의 후기부터 서서히 등장한다.

둘째, 손 교수에 의하면, 필자는 "흔히들 한국사회는 1980년대 후반을 기점으로 하여 민중사회로부터 시민사회로 전환되기 시작하였다"는 모순적 주장을 펼친다(매우 안타깝게도, 필자가 어디서 이런 주장을 하였는지 도무지 찾을 수 없다!). 필자의 주장에 동의하지 않을 수는 있지만, 필자가 모순에 빠졌다는 지적은 이해하기 어렵다. 필자는 1980년대 중반까지를 "봉건체제나 식민지체제에 저항하면서 근대국가를 건설하려는 과정"이라고 강변하지 않았다. 이 같은 과잉 단순화는 시민과 민중의 개념적 구분/차이를 마치 "이것 아니면 저것(either or)"으로 양자택일하는 우를 범하는 것이다. 시민과 민중 그리고 시민사회와 민중사회를 두부모 자르듯 싹둑 자를 수 없다. 시대구분에서 비록 특정한 사건을 중심으로 전환점을 설정하기는 해도, 항상 전후로 상당한 역사적 시간의 편차가 발생하면서 신구(新舊)나 선후(先後)의 양면적 성격이 동시에 존재한다. 이런 관점에서 보자면, 1980년대 아니 오늘날까지도 (신)식민지적 구속성과 봉건적 유제(특히, 연고주의, 가부장제, 그리고 군왕적 대통령제 등)는 온존한다 할 수도 있지만, 역시 시대적 특성은 전환되고 있다.

사실, 서구와는 상이한 역사적 맥락을 지닌 한국에서 언제쯤 시민사회가 형성되기 시작하였고, 언제부터 시민사회의 개념을 적용하는 것이 적절할지는 상당한 논란거리가 아닐 수 없다. "1980년대 후반을 기점으로 한국사회가 민중사회로부터 시민사회로 전환되기 시작하였다"는 주장을 일종의 다수설(즉, "흔히들")로 간주한 것에 대한 손 교수의 강한 의문을 이렇게 반문하고 싶다. 1980년대 후반 이전의 "민중론의 시대"에 과연 시민사회가 얼마나 많이 거론되었던가? 사회구성체론이 난무하던 시절에 시민사회론은 어디에 숨어 있었던가? 거리에서 민중이 포효할 때, 시민은 집으로 도망갔는가? 민중민주주의론과 민중사회론은 왜 1980년대 후반을 기점으로 서서히 시민사회론에 밀리기 시작했는가?[8]

개인적으로 회고해보자면, 필자가 1987년 한국에서 시민사회의 성립과 지역주의의 대두를 예고하고(김성국, 1987), 1988년 민중민주주의에 대한 최장집, 한상진, 백욱인 교수와의 좌담회(《신동아》 347호, pp.168-183)에서 시민과 시민운동의 관점을 제시하고, 이어서 민중운동이 그 기틀을 마련한 과정을 시민운동으로 구체화시켜 민주적 자본주의와 민족주의적 시민사회를 구축할 것을 전망하며(김성국, 1988), 1989년 후기 사회학 대회에서(김성국, 1990 : 140-141) 기존 신식민지 파시즘 국가론에 대한 비판과 함께 시민사회론의 필요성을 제기하였던 것은 한국사회에서도 시민사회가 개화하고 있음을 감지한 나 나름의 목소리였던 것 같다. 1992년 드디어 한국사회학회와 한국정치학회가 공동으로『한국의 국가와 시민사회』라는 연구 논문집을 발간한 것은 이미 시민사회는 거역할 수 없는 역사적 대세로서 한국사회에 등장하였다는 공식적 선언이라 할 것이다. 명백한 경험적 사실로서 1990년대부터 시민사회는 우리의 언술문화와 담론정치를 지배하고 있다. 일부 민중론자들조차 이미 시민사회와 NGO를 얘기한다.

아마도 손 교수로서는 다음과 같이 재반박할 수 있을 것이다. 오늘의 시민사회는 허상이요, 현상에 불과할 뿐 본질과 실체는 여전히 민중사회라고. 이 같은 주장을 입장의 차이로 필자는 당연히 존중할 것이다. 그러나 (손 교수의 반론에서 어색하게 준거로 인용되는) 라클라우(Laclau)와 무페(Mouffe)처럼 필자는 반본질주의자(Antiessentialist)이다.[9] 따라서 경험주의와 절대적 상대주의에 매몰되는-손 교수가 필자를 위해 걱정하는-위험성은 감수하더라도, 선험적 본질주의나 절대적 보편주의에 도취하는 유혹은 거부할 것이다.

흥미롭게도, 민중이라는 표현은 일제 시대에, 특히, 아나키스트들이 애용하였다. 이 개념은 그 후 두루 사용되었고, 특히 1980년대 민중의 시대에 각광을 받았던 반면, 시민사회는 1980년대 후반부터 집중적으로 사용되었다. 또, 학술적으로도 민중 개념은 계급론적 함의를 강력하게 내포하면서 1980년대 군부독재체제에 저항하는 세력을 지칭하는 역사적 실체성과 상징성을 부여받았다. 그러나 한국의 상당수 민주화세력은 계급론적 혹은 반자본주의적 민중론자가 아니었기 때문에, 이들은 1987년을 고비로 시민사회가 제도적으로 정착되자 시민으로서의 집합적 정체성을 본격적으로 추구하기 시작하였다. 물론, 필자는 1987년 이전에도 시민사회적 요구와 저항이 분출된 사실(특히, 4·19 시민혁명, 부마항쟁, 5·18 등)을 직시하고 있다. 그러나 이 같은 한국 시민사회의 성립을 추구하던 노력은 물질적 토대의 미성숙(즉, 자본주의적 산업화의 미비로 인한 중산층의 미발전)과 정치적 실패로 인하여 획기적인 전기를 만들지 못하였다. 1987년을 기점으로 그 이전은 시민사회의 성립을 위한 투쟁기로, 그 이후를 시민사회의 건설기로 보고자 한다. 한국에서 국가와 시민사회의 역사적 분리는 1987년을 기점으로 "확연하게, 그러나 불안정하게" 이루어진다.

손 교수는 자신의 민중 개념은 계급환원론적 단순화를 거부하며, 최장집 교수의 다차원적 민중 개념과 일치한다고 주장한다. 가장 세련된 민중론자이자 시민사회 비판론자라고 할 수 있는 최 교수의 민중은 그 다차원적 구성에도[10] 불구하고, 계급적·경제적 정체성을 중핵으로 하고 있다.[11] 민중은 즉자적 계급과 대자적 계급 사이에서 의식화 과정의 편차를 보이면서 동요하는 계급적 존재일 뿐이다. 최 교수의 다차원적 민중론을 이렇게 이해한다면, 손 교수는 한 손으로는 계급환원론을 파기하면서 다른 손으로는 계급중심론을 끌어안는 형상이다. 민중에게 다차원성은 존재하되 그것은 우선적 중심성을 전제하기 때문에 위계적인 것이다.

그러나 필자의 시민은 역사적 조건에 따라서, 때로는 반외세투쟁에 나서는 민족주의자로, 때로는 가부장제에 저항하는 페미니스트로, 때로는 자본가적 착취를 거부하는 계급주의자로 그 핵심적 정체성을 선택적으로 전환할 수 있다. 시민의 경제적 계급성은 매우 중요하지만 언제나 그리고 반드시 최우선적으로 중요한 것은 아니다. 시민의 다차원적 정체성은 때로 상호 모순적일 수도 있고, 수시로 그 내부 구성이 변화할 수도 있으나 자유와 해방을 위해 국가체제의 지배에 저항하면서 "피지배자로부터 자주인으로 변신하려는 속성"을 간직한다.

4. 이분법과 자기 확대적 급진주의: 낭만성과 모호성?

먼저, 손 교수가 반론에서 제시하는 "국가-시민사회-토대라는 그람시적 삼분법"은 언제부터 사용하기 시작했는지? 원래, 손 교수(1995: 51)는 "한국정치 연구에 있어서 국가-시민사회론은 이제 더 이상 새로운 패러다임도 떠오르는 태양도 아니다. 그것은 이미 진부한 1990년대 초기의 문제의식이고 이제 떠오르는 태양은 국가-정치사회-시민사회라는 새로운 삼분법이다"라고 주장하지 않았던가? 두 주장간에 차이점(즉, 정치사회의 행방불명과 토대의 출현)이 발생한 이유를 알고 싶다. 그리고 코헨과 아라토(Cohen & Arato, 1994)의 주된 이론적 작업은 그람시(Gramsci)의 삼분법을 변형시켰다기보다는 하버마스의 체계-생활세계를 발전시킨 것이 아닌지?[12)]

손 교수의 지적처럼 필자의 자기 확대적 급진주의에는 낭만성과 모호성이 존재한다. 포스트모던 아나키스트로서 필자는 항변한다. 낭만성과 모호성이 왜 문제인가? 그것은 과학적 마르크스주의가 파기한 초기 마르크스의 휴머니즘 그리고 유토피안 사회주의자들의 순수하고 자발적인 사회실험을 재구성하려는 "의도된 지향성"이다. 소련과 동구 사회주의 체제를 비극으로 몰고 간 스탈린주의는 바로 마르크스주의-레닌주의에 내재하던 냉정한 과학성과 결정론적 필연성의 자기파괴적 완성은 아닐는지?

사실, 유토피아의 구상은 그것이 비록 현실적 유토피아라 할지라도 먼 미래의 아득한 일이다. 역사의 필연적 법칙을 깨달은 예언자가 아니라면, (어디에도 없는) 유토피아에 이르는 길을 분명하고도 상세히 밝힐 수 없다. 항상 모호함은 남는다. 또, 유토피아는 현실에 비추어볼 때, 항상 낭만적으로 보일 뿐이다. 마르크스의 공산주의사회도 낭만적이고 모호할 뿐이다. 혁명 이후의 문제(즉, 잠정적 프롤레타리아 독재국가의 인정이냐 아니면 국가의 즉각적인 해체냐)를 두고 마르크스주의자가 아나키스트를 "낭만적"이라고 조소하며 공격했던 사실이 새삼 떠오른다. 그렇지만 프루동(Proudhon)과 바쿠닌(Bakunin)은 이미 마르크스주의에서 독재 지향성을 간파하였고, 크로포트킨(Kropotkin)도 레닌의 권위주의적 변질을 지적하지 않았던가? 영국의 콜린 워드(Colin Ward)처럼 실용주의적 아나키스트로서 필자는 스페인 바스크 지방의 몬드라곤(Mondragon)으로부터 각종 협동조합형 활동을 거쳐 한국 산청의 간디학교에 이르기까지 온갖 자유와 해방의 공동체를 위한 매우 현실적인, 그러나 여전히 낭만적인 실험을 고려하고 있다. 요컨대, 이성적인 것만 현실적이 아니라, 낭만적인 것도 현실적이다.

필자는 하버마스의 비판이론적 영향을 견지하는 코헨과 아라토의 삼분법과 자기 제한적 급진주의가 개량주의적 사회개혁론에 머무를 가능성을 비판하였다.13) 손 교수의 주장처럼 그람시적 전략은 근본적 변혁을 지향할 수 있다.14) 그러나 그람시가 과연 삼분주의자인지? 우선 마르크스의 전략이 토대와 상부구조라는 이분법에 있음을 아무도 부정하지 않을 것이다. 필자의 견해로는, 이 또한 손 교수에게는 "기발한" 것으로 보이겠지만, 그람시는 비록 세 가지 영역을 구분하였지만 근본적으로는 토대에 기반을 둔 시민사회가, 다시 말해, 토대의 주역인 노동자가 지식인화하여 시민사회의 헤게모니를 쟁취함으로써 점차 국가를 흡수하는 전략을 추구하기 때문에, 그의 모델은 궁극적으로는 이분법(토대/시민사회-국가)에 의존하는 것으로 보고자 한다.15)

필자의 이분모델이 삼분모델보다도 반드시 우월하다고 주장하지는 않겠다. 다만, 놀라운 사실은, 왜 많은 한국의 좌파 지식인들이 마르크스의 혜안을 버리고, 그람시를 일면적으로 독해하면서 삼분모델로 빠져드는가 하는 점이다. 인간의 본질인 노동이 소외되는 계급관계의 영역으로서 경제적 토대는 원래 일과 놀이, 생산과 재생산이 통합된 소외 없는 사회적 삶의 영역이다. 일터와 집터가 분리되었다고 해서 경제와 일상생활이 분리된 것은 결코 아니다(예컨대, 가사경제/가전산업, 여가산업, 건강산업, 종교산업 및 일터와 관련된 각종 비공식적 조직 및 활동). 나아가, 필자의 이분모델은 결코 경제의 독자성을 부정하지 않는다. 시민사회의 하위 범주라고 해서 경제의 독자성이 부정되는 것이 아니다. 하버마스의 체계는 하위 범주로서 국가와 경제를 포함하지만 양자는 독자적 범주가 아닌가? 마찬가지로, 왜 시민사회가 선험적으로 경제와 생활세계로 양분되어야 하는지 필자를 질책하기 이전에 왜 마르크스는 생활세계를 그의 분석틀에서 제외시켰는지를 따져야 할 것이다.

필자의 이분법은 국가와 시민사회 간의 대립적 역학관계를 분명히 설정할 뿐 아니라, 역사적으로 변증법적 지양이나 통합의 가능성(즉, 시민권력의 형성에 의한 국가의 해체/재형성)을 함축하는 역동적인 이론모델이다. 나아가 시민사회를 경제와 생활세계로 구분한 것은 현실적으로는 비록 생산과 재생산, 일/노동과 놀이/여가가 상호 분리된 채 작동하고 있지만, 항구적으로는 양자가 통합되는 사회혁명(즉, 소외의 극복, 시민권력/시민적 헤게모니의 형성, 공동체사회의 실현)을 추구하기 때문에 이론적으로나 실천적으로 훨씬 진보적-급진적이다. 이 최종적 심급(?)에서는 다행히도 아나키즘(anarcho-communism)과 마르크시즘(communism)이 서로를 인정하면서 합류한다.

5. 국가 주적론(主敵論): 현혹 그리고 무감각과 과잉감각?

필자가 손 교수의 주장을 왜곡하여 독자를 "현혹"시키는가? 손 교수는 현대사회의 최대의 적이 자본이라고 주장했지 모든 문제의 장본인이 자본이라고 주장한 적은 결코 없다는 것이다. "최대의 적"과 "장본인" 간의 의미론적 차이가 얼마나 크기에 "왜곡"이라는 표현까지 동원되었는지 난감하다. 손 교수의 글을 읽으면 그가 "자본주의"를 통하여 현대사회의 근본적인 문제를 설명하고자 한다는 점을 쉽게 알 수 있다. 그래서 그는 이른바 현대사회의 "주적은 국가가 아니라 자본"이라고 반론에서도 재차 분명하게 강조하지 않는가? 반면, 필자는 현대사회의 최대의 적, 주적, 모든 문제의 장본인은 국가(지배체제)라고 생각한다.

보다 이론적인 문제로 넘어가자. 자본이냐 국가냐? 이 문제는 아마도 이번 논쟁에서 가장 핵심적인 쟁점으로서 설득력의 우열을 가르는 기준이 될 것이다. 그러나 이 문제는 닭이냐 달걀이냐의 순환론적 문제는 아니다. 마르크시스트들이 자본을 겨냥하고 있다면, 아나키스트는 (강권적 폭력의 집결체로서) 국가에 초점을 맞춘다.

여기서 필자가 사용하는 "전가(傳家)의 보도(寶刀)"는 "자본주의는 국가 없이 존재 못하나, 국가는 자본주의 없이도 존재한다"는 존재론적 우월성 내지 불가피성이다. 손 교수는 이 사실을 인정하지만, 그것이 "현대 자본주의사회에서 국가가 자본보다 더 근본적인 악의 원천이라는 것을 입증해주는 것은 아니다"고 반박한다. 왜냐하면 이 둘은 논리적으로 별개의 문제라는 것이다. 과연 그럴까?

삼단논법으로 쉽게 풀어보자. ① 악 1=자본, 악 2=국가라고 규정하고, ② 악 1은 악 2가 있어야만(보다 정확하게 표현해서, 악 2가 인과적으로 선행하여 존재할 경우에만) 악적 효과를 나타낸다면, ③ 우리는 악 2를 보다 근원적인 악이라고 규정할 수 있다. 왜냐하면 악 2가 없으면 악 1은 악의 효과를 제대로 발휘하지 못할 것이기 때문이다. 그러나 악 2는 악 1의 존재 유무와 관계없이 악적 효과를 발휘한다.

손 교수의 논리적 방황은 "성 차별이 국가보다 더 오래되었으며 국가 없이도 존재할 수 있기 때문에 남녀 차별이 현대사회에서 더 악의 근원이라고 주장"할 수 있다는 지점에서 절정을 이룬다. 그렇다면 원숭이는 사람들 이전에 존재했으므로 생태파괴에 있어서 "더 근원적인" 악이 될 수 있을까?

문제를 다시 풀어보자. 성 차별은 이른바 말하는 (국가지배체제의 기능적 재생산으로서) 가부장제도에 의해서 유지·심화·보편화된다. 가부장제도는 국가라는 법적 보장과 정당화를 통해서만이 실효성을 갖는다는 점에서 국가에 의존적-종속적이다. 그래서 아나르코페미니즘은 성적 불평등의 기원을 남성(폭력) 중심의 국가지배체제에서 찾아 모든 형태의 폭력적 지배체제의 제거를 주장한다. 필자의 인류학적 지식으로도 성(의 기능적/비제도화된) 차별적 현상은 폭력적 국가체제의 탄생과 함께 고착·심화되었다. 또 다른 형태의 (유사 국가)권력체제로서 많은 종교가 성 차별적 율법과 관행을 유지해온 것도 결코 우연한 일이 아니다. 인간이 인간을 지배하고 차별하는 관행은, 아나키스트 크로포트킨이 지적했듯이, 전쟁을 통하여 등장한 국가가 인간들을 우열을 가르는 경쟁체제로 몰아넣어 승리자/지배자와 패배자/피지배자로 구분하는 차별의 문화를 확산시킨 역사적 과정과 직결된 것이다. 그렇지만 필자의 해석과는 달리, 성적 투쟁에 따른 성 차별 관행이 거꾸로 국가를 탄생시켰고, 그 국가가 자본주의를 지탱하는 것이 정설이라면, 다시 말해, 성적 차별을 없앰으로써 국가와 자본주의를 없앨 수 있다면, 필자는 성적 차별이 현대사회의 본질적 악이라는 데 주저없이 동의할 것이다.

필자는 초국적 자본의 반민주성에 대해 결코 "무감각"하지 않다. 그들은 세계화의 물결을 타고 세계적 차원에서 기업국가체제(혹은 신자유주의 체제?)를 건설하고자 시도한다. 그래서 전세계적으로 확대되는 국가체제에 대해 필자는 "과잉반응"하는 것이다. 월러스타인은 대경실색할지 모르나, 세계적 국가체제(예컨대, 유럽연합과 같은 확장형 국가체제)는 자본주의 세계경제체제를 유지시키는 21세기형 기능론적 적응(functional adaptation)의 산물이 될 수도 있다. 자본주의는 애초부터 단일국가의 경계를 넘어 세계적 확장과 연대를 추구하였지만, 노동은 불행히도 국내적 차원의 계급투쟁에만 열을 올리지 않았던가? 만국의 노동자는 단결하지 못했다. 그 대신 세계 시민사회는 오늘날 꾸준히 형성되고 있다.

하지만, 반체제운동에 있어서 국가와 자본의 문제는 우열을 가릴 수 없을 만큼 핵심적인 사안이다. 아나키스트로서 필자는 당연히 기존 국가체제의 창조적 파괴를 가장 근본적 과제로 삼았다. 그러나 그것은 오직 최종적 심급 혹은 최종적 순간의 문제이다. 그리고 매우 다행스럽게도, 알튀세르의 현명한 지적처럼, "The Lonely Hour of the Last Instance Never Comes!"

6. 잡동사니: 빗나간 반비판, 잘못된 비판, 지나친 규범주의, 인상주의적 논의, 무지?

큰 둑도 작은 틈새들에 의해 무너진다고 하니, 하나하나 막아보겠다.

① 손 교수는 국가-시민사회의 관계가 제로섬적 관계가 아닐 수 있음을 인정하지만, 즉각, "엄격한 의미에서 국가와 시민사회의 힘 관계는 정의상 제로섬적일 수밖에 없다"고 단언하며 이를 뒤집는다. 특정 시점과 특정 사회에서 시민사회가 국가보다 강하다면, 국가는 상대적으로 시민사회에 비하여 약하다. 그러나 이 같은 정태적 분석에 입각한 제로섬적 관계로서 한국의 국가-시민사회 관계를 이해하는 것은 별로 생산적이지 못하다. 이 점을 부각시키려는 것이 필자의 주된 의도였다. 왜냐하면 현실은 끊임없이 변화하고 특히 역사 구조적 관계로서 국가-시민사회는 기본적으로 그 동태성에 주목해야 한다.

② 정치사회의 개념화에 있어서, 시민운동은 (신사회운동의 등장 이전부터 존재한) 기존의 각종 이익집단/자발적 결사체 운동으로서 국가를 상대로 혹은 국가와의 협조적 관계를 유지하면서 전개한 자유주의적 시민운동을 지칭한다. 이에 비해 신사회운동은 체제 변혁적 잠재력(라이프스타일 혁신, 정치 및 경제혁신)을 담지하고 있기 때문에 상호작용의 중심부에 위치시킨 것이다. 정치사회에서 전개되는 모든 운동들이 각 부문 간의 접합지대 혹은 상호작용 영역에서 발생한다는 사실을 주목한다면 운동정치의 복합적-연계적 성격과 핵심적 정체성을 이해하는 데 도움이 될 것이다.

의사폐업을 필자는 당연히 노동운동에 포함시킨다. 교사/교수도 노동자가 될 수 있는데 의사라고 노동자에 포함시키지 말라는 법은 없을 것이다(최근 설득력을 얻고 있는 광의의 노동자 개념!). 노동자로서 의사는 국가(의 보건의료정책)에 대항하고, 국가(및 종합병원 소유자-의료자본가)를 대상으로 의료수가 인상을 위한 투쟁을 전개하는 것이다. 그러나 여전히 "기층 민중적 지향성을 간직한" 한국의 (온갖 뜨거운 사회문제에 소방수처럼 달려드는) 시민운동은 의사집단의 중산층적 노동운동을 집단 이기주의로 비판하면서 찬물을 끼얹을 수밖에 없는 형편이다.

③ 필자의 분석틀에서 정치사회는 매개변인이다. 국가와 시민사회는

지배와 저항의 역학적 관계이다. 그러나 시민사회 전체와 국가 전체가 전면적으로 그리고 총체적으로 직접 상호 작용하는 것은 아니다. 양자는 상호 접합지대인 정치사회(언론, 선거/정당, 사회운동 등)에서 선별된 집단/부문(시민운동단체와 국가의 특정 기구나 부문)이 선택적 쟁점(성, 환경, 부정부패 등)을 가지고 만난다. 그러나 언론은 이미 권력기구화하였고, 선거도 지배세력만 교체할 뿐이고, 정당은 본질적으로 국가권력의 대행기구에 불과하다. 따라서 국가에 저항하는 시민사회의 힘은 하향적 제도정치에 대비되는 상향적 운동정치에 의해서 가장 강력하고도 명백하게 표출된다. 제도정치가 지배세력의 시민 무마용 쇼나 게임으로 변질된 이상, 한국에서 정치사회의 실질적 의미는 운동정치에서 찾아야 한다. 그러므로 손 교수의 예단과는 달리, 시민사회는 "자본과 국가의 지배만이 존재하는 고통의 연옥"이 아니라 운동정치/정치사회를 통하여 부단히 체제혁신을 추구하는 실천의 장이다. 비록, 풀뿌리가 약한 한국의 시민운동이지만, 각종 여론조사에서 나타나듯, 시민사회의 상당한 지지를 받고 있는 것 또한 사실이다.

필자에게 정치사회는 주요한 개념이나 그것은 국가와 시민사회의 근본적인 역사구조적 관계를 설명하기 위해 고안된 "감지적 개념(sensitizing concept)" 이상의 의미는 갖지 않는다. 필자를 "반시민사회론자" 혹은 "정치사회론자"라고 규정하는 것은 정치사회의 의미를 "정치학적으로만" 이해한 결과가 아닐까? 얼마 전 총선연대의 정치사회에서의 활동은 활동가들의 운동정치인 동시에 선거개혁을 요구하던 시민사회의 운동정치이기도 하였다는 이 평범한 사회학적 사실을 손 교수는 어떻게 해석할지?

④ 신식민지 파시즘론에 관한 한 필자(1990)는 문외한이 아니다. 손 교수가 그 진면목에 정통하다면, 필자는 그 취약성에 더 주목할 뿐이다. 손 교수가 신식민지 파시즘론자이고 10월 유신과 함께 그것이 성립되었다는 기본 상식은 갖추었다. 문제의 발단은 필자가 한국의 해방 공간에 과연 "어떤 국가가 존재하였는가"라고 반문하면서 "미군정체제라는 신식

민지 파시즘 국가가?"라는 그야말로 "비유적 차원의 희화적 질문"을 했는데 손 교수가 민감하게 말꼬리를 잡고 늘어진 것 같다. 필자는 미군정 체제가 신식민지 파시즘 국가냐 아니냐를 논의하고자 한 것이 아니다. 오직, "해방 공간에 시민사회의 개념을 적용하자면 그것에 대응하는 근대국가가 존재해야 하나, 그것이 없다"는 점을 강조하려는 일념뿐이었다. 민중들이 동원된 해방 정국의 좌우익 투쟁은 민족국가건설의 주도권을 잡기 위하여 이념적 외피를 걸친 권력투쟁이라는 속성을 갖기 때문에 시민사회의 저항이라고 보기 힘들다.

다시 한번 필자의 입장을 분명히 하자. 국가와 시민사회의 분리라는 서구 역사적 이념형의 특성을 제대로 충족시킨다는 의미에서의 한국의 시민사회는 1987년부터 가능하다. 물론, 한말부터 한국 시민사회의 형성을 위한 각종의 투쟁들은 면면히 전개되어왔다.16) 그러나 반봉건적 유산들과 권위주의적 억압 그리고 자본주의의 미발전으로 인하여 시민사회의 발전은 권위주의 국가에 의해 극도로 억압되었을 뿐이었다. 1987년 이전의 시민사회는 시민사회라고 부르기에는 그 기반이 매우 취약하였다. 다만, 시민사회는 비록 일시적이기는 하였지만 위대한 저항의 순간(4·19 혁명, 부마항쟁, 5·18 운동 등)에는 그 본원적 힘을 폭발적으로 발휘하였다. 이 점을 감안하여, 다소 융통성 있게 시대구분을 하자면, 남한에서는 자유민주주의에 입각한 근대국가체제가 1948년에 성립되면서부터, 비록 전쟁/분단에 의해서 국가중심주의가 엄청나게 강화되지만, 국가/관료주도형 자본주의의 시도와 함께 차츰 시민사회적 요소도 확산되었으며, 마침내 4·19 혁명과 함께 한국의 시민사회는 저항적 실체로서 자신의 존재를 확인한다. 그러나 5·16 쿠데타와 유신체제는 이 같은 시민사회적 성장을 극도로 억압하지만, 노동자계급의 탄생과 중산층의 성장과 함께 시민사회는 민주화운동으로서 국가에 대한 저항을 전개하다가 부마항쟁과 5·18로 다시 한번 엄청난 저항의 잠재력을 표출시키고, 마침내 6·29 선언을 요구하여 시민사회의 일차적 승리, 즉 시민사회와 국가의 역사적 분리를

뒤늦게 획득하게 된다.[17]

⑤ 반론의 말미에서 손 교수는 자신이 한국의 시민운동/신사회운동을 불신하는 결정적 이유를 제시한다. 즉, 사상의 자유에 대한 국가 탄압을 시민운동이 침묵으로 방조하였다는 것이다. 손 교수의 마지막 무리수가 아닌지? 구체적인 정황과 내용이 공개되지 않은 상태에서 선뜻 대응하기가 난처하지만, 그것이 국가보안법과 관련된 사상의 자유라면 문제는 손 교수의 주장처럼 결코 단순하지 않다. 시민운동에서 법치주의/합법성과 시민불복종의 문제는, 지난 총선연대에 대한 시비처럼, 미묘하고도 민감한 사안이다. 아나키스트의 전통을 따라서 일찍이 한국에서 시민불복종의 전략을 제기한 필자(1996: 39-40)이지만, 그것이 시민사회적 헤게모니의 구축에 실패할 위험성이 높을 때는 매우 신중할 필요가 있다. 국가보안법의 내용과 적용에 문제가 있는 것은 분명한 사실이지만, 시민운동은 국가보안법을 지지할 수도, 반대할 수도 있다. 그러므로 침묵 대신에 반드시 소리 높여 항의해야만 한다는 당위론적 판단을 강요한다면, 그것은 사상의 자유가 전제하는 관용성을 무시하는 것이 아닐까? 특히, 어제의 피해자가 오늘의 영웅으로 뒤바뀌는 이 사상적 혼돈의 시대에서는! 시민은 다차원적 정체성을 갖는다. 분단상황 때문에 국가보안법의 필요성을 주창하는 사람도 있고, 자유를 지키기 위해서 선진국(독일과 미국)처럼 국가보안법이 필요하다는 사람도 있는 현실에서, 국가보안법의 철폐만이 자유의 신장을 의미한다고 주장하기는 어렵다. 최근 보안법 철폐/개정을 외치는 시민운동이 늘어나고 있다. 이것은 무슨 연유일까? 일부 시민운동의 때이른 국가포섭인가? 아니면 민중운동화인가? 아무튼, 손 교수로부터 민중론자 특유의 도덕적 순수성과 자부심을 발견한다. 필자는 강직한 도덕성을 존경하기는 해도, 경계하지 않을 수 없다.

손 교수의 지적처럼 우리는 진정한 의미의 자유주의도 제대로 실천하지 못한다. 필자는 그 근본적 원인은 한국의 "무소불위(無所不爲)의 만능적(萬能的)" 국가주의에 있다고 본다. 중앙집권적 국가구조, 황제적 대통령제, 국가의 세무사찰과 인사전횡으로 꼼짝 못하는 방송과 신문, 그리고 "국가에 의한 시민사회의 과도한 정치화 혹은 시민사회의 식민지화/우중화(愚衆化)"에 있다고 본다. 흥미로운 점은 자본은 동서를 막론하고 자유주의를 좋아한다. 현대라는 거대 자본의 숨통을 누가 쥐고 있는가? 이 싸움은 국가와 자본 간의 전면적 싸움이 아니라 국가체제 내부의 친현대파와 반현대파의 싸움일 뿐이다.

손 교수도 "국가는 민주주의의 적이며 부패와 독재의 경향이 내재해 있다. 그것은 기본적으로 관료화의 경향과 관련된 것이다"라고 선언한다.[18] 손 교수는 "그러나 보다 근본적인 민주주의의 적은 자본이다. 역사적으로 민주주의의 발전에 따라 국가의 민주화는 부족하나 상대적으로 진행되어왔지만, 자본의 민주화는 요원하기만 하다"(이 책의 116쪽)라고 탄식한다. 그렇다면, 현대국가는 그런대로 쓸 만하니 더욱 민주화시켜서 자본을 통제하고 민주화시키는 도구로 사용하자는 말인가?[19] 만약 "국가에 의한 자본의 민주화" 전략을 의미하는 것이라면, 그것은 국가 주적론에 귀의하는 것이다.

국가와 자본은 무적의 황금동맹을 맺은 일심동체요 둔갑술로 모습을 달리하여 우리의 전력을 분산시키고 있을 뿐이다. 현대의 자본주의 혹은 사회주의는 동서를 막론하고 모두가 국가(독점)자본주의, 국가사회주의라는 사실을 손 교수도 인정한다. 국가는 자본의 시장적 지원(세금, 고용, 성장 등)을 필요로 하고, 자본은 국가의 폭력적 혹은 법적/제도적 지원(외국 침략, IMF 등)을 필요로 한다. 그렇다면, 양자는 힘의 균형을 이룬 것인가? 자본과 자본주의는 오직 국가체제의 폭력과 법에 의해서만이 유지될 수 있다. 소련의 사회주의혁명도 최우선적으로 국가를 전복하고 장악하지 않았던가? 중국도 쿠바도 마찬가지였다. 칠레의 아옌데도 마찬가지다. 시민권력의 위임체로서 국가가 만약 선거나 혁명 혹은 쿠데타를 통하여 자본주의체제를 거부하면 자본주의는 그것으로 끝장이다. 국가권력이 이념으로서 혹은 체제로서 자본주의를 인정하기 때문에, 그리고 인정하는 한도 내에서 자본주의는 생존하는 것이다. 이 점을 자본가들은 너무나 뼈저리게 인식하고 있으므로 온갖 수단(정치자금, 직접 정계진출, 정치적 사돈맺기, 국제적 연대 및 기구의 조직화, 사회적 봉사 등등)을 통하여 국가권력을 자신들에게 유리하도록 회유, 설득, 복종시키는 것이다.

7. 에필로그: 새로운 길을 걸으면서

바야흐로 사이버 시대다. 네티즌의 디지털 사회혁명은 가능할까? 역시, 아나키스트가 먼저 사이버 스페이스를 장악하였다. 뒤늦게 마르크스주의자도 등장한다. 사이버 스페이스 독립선언, 자유 소프트웨어 운동, 오픈 소스, 리눅스의 물결은 국가의 규제와 자본의 독점에 대항하는 자유와 해방 그리고 협동적 공유의 요구이다. 이 새로운 세계에서 시민과 민중은 어디에서 무엇을 하며 어떤 길을 가고 있는가? 우리에게 펼쳐진 새로운 길 혹은 새로운 전선에서 다시 한번 손 교수와 토론민주주의의 아름다움과 즐거움을 나누고 싶다.

5. 진보적 시민사회 형성을 위한 이론적 탐색

김정훈(한국산업사회학회 운영위원장)

1. 문제제기

1990년대 이후 시민사회는 한국 사회과학계에 주어진 화두 중 하나였다. 1997년 노동법 투쟁의 성과를 앗아갔던 IMF 위기에도 불구하고 지난 해의 총선은 시민사회가 한국사회에 완전히 정착했음을 보여주었다. 이것은 시민사회라는 구체적인 대상과 그것을 재현하는 시민사회 담론이 한국사회에 정착했음을 의미한다. 그러나 시민사회의 현실적인 발전에도 불구하고 시민사회론은 1990년대 후반에 이르러 그 생명력을 잃고 있다. 곧 시민사회론을 시민운동론이 대체하면서 시민사회론은 시민운동의 규범적 준거 이상의 의미를 갖고 있지 못한 듯하다.

시민사회의 핵심이 그 규범성에 있는 것이 아니라 그 운동성에 있다면 시민운동론의 활성화는 시민사회론의 발전을 의미한다. 또한 현실적인 시민운동의 발전은 한국사회 전체뿐만 아니라 시민사회를 민주화하는 데 기여했다. 이런 의미에서 한국의 시민사회론은 지속적인 발전을 이루어왔다고 할 수도 있다. 그러나 현실의 지도로서의 시민사회론의 미발전은 시민운동의 장소 및 방향에 대한 정확한 인식을 제한한다는 점에서 장기적으로는 시민운동의 발전에도 한계로 나타날 것이다.

기존의 시민사회론의 발전을 지체시키는 핵심적인 문제는 이론적 비일관성이다. 시민사회는 민주주의의 원천으로 인식되기도 하고, 다른 한편 민주주의를 지체시키는 원인으로 인식되기도 한다. 그러나 시민사회가 왜 민주주의의 원천이며 그 역이 되는가에 대한 일관된 이론적 통찰은 사실상 보이지 않는다. 예를 들어, 1987년 6월 항쟁을 분석할 때는 민주주의의 원천으로 인식되다가도 지역감정이 돌출되는 선거시기에는 민주주의의 발전을 저해하는 원인으로 주장된다.

사실 한국의 시민사회는 이러한 이중적 모습을 가지고 있다. 총선연대 운동에 대한 호응과 지역감정에 의한 투표행위가 동시에 나타난 2000년 4·13 선거는 한국 시민사회의 모순적 성격을 명확히 보여준다. 그러나 문제는 모순적 현실이라기보다는 이러한 모순적 현실을 일관되게 설명하지 못하는 이론이다. 모순적 현실을 설명하지 못한다면 그러한 현실이 재생산될 수밖에 없기 때문이다.

구체적으로 보면, 기존의 시민사회론은 한국적 현실을 설명하는 데 다음의 약점을 갖고 있다. 먼저, 기존의 시민사회론은 시민들이 겪는 다양한 고통의 원인에 대해 제대로 지적하지 못한다. 한국의 시민사회가 연고주의에 고통받고 있는 것이 사실이지만 그만큼 한국의 국가와 경제도 연고주의로 침윤되어 있으며, 그것이 다시 시민사회를 제약하고 있음을 기존의 시민사회론은 간과한다. 다음으로, 잠잠한 듯하다가도 폭발하는 한국 시민사회의 역동성을 이론적으로 해명하지 못한다. 한국의 시민사회는 보수적 성격을 갖고 있지만 또한 4·19, 광주민중항쟁, 6월 항쟁에서 보여주듯이 강한 저항성을 갖고 있다. 풀뿌리 보수주의와 폭발적 저항이 교차하는 한국 시민사회의 역동성을 기존의 이론들은 병렬적으로 나열할 뿐 제대로 설명하지 않는다.

국가, 경제, 시민사회가 상호 연관을 맺고 있다면 시민사회의 문제는 단지 시민사회만의 문제가 아니라 사회전체의 문제이다. 또한 시민사회는 규범적으로 주어지는 것이 아니라 역사 속에서 형성된다. 따라서 한국 시민사회의 문제는 한국사회의 독특한 역사적 발전과정에서 검토되어야 한다.

한국사회의 특징은 압축적 근대화로 인한 '비동시성의 동시성'이다. 그리고 비동시적인 것의 동시적 현존은 바로 비동시적인 것들의 '동시적 해결'이라는 문제를 제기한다. 그러나 비동시성의 동시성은 경제 및 정치의 근대성과 시민사회의 전근대성 혹은 시민사회 및 경제의 근대성과 정치의 전근대성이라는 사회 각 부문간의 지체현상으로 설명될 수 없다. 오히려 국가, 경제, 시민사회 전반에 전근대, 근대, 탈근대가 접합되어 나타나는 것이 우리의 현실이다.

이 글이 주목하고자 하는 것은 이러한 한국적 현실이다. 이 글은 한국적 현실에 입각하여 기존의 시민사회론을 검토함으로써 진보적 시민사회의 구성을 모색하는 시론적인 글이다. 이를 위해 이 글은 먼저, 사회영역에서의 시민사회의 위치를 검토한다. 시민사회론의 발생사적 맥락에 대한 검토를 통해 시민사회론을 검토하는 것은 시민사회가 저항의 장소임을 명확히 하기 위함이다. 다음으로 위에서 언급한 진술의 비일관성이라는 문제를 해결하기 위해 시민사회 개념을 보다 정교화한다. 이 글은 시민사회란 단일한 주체가 아니라 다양한 세력간의 갈등이 일어나는 관계의 장이라고 주장하며, 세력갈등과 갈등의 주체를 명확히 하기 위해서는 다원적 공론영역개념이 활용되어야 한다고 주장한다. 이것은 한국 시민사회의 보수성과 진보성을 동시에 드러내기 위함이다. 다음으로 위의 이론구성에 입각해 한국 시민사회의 '비동시성의 동시성'이라는 결과를 나타나게 한 메커니즘을 분석한다. 이 글은 '분화와 탈분화의 동시 진행'이 한국사회의 비동시성의 동시성의 원인이라고 주장한다. 이러한 분석에 입각한다면 한국에서 진보적 시민사회의 형성은 아래로부터의 분화와 탈분화의 동시진행을 통해 이루어질 수 있다.

2. 시민사회는 어디에 있는가?

주지하다시피, 시민사회론의 부활은 세계사적으로 제3세계 및 동구의 민주화라는 맥락과 서구에서의 복지국가의 실패라는 두 가지 맥락을 갖고 있다(Cohen & Arato, 1992: ch.1). 이 두 맥락이 시민사회론으로 수렴되는 것은 무엇보다 두 사태가 국가주의에 대한 반대라는 면에서 공통점을 가지고 있기 때문이다.[1] 그러나 남미나 동구의 민주화 이후의 사태와 서구에서의 복지국가의 퇴조 이후의 사태는 시민사회의 부활이 민주주의와 삶의 질을 개선할 것이라는 기대에 못미친 것이었다. 전세계적으로 빈부격차는 심화되고 사회적 약자들의 삶은 악화되고 있으며, 제3세계와 동구에서 민주주의는 발전에 한계를 보이고 있다. 민주주의의 원천인 시민사회가 부활했음에도 불구하고 왜 경제적 불균등은 심화되고 있으며 민주주의의 발전은 정체되고 있는가?

이 문제를 검토하기 위해서는 다시 한번 시민사회론의 발생맥락에 대해서 살펴보아야 한다. 서구에서 시민사회의 부활은 두 가지 흐름을 갖고 있다. 국가관료제에 대한 저항이라는 면에서는 동일하지만 신사회운동이 시민사회의 자율성을 강조한다면, 신자유주의는 경제의 자율성에 방점을 찍는다. 이렇게 보면 국가와 시민사회의 이분법은 중요한 문제에 봉착하게 된다. 시민사회의 자율성을 주장할 때 시민의 자율성과 경제의 자율성이라는 문제가 동시에 나타남으로써 신사회운동이 주장했던 시민의 자율성이 사실상 희석되기 때문이다. 이런 점에서 서구에서 국가를 공격함으로써 최대의 성과를 올린 것은 신자유주의 세력이지 신사회운동세력이 아니라는 점에 주목하여야 한다. 물론 신사회운동이 일정 정도 사회구조적 변동에 영향을 미치기는 했지만 국가에 대한 공격의 최대 수혜자는 신자유주의였고 자본이었다.

서구 복지국가의 실패에 대한 시민사회론의 부활의 맥락을 이렇게 이해하면, 시민사회에 경제를 포함하는 이분모델은 상당한 한계를 가진다.

국가에 대한 저항이 시민적 자율성의 방어를 가져오는 것이 아니라 경제에 의한 시민사회의 식민화를 가져오기 때문이다. 특히 경제가 국가 단위를 벗어나 세계화되는 현상을 볼 때 경제를 시민사회의 한 영역으로 설정하는 것은 경제에 대한 통제를 불가능하게 만들 위험이 있다. 이러한 사실은 한국의 경우 더욱 심각해 보인다. 시민사회에 경제를 포함시킬 경우 한국에서 시민사회의 자율성의 성장은 곧바로 경제적 자율성의 성장, 곧 재벌의 자율성의 성장을 의미하기 때문이다.

이러한 사실은 한국의 시민사회론의 구성2)을 제한하는 요인으로 나타난다. 이분모델 중 가장 공격적이며 진보적인 이분법을 주장하는 김성국(1998; 이 책의 50쪽 이하)은 이러한 문제를 잘 인식하면서 기존의 시민사회론의 개념을 재개념화함으로써 이 문제를 회피하고자 한다. 그는 시민을 "국가와의 권력관계에서 피지배적 위치에 존재하는 모든 사회구성원"(김성국, 1998: 21; 이 책의 55쪽)으로 규정하고, "국가는 폭력, 권력, 자본력, 그리고 문화적 헤게모니를 배타적으로 장악하고 행사하는 세력 집단과 더불어 지배층을 구성"(김성국, 1998: 21)하는 것으로 규정함으로써 한국적 문제의식을 발전시킨다. 뒤에서 언급하겠지만 최장집의 엘리트 카르텔을 연상시키는 그의 국가 개념, 즉 생활세계의 지배층, 국가부분의 지배층, 경제부분의 지배층으로 구성된 국가는 한국과 같이 보수적 지배 블록이 모든 부분을 장악하고 있는 현실에서 설명력을 가진 개념틀이라 할 수 있다.

그러나 고민이 묻어나는 이러한 독창적인 개념화는 사실상 기존의 민주화이론에서 크게 벗어나지 않는다는 점에서 한계를 가지고 있다. 한국 사회의 대립구조가 국가 및 재벌 대 민중에서 국가, 재벌, 보수층 대 시민사회라는 이분법으로 바뀌었을 뿐 시민사회론의 새로운 의미를 찾기는 힘들다.3) 사실상 민중은 1980년대 계급범주가 사회분석의 주류로 등장하기 이전에 형성된 고유한 역사성을 지닌 개념으로 '정치적, 경제적, 사회문화적 피억압자'를 지칭하는 개념이었다.4) 따라서 김성국의 시민

개념은 이러한 민중 개념에서 계급적 갈등이라는 문제를 삭제했다는 점
에서 오히려 민중 개념의 역동성을 제한한 한계를 가진 개념이라 할 수
있다. 또한 이러한 개념화는 시민사회의 보수성의 원천을 시민사회 외부
로만 전가함으로써 시민사회 내의 보수성을 제대로 포착하지 못하는 한
계를 가짐과 동시에 보다 중요하게는 그도 인정하는 시민사회의 보수성
을 극복할 내부의 자원에 대해서는 규범적 요구 이상을 제시하지 못하는
한계를 가진다.

　김성국은 이러한 문제를 신사회운동론의 도입을 통해 돌파하려 한다.
그는 여기서도 독창적인 개념화를 성취한다. 그는 아나키스트적 접근을
받아들여 기존의 삼분론자들의 한계라고 지적되는 '자기 제한적 급진주
의 전략'을 '자기 확대적 급진주의 전략'으로 변화시킨다.5) 이러한 그의
좌파 자유해방적 관점은 하버마스식 체계/생활세계의 이분법은 극복하
나 시민사회에서 계급성을 제거함으로써 경제에 대한 적절한 공격전략
에 한계를 보인다. 자본주의 경제가 항상 사회경제적 조절을 필요로 했
다는 점에서 김성국은 하버마스를 극복하고 있지만, 그것은 경제를 시민
사회와 통합해서 이해한다고 해서 해결될 수 있는 문제가 아니다. 그의
주장처럼, 마르크스적 문제의식을 되살리기 위해서는 경제의 독자적인
힘을 인정하고 그것을 제어하는 방식을 찾는 것이 보다 현실적일 것이
다. 따라서 시민사회는 무계급적 영역이 아니라 경제적 이해관계가 반영
되어 있는 영역으로 설정되는 것이 보다 타당한 인식일 수 있다.

　복지국가의 위기라는 맥락에서 시민사회론을 도입하게 되면 신사회운
동이 우리 사회의 대안이 되는 것은 당연하다. 그러나 정치 및 경제의 도
구적 합리성에 의해 식민화되는 시민사회를 구해내려는 서구 신사회운
동의 발생사적 맥락과 정경유착, 권위주의, 연고주의 등 국가 및 경제의
비합리성에 대항하는 한국적 시민운동의 맥락은 다르며, 또한 사회민주
주의적 타협이 이루어지지 않은 한국적 현실에서 신사회운동이 갖는 함
의는 상당히 제한적일 수밖에 없다. 오히려 신사회운동을 보다 적극적으

로 사고하기 위해서는 계급운동과 비계급운동의 연대를 사고해야 하며, 그런 의미에서 시민사회 내의 진지전이 고려되어야 한다. 그러나 비계급적인 영역인 김성국의 시민사회에서는 계급적인 정체성이 자리잡을 곳이 없으며, 나아가 '저항의식을 이미 담지한 시민'(김성국, 1998: 21; 이 책의 56쪽)으로 구성된 시민사회에서 헤게모니 투쟁이라는 개념 자체가 성립할 수 없게 된다. 어떤 시민이 어떤 시민과 투쟁함으로써 시민사회의 전근대적, 권위주의적, 계급적 성격을 극복할 수 있는지에 관해서는 명확한 답을 내릴 수 없다.

같은 이분모델이라고 하더라도 민주화의 맥락에서 시민사회론에 접근하면 복지국가적 맥락에서 시민사회론에 접근하는 것보다 한국적 현실에 보다 접근할 수 있다. 민주화운동의 맥락에서 시민사회론을 주장하는 논자들은 국가와 시민사회 사이에 정치사회라는 매개개념을 활용한다.[6] 이 모델은 의회민주주의의 미정착을 정치사회라는 매개개념을 통해서 포착한다는 점에서 제3세계의 민주화 분석에는 상당한 설득력을 갖고 있다. 그러나 이러한 문제설정은 자칫 국가 대 시민사회라는 대립 구도를 설정하게 함으로써 시민사회 내의 다양한 이익갈등을 포착하는 데 한계를 보인다. 왜냐하면 이러한 문제설정하에서는 시민사회의 이익이 정치사회로 대표되기만 하면 되기 때문이다. 따라서 이러한 이론틀에 따를 때 재벌의 이익이 정치사회로 대변되는 것에 관해서는 윤리적인 비판 이외의 이론적인 비판이 사실상 불가능해진다. 이 이론이 시민사회 내의 다양한 세력갈등을 인정한다면 사실상 문제가 되는 것은 시민사회 전체의 이익이 정치사회로 전달되느냐 되지 않느냐가 아니라 어떤 시민사회의 이익이 정치사회로 전달되느냐 하는 것이다. 시민사회 내의 재벌 및 보수세력의 이익이 정치사회에 일방적으로 전달되는 한국사회의 현실에서 정치사회와 시민사회의 단절이라는 문제의식만으로는 시민사회의 다양성과 역동성을 해명하는 데에는 한계가 있다.[7]

이러한 한계에도 불구하고 민주화의 맥락에서 정치사회라는 문제설정은 상당히 중요하다. 비선거적 방식의 진보를 사고하지 않는 한, 의회는 사회 전반의 민주화를 제도화하는 데 있어 핵심적인 영역이기 때문이다. 따라서 정치사회는 국가와 시민사회의 접점에서 벌어지는 구체적인 정치적 관계를 분석하는 데 유용한 매개 개념이라 할 수 있다. 시민사회는 국가 및 경제에 저항하는 세력들이 위치하는 장소로 규정될 수 있다. 민주주의가 절차적 민주주의와 실질적 민주주의로 구분된다고 할 때 시민사회는 절차적 민주주의뿐 아니라 실질적 민주주의를 요구하는 세력들이 위치하는 장소이다. 이 세력들은 민주적 요구들을 공론화함과 동시에 제도화하기 위해 노력한다. 이런 점에서 정치사회라는 문제의식은 운동정치의 제도정치화를 통해 사회의 민주적 요구들을 제도화한다는 점에서 적극적으로 고려되어야 한다.

이러한 논의에 비추어볼 때 시민사회는 국가와 경제 사이에 있는 영역으로 설정되어야 한다. 삼분모델은 경제의 독자성을 인정함으로써 시민사회의 자율성을 경제적 자율성, 즉 자본의 논리로부터 분리한다는 점에서 의의가 있다. 또한 시민사회의 독자적인 정체성 형성 능력을 인정한다는 점에서 중요한 의미를 갖는다. 그러나 삼분모델 역시 분석의 수준에서는 시민사회를 단일한 영역 혹은 세력으로 사고함으로써 시민사회 내의 갈등을 제대로 보지 못하는 한계를 갖고 있다.[8] 이를 극복하기 위해서는 시민사회의 갈등을 적극적으로 부각할 수 있는 삼분모델이 요구되는데, 유팔무(1995)의 삼분모델은 그런 점에서 가장 세련된 틀이라 할 수 있다. 그람시적 전통에 입각한 그의 삼분모델에 따르면, 한 사회의 구성은 거시적 수준에서 국가, 시민사회, 경제사회로 구성된다. 이러한 관계에서 사적 결사체들, 이데올로기적 기구들의 활동, 일상생활 및 여론형성을 떠맡고 있는 시민사회는 국가 및 경제와 상호 교환적인 관련을 맺고 있다. 곧 국가에 대해 시민사회는 국가권력의 정당성을 제공하고 시민운동을 통한 압력행사를 주도하는 반면에, 시민사회에 대해 국가는 법적·정치적 규제 및 여론조성을 떠맡고 있다. 한편, 경제에 대해 시민사회가 수요 창출, 계급적·탈계급적 관계 및 행동양식의 조절을 담당하고 있다면, 시민사회에 대해 경제는 계급적·탈계급적 생활양식, 의식 및 조직형성에 기여하고 있다.

위의 삼분모델은 시민사회를 단일한 영역이 아니라 다양한 세력갈등의 장으로 인식할 뿐만 아니라 시민사회와 다른 영역 간의 관계를 이론화하고 있다는 점에서 중요한 이론적 진전이라 할 수 있다. 그러나 이 이론은 시민사회 내의 세력갈등을 적절히 그려낼 수 있는 개념화를 이루지 못함으로써 시민사회 내의 세력갈등을 제대로 부각시킬 수 없다는 점에서 한계를 갖고 있다.

3. 누구의 시민사회인가?

한국의 시민사회에 대한 논의는 시민사회론의 부정에서 적극적 수용에까지 다양하다. 이러한 논의에서 쟁점이 되는 것의 하나는 시민사회가 하나의 행위자인가, 혹은 세력투쟁의 장 혹은 영역인가 하는 문제이다. 국가 대 시민사회라는 대립 구조를 통해 한국의 민주화를 설명한 대부분의 이론들은 시민사회를 하나의 행위자로 설명함으로써 시민사회 내의 다양한 갈등구조를 보지 못한다는 비판에서 자유롭지 못하다.

이러한 비판은 손호철(1995; 이 책의 17쪽 이하)에 의해 날카롭게 이루어진다. 그는 시민사회의 다양한 정체성을 인정하지만 계급 정체성이 가장 중요하다는 점에서 경제의 독자성을 인정해야 한다고 주장한다. 손호철에 따르면 시민사회는 계급투쟁의 장이며 시민사회는 토대에 상대적 독자성을 갖지만 계급적 정체성이 가장 중요한 영역이다. 따라서 시민사회라는 단일행위자가 한국사회의 민주화를 이룬 것이 아니라 시민사회 내의 민중세력의 성장, 즉 민중사회의 성장에 의해 한국사회의 민주화가 이루어졌다고 주장한다.

시민사회 전체가 아니라 시민사회의 특정 세력이 민주화를 주도했다

는 점에서 그리고 시민사회를 무계급적인 영역으로 간주하는 것은 시민
사회를 관통하고 있는 내적 모순을 포착하지 못한다는 점에서 손호철의
행위자론에 대한 비판은 정확하다. 그러나 그람시가 강조한 것은 시민사
회의 독자적인 정체성 형성능력이지 토대의 결정성이 아니다. 다시 말해
서 그람시의 문제의식은 계급이 왜 즉자적인 계급에서 대자적인 계급으
로 직접적인 전화를 하지 않는가에 있으며, 그것은 시민사회에서의 정체
성 형성에 기인한다는 점이다. 따라서 시민사회는 계급의식 이외의 다양
한 정체성이 있는 영역이 아니라 다양한 정체성을 형성하는 곳, 곧 노동
자가 노동자 의식을 갖지 못하게 하는 영역이다. 이런 의미에서 손호철
의 시민사회론에 대한 비판은 정확하지만, 그 역시 시민사회론의 의미를
살리지는 못하고 있다. 따라서 그에 따르면 탈부르주아적 시민사회라는
전망을 가질 수 없다.

　최장집은 시민사회 내의 역학적 관계를 보다 역동적으로 드러낸다. 그
의 시민사회론은 전형적인 이분모델을 따르면서도 자유주의적 이분모델
과는 달리 시민사회를 세력투쟁의 장으로 본다는 점에서 그람시적 전통
을 이어받고 있다.[9] 최장집의 독창적인 점은 한국에서의 정치사회와 시
민사회의 단절을 설명하기 위하여 "한국사회의 생산체제의 정점에 있는
재벌, 국가권력을 관장하는 관료엘리트, 정치사회의 정치엘리트"를 지목
한다는 것이다(최장집, 1996: 2부 7장; 1997b: 12). 그는 한국사회는 재정
관 삼자간의 엘리트 카르텔, 즉 보수적 엘리티즘이 지배하고 있으며, 그
들의 압도적인 영향하에서의 정치사회가 시민사회로부터 크게 괴리된다
고 주장한다.

　최장집의 이러한 이론화는 한국 민주화의 장애를 명확히 지적하고 있
다는 점에서 뛰어난 현실 설명력을 갖고 있지만, 적어도 1987년 이후의
상황을 설명하는 데는 한계를 보인다. 이것은 그가 시민사회를 지형적
지세적 개념으로 규정하면서도, 그것을 표현하는 개념을 명확히 제출하
고 있지 않다는 점에 기인한다. 그의 정의에 따를 때, 재계 엘리트의 장

소는 시민사회이고 정계 엘리트의 장소는 정치사회이다. 따라서 그가 문제시하는 정치사회와 시민사회의 단절은 사실상 정치사회와 시민사회의 유착으로 파악되어야 한다. 즉 문제는 그도 인정하듯이 시민사회 내의 보수적 엘리트가 정치사회를 일방적으로 지배하는 것이라 할 수 있다. 따라서 시민사회를 지배하는 보수적 세력과 정치사회로 진입하지 못하는 시민사회 내의 세력을 분리해서 파악할 때 정치사회와 시민사회의 단절이 무엇을 의미하는지를 명확화할 수 있을 뿐 아니라 시민사회 내의 위계적 구조화를 제대로 설명할 수 있을 것이다.

시민사회를 행위자로 놓는 설명 중 가장 세련된 설명이 1987년 이전과 이후를 시민사회의 미분화와 시민사회의 분화로 설명하는 것이다. 이에 따르면 시민사회 내의 정치적 이해관계의 대립이 정치사회의 정당간의 경쟁으로 제도화되지 못할 경우 정치갈등의 양상은 국가에 대항하는 시민사회의 갈등으로 전면화되는데, 이때 시민사회와 국가는 행위자로 인식될 수 있고, 1987년 이후 시민사회의 분화로 인해 국가 대 시민사회에서 국가와 시민사회의 다층적인 대결 구도로 변화되었다(김호기, 1995: 328-329). 이러한 설명은 시민사회의 다원성을 인정한다는 면에서 강점을 갖고 있지만 두 가지 점에서 한계를 보인다. 먼저, 여전히 정치사회와 시민사회의 단절이 문제라면 1987년 이후 시민사회는 지속적으로 급진화되어야 함에도 불구하고 한국에서는 그렇지 않았다는 점을 설명할 수 없다. 다음으로 이러한 견해는 분화 혹은 다원화라는 개념을 통해 1987년 이후 시민사회의 일방적인 보수화 테제에 대해서는 반대한다는 점에서 강점을 갖고 있지만, 시민사회를 여전히 규범적으로만 파악함으로써 시민사회 내의 헤게모니 투쟁이라는 관점을 사실상 놓치고 있다.

이러한 문제를 해결하기 위해서는 시민사회를 공간적 측면과 역학적 측면에서 동시에 이해할 필요가 있다.[10] 시민사회의 공간적 측면은 시민사회의 분화 혹은 다원화로 이해할 수 있고, 시민사회의 역학적 측면은 시민사회의 세력관계로 이해할 수 있다. 위의 견해는 시민사회의 공간적 측면에는 주목했지만 시민사회의 역학적 측면을 간과한다는 점에서 한계를 갖고 있다. 시민사회 내의 역학적 관계를 포착하기 위해서는 저항의 주체 및 영역에 대한 새로운 사고가 필요하다. 사회의 민주화를 주장했고, 그것을 지속적으로 추진하는 세력들은 시민사회 내에 위치하지만 시민사회 전체는 아니기 때문이다.

시민사회가 세력갈등의 장이라면 공론영역 역시 자유주의자들이 주장하듯이 규범성의 장소가 아니라 쟁투의 장으로 인식될 수 있다. 이렇게 공론영역이 쟁투의 장으로 인식되면 공론영역은 다양하고, 때론 겹치며 경쟁하는 영역들로, 즉 복수적으로 이해될 수 있다. 곧 공론영역을 다원적으로 이해할 수 있다.[11] 공론영역을 다원적으로 이해하게 되면 공론영역을 이슈 및 세력의 성격에 따라 구별해서 인식할 수 있다. 따라서 한국적 현실에서 공론영역은 보수적 공론영역과 진보적 공론영역으로 구분될 수 있다. 진보적 공론영역은 국가 및 경제뿐만 아니라 시민사회 자체를 민주화하는 역사적으로 형성된 시민사회 내의 장소이자 주체로 개념화될 수 있다.[12]

다원적 공공영역 개념을 받아들이면 민주주의의 원천인 동시에 풀뿌리 보수주의의 장소인 시민사회의 독특성이 드러나는 동시에 시민사회 내에서의 주체를 명확히 밝혀낼 수 있다.[13] 과거 권위주의 정권 시기 모든 것이 국가에 의해 결정됨으로써 시민사회 내에서의 세력투쟁이 잠재화되어 있었다면 1987년 이후 어느 정도의 절차적 민주화가 이루어진 후 시민사회에서의 세력갈등은 표면화되었으며 이것은 보수적 엘리트집단에 의한 보수적 공론영역의 전면화로 이해될 수 있다. 다시 말해서 6월항쟁 이후 한국의 시민사회는 보수화된 것이 아니라 그 보수성을 전면에 드러낸 것이다. 그람시(1971)의 말처럼 국가의 요새이며 참호인 시민사회는 적나라한 물리적 폭력이 더 이상 작동하지 못하게 되자 기존의 체제를 수호하기 위해 전면에 등장했던 것이다.[14] 따라서 한국사회는 보수적 공론영역-보수적 정치사회-보수적 국가라는 연속선상에서 보수적 엘리트 카르텔의 집단적 이해가 관철되는 사회이다. 이렇게 이해한다면 기존의 한국의 정치사회와 시민사회는 단절되었다기보다는 특정한 시민사회의 이해관계, 즉 보수적 공론영역의 견해만이 정치사회로 전달되고 진보적 공론영역은 지속적으로 배제되는 과정이었다.[15]

이렇게 다원적 공론영역 개념을 받아들이면, 사회운동은 사회 내의 다양한 문제들을 공론화하는 비제도적 공론영역으로 규정될 수 있다. 신문, 방송 등의 제도적 공론영역이 보수적 세력들에 의해 장악되어 있는 상태에서 진보적 공론영역은 비제도적인 영역에 존재할 수밖에 없으며 이것이 1970년대의 재야운동에서 1990년대의 시민운동, 노동운동으로 나타나고 있는 것이다.[16] 또한 이렇게 다원적 공론영역 개념을 받아들이면 그람시적 의미의 헤게모니 투쟁을 제대로 개념화할 수 있다. 시민사회는 보수적 공론영역과 진보적 공론영역 사이의 헤게모니 투쟁이 벌어지는 곳이며, 진보적 사회운동세력들은 공론영역과 시민사회를 진보화하기 위해 다양한 헤게모니 투쟁을 벌일 수 있게 된다.

이상의 논의를 정리하자면, 사회는 국가, 시민사회, 경제로 삼분화될 수 있다. 공론영역은 신문, 방송과 같이 제도화된 영역과 사회운동에 의해 이루어지는 비제도화된 영역으로 구분될 수 있다. 그리고 국가, 경제, 시민사회의 접점에 정치사회, 즉 의회영역이 존재한다. 사회운동은 국가, 경제 및 시민사회의 다양한 문제들을 공론화하는 세력으로, 이러한 사회운동세력들에 의해 구성된 영역이 진보적 공론영역이다. 진보적 공론영역은 전체 사회를 민주화하고 개혁하는 영역이며 주체이다.

4. 한국사회 발전의 특성과 시민사회

정치개혁을 논하는 토론에서 흔히 나오는 결론 중의 하나는 시민각성론이다. 한국사회의 민주화가 지체되는 것은 시민사회의 연고주의, 권위주의, 비합리주의에 기인하며, 건전한 시민의식이 성립하지 않는다면 민주화는 불가능하기 때문에 시민은 교육되어야 한다는 것이다. 이러한 견해는 분명히 현실을 지적하고 있지만, 현실의 한 면만을 보고 있다. 한국의 연고주의, 권위주의는 시민사회에만 내재한 것인가, 아니면 국가와 경제에도 내재한 것인가? 사실 우리는 국가 및 경제의 비합리성 때문에 더 많이 고통받고 있는 것은 아닌가?

개인으로서의 시민이 겪는 고통은 시민사회 내의 전근대적 의식에서만 나오는 것이 아니라 국가 및 경제의 비합리성에 기인하는 것이다.[17] 정부의 인사가 혈연, 학연, 지연으로 이루어지고 부정부패가 만연하게 될 때, 개인으로서의 시민은 당연히 생존을 위해 그러한 의식을 갖게 될 수밖에 없다. 또한 재벌의 소유권이 대물림되고 총수와의 친근관계에 따라서 인사가 이루어지는 경제계의 현실에서 근대적 시민의식의 형성을 기대하는 것은 사실상 무리라 할 수 있다. 나아가 국가와 경제가 철저히 유착되어 있는 현실, 즉 엘리트 카르텔이 형성되어 있는 현실에서 그것도 비합리적인 연고주의에 의한 카르텔이 형성되어 있는 현실에서 카르텔에 진입하기 위해 연고주의적 방법을 택하는 것은 너무나 자연스러운 일일 수 있다. 즉 한국 시민사회의 비합리성은 시민사회 내부에서 연원하기보다는 국가 및 경제에서 연원한 것이라 할 수 있다.

한국사회의 문제는 국가 및 경제가 너무나 합리화되어 있기 때문에 발생하는 문제가 아니라 그것이 너무나 비합리적이기 때문에 발생한다. 즉 한국사회는 사회 전반에 걸쳐 '비동시성의 동시성'이라는 문제가 관철되고 있는 사회인 것이다.[18] 한국사회의 문제가 '비동시성의 동시성'이고, 과제가 비동시적인 것의 '동시적 해결'이라면, '비동시성의 동시성'을 발생시키는 메커니즘을 분석하는 것이 중요한 과제로 등장한다. 그 메커니즘이 규명될 때에만 비동시적인 문제의 동시적 해결이 가능하기 때문이다.

근대사회의 핵심적 특징은 분화이다. 사회적 분화는 기존의 단일한 위계 질서를 해체하고, 정치, 경제, 사회, 문화 등의 다양한 영역들은 자율성을 획득할 수 있는 가능성을 갖게 된다. 곧 각 영역은 베버가 자기 결정이라고 불렀던 것을 획득하게 된다. 이것은 각 영역이 자기 입법화하게 되는 것을 의미한다(Lash, 1993: 11). '스스로의 규범성을 자신으로부터 스스로 창조해야 하는 근대'(Habermas, 1994: 26)에서 각 영역은 신이라는 완전자에 의해 자신의 진리성을 증명하는 것이 아니라 스스로에 준거해서 스스로를 확립해야 한다.

해방 이후 한국근대는 사회적 분화를 진행하였다. 그러나 이러한 분화가 서구의 그것과 다른 것은 분화와 함께 탈분화가 동시에 일어났다는 점이다.[19] 이러한 탈분화의 주체는 권위주의 국가였다. 국가의 탈분화에 의해 시민사회와 경제는 국가의 원리에 따라 조직되었으며, 국가는 경제 및 시민사회의 논리에 의해 운영되었다. 이러한 '분화와 탈분화의 동시진행'으로 인해 한국사회에서는 분화된 영역에서의 자기 결정, 즉 독자적인 논리가 형성되지 못했다. 시민사회는 자율적 논리가 아니라 병영화되었으며, 경제는 정치논리에 의해 좌우되었고, 국가는 연고주의에 침투되었다. 의미는 다르지만 하버마스의 말을 빌리면, 한국사회는 '생활세계의 식민화'만이 아니라 '체계의 생활세계화'가 동시에 일어나게 된 것이다. 따라서 국가는 근대적 합리성의 영역이 되기보다는 전통적인 연고주의로 운영되었으며 경제 및 사회 역시 근대적 합리성이 형성되지 못했던 것이다.[20]

국가는 시민사회를 이데올로기적, 제도적으로 탈분화했다. 국가의 이데올로기적 통제에 있어 핵심적인 것은 반공주의, 성장주의, 그리고 민족주의이다. 이러한 이데올로기들은 시기적으로 접합되었는데, 이승만 시기에는 반공민족주의가 주로 활용되었다. 분단체제의 성립기에 이승만은 소련을 제국주의세력으로 규정하고, 한국전쟁을 민족해방전쟁으로 정의하였다. 그는 이러한 이데올로기적 전략을 통해 민족=반공주의, 반민족=공산주의의 등식을 통해 사회를 통제하였다. 이러한 이승만의 이데올로기는 박정희 시기에 새롭게 변화된다. 그는 성장주의와 민족주의를 접합하여 반공민족주의를 통해 시민사회를 통제, 동원하였다. 쿠데타로 인해 정권을 잡았기 때문에 태생적 정통성이 결핍되었던 박정희 정권이 수행적 정통성을 추진하는 것은 당연한 일이라 할 수 있는데 그는 이승만 시기부터 있던 반공주의와 민족주의를 발전민족주의로 접합하였다. '싸우면서 건설하자'는 당시의 구호는 반공민족주의가 발전민족주의로 어떻게 전화되고 있는지를 잘 보여준다. 박정희 시기에 형성되었던 발전민족주의는 1987년 민주화 이후에도 기본적으로 답습된다. 이러한 지배 이데올로기의 구성에서 핵심적인 것은 민족주의를 통해 한편으로 국가=개인의 등식을 확립하고, 다른 한편으로 국가=공(公), 개인=사(私)라는 이분법을 확립함으로써 근대적 개인주의의 확립을 저해했다는 점이다 (김정훈, 1999: 2000).

국가는 이러한 이데올로기적 공세와 함께 제도적으로 시민사회를 포섭하였다. 노동조합, 경영자 단체에서 예술단체에 이르기까지 관변단체를 위로부터 조직함으로써 시민사회의 분화를 저지하였다. 일제 시기부터 존재한 엄청난 물리력을 활용한 사회의 감시사회화는 시민사회의 자율성을 철저히 억압하는 것이었다. 그런데 보다 중요한 것은 이러한 통제가 시민사회의 모든 부분을 억압한 것은 아니었다는 점이다. 이러한 통제는 시민사회 내에 통제를 통해 이익을 얻는 집단을 형성시켰으며 이들은 권위주의 시기에는 잘 드러나지 않는 보수적 공론영역을 형성하여 사회 내의 여론을 주도하였다.

이러한 국가의 탈분화전략은 한국사회 전체에 많은 영향을 미쳤다. 그중에 가장 중요한 것은 근대적 개인주의의 미성숙이다. 근대적 개인주의가 개인의 자율성과 책임의식을 의미한다면 국가의 탈분화전략은 사회 각 영역의 자기 결정을 억압함으로써 개인의 자기 결정을 억압하였다. 이는 자율성의 미성숙만이 아니라 책임의식의 부재를 낳고, 이는 부정부패, 연고주의의 '무책임의 사회'21)를 낳았다. 모든 결정이 집권자 한 사람에게 귀속되는 사회에서 관료적 효율성, 혹은 자본의 효율성은 쉽게 부정부패 및 연고주의로 연결됨으로써 비효율성의 논리가 만연하는, '누구도 책임지지 않는' 사회가 형성되었던 것이다. 이것은 민주화 이후에도 한국 시민사회뿐만 아니라 한국사회 전체의 합리화 및 민주화를 가로막은 걸림돌로 작용하고 있다.

또한 국가의 탈분화전략은 보수적 공론영역을 두텁게 형성함으로써 1987년 이후에 사회의 민주화를 가로막는 핵심적인 영역이 되었다. 보수적 공론영역은 1987년 민주항쟁 이후 국가의 적나라한 물리적 폭력이 더이상 작동할 수 없게 되자, 기존 체제의 유지를 위해 전면에 등장하였다. 권위주의 시기에 막대한 돈과 제도를 손에 쥔 보수적 공론영역은 신문, 방송 등의 제도적 공론영역을 활용하여 사회의 민주화를 지체시키는 데 결정적인 역할을 하였다.

이렇게 보면 한국의 시민사회는 민주주의의 원천이기보다는 민주주의를 가로막는 영역일 수 있다. 그러나 한국 시민사회 내의 진보적 공론영역은 국가의 권위주의적 통치에 대해 지속적으로 저항해왔다. 사회운동은 위로부터의 국가의 탈분화전략에 대한 아래로부터의 사회의 분화전략을 지속적으로 추진하였다. 이러한 아래로부터의 분화전략이 가능할 수 있었던 것은 무엇보다 해방 이전부터 형성되었던 진보적 공론영역이 있었기 때문이었다.

한국전쟁 이전만 하더라도 한국의 시민사회는 진보적 공론영역을 형성하고 있었을 뿐만 아니라 시민의식 역시 민주적이었다. '민주적 민족적 공론영역'으로 표현될 수 있는 이 당시의 진보적 공론영역은 5·10 선거, 그리고 5·30 선거에서 볼 수 있듯이 상당한 영향력을 갖고 있었고, 시민사회는 진보적이었다(강정구, 1993; 김정훈, 2000). 그러나 외세에 의한 분단과 한국전쟁은 진보적 공론영역의 활성화 가능성을 억압하였다. 한국전쟁 이후 민주주의의 씨앗은 철저히 짓밟혔으며 시민들은 합리적 선택보다는 학살의 공포 속에서 생존을 위한 선택을 하게 되었다. 위로부터의 통제는 시민사회 내에서의 합리성을 말살하였던 것이다.[22]

그러나 해방 시기의 진보적 공론영역은 진보당, 4·19 등을 통해 한국의 시민사회를 지속적으로 활성화하는 이념적 뿌리이면서 역사적 기억이었다. 마치 6월 민주항쟁이 광주항쟁의 연속성에 있듯이(최장집, 1997a), 한국 시민사회의 저항성은 해방 시기의 민주적 민족주의에 그 뿌리를 두고 있으며 이러한 역사적 경험을 통해 진보적 공론영역은 지속적으로 확대재생산을 할 수 있었다.

1987년 이후 시민사회는 분화되었을 뿐 아니라 진보적 공론영역은 꾸준히 성장하였다. 이러한 변화에 있어 공간적 측면에서 중요한 변화는 다양한 이익집단들이 만들어지고 성장하였다는 점이다. 이것은 한국의 시민사회가 국가로부터 자율성을 획득해가고 있다는 점을 의미하는 반면, 시민사회의 이해 갈등이 더욱 첨예해지고 있음을 의미한다. 시민사회의 역학적 측면에서 중요한 변화는 시민사회의 분화와 함께 진보적 공론영역 역시 분화하였다는 점이다. 진보적 공론영역은 정치적, 경제적, 사회적 피억압자인 민중에서 다양한 시민운동단체와 노동자계급을 중심으로 한 기층 민중운동으로 분화하였다. 그러나 진보적 공론영역은 자체 내 분화에도 불구하고 국가 및 경제의 민주화뿐 아니라 시민사회 자체의 민주화를 이루는 데 커다란 영향을 미쳤다. 특히 1997년의 노동법 투쟁과 2000년 4·13 총선에서의 총선연대의 활약은 한국의 진보적 공론영역이 상당히 발전했음을 보여준다.

현재, 진보적 공론영역은 비록 정치사회와 단절되어 있지만 시민사회 내에 확고하게 뿌리내리고 있다. 그러나 진보적 공론영역이 다양한 도전에 직면해 있는 것 또한 사실이다. 그 도전 중 가장 위협적인 것은 기존의 보수적 공론영역이다. 기존의 엘리트 카르텔은 신문, 방송 등의 제도적 공론영역을 확고하게 장악함으로써 시민사회 및 국가와 경제의 민주화를 저지하고 있다. 또한 한국사회가 포드주의에 진입하고 소비대중문화가 지배적인 문화가 되면서 문화산업에 의한 시민사회의 식민화라는 현상이 새롭게 나타나고 있다. 대중문화는 저항성과 상업성의 두 측면을 동시에 가지고 있지만, 국가의 탈분화로 인해 자율적인 논리를 확립하지 못한 한국의 시민사회에 상업적 대중문화는 비판적 의식을 희석화하는 힘으로 작용할 가능성이 높다. 마지막으로 IMF로 대표될 수 있는 세계화의 압력은 진보적 공론영역의 발전을 저해하고 있다. 경제적 세계화는 도구적 합리성마저 제대로 형성되지 못한 한국사회에 도구적 합리성의 형성과 그것의 극복이라는 이중적인 과제를 제기하고 있다.

5. 진보적 시민사회를 위하여

이 글은 시민사회의 보수성을 인정하면서도 시민사회가 민주화의 원천임을 보여주고자 했다. 또한 한국사회의 문제인 '비동시성의 동시성'이 어떻게 생성되었는지를 밝히고자 했다. 이 글은 시민사회를 경제영역에 의해 규정되지만 그것으로부터 독자적인 영역으로 규정하고, 시민사회의 양면성을 포착하기 위해 다원적 공론영역 개념을 주장하였다. 이러한 개념화에 입각해 한국의 시민사회는 보수적 공론영역과 진보적 공론영역 간의 투쟁의 장임을 주장하였다.

위의 분석과 같이 한국사회의 발전이 '분화와 탈분화의 동시 진행' 과정이었다면, 한국의 사회운동은 위로부터의 탈분화에 대한 아래로부터의 분화요구로 이해될 수 있다. 여기서 분화/탈분화의 대립 구조는 한국의 진보적 공론영역이 한국사회의 유일한 합리화 세력이었음을 의미한다. 한국의 진보적 공론영역은 민주/반민주 구도를 통해 절차적 민주주의를 이 땅에 확립하면서 한국사회를 합리화하려 했던 유일한 시민사회 내의 장소이고 세력이었다. 다음으로 위/아래의 대립 구도는 한국의 진보적 공론영역이 권력의 하향화를 지향했음을 의미한다. 권력의 분화와 함께 하향화를 추진했다는 것은 진보적 공론영역이 절차적 민주주의뿐만 아니라 실질적 민주주의를 추구했음을 의미한다.

1987년 이후 진보적 공론영역은 분화하였다. 위의 틀에 따라 현재의 한국의 진보적 공론영역을 단순하게 구분하자면 시민운동으로 대변되는 분화세력과 노동운동으로 대변되는 실질적 민주주의세력으로 나눌 수 있다. 이것을 다시 시민사회의 공간적 측면과 역학적 측면으로 구분해 본다면 한국의 시민사회는 공간적 측면에서 확장되었지만, 역학적 측면에서는 아직 보수적 공론영역이 헤게모니를 갖고 있다. 한국의 진보적 공론영역은 합리화와 권력의 하향화를 아직 이루고 있지 못한 것이다.

한국사회의 문제가 '비동시성의 동시성'이라면 이것을 극복하기 위해서는 근대적 합리성을 확립하는 것만으로는 부족하다. 그것은 근대를 확립하는 동시에 근대를 극복해야 하는 이중적인 과제를 제기한다. 따라서 근대의 논리인 분화논리를 통해서는 한국적 문제의 동시적 해결은 불가능하다. 한국적 문제의 동시적 해결이 이루어지기 위해서는 아래로부터의 '분화와 탈분화의 동시진행'이 이루어져야만 한다. 그러나 한국사회에서는 아직 분화도 합리화도 제대로 이루어지지 못하고 있을 뿐 아니라 국가 및 경제를 장악한 보수적 공론영역은 강고하다. 이를 극복하기 위해서는 분화된 진보적 공론영역의 연대가 필요하다. 시민사회가 헤게모니가 관철되는 공간이라면 새로운 헤게모니 전략은 우리가 이미 경험하였던 진보적 공론영역의 새로운 접합에서 출발해야 한다. 우리의 역사 속에서 형성된 민중, 즉 정치적, 경제적, 사회적 피억압자들의 연대만이 보수적 공론영역의 공세 속에서 문제의 동시적 해결을 이룰 수 있을 것이다.

6. 국가, 시민사회, 그리고 시민운동의 계급적 성격에 대하여[1]

유팔무(한림대 교수, 사회학)

1. 시민사회와 시민운동에 관한 논의의 몇 가지 성과와 한계

1990년대 초반 국내 학계에 '시민사회론'과 '시민운동론'이 도입, 적용된 이래로 많은 논의와 연구들이 진행되었다. 이러한 논의와 연구는 아직도 진행중이고 그 범위와 깊이가 확산되어가는 추세에 있다. 이는 시민사회와 시민운동에 관한 논의가 그 주제의 특성상 다른 주제들과 긴밀한 연관 속에 있는 것이며, 따라서 이러한 논의와 연구들은 자연히 국가라든가, 계급이라든가, 민중운동이라든가 하는 연관된 주제들에 대한 새로운 관심과 시각, 그리고 거기에 대한 논의와 연구들을 수반하였다.

과거에 국가라는 주제는 주로 계급과의 연관 속에서 다루어졌으나 이제 시민사회나 정치적 민주주의와의 연관 속에서 다루어지게 되었으며, 계급은 주로 양적 구조와 분포, 투쟁과 변혁의 관점에서 다루어져 오던 것이 이제는 계급의 형성이나 역학이라는 관점에서 다루어지는 경향으로 나아갔다. 민중운동 또한 과거에는 대개 변혁전략적인 관심 속에서, 또는 가치평가적으로 다루어져 왔으나 이제는 사회운동이론의 틀 속에서 학술적으로 평가되거나 국가, 시민사회 등 계급 외적인 요인들과의 연관 속에서 조명되는 방향으로 나아가는 경향을 보였다.

그러나 이러한 '논의의 확장'은 아직 충분히 이루어지지 않았으며, 그러한 일련의 확장과 시각전환이 이루어지는 과정에서 특히 '국가'에 관한 개념과 이론이라든가 국가-시민사회의 관계, 또 이것들이 계급과 관련되는 측면 등에 대해서는 일정한 공백과 혼란이 남아 있다.

예를 들면, '국가-시민사회-시민운동'의 틀 속에서 논의를 전개하는 입장(한완상, 1997: 12-13)의 경우, 국가는 시민사회의 '적'인 것으로 파악하는 경향, 그리고 시민운동은 '조직화된 시민사회'로서 시민사회의 이익과 의지를 대변하는 위치에서 활동하는 것으로 간주하는 경향을 보인다.[2] 물론 이러한 시각은 '일면적'인 것이다. 그렇기 때문에 시민운동과 국가 사이의 관계를 역학적으로 포착하는 데에 커다란 한계를 지니고 있다.

다음, 자본가계급 혹은 자본가의 위치가 묘연하게 처리되는 문제가 있다. 이들은 계급적인 지위(지배계급) 이외에도 시민적인 지위를 갖고 있는 것이 아닌가. 경총이나 전경련 같은 조직도 시민사회 안에 투영된 자본가계급의 '계급조직'인 것이며, 시민사회에 속하는 조직이다. 이는 한국노총이나 민주노총의 경우도 마찬가지이며, 중소기업연합회, 요식업협회 등의 계급적 이익단체들도 마찬가지이다. 계급조직들은 그것이 어느 계급의 것이든 생산현장(기업, 노동현장 등)을 벗어난 범위에서 존재하고 활동하며, 그러한 공간이 바로 시민사회인 것이다. 그리고 바로 그렇기 때문에 국가에 속하는 것은 더구나 아니다.

그 다음, '국가-정치사회-시민사회'라는 삼분법 모델을 통해 국가와 시민사회의 정치적 복합성과 그 사이의 정치 역학을 분석적으로 포착하려는 일련의 시도들(정대화, 1995; 윤상철 1997)은 '국가-시민사회'의 이분법에 비해 진일보한 것이라 평가할 수 있다.[3] 그러나 이 경우에도 국가는 일면적으로 처리되는 경향을 보인다. 이들은 국가 내부의 역학적 측면을 '정치사회'라는 새로운 개념으로 분리시켜냄으로써 국가는 '집권층'으로, '정치사회'는 제도권 야당의 정치무대 정도로 각 개념을 협애화시킨다.4) 또 경우에 따라서는 국가 개념을 오히려 다른 쪽으로 확장시켜 '지배 블록'이라는 개념으로 대체하여, 이 경계가 모호한 '블록' 안에 자본가계급을 포함시키기도 한다(윤상철, 1997: 25, 54).5) 그러면서 전체의 분석틀에서는 '계급' 혹은 '경제'의 중요성을 뒷전으로 감추어버린다. 이와 같은 분석틀 속에서는 국가와 정치사회 내부의 역학을 정치논리로만 조명하는 편향이 자연스러운 귀결이 될 것이며, 국가 혹은 '지배 블록'이라고 하는 집합체 내부의 역학을 포착, 설명하는 데에도 어려움이 따를 것이다.

국가에 대한 이와 같은 '일면적' 혹은 '불안한 개념화'는 국가에 대한 분석 자체뿐 아니라 시민운동과의 관계를 설명함에 있어서도 '일면적'인 설명 혹은 '정치일변도'의 설명에 국한되는 한계를 빚어내는 것으로 보인다.

2. '정치역학의 장'으로서의 국가

국가는 '공공선의 담지자'로서 초계급적인 기구인가? 아니면, 아직도 '지배계급의 도구'이거나 '총자본'인가? 국가는 또 정치적으로 '한 덩어리'인가 아닌가? 국가는 어느 누가 점령하기만 하면 국가의 성격은 그 집권층의 성격으로 바뀌어버리는 '빈 공간'인가? '의회와 정당'은 국가기구 혹은 국가권력의 중요한 구성부분으로서 국가의 일부인가, 아니면 그것과 구별되는 이른바 '정치사회'인가? 의회나 정당은 국가가 아니고, 국가는 '지배 블록'으로서 지배계급(자본가계급)을 포괄하는 그런 집합체인가?6)

국가는 공공선의 담지자이다. 그러면서도 계급사회에서는 계급적일 수밖에 없는 조건 속에 놓여 있다. 이런 의미에서 국가는 이중적인 성격을 지니는 존재이다. 그렇다고 국가가 '지배계급의 도구'인 것도 아니다. 예컨대, 사회민주당 혹은 노동당 정권은 지배계급의 도구라고 볼 수 없으며, 의회에서의 여야협상을 통한 정치, 혹은 둘 이상의 정파들로 이루어진 연립정부는 정치적으로 한 덩어리가 아닌 것이다.

국가는 '총자본'인가?

마르크스주의에서 '국가는 총자본', 즉 결과적으로 자본주의 질서를 유지함으로써 자본가계급의 이익에 종사하는 기구라는 고정관념이 지배적이 되어왔다. 이러한 관념은 어떤 계급정권이 통치를 하든 상관없이 무차별적으로 적용되어왔으나, 예컨대 보수우익 정권과 사민주의 정권은 동질적이지 않으며, 그 계급적인 성격은 상반되는 것이라 이를 모두 동일한 '총자본'이라고 파악하는 것은 부적절하다.[7] 그것은 환원론적 사고 혹은 결과론적 해석에 불과하다. "혁명 아니면 아무것도 아니다"라는 사고와 다르지 않다. 더욱이 국가를 중범위 수준에서 '분석'하는 데에는 무능한 개념에 속한다고 할 수 있다.

국가는 시민사회와 마찬가지로 '한 덩어리', '한 통속'이 아니다. 국가에는 '국가권력'에 해당하는 '집권층'을 중심으로 '행정부'(국방, 사법부를 포함하는 관료제), '입법부'(의회), 그리고 여야 정당이 포함된다. 크게 보아 세 가지의 기구들로 구성되어 있다.

중범위 수준에서 존재하는 국가의 핵심은 '집권층'(국가권력)에게 있다. 집권층에는 우리 사회의 경우, 대통령을 중심으로 한 국무회의와 비서실, 그리고 주요 권력기관장과 집권여당이 포함된다. 그러나 비록 '집권층'이 국가의 핵심을 이루기는 하지만, 그 자체로는 국가가 아니다. 행정부와 사법부의 국가관료들은 집권층이 바뀌더라도 하루 아침에 달라지지 않는 '상대적 자율성'을 지니고 있으며, 개혁적인 '권력핵심부'와 달리 '복지부동'할 수도 있는 것이다.

다른 한편, 의회에서 법안을 제정하고 국정을 감사하는 야당들과 무소속 국회의원들 또한 '국가의 의지'를 직접 형성함으로써 '집권층'과는 다른 방식으로 국가의 일부를 구성하고 있다. 이런 의미에서 국가는 '정치사회'(그람시)이고 '정치무대'(풀란차스)이다. 국가는 한 덩어리, 한 통속이 아니라 서구에서처럼 의사결정과정에서 여야가 합의와 절충을 통해 정치를 펼 수 있는가 하면, 한국에서 그래왔듯이 야당을 들러리로만 삼거나 힘으로 배제시키는 가운데 집권여당 혹은 최고권력층이 의사결정을 독점하는 방식으로 정치가 이루어질 수도 있는 것이다.

국가권력 혹은 집권층의 경우도 대통령중심제와 내각책임제에서는 중심의 위치가 정부에 있거나 의회, 정당으로 달라지기 때문에 달라진다. 대통령중심제의 경우에도 독재정권인 경우와 아닌 경우가 다르다. 독재정권인 경우, 야당은 배제되거나 어용화되기 때문에 '권력의 중심에서 바깥으로', '장외'로 밀려나는 구조를 지니게 된다. 그렇지 않은 경우, 김영삼 정권에서와 같은 경우는 야당을 배제하거나 어용화하지 않았고, 국가수준에서의 의회정치적 의사결정과정이 살아 있었다. 과거 군부독재정권하에서의 국가와 이른바 '문민정권'하에서의 국가는 분명 달라졌다. 그 점에서는 김영삼 정권하에서의 경험은 한국사회에서의 '국가론'을 발전시키는 데 교훈이 되었다.

김 정권은 '호랑이굴에 들어간 작은 호랑이'였다. 그리고 개혁을 시도했다. 초기에는 신한국을 어떤 방향으로 발전시켜 나갈지 '마스터 플랜'도 없는 가운데 무조건 개혁만을 외쳤다. "개혁에는 성역이 없다"라고까지 하면서도, 그 사이에 성역은 너무나 많이 살아 있다. 그 대표적인 분야는 언론이다.

김 정권은 신중간계급과 중소자본가계급 분파에 기반을 둔 자유주의 정치세력이 핵심을 이루었었다.[8] 집권 초기 김 정권은 정경유착 관계를 통해 자본가계급을 위로부터 보호, 육성하면서 통제, 수탈해온 5, 6공 보수세력을 숙정하는 개혁정책을 폈다. 그리고 "정경유착의 고리를 끊겠다"고 선언하였으며, 금융실명제를 전격 실시하기도 하였다. 이런 구호와 정책들은 계급적으로 보면, 반자본적, 중간계급적인 성격의 것이었다.

기업의 비자금, 차명계좌 등을 통한 정치자금 밀거래와 정경유착의 고리를 끊으려는 시도 또한 그러했다.

그러나 김 정권은 이미 1993년 하반기부터 독점자본가계급과 그 정치적 대변세력인 민정계 정치세력의 저항과 사보타주에 부딪히면서 반노동자계급적인 정책과 독점자본에 대한 유화정책으로 선회하였다. 또한 1993년 말 미국의 통상압력, 쌀시장 개방을 계기로 방향을 잃었다. 쿠오바디스! 이러한 정책선회는 국제화, 세계화라는 구호로 표출되었다. 국제경쟁력 운운. 그럼에도 불구하고, 김 정권이 완전히 친자본쪽으로 돌아선 것은 아니었다. 10대 재벌그룹의 총수들은 대부분 검찰에 출두하여 수모를 겪었으며, 1996년 말 노동법 개정의 과정에서는 그 중간계급적 성격이 다시 한번 드러났다. 정부는 노-사-정 3자의 조합주의를 추진했으나, 진행의 과정에서는 결국 정치사회(행정부의 경제부처들과 의회)에 대한 자본의 입김, 그리고 그 정치적 대변인들을 통해 자본의 손을 들어주는 결과(날치기 통과)를 빚어낼 수밖에 없었던 것이다. 결국 국가는 한 덩어리가 아니며, 그 내부에 정치적인 역학, 그리고 계급정치적인 역학(자본의 원격적인 입김, 노동의 저항)이 진행되는 '정치사회'라는 것이다.

그러면 국가는 '파괴되어야 할 대상'(레닌)인가 '점령되어야 할 대상'(그람시)인가? 국가는 아무나 점령하면 그대로 되는 '빈 공간'인가? 아니다. 이미 서구의 사민당 정권에서도 보았듯이 국가에는 의회가 있고 정당정치가 있다. 거기에는 여당과 야당의 정치가 있고, 계급정치도 있는 것이다. 거기에는 또 국가관료제도 있다. 관료제 내부에서도 정치가 있는 것은 많은 사람들이 알고 있다. 재경원과 노동부, 안기부와 통일원 등등 이들간의 이해상충과 서로 다른 정책과 목소리가 그 예의 일부이다.

국가는 또 '지배 블록'이 아니다. '지배연합'이 아닌 것도 물론이다. 국가는 국가이고 지배 블록은 지배 블록이다. 자본가계급은 지배 블록에는 속하지만 국가에는 속하지 않는다. 물론 자본가계급은 국가 내부에 자신들의 정치적 대변인들을 후원하고 조정하면서 자신들의 계급이익을 투영시킨다. 지배 블록은 바꾸어서 말하자면 국가권력이 있고 거기에 대해 지지를 하고 있는 자본가계급의 세력이 블록을 이루고 있는 것이다. 이런 의미에서 '지배 블록'의 개념을 재검토할 필요도 있다. 그 블록의 경계는 어디에서부터 어디까지인가? 지배 블록 내에서 이루어지는 계급정치는 과연 '분석'될 수 있는가? 등등.

3. 국가의 계급적 성격

지금까지 국가의 계급적 성격은 크게 두 가지 방식 중 어느 하나에 입각해 파악되어왔다. 하나는 국가를 총체적으로 보아 그것이 전체 사회의 계급적 지배, 갈등관계 속에서 어떤 계급적 역할을 하는가? 즉 어떤 계급의 이익에 종사하는가를 판단하여 그것의 계급적 성격을 총체적으로 규정하는 방식이었다. 국가는 '지배계급의 도구'라거나 '총자본'이라는 식의 평가는 그 전형적인 예들이다. 다른 하나는 국가를 국가기능 담당자들의 집합으로 간주하여 그들의 계급적 성격을 분석적으로 파악하는 방식이었다. 그 대표적인 예로 과거 1970년대에 서독의 마르크스주의 두 계열, 즉 융(Jung)을 비롯한 IMSF 계열과 비쇼프(Bischoff)를 비롯한 PKA 계열을 들 수 있다. 융(Jung) 등은 국가부문 종사자들을 상하 세 계급, 계층으로 나누어 자본가계급, 중간층, 노동자계급으로 분류하였고, 비쇼프 등은 국가부문 종사자들을 일괄적으로 중간계급으로 '분류'하였다. 전자는 사회경제적 위치와 계급 관련 정치적 성향을 동시에 고려한 분류법이었고, 후자는 국가관료들의 사회경제적 위치가 2차 소득생활자라는 점에 주목한 분류법이었다.

그러나 이 두 가지 방식들은 각각 커다란 결함들을 가지고 있다. 첫번째 방식의 결함은 분석적이지 못하고 환원론적이라는 점이며, 두번째 방식의 결함은 정치적 성향을 도식적으로 규정하거나 객관적인 성분분류에 그치고 마는 점이다. 국가는 앞서 지적한 바와 같이 '한 덩어리'가 아니며, 따라서 그 구성부분들로 나누어 분석적으로 평가해야 한다. 그리고 분석적으로 평가하는 경우에도 그 구성부분들을 정태적으로 분류하고 귀속시키는 데 그쳐서도 안될 것이다. 구체적인 주체들(관료 등)이 없는 국가를 분석한다는 것은 기구를 분석하는 데에 불과하고, 기구에 대한 고려 없이 그 성분, 즉 주체들만을 분석한다는 것 또한 국가에 대한 분석이라고 하기 어렵기 때문이다. 국가의 계급성은 분석적이면서도 동태적인 시각에서 판별하여야 할 것이다. 두 가지 방식들을 결합시키는 가운데 동태적으로 접근해서 판별해야 할 것이며, 그렇게 해야 '질적인 분석'에 이를 수 있을 것이다. 이러한 접근법은 마르크스가 — 비록 충분치는 못했으나 —『브뤼메르 18일』과 같은 정치저작에서 국가권력의 성격변화를 계급정파들간의 역학관계에 대한 분석을 통해 서술한 방식에 착목하는 것이라 할 수 있을 것이다.

국가관료들은 계급적으로 보면 중간계급 내의 한 분파이다. 다른 중간계급, 예를 들어 중소상인들 같은 중간계급과 차원이 다른 분파이다. 지식인, 종교인, 자본부문의 언론/예술인, 컴퓨터 판매상 등등은 중간계급 내의 분파들이다. 이들이 정치적으로 어떤 입장, 중간계급적 입장, 자본가계급적(부르주아적) 입장, 노동자계급적/민중적 입장 가운데 어느 것을 택하느냐 하는 것은 객관적으로 중간계급인 것과는 달리 정치적, 의식적인 것이다. 이 점은 정당 정치인들의 경우도 마찬가지이다. 노동자계급적 정치인은 객관적인 성분으로 볼 때는 중간계급 구성원이지만, 정치적, 기능적으로는 노동자계급의 세력이라는 성격을 지닌다.

나아가서 국가의 계급성에 대한 분석적, 동태적인 평가를 위해서는 권력기구라는 측면에서 이를 구성하고 있는 중요한 구성 요소들(핵심권력층, 입법부, 행정부)에 대한 구별, 각각의 구성요소들이 취하는 정치적, 정책적인 입장, 이러한 입장들을 뒷받침해주는 정치적, 사회적 배경 등이 고려, 분석되어야 할 것이다.[9] 그러나 국가의 권력적인 측면에서 가장 중요한 것은 핵심권력층 혹은 집권층이라고 할 수 있으며, 따라서 분석의 초점은 여기에 맞추어져야 한다. 그리고 이 집권층이 국가 내의 권력관계와 국가 외부와의 권력관계 혹은 연합관계에 의해 역학적으로 조건지어지고, 이러한 조건들에 대해 일정한 자율성을 지닌 가운데 대응해 나가는 역동적인 과정 또한 고려되어야 한다.

정리를 하자면, 국가의 계급적 성격을 구성하는 요소들에는 국가를 이루는 개인들에 대한 객관적 평가, 그리고 국가권력 핵심부가 선거에서 공약으로 내세우고 집권 후에 시도하는 정책, 그리고 그러한 정책이 ― 국가 내적, 외적인 역학 관계를 통해 ― 최종적으로, 벡터의 결과로서 수정되고 집행되는 정책이 포함된다는 것이다. 나아가서 이러한 국가의 정책 입안과 집행은 다시 지지세력 혹은 비판세력에 대한 반응을 불러일으키고, 지지세력과 비판세력의 이동을 초래할 수 있다. 그리고 그 후에 다시 이러한 정치과정의 새로운 순환이 거듭될 것이다. 이를 도식적으로 그려보면, 다음과 같다.

아래의 도식에서 괄호 (1), (2), (3), (4), (5)는 국가의 계급적 성격을 집약해 보여주는 국면들이다. (1)의 국면은, 예컨대, 선거를 통한 특정 지지세력과 재정적 후원세력의 '정치적 의지'가 반영되는 과정이다. (2)의 국면은 핵심권력층에 포함되는 정치가, 권력엘리트 등의 인적, 계급적, 계급분파적 구성을 의미하며, (3)은 이들에 의한 정치적 의지의 정립을 가리킨다. 이 (3)은 (1)의 과정과 (2)의 성분이 투영된 중간 결과이기도 하다. 그 후 (4)는 정치사회로서의 국가 내에서 진행되는 역학관계가 귀결지은 정치적 결과이며, (5)는 그러한 정치와 정책집행이 낳는 효과를 의미한다.

<그림 1> 국면에 따른 국가의 계급적 성격

국가 핵심 권력의 정립과정(1) → 핵심 권력층(2) → 정책입안(3) → 국가(정치사회) 내의 역학관계 → 국가정책의 수정, 변화 → 정책 최종안의 수립, 집행(4) → 정책집행의 효과(5) → 지지/압력 세력의 변화 → 국가 핵심 권력의 정책 변화? → 정치사회의 저항? → 역학관계의 귀결 → 새로운 국가정책 →

우리는 어떤 특정한 국가의 계급적 성격을 이 다섯 가지 측면 가운데 어느 하나로 규정할 수도 있고, 이를 모두 종합적으로 고려하여 규정할 수도 있을 것이다. 그러나 이 중에서도 가장 집약적으로 국가성격을 함축하고 있는 것은 (2)와 (4)일 것이다. (2)는 핵심권력층으로서 어떤 사회적 출신성분과 정치성향을 지닌 인자들로 구성되었는지를 집약하고 있으며, (4)는 이들 이외에도 국가의 나머지 구성요소들이 지니는 사회적 출신성분과 정치성향이 벡터적으로 종합된 상태를 가리키기 때문이다. 전자는 좁은 의미의 국가, 즉 국가권력(핵심)이, 후자는 넓은 의미의 국가, 즉 정치사회가 지니는 계급적 성격을 집약하고 있다고 할 수 있을 것이다.

4. 국가의 계급정치

계급정치란 "계급이익을 추구하거나 대변하는 정치활동"을 가리킨다.[10] 우리는 이러한 정치의 주체를 1차적으로는 계급적인 의식과 의지를 지닌 행위자(기업 경영자나 노동자) 혹은 계급조직들(경총, 노총, 시장번영회 등)이라고 할 수 있다. 전자의 계급정치는 흔히 '생산의 정치'라 불려온 미시적 영역에서의 계급정치, 후자는 '계급의 정치'로서 국가적 수준에서 이루어지는 거시적 계급정치를 의미한다.[11] 이러한 계급정치는 계급적인 의식이나 조직이 형성되지 않은 상태에서는 부재할 수밖에 없는 것들이며, '직접적'이라는 특성을 지닌다. 그러나 이때의 '정치'라고 하는 것은 공식적인 의미에서의 정치가 아니라 주로 생활 속의 정치, 장외의 정치 같은 '비공식적'인 것을 의미하기 때문에 엄밀한 의미에서는 정치라고 할 수 없는 점이 있다.

자본가계급의 경우, 정치자금 공여, 권력층과의 혼맥형성을 통한 이권청탁, 후원회를 통한 정치가 후견 및 청탁, 의회나 정부를 상대로 한 로비, 청원, 항의 등 압력행사를 통해 계급정치를 펴왔다. 노동자계급의 경우, 노동조건과 관련한 악법의 철폐나 개정을 요구하는 정치투쟁, 그리고 각종 선거에 직접 입후보를 하고 후원하는 정치활동, 혹은 노동자정당의 결성 등을 통해 계급정치를 펴왔다.

다른 한편, 계급정치의 주체로는 계급들의 정치적 대변인(정치가, 관료), 정당, 국가(집권층) 등이 있다. 이들을 주체로 한 계급정치란 "특정계급의 직접적인 이익에 종사하는 정책의 입안, 시행"으로서 대개 '계급의 정치'라기보다는 '계급적인 정치', 즉 간접적으로 계급적인 성격을 지니는 계급정치라고 할 수 있다. 그러나 이들이 벌이는 정치는 곧바로 공식적인 의미에서의 정치, 즉 제도적인 정치의 장 속에서 벌어지는 '간접적-공식적' 정치이며, 이런 점에서도 앞의 두 가지 차원에서의 '직접적-비공식적' 계급정치들과 구별된다고 하겠다.

그리하여 국가의 경우는 자본과 노동의 계급이익과 상관된 정책의 입안, 시행을 통해, 즉 입법, 사법, 행정을 통해 계급정치를 해왔다. 물론 모든 정치활동이 계급정치인 것은 분명 아니다. 그러나 정치의 많은 부분은 계급정치가 되어 왔고, 이러한 현상은 우리 사회가 계급사회이기 때문에 어쩔 수 없는 일이었다.

이러한 계급정치도 앞서 국가의 계급적 성격을 동태적으로 분석하는 모델을 논하면서 지적한 바와 같이 '과정적'인 관점에서 파악해야 할 것이다. 계급정치의 경우에서도 역시 <그림 2>와 같이 투입과 산출의 과정이 있다는 것이다.

우리는 이러한 사례를 앞서 언급한 바와 같이 김영삼 정권하에서 이루어진 몇 가지 개혁정책들을 통해 볼 수 있다. 거칠게 윤곽을 잡아보자면,

<그림 2> 계급정치의 동태적 과정

계급적인 지지, 후원 세력 → 계급적인 핵심권력의 정립 → 계급적인 정책입안 → 정치사회 내외의 계급정치적 역학 → 계급정책의 확정, 시행 → 새로운 순환.

김 정권은 중간계급적 개혁성향을 지닌 정권으로서 계급적인 개혁정책은 국가의 주변부에 위치했던 국가관료제와 정당정치 등 '정치사회'에 의해 이른바 '발목'을 잡히고 '복지부동'과 불복종 사보타주를 겪으면서 많은 부분 희석화, 무력화, 좌절, 실종되게 되었다. 그 과정에서 국가정책은 자유주의적 개혁으로부터 후퇴하여 보수안정 희구세력이 원하는 친자본, 반노동의 방향으로 자리를 잡아가게 되었다. 금융실명제의 도입과 정이라든가, 재벌에 대한 규제정책의 실패, 그리고는 친자본 쪽으로 선회하여 내세우기 시작한 국제화, 세계화 이데올로기와 정책, 그리고 1996년도에는 자유주의적 입장에서 노동관계법 개정을 추진하다가 자본과 보수정치가, 관료들의 저항 및 압력에 몰려 1996년 말 날치기 파동을 빚어내고, 다시 노동자계급을 비롯한 민주세력들에 의해 장외의 저항에 부딪혀 1997년 초 노동법을 다시 개정하는 등의 과정은 국가의 계급성과 계급정치의 과정을 잘 보여준 예에 속한다.

지금까지 우리가 국가의 성격을 분석적, 동태적으로 보아야 한다는 점을 강조하면서 일단의 국가론을 전개한 이유는 국가와 시민운동 사이의 관계를 계급론적으로 조명하는 인식의 틀을 정립하는 데에 있었다. 이제는 시민운동의 성격을 어떻게 볼 것인가, 그리고 국가와 시민운동의 관계를 어떻게 볼 것인가 하는 문제에 대해 논해보도록 하겠다.

5. '장외의 정치'로서의 시민운동

시민운동은 우선 사회운동의 하나이다. 이런 점에 비추어보면, 시민운동은 국가의 정책이나 시민사회의 제도들을 통해 해결되지 못하는 문제들을 해결하기 위해 '시민'들이 주체가 되어 조직적, 의식적으로 벌이는 집단활동이라고 할 수 있다. 그리고 그렇기 때문에 한편으로는 국가에 대한 비판과 감시, 시정과 해소의 요구 등을 1차적으로 중요한 활동 내용으로 삼아왔으며, 다른 한편으로는 이를 통해 국가정책이나 정당정치를 통해 대변되지 못한 국민적 이익 혹은 시민적 이익을 일정 정도 대변해왔다. 이런 두 가지 의미에서 시민운동은 '장외의 정치'라고 할 수 있으며, 그만큼 정치적인 성격을 지닌다고 할 수 있다.

나아가서 시민운동을 우리가 자유주의적인 입장에 서서 국가-시민사회의 관계 속에서 보면, 그것은 '시민권' 운동이면서 '민주화' 운동이라고 할 수 있다.[12] 이러한 입장에서 보면, 나라의 주권은 시민에게 있으며, 국가는 — 서구 사회계약론에서 보았듯이 — 시민사회의 정치적인 의지를 대변하는 서비스 기구이다. 그리하여 만일 국가가 위임받은 일을 제대로 수행하지 않거나, 위임받은 권한을 넘어서는 자의적인 권력행사를 할 때, 심지어 권력의 주인인 시민을 정치적으로 억압하는 독재정치를 할 때, 시민사회는 거기에 대해 비판, 문책, 소환, 저항 등을 할 수 있고, 하게 된다.

물론 이러한 현상은 시민사회의 시민들이 "우리가 주인"이라는 '시민의식' 혹은 '시민권 의식'을 갖추고 있을 때 가능하며, 우리는 이런 의미에서 "한국에는 시민사회가 있다", 혹은 "없다"는 것을 판정할 수 있을 것이다. 또한, 이와 같은 국가-시민사회관이 현실정치에서 제도적으로 실현되고 있는가 아닌가, 즉 국가가 시민의 '머슴' 혹은 '공복'으로 기능하고 있는가 아닌가, 정치적인 민주주의가 실현되었는가 않는가 하는 점에 비추어 "시민사회가 있다", 또 "없다"는 판단을 할 수 있을 것이다. 시민운동이 이런 관점에서 이루어지거나 또 이론적으로 이런 관점에서 파악될 때, 그것은 바로 '시민권운동'이자 '민주화운동'인 것이며, 따라서 정치적인 성격을 지니는 운동이다.

한국의 시민운동은 또한 그 성장과정에 비추어볼 때에도, 그 정치적인 성격이 강했다. 경실련으로 대표되는 시민운동은 1990년대 초 기존의 민족, 민주, 민중운동을 여러 가지 점에서 비판, 배제하는 방식으로 출현하였고, 자유주의적 입장에서 국가를 비판하거나 시민적 권리를 주장하고 대변하는 것을 이슈와 내용으로 삼아 운동했다. 이런 점에서 시민운동은 스스로를 비계급적, 초계급적인 성격의 운동, 혹은 공공선을 추구하는 올바른(?) 운동이라는 식으로 규정하였다. 이런 점에서 시민운동은 정치적인 성격을 강하게 발휘하였다.

나아가서 시민운동은 자신들의 표면적인 논리와는 달리 계급적인 성격도 발휘하였다. 반노동자계급적, 반민중적 입장이라는 것 자체도 계급적인 성격의 입장인 것이며, 계급적인 입장을 떠난 초계급적, 공공선적 입장이라고 하는 것도 바로 그런 의미에서는 부분적으로 계급적인 성격을 지니는 것이었다. 이 점은 국가가 공공의 이익을 대변하는 것으로 스스로를 이해하는 경향, 또 실제로 그런 측면이 있으면서 동시에 계급적인 성격을 지니는 것과 거의 마찬가지이다. 이런 경향은 중간계급의 이데올로기적 성격이라고 볼 수도 있다. 즉, 내적으로는 자신의 특수 이익을 투영시키고 있으면서도 환상적인 공공선을 추구하는 행위인 것으로 의식적, 무의식적인 '합리화'를 하고 있는 것이다.

이런 점은 환경운동의 경우도 마찬가지이다. 환경운동의 관심은 전지구적 재산 혹은 공공선에 대한 초계급적 관심이라는 측면도 있지만, 상당한 부분 노동문제로부터 약간은 여유롭고 그렇기 때문에 환경문제가 자본이나 노동보다 상대적으로 더 중요한 관심사가 되는 중간계급, 특히 신중간계급의 관심을 반영하고 있다고 볼 수 있기 때문이다.

시민운동의 정치적 성격은 그것의 성장과정에서 운동의 주변 환경적인 요소들을 통해서도 입증되었다. 사회운동으로서의 시민운동의 환경 가운데 가장 중요하게 작용한 것은 국가와 시민사회였다. 노태우 정권과 김영삼 정권하에서 민중운동은 지속적인 탄압을 받았지만, 시민운동은 거의 탄압을 받지 않았고 어떤 측면에서는 방조되었다. 시민사회의 리더에 속하는 언론기관들, 그중에서도 특히 대부분 자유주의적인 언론들은 시민운동을 적극 지지, 후원하였다. 그러나 '시민사회'의 이러한 호응과 지지는 과거의 사회운동에 대한 호응과 지지로부터 이전해간 것이 아니라 새롭게 생겨난 것이었다. 새롭게 호응과 지지를 보낸 층은 대부분 과

거의 사회운동에 대해 비판적인 태도를 취하면서 거리를 유지했던 온건
개혁적, 혹은 자유주의적인 성향의 지식인, 전문가, 시민과 언론이었으
며, 계급적으로는 대개 신중간계급이었다. 심지어 자본가계급이나 이들
의 정치적인 대변인들(보수 정치인들)도 시민운동을 음양으로 지원하는
모습을 보였다.

시민운동의 이러한 성격, 그리고 시민사회 '일각'으로부터의 호응은
시민운동의 주체들에게 시민사회는 '우리 편'이고 국가는 '적'이거나 '비
판의 대상'인 것으로 간주하는 경향을 낳았다. 그러나 이러한 사고는 자
유주의적인 입장에서 가질 수 있는 정치적인 사고이며, 추상적이고 비현
실적인 측면도 있다.

시민운동단체들이 대변하는 '시민의 의지와 이익'이라는 것은 '전체
시민'들의 것일 수도 있겠지만, '일부 시민'들의 것인 경우도 많다. 정상
적인 국가하에서 대부분의 시민유권자들은 선거를 통해 자신의 의지와
이익을 대변하는 정치가와 정당을 지지했으며, 이들의 의지와 이익은 국
가정책과 제도정치를 통해 상당한 정도로 대변된다고 보아야 하기 때문
이다. 시민운동은 이런 제도정치를 통해 해소되지 못하는 부분을 이슈로
삼고 대변하는 역할을 하는 것이기 때문이다.13)

시민운동은 구성인자들의 면에서나 정치적인 주체성의 면에서 대개
중간계급적 성격을 띠고 있으며, 정치적인 행보 또한 노동, 자본의 중간
에 속하는 그런 경향을 지녔다. 물론, 노동자계급이나 민중운동과 적극
적으로 연대하는 이른바 '진보적 시민운동' 계열이라든가, 자발적이고
비정치적인 성격이 강한 '지역주민운동' 같은 시민운동 부류들은 그와
다르다.

이런 맥락에서 우리는 시민운동을 크게 '정치적 시민운동'과 '비정치
적 시민운동'으로 나눌 수 있을 것이다. 경실련 등과 같은 전형적인 시민
운동은 정치적인 시민운동에 해당하며, 골프장건설반대운동 등과 같은
지역주민운동은 대개 자발적인 성격이 강하고 구체적인 이해를 추구하

며 비정치적인 시민운동이라 할 수 있다. 공선협이나 유권자운동연합과 같은 단체 역시 정치적인 시민운동이다. 자유민주주의적 정치질서를 지키려는 감시자의 역할을 자임하고 있기 때문이다. 참여연대 역시 상대적으로 진보적이지만 정치적인 성격을 지니는 시민운동이라는 점에서는 이들과 같다.

6. 시민운동의 계급성과 계급정치

그러면 이제 시민운동이 지니는 계급성을 다시 짚어보고, 그것이 펼치는 계급정치에 주목해보기로 하자.

시민운동은 시민사회의 대변인인가, 아닌가? 시민운동은 초계급적인 공공선을 추구하는 운동인가, 아닌가? 그것은 계급적인 운동인가, 아닌가? 시민운동도 계급정치를 하는가, 않는가?

이러한 질문들에 대한 답은 이미 언급되었다. 시민운동은 시민사회의 대변인이라는 측면도 있지만, 유일한 대변인이 아니다. 오히려 국가가 정상적으로 기능하는 경우, 시민사회의 정치적 대변인의 역할을 대부분 수행하기 때문이다. 그리고 시민도 시민 나름이기 때문에, 즉 시민사회를 구성하는 인자들은 다양하고 또 계급적이기도 하기 때문에 환경문제 등과 같이 공통이익이라는 것이 적지는 않지만, 노동문제나 성, 지역문제 등 상충하는 것들도 적지 않다. 그리고 설사 공공선에 해당하는 문제를 이슈로 삼는 경우라 해도 — 앞서 언급한 환경문제와 같이 — 내용적으로 중간계급적인 이해를 동시에 반영하는 측면이 있다. 이런 의미에서 시민운동 가운데 일정한 부분은 정치적으로 뿐 아니라 경제적으로도 중간계급의 이익과 의지를 직접, 간접으로 대변하는 경향을 지니고 있다. 나아가서는 중간계급답게 노동, 자본의 '중간'에 서서 양자를 화해시키고 중재하려는 입장도 볼 수 있다.

그러나 앞서 지적한 바와 같이 시민운동도 정치적인 견지에서만 보더라도, 여러 가지의 종류들이 있고, 비슷한 부류의 운동이라 하더라도 단체마다 구체적인 모습과 활동내용들이 다르기 때문에, 한마디로 시민운동의 계급적 성격을 확정지을 수는 없다.

중요한 것은 '시민'이라는 지위가 계급이나 성, 지역 등에 따른 지위와 동시에 공존한다는 점, 따라서 상호 중복성이 있고, 이런 중복성에 따라 시민으로서의 주체성에도 영향이 있을 것이라는 점이다. 노동자도 시민이고 중소상인도, 지식인도 시민이다. 그러나 이 세 명의 시민들은 시민을 자신의 가장 중요한 지위라고 생각하고 시민운동단체에 참여한다는 점에서는 공통적이지만, 그렇다고 노동자, 중소상인 등 경제상의 계급적 지위 때문에 갖게 되는 속성이 100퍼센트 희석되는 것은 아니다. 이는 여성 시민이 남성 시민과 차이를 지닐 수 있는 점이라든가, 불자 시민과 기독자 시민이 차이를 지닐 수 있는 점과 마찬가지이다. 한편, 시민운동단체의 계급성은 국가의 계급적 성격과 유사하게 여러 가지의 요소들로 이루어져 있다. 우선은 단체 구성원들의 사회적인 출신배경, 시민적 주체성, 운동단체에 대한 지지 혹은 후원세력(예컨대 중소기업가?), 단체의 활동목표 등이 중요하다.

그 다음, 시민운동 또한 일정한 정도로 계급정치에 참여하고 있다. 이러한 계급정치는 시민운동 각 단체들마다 차이가 있으며, 각각의 계급성에 따라 영향을 받기도 한다. 전형적인 경우들을 상정해보자면 다음과 같다.

첫째, 직접, 간접으로 자신들(중간계급)의 이익을 추구하는 경우(약사회, 시장번영회 등의 운동).

둘째, 자본-노동을 공히 비판하거나 화해시키면서 간접적으로 자신들(중간계급)의 이익을 추구하는 경우(전형적인 시민운동단체들).

셋째, 간접적으로 노동이나 자본의 이익에 종사하는 운동의 경우(참여연대나 관변적 시민운동).

넷째, 계급정치와 무관한 경우(대부분의 자생적인 지역주민운동).

그러나 시민운동의 계급정치는 명시적이지 않은 경향이 있다. 그 운동 단체들이 명시적으로 계급조직인 것이 아니기 때문이다. 그렇기 때문에 계급정치적인 활동들을 포착해내는 일은 면밀한 조사, 검토를 요한다고 하겠다. 그럼에도 불구하고 계급성을 잘 판별해줄 수 있는 방법은 있다. 즉 계급이해의 대립이 첨예한 사안에 대해, 예컨대 1996년 말 노동법 개정이라는 사안에 대해 단체들의 행보가 어떠했는지를 살펴보는 것은 각 시민단체들의 계급정치, 그리고 계급성을 볼 수 있는 좋은 증거라고 할 수 있을 것이다.

7. 계급정치의 관점에서 본 국가와 시민운동

국가와 시민운동 사이의 관계는 이상에서 본 바와 같이 시민사회와 계급을 각각 배경 요인들로 삼고 있으며, 따라서 그 상호 관계는 사실상 복잡하다. 만일 정치적 시민운동의 어느 한 부류가 중간계급적인 성격의 운동과 계급정치를 한다고 가정하자. 그러면 이 운동은 우선 자본가계급은 물론 노동자계급의 계급조직 및 운동단체(민중운동)와 경합을 하게 된다. 그리고 시민사회 내의 지지, 후원세력(중간계급적-자유주의적인 매스컴과 교수, 변호사 등 전문가집단, 중소상인과 자영업자)을 동원하게 되며, 이들의 이익을 대변하는 '장외의 정치'를 펼친다. 이 장외의 정치는 국가권력에 의해 탄압되기도 하지만, 국가권력이 중간계급적 개혁정권인 경우, 이들은 방조, 우회적으로 장려되기도 한다. 혁명적인 사회운동의 도전을 무력화, 약화시키고 위로부터의 수동 혁명을 하는 경우, 이러한 헤게모니 정책이 벌어진다.[14] 그러나 국가권력은 김영삼 정권과 같이 정치적으로 정치사회의 일부이기 때문에, 나머지 세력들, 즉 여당과 행정관료층 내의 보수정파(자본가계급의 이익을 대변)와의 갈등을 벌이며, 야당세력의 반발을 사기도 한다. 이와 같은 정치과정 속에서 국가의 정책이 결정·시행되며, 시민운동은 그러한 과정에서 국가권력의 협력자

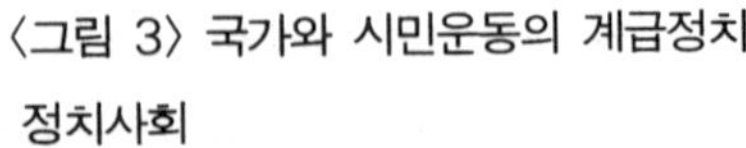

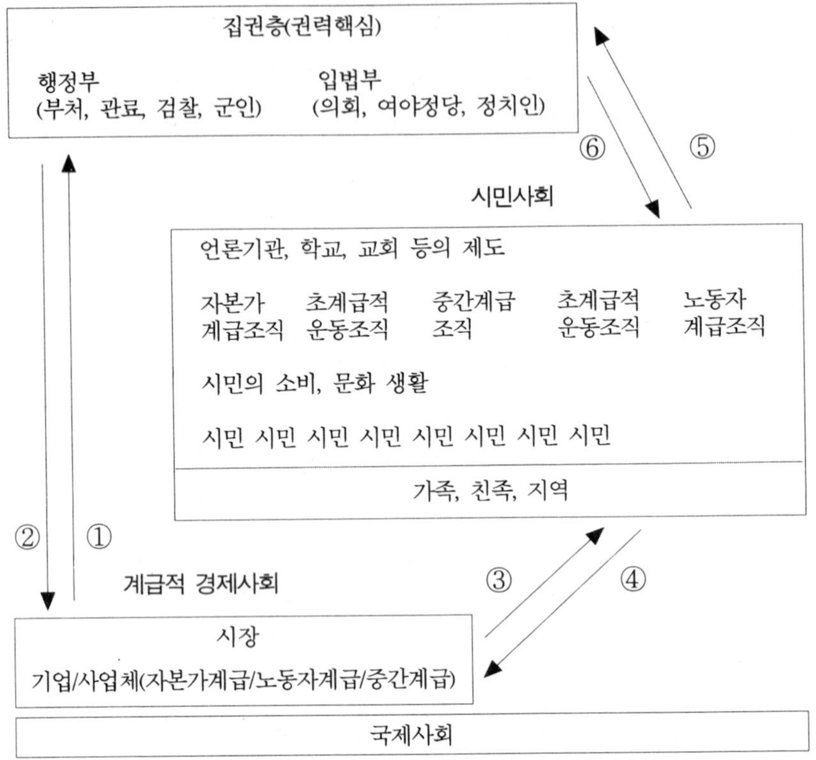

화살표 ① 계급적인 정치자금의 제공, 인적 자원의 제공.

② 계급정치적 보상 또는 억압.

③ 계급적인 의식과 조직의 형성. 계급적 소비생활의 자원 제공.

④ 계급적 갈등, 협조관계 강화 혹은 여론을 통한 계급적 지지나 압력.

⑤ 계급적/초계급적 여론, 압력 행사. 특정 계급정치에 대한 지지 또는 비판.

⑥ 계급적/초계급적인 여론 조성. 언론, 문화정책 시행. 계급적인 운동에 대한 통제.

가 되기도 하고 국가권력으로부터 간접적으로 응원을 받는 호혜적인 관계를 맺기도 한다. 이러한 상호 관계를 도식적으로 표시해보면 <그림 3>과 같다.

이러한 구조를 염두에 두고, 앞서 논의한 사항들을 국가-시민운동의 관계 면에서 다시 한번 정리해보면, 다음과 같다.

첫째, 한국사회에서 독재정권 혹은 권위주의 정권은 시민운동을 억압, 탄압해왔다. 시민운동은 시민권운동, 민주화운동이라는 의미에서 이미 오랜 과거에서부터 존재해왔으며, 정치적으로 반체제적인 성격을 지녀왔다. 그리고 국가와의 관계는 적대적이었다.

둘째, 이른바 '탈권위주의화'(조대엽, 1995) 국면이나 '문민정부'하에서 국가는 부분적인 민주화 조치 및 위로부터의 개혁을 실시하였다. 이것은 상대적인 민주화를 의미하고 헤게모니적 통치법의 도입을 의미하기도 하고, 시민사회를 위로부터 활성화시키는 의미를 지니는 것이었다. 이것은 또 국가가 시민운동의 비판과 도전을 정치적으로 허용하고 방조하는 정책으로도 나타났다. 다른 한편, 시민운동은 국가에 대해 근본적인 비판이나 도전을 삼가고 법적 테두리 내에서 개혁적인 비판과 압력을 가하였다(유팔무, 1995a). 따라서 이 시기의 국가-시민운동의 관계는 어느 정도 협조적, 보완적 관계였다.

셋째, 그러나 국가의 경우도 내적인 이질성을 지니고 있는 '정치사회'이기 때문에 예컨대 김 정권하에서의 '핵심권력층'과 시민운동 사이의 관계, 이 자유주의적-개혁주의적인 핵심권력층과 달리 보수-안정을 희구하던 이른바 수구정치세력과 시민운동 사이의 관계는 서로 다르다. 경실련의 요구는 예컨대 후자의 세력과는 이해가 상충하는 것이었다.

넷째, 국가가 정치사회인 것과 마찬가지로 시민운동도 하나가 아니다. 정치적인 시민운동의 경우에도 중도 자유주의적인 경실련, 환경련, YMCA 등이 있는가 하면, 여기에 대응하여 정치적으로 개입하여 결성된 참여연대 등 급진 자유주의적 시민운동도 있다. 이들은 개혁정부와의 관계의 면에서 볼 때, 전자는 우호적이었던 데 반해, 후자는 평화적이지만 다분히 상호 견제적인 관계에 있었다. 그리고 자생적인 비정치적 시민운동들의 경우, 국가와의 관계가 사안에 따라 갈등적이었다. 그러나 지역사회의 수준에서는 정치적인 긴장, 압력관계로 발전한 경우도 있으나, 전국적인 수준의 정치적 관계로까지 발전된 경우는 찾아보기 어렵다.

시민운동, 어떻게 볼 것인가?

7. 비정부사회운동단체(NGO)의 역사와 사회적 역할

시민운동과 정부와의 관계를 중심으로

유팔무 (한림대 교수, 사회학)

비정부사회운동단체의 역사와 사회적 역할을 탐구하고 이해함에 있어서 먼저 생각해야 할 것은 사회운동이 어떤 조건 속에서 생겨나고 변화하는가 하는 점일 것이다. 사회운동이란 사회적으로 문제가 되는 것을 해결하기 위해 사회구성원들이 의식적, 집단적, 지속적으로 활동하는 것을 말한다. 그렇기 때문에 사회적으로 어떤 것들이 문제가 되느냐, 또 어떤 사람들이 그러한 문제의식을 강하게 가지느냐, 그리고 그러한 집단적인 활동이 사회에 어떤 영향을 미치느냐 하는 점들이 결국은 어떤 시기, 어떤 사회의 사회운동을 형성시키고 변화시키는 주요한 조건들이 된다.

한국사회가 오랜 세월 동안 독재와 권위주의 정치체제하에 놓여 있었던 점, 그리고 그러한 정치체제가 많은 이들에게 문제로 인식된 것은 '군부독재 타도'와 '민주화'를 목표로 한 사회운동을 야기시키고 오래 지속시킨 중요한 요인이 되었다. 한국에 자본주의적 산업화가 진행되고 고도화되어감에 따라 발생하게 된 노동문제와 환경문제 같은 것 역시 그에 상응하는 사회운동을 야기시킨 기본적인 조건이었다.

사회운동은 또 문제를 해결하고 사회를 변화시키는 것을 목적으로 하는 활동이기 때문에 사회에 일정한 변화를 일으키는 결과를 초래한다.

그래서 사회운동을 통해 사회가 변화하고, 그와 함께 사회문제가 해소되거나 문제의식이 약화되면, 사회운동도 약화된다. 사회운동 아닌 다른 조건들에 의해 사회가 변화하거나 사회문제와 그에 상응하는 문제의식이 해소되는 경우에도 마찬가지이다. 신분제도가 없어진 사회에서는 신분제도를 철폐하려는 운동 또한 없어지게 된다.

사회운동은 또 집단적인 활동이고 변화를 추구하는 활동이기 때문에 그것에 의해 영향을 많이 받게 되는 집단들이나 사회구성원들에게 긍정적 혹은 부정적인 반응을 불러일으키게 마련이다. 사회의 공공질서를 유지하고 변화시키는 공적인 역할을 담당하는 정부 역시 그러한 사회운동들에 대해 일반적으로 민감하게 반응한다. 그리고 사회운동에 대해 통제 혹은 장려하는 방향에서 대응하며, 정부의 이러한 활동은 다시 사회운동의 성장이나 쇠퇴를 초래하고, 경우에 따라서는 새로운 사회문제를 연쇄반응적으로 야기시키기도 한다.

이와 같이 사회운동은 여러 가지 사회적인 조건과 상호 작용의 과정 속에서 일어나며, 사회를 변화시키고, 변화된 사회에 의해 영향을 받고, 스스로도 변화한다. 그렇기 때문에 사회운동과 사회운동단체들의 역사를 파악하고 그 역할을 이해하기 위해서는 그것의 환경이 되는 사회구조적인 조건의 변화를 주목해야 하며, 특히 정부의 성격과 그 변화, 사회운동과 사회운동단체들에 대한 정부의 태도나 대응방식을 주목해야 한다.

정부와의 관계가 중요한 만큼, 특정한 사회운동과 운동단체들의 성격을 정부와의 관계 측면에서 규정하고 구분하는 것이 중요한 의미를 지닌다. 우선은 친정부적인 성격의 운동이나 단체와 비정부적인 성격의 것, 그리고 반정부적인 성격의 것 등의 구분이 가능하다.

첫번째 유형의 친정부적인 사회운동과 단체는 정부와의 친화적인 관계 속에서 정부를 위해 활동하는 운동이나 단체로서 대개는 정부로부터 재정적, 법적으로 육성, 지원, 보호된다. 이러한 단체들 가운데에는 물론 새마을운동단체 등과 같이 정부가 주도해서 만들어낸 민간운동단체들도 있고, 그 반대인 경우도 있다.

두번째 유형의 비정부적인 운동과 단체는 정부의 주도에 의한 것도, 정부를 위한 것도 아닌, 따라서 자생적으로 생겨나서 자율적으로 활동하는 사회운동단체들을 모두 포괄한다. 그러나 여기에는 정부에 대해 적대적인, 즉 반정부적인 입장에서 활동하는 단체들도 포함되어 있다. 그래서 이들은 따로 구분할 필요가 있다.

세번째 유형의 반정부적인 운동과 단체는 정부를 비판하고 반대하는 운동과 단체들로서 상당히 많은 경우, 정부로부터 정치적, 사법적으로 억압을 받고 통제, 금지된다. 그중에 일부는 불법으로 규정되기도 한다. 그러나 이러한 반정부적인 운동과 단체의 범위는 정부의 성격과 태도에 따라 변화한다. 한국사회에서 이러한 운동과 단체는 민주화운동 혹은 민족민주운동 혹은 민중운동이라 불려져 왔고, 전국연합이나 전교조, 민주노총, 한총련 같은 단체가 거기에 속한다. 반면, 이러한 유형을 제외한 두번째 유형의 운동과 단체는 대개 '시민운동'이라 불려져 왔다.

세 가지 유형들 가운데 첫번째 유형은 대부분 법적, 재정적으로 정부의 직접적인 지원을 받고 감독을 받는 단체들이고 자율적이지 못하기 때문에 준정부기구의 성격을 띠므로 순수한 비정부사회운동단체라고 보기 어렵고, 나머지 두 가지 유형만이 순수한 의미의 비정부사회운동단체라고 할 수 있다. 이 글은 이러한 가운데에서도 특히 두번째 유형의 운동과 운동단체들에 집중하고자 한다. 그것은 오늘날 한국사회에서 활기를 띠며 새롭게 주목받는 두번째 유형의 운동(이하 시민운동)과 단체에 초점을 두기 위해서이다. 그러나 한국에서 사회운동과 운동단체의 역사와 사회적 역할을 논함에 있어서 세번째 유형의 것을 제쳐놓고 논한다는 것은 불가능하고 또 효과적이지 못하다. 이 운동들은 현실적으로도, 역사적으로도 깊은 상호 연관성을 지니고 있기도 하다.

우리나라에서 사회운동의 역사는 매우 길지만, 시민운동과 단체들의 역사가 본격화되는 것은 1987년 6월 항쟁을 겪은 직후부터이다. 이런 의미에서 이 글은 시민운동단체의 역사와 사회적 역할을 고찰함에 있어서 1987년부터 오늘날에까지 이르는 대략 10년의 기간을 다루려고 한다. 논의의 주요 내용과 순서는 다음과 같다.

첫째, 1987년과 그 후의 정치상황과 사회운동의 판도 변화

둘째, 시민운동단체들의 조직적 특성과 그 변화

셋째, 시민운동단체들의 활동목표와 방법

넷째, 정부와 비정부사회운동단체들 사이의 관계

다섯째, 시민운동단체들의 사회적 위상과 역할에 대한 평가

1. 1987년 이후 비정부사회운동단체들의 성장과정

1980년대 중반부터 1990년대 중반에 이르는 10여 년 사이에 한국의 정치상황과 사회운동은 커다란 변화들을 겪어왔다. 이 기간 동안 변화의 커다란 전환점을 형성한 것은 1987년의 6월 항쟁, 1990년의 소련, 동구 사회주의 몰락, 1993년의 민간정부 출현 등이었다.

1) 1987년의 6월 항쟁과 그 여파

1980년대 중반까지 한국사회의 비정부 민간기구들은 대부분 군부 권위주의 정권하에서 정부의 감시와 통제를 받으며 활동해왔다. 그중에서 사회적으로 영향력이 크거나 정치적으로 의미가 있는 단체들은 대부분 관변단체가 되어 정부의 법적, 정치적 통제와 재정적 지원을 받으면서 활동하게 되었고, 따라서 정부에 대해 권위주의적으로 복종하고, 정부가 필요로 하는 경우에는 '시녀의 역할'도 담당해왔다. 이러한 정부의 통제에 대해 저항을 하거나 정부의 정치행태 자체에 대해 비판하고 저항한 사회운동단체들은 '반정부단체'로서 불법시되거나 정치적인 탄압을 받아왔다.

이러한 상황 속에서 1987년에는 반정부적인 민주화운동단체들이 주도하여 전국적인 시위사태가 발생하였다.

1987년의 정치정세는 군부독재정권의 억압적 통치와 이에 저항하는 민주세력 간의 갈등과 역학관계를 중심으로 편성되어 있었다. 그리고 정치적인 최대의 이슈는 전두환 정권이 임기말에 처한 상황에서 군부독재의 연장이냐 아니면 권력교체를 통한 청산이냐 하는 것이었다. 국가권력을 소지한 정부 여당은 대통령 간선제를 유지하면서 권력을 신군부 핵심인물의 하나인 노태우에게 계승시키려 했고, 국가권력으로부터 정치적으로 배제되었다 해금된 제도권 야당지도자 김영삼, 김대중은 재야 사회운동권 및 민주적인 시민사회 단체들과 연대하여 '대통령직선제 개헌'을 추진하여 군부통치 종식과 정권교체의 가능성을 확보하려고 하였다(유팔무, 1997).

이와 같은 정치적 대결 국면에서 박종철 군 고문치사사건이 발생했고, 민주연합운동세력은 이것이 당시 정권의 반민주적이고 비도덕적인 성격을 극명하게 보여주는 사건이라고 규정하면서 당면 운동의 최대 이슈로 삼아 투쟁했다. 투쟁은 대대적인 민중과 시민들의 호응을 얻어 성공적으로 진행되었으며,[1] 결국 6·29 선언을 낳게 되었다. 이 선언을 통해 군사적 권위주의 국가권력은 민주화조치들을 취할 것을 약속하였다. 이 선언을 계기로 하여 "위로부터의 민주화"가 비롯되었다. 그리고 한국의 사회운동도 커다란 변화를 겪게 되었다.

그중 하나는 6·29 선언을 통해 직선제로 실시되게 된 제13대 대통령선거 후보를 추대하는 문제를 둘러싸고 '재야' 운동세력이 크게 셋으로 분열되었다는 점이다. 김영삼 후보, 김대중 후보, 독자적인 민중후보(백기완)를 추대하자는 입장이 그것들이었다. 그러나 이러한 분열은 표면적으로는 대통령후보 추대라는 구체적인 문제에 대한 입장 차이에 따른 것이었지만, 사실 그 이면에는 대체로 운동노선상의 차이, 즉 '민주, 민족, 민중' 가운데 어떤 과제를 가장 중심적인 목표로 삼느냐 하는 차이가 작용하였다. 이러한 분열로 인해 당시 통일 전선으로 연대해 있던 운동세력들의 상당한 부분은 각각의 정당활동에 참여하기 위해 사회운동을 떠났다. 그리고 사회운동의 지도력을 구성하던 재야정치인과 사회운동에 잔류한 운동세력 사이에는 조직적인 연계가 끊어지게 되었다.

반면에 6월 항쟁 직후부터는 7월, 8월의 노동자 파업 및 노동조합운동을 비롯하여 농민, 빈민 등 광범위한 대중들이 운동을 벌이고 새로운 조직들을 결성함으로써 사회운동의 새로운 주체들로 등장하였다. 이로 인해 사회운동의 전반적인 판도가 또 한 차례 달라지게 되었다. 그 동안 운동의 주도세력을 이루어왔던 재야정치인들과 종교인, 교수, 학생, 학생운동출신 활동가 등 지식인층을 대신해 대중들이 점차 새로운 주도세력이 되어간 것이었다. 이와 같은 변화는 기존의 지식인 중심 운동세력들이 분열되고 약화되어간 추세와 맞물리면서 훨씬 더 현저한 모습으로 나타났다.

2) 1980년대 말, 1990년대 초 비정부조직들의 발흥

1987년 6월 항쟁과 6·29 선언 이후, 가장 현저하게 늘어난 비정부단체는 노동조합들이었다. 노동조합은 1986년 말 2,700여 개였던 것이 1987년 말에는 4,086개, 1988년 말에는 5,598개, 1989년 말에는 7,861개로 약 3배로 늘어났다(김병오, 1996: 21; 유팔무, 1997: 74). 이 시기에 자발적으로 생겨난 '민주노조'들은 '지역별, 업종별 노동조합 전국회의'를 거쳐 1990년 1월 전국노동조합협의회(전노협)을 결성하였다. 결성 당시의 조합원 수는 18만 명에 달하였다(정태석 외, 1995: 281).

또한, 1987년 9월 27일에는 1,500여 명의 교사들이 '민주교육추진 전국교사협의회'(전교협)를 결성하였다. 이와 함께 전국 14개 시, 도 교사협의회들이 발족하였으며, 이후 시, 군, 구 교사협의회와 단위학교 '평교사회'들이 결성되었다. 시, 군, 구 교사협의회는 1989년 3월까지 130여 개가 조직되었고, 평교사회는 1989년 5월까지 750여 개 학교에 조직되었다. 그리고 전교협은 5월 28일 전국교직원노동조합(전교조)을 결성하였다. 결성 당시 전교조는 2만 3,000여 명의 조합원으로 발기했으며, 5월 26일에는 거의 모든 민주적 사회단체들로 구성된 범국민후원회가 발족되었다(한국교육문제연구회, 1989: 354; 유팔무, 1997a).

자발적인 비정부적 농민단체들도 조직이 활성화되고 확대되었다. 그리하여 가톨릭농민회와 기독교농민회는 1989년 3월 통합하여 '전국농민운동연합'을 결성하였고, 그 후 1990년 2월에는 전국농민회총연맹으로 발전하였다. 빈민들은 1989년 11월 전국빈민연합을 결성하였다(유기홍, 1994; 이호철, 1994). 그리고 이와 같은 반정부적 성격이 강한 운동조직체들은 1989년 1월 전국적인 연합전선기구인 전국민족민주운동연합(전민련)으로 연합하였다. 그 후 이 연대기구는 1991년 12월 민주주의 민족통일 전국연합(전국 연합)으로 재편되었다.[2]

비정부사회운동단체들은 대부분 '사회의 근본적인 변혁'이라는 목표(군부독재 타도, 반미자주통일, 민중민주주의 혁명)를 가지고, 국가권력과 자본을 상대로 투쟁하였다. 이러한 활동은 국가권력에 의해 불온시되었고 비합법적인 측면도 있었으므로 정부의 물리적인 탄압 속에서 진행되었다.

그 후 한국의 사회운동은 1990년대로 넘어오면서 또 한 차례 커다란 변화를 겪게 되었다. 이러한 변화의 직접적인 계기는 소련, 동구 사회주의의 몰락이었다.

소련, 동구 사회주의의 몰락은 한국의 운동진영에게 커다란 충격을 던졌다. 사회주의적 전망, 즉 사회주의로의 변혁은 1980년대 전반에 걸쳐 운동진영의 변혁적인 희망이 되어왔고, 운동진영 내부에서 강력한 헤게모니를 형성했던 전망이었기 때문이다. 충격은 특히 민중민주주의 혁명 노선을 취한 분파들에게 심하게 가해졌으며, 지식인층과 운동의 지도층이 더했다. 그리하여 상당 부분이 운동의 전망을 상실하고 새로운 전망을 모색하기 위해 부심하는 경향을 띠게 되었고, 운동으로부터 이탈하는 일부 경향도 생겨났다. 반미자주통일 노선을 취하는 분파들도 적지 않은 충격을 받았다. 사회주의체제들의 연이은 붕괴는 북한 사회주의의 몰락과 남한 자본주의로의 흡수통일을 예상하게 하였기 때문이다. 이로 인해 1990년대 초반에는 운동단체들의 활동이 전반적으로 침체되는 경향을 보였다. 반면에 과거와는 다른, 새로운 성격의 사회운동단체들이 전면에 나타나기 시작하였다.

1990년대 초 새롭게 등장한 '신사회운동' 단체로 대표적인 것은 경제정의실천시민연합(경실련)이었다. 경실련은 한국적인 '구사회운동'과 달리 비계급적, 혹은 초계급적 목표를 지향하였고, 1980년대 말에 생겼으나 1990년대로 넘어와 각광을 받으며 성장해갔다. 1989년 7월에 500명의 회원으로 출범한 경실련은 스스로의 운동을 '시민운동'이라 지칭하면서 기존의 반정부적 사회운동에 대한 비판을 통해 그것과 다른, 새로운 목표, 즉 비계급적, 초계급적인 목표와 주체, 그리고 온건한 운동방법을 천명하였다.

경실련의 성장에 자극을 받으면서 1990년대 초에는 환경운동단체를 비롯하여 이와 유사한 성격의 단체들이 다수 형성되기 시작하였다. 이들은 정부의 통제를 받지 않았고, 특히 언론과 지식인 전문가들 및 대중의 지지를 획득하면서 급속히 성장해갔다. 물론, 정부와 언론을 포함하여 이들 지식인과 대중은 기존의 사회운동에 대해 적대적이거나 비판적이었다. 반면에, 기존의 반정부적 사회운동단체들은 이러한 신사회운동단체들에 대해 대체로 배척하는 경향 속에서 냉담한 반응을 보였다. 그것은 이들이 기존의 사회운동에 대해 적대적인 태도를 보이고, 비계급적, 초계급적인 공공선을 추구하는 입장을 취하였기 때문이었다(정태석 외, 1995).

1991년, 1992년 소련, 동구 사회주의권의 몰락에 따른 이데올로기적 정체성의 혼란, 경실련 등 시민운동단체의 성장과 이를 사상적, 정치적

으로 뒷받침해주는 '신사회운동 이론'을 둘러싼 사회과학적 논의의 활성
화 등은 기존의 사회운동진영에 대해 동요를 불러일으켰다. 그로 인해
그때까지 전민련과 같은 '구사회운동'의 목표에 공감하고 연대해 활동하
던 단체들 중 공해추방운동연합(공추련)과 한국여성단체연합(여연)과 같
은 일부는 그러한 연대의 틀로부터 분리, 자립화해나가게 되었다.

환경운동의 주된 흐름을 형성해온 공추련은 1988년 공해반대시민운동
협의회와 공해추방운동청년협의회가 통합되어 생겼으며, 반핵운동과 반
공해운동을 전민련의 '민족민주운동'적 입장에서 추진해온 단체였으나,
점차 성격을 바꾸어가다가 1993년에는 시민운동의 성격을 명백히 하는
환경운동연합으로 재편되었다. 1987년 12월에 결성된 여연의 경우도 '민
족민주운동'의 입장에서 전민련에 가입하여 활동했으나 1991년, 1992년
사이에는 입장을 재검토하자는 내부의 문제제기와 토론을 겪었다. 그 과
정을 통해 여연은 민족민주운동의 연합체로부터 한 발 떨어져 나와 '사
안별로 연대'하는 방향으로 나아갔다.

이렇게 시민운동은 1989년 말부터 1991년, 1992년 사이에 기존의 민족
민주운동진영과는 별개로 새롭게 생겨나거나, 민족민주운동의 일환으로,
연대의 틀 속에서 활동하던 단체들의 일부가 분리해나가는 과정을 통해
사회운동진영의 새로운 판도를 만들어갔다. 그러나 이러한 변화의 흐름
이 본격화된 것은 1993년 김영삼 정부가 들어서면서부터였다.

3) 1990년대 중반 김영삼 정권하에서의 시민운동단체들

1993년에 김영삼 정권이 들어서서 일련의 개혁정치를 시도하자, 새로
운 사회운동단체들은 더욱 활력을 띠며 성장해갔다. 기존의 사회운동권
은 군부독재 타도 등의 이슈가 퇴색하는 등 정체상태가 계속되었고, 일
부 구사회운동세력들은 이러한 새로운 운동단체들로 이동해가는 일도
생겼다. 그리고 새로운 형태의 운동단체들이 계속 성장, 확대되어갔다.

1989년 500명의 회원으로 출범한 경실련은 1993년도에 이르러서는 회원이 8,500여 명으로 늘어났다. 결성 초기에는 약 2,000명의 회원을 지니고 있었던 공추련은 1993년 4월 환경운동연합으로 확대, 개편되면서 회원수가 5,000명 정도가 되었고, 그 해 말에는 1만 명을 넘어섰다(황상규, 1995: 252-253).

그리고 1994년에 이르러서는 이 시민단체들이 기존 사회운동의 통일전선조직과는 별개로 '시민단체협의회'(시민협)라는 연대기구를 만들었다. 시민협은 1994년 9월 경제정의실천시민연합, 환경운동연합, 대한기독교청년회연맹, 대한여자기독교청년회연합회, 흥사단, 녹색교통운동 등 54개 단체 대표들이 모여 결성되었으며, 그 후 연례적으로 공동의 정책토론회를 개최하였다. 이렇게 해서 한국사회의 비정부사회운동단체들은 크게 양분되었다고 할 수 있게 되었다. 여연은 두 연대 조직 어디에도 가입하지 않은 채, 사안별로 연대하거나 회원단체의 의사에 따라 개별적으로 가입을 허용하는 입장을 취했다.

다른 한편, 이러한 변화의 여파로 기성의 반정부적이고 민중적이었던 사회운동권에서는 운동의 침체 및 수세 상황을 벗어나기 위한 자구적인 노력의 일환으로 운동의 방법, 목표면에서 합법적인 방법과 대중적 관심에 부응하는 구체적인 이슈를 제기하는 등의 변화를 추구하는 경향이 생겨났다. 그리고 이러한 생각 속에서 새롭게 포럼 형태의 소규모 운동단체를 결성하는 경향들도 나타났고, 1994년 가을에는 참여민주사회시민연대(참여연대)가 새로운 기치를 내세우며 결성되었다. 참여연대는 공식적으로 참여민주주의를 지향하는 시민운동을 목표로 하면서도 기존의 '재야'운동단체 및 노동운동단체와의 연대를 적극적으로 추진하는 입장을 취했고, 시민협에는 가입하지 않았다. 참여연대는 연대활동을 적극적으로 전개하였고, 이를 통해 이른바 '구사회운동'과 '신사회운동' 사이의 사안별 연대가 새로이 구축되는 현상을 빚어냈다.

이상에서 본 바와 같이 1987년 이후 1990년대 중반까지 한국의 사회운동은 커다란 변화들을 겪어왔다. 판도의 변화에서 가장 중요한 역할을 해온 조건은 6·29를 계기로 한 그 후의 '시민사회 성장'(한완상) 혹은 '수동혁명'(김호기)의 과정이었다. 노태우 정권과 그 후 김영삼 정권도 억압적인 통치방식을 약화시키고 '헤게모니적 통치방식'을 도입하였다. 이런 이중적인 성격의 통치방식은 사회운동에 대한 정부의 태도에도 마찬가지로 적용되었다.

이와 같은 조건의 변화는 한편으로는 사회운동의 저변을 확대하여 다양한 층의 사회구성원들이 사회운동에 나서는 여건으로 작용하였고, 다른 한편으로는 종전과는 다른 새로운 사회문제를 이슈로 삼아, 새로운 운동방법으로 운동을 벌이는 새로운 운동경향을 낳았다. 노동운동과 농민운동, 그리고 그에 뒤이어 각종 시민운동들이 운동진영의 전면으로 나서게 되었고, 이것이 판도를 재편성시켰던 것이다.

1980년대의 자본주의적 산업화와 고도성장 또한 그러한 변화의 배경을 이룬 중요한 구조적 조건이었다. 그것은 무엇보다도 노동문제와 환경문제를 야기시켰으며, 1980년대 후반에 이르러서는 고도성장과 노동운동의 결과로 '절대 빈곤의 시대'를 넘어서면서 환경, 소비, 복지 등 '삶의 질'에 대한 관심을 증대시켰다. 그리고 이러한 사회적 조건의 변화와 관심의 변화는 새로운 사회운동을 야기시키고 확산시키는 적극적인 요인으로 작용하였던 것이다.

여기에 1990년을 전후한 소련, 동구 사회주의권의 몰락이 미친 이데올로기적 충격과 파장, 그리고 1993년 김영삼 문민개혁정부의 탄생이 중요한 요인들로 작용했던 것이다.

2. 시민운동단체들의 조직구조와 그 변화

그러면 이제 1990년대에 새로운 운동의 성격을 띠면서 성장해온 대표적인 비정부사회운동단체인 시민운동단체들이 각각 어떻게 형성, 발전해왔는지, 특히 그 조직구조를 중심으로 고찰해보기로 하자. 대표적인 단체들로는 우선 경실련, 그리고 대표적인 비계급적 신사회운동이면서 부문운동도 대표해온 환경운동연합과 여성단체연합, 구사회운동과 신사회운동을 접목시키는, 또 다른 성격을 띠며 성장해온 참여연대를 꼽을 수 있을 것이다.

1) 경제정의실천시민연합(경실련)

(1) 활동목표와 주요사업

경실련(경제정의실천시민연합)은 전교조 파문이 한참 일던 시기 1989년 7월에 500명의 회원으로 출범하였다. 출범 시기의 경실련은 "경제 부정의와 망국적 토지투기에 의한 불로소득의 척결 없이는 민주주의가 제대로 성장할 수 없다"는 것을 인식하여 경제정의를 실천하는 일을 기본목표로 삼았다. 또한 "지금까지 재야운동이 설정해왔던 주체와 운동방식이 달라져야 한다"고 생각하여 "특정한 계급, 계층이나 집단의 이기주의를 떠나서 공공선을 추구하는 시민"들이 주체가 되는 새로운 운동을 추구하였다. 그리하여 운동의 방법도 철저하게 비폭력 평화운동, 대중적이고 합법적인 방법을 취하기로 하였다. "과거에는 평화적이고 합법적인 운동이 설 수 있는 자리가 없었으며, 그 결과 물리적 대결을 하는 운동방식도 국민들에게서 그 불가피성을 인정받을 수 있었다. 그러나 민주화가 진행되고 있는 시점에서는 합법적, 평화적 운동이 시대변화에 적절히 대응한 운동방식"(신철영, 1995: 110)이라고 하였다. 이렇게 해서 경실련은 스스로를 시민운동으로 규정하고, 그 이전까지 지배적이던 민족민주운동과 전혀 다른 전략과 실천방법을 택하였다(구도완, 1994: 137).

경실련이 처음에 역점을 두었던 사업들은 부동산 투기억제, 금융실명제 실시, 한국은행 독립요구, 재벌의 경제력집중 억제 요구, 세제 및 세정개혁 요구 등 경제정의 실현을 위한 활동들이었다.

그러다가 1991년 12월부터는 1992년 초 총선에서 정치, 경제분야에서의 개혁정책을 여론화시키기 위한 정책 캠페인을 벌인 것을 비롯하여 선거 때마다 정책 캠페인 활동을 벌였다. 제14대 대선에서는 이 같은 캠페인을 더욱 대대적으로 전개하여 '경제개혁과 민주발전을 위한 정책 캠페인 운동본부'를 발족시켰고, 1995년 6월 지방선거에서는 각 지역에서 정책과제를 도출하고 이를 위한 지역 내 토론회와 공청회를 개최하였다.

이러한 사업과 함께 경실련은 노동자, 환경, 통일문제 등으로 사업을 확대해나갔다.

우선, 1990년 6월에는 회원들 중 노동자들을 중심으로 '분배정의를 위한 노동자협의회'를 결성하여 1991년 11월부터는 노동조합 지도자 초청 정책토론회, 주요 3당의 노동, 정책 공약 비교 토론회, 1992년에는 14개 노동조합과 공동으로 '관치금융 청산과 금융개혁을 위한 공개토론회' 등을 개최하였다. 1993년 3월에는 이러한 사업을 보다 본격화하기 위해 '노동자회'를 결성하여, 노동관련 토론회를 개최하였다. 그러나 1994년 중반 이후부터는 이 같은 노동관련 활동을 중단하였다(신철영, 1995: 132).[3]

1991년 6월에는 안전한 식품과 유기농업을 보급하기 위한 목적으로 '경실련 정농 생활협동조합'을 조직했고, 1991년 10월에는 자원 재활용과 근검절약을 위하여 '알뜰가게'를 설립하여 운영하였고, 11월에는 '환경개발센터'를 설립, 본격적으로 환경운동에 뛰어들었다. 다른 한편, 1993년 8월부터는 통일운동을 전개하기 시작하였다. 경실련은 이 시기부터 해외의 한인 동포청년들을 초청하여 민족 동질감과 통일의지를 고취시키는 활동을 전개하여 '세계 한민족 청년대회'를 개최하였으며, 제2회는 일본과 한국, 제3회는 미국에서 진행하였다. 그리고 1994년 1월에는 사단법인 '경실련 통일협회'를 창립하는 데까지 이르렀다(신철영, 1995: 115-121).

(2) 조직, 회원, 재정

경실련의 사업과 활동은 시간이 흐름에 따라 확장, 발전해왔다. 이와 함께 회원과 조직도 확대되어왔다. 1989년 출범 당시 500명이었던 회원은 1993년에는 8,500여 명으로 늘어났고, 1997년에는 1만 5,000명이 되었다. 이 가운데 상근자는 중앙에 70여 명이고, 지역 상근자까지 합치면 150여 명이다(≪시민의 신문≫, 1997; 신철영, 1995). 경실련 회원의 직업별, 학력별 구성(1994년 말 현재)을 보면, 일반사무직(24.2%), 중소기업 및 자영업(13.0%), 학계(11.5%), 학생(10.6%), 법조계(6.3%)가 주축을 이루고 있으며, 나머지는 의약계(2.5%), 정당인(2.0%), 문화예술계(0.7%) 등 중산층 직업종사자와 생산직(2.8%), 도시빈민(1.4%), 노동단체(1.3%), 농민(0.8%) 등으로 이루어져 있다. 학력은 대졸자(59.3%)와 대학원 졸업(19.7%)이 80% 정도를 차지하며, 나머지는 고졸(15.3%), 중졸 및 무학(5.7%)이다(경실련, 1995).

경실련은 또 서울에 소재한 경실련 중앙조직 이외에도 각 지역에 지부들을 가지고 있다. 지부는 1993년까지 대전, 대구 등 10개 도시에 생겨났으며, 1997년까지 부산, 경주, 안동, 하남 등 모두 22개 지부4)가 생겼다(≪시민의 신문≫, 1997). 그러나 중앙과 지부 간의 결합력은 그다지 높지 않으며, 거의 지부 독자적으로 활동이 이루어지고 있다. 조직적 관계는 격월 1회의 전국 사무국장 회의, 지부대표의 상임 집행위원회 참여, 권역별 모임 등으로 유지되고 있으며, 지부들의 경우 경제정의와 관련된 사안보다는 환경, 교통 등과 관련된 사업이 주된 사업을 형성하고 있다(김기식, 1997).

경실련은 회원 총회가 최고 의결기관으로서 공동대표와 중앙위원을 선출한다. 중앙위원회는 사업계획, 사업보고의 승인, 예결산 승인, 규약의 제정, 개정을 하며, 상임집행위원(1995년에는 90명)을 선임한다. 상임집행위원회 산하에 사무처, 정책연구위원회, 조직위원회가 있다.

정책연구위원회는 주요정책을 입안하는 기구로서 1995년 현재 전국적

으로 500여 명의 교수, 변호사 등 전문가들로 이루어져 있고, 조직위원회
는 각 지역 조직의 결성 과정에서부터 조직의 지도, 분쟁의 해결을 담당
한다. 이 외에도 1990년부터 계간 ≪경제정의≫를 발간하고 있으며, 1990
년 5월에는 '경제정의연구소'를 설립하였고, 1993년 5월에는 주간≪시
민의 신문≫을 창간, 발행하고 있다(≪시민의 신문≫, 1997). 1995년부터
는 영자 격월간지≪Civil Society≫를 발간, 세계 수십 개국에 배포하고 있
다(경실련, 1996).

한편, 1995년도 경실련 중앙의 예산은 관련된 법인체를 합하여 약 14
억 원이었다. 재정수입은 대체로 회원의 회비, 연구 용역비, 협찬과 후원
을 각각 1/3 정도로 확보하고 있다. 재정규모가 늘어감에 따라 회비비율
이 낮아지는 경향이 있다(신철영, 1995: 114). 회비의 비중은 1989년 창립
당시 70%를 차지하던 것이 1991년에는 50%, 1992년도에는 44%, 1993년
도에는 20%, 1995년도에는 32%가 되었다(경실련, 1993; 사회평론 ≪길≫,
1993년 10월호; 권영준, 1996). 지역 지부들은 독립재정으로 운영되고 있
다.

2) 환경운동연합(환경연)

(1) 활동목표와 주요사업

환경연은 1993년 4월 서울의 공해추방운동연합(공추련)을 중심으로 8
개의 지방환경단체들이 통합되어 탄생하였다.

"1970, 1980년대에 걸쳐 독재권력에게 경제성장 제일주의는 부동의 가
치였고, 이로 인한 환경파괴는 감수해야 하는 것이며, 이를 문제삼는 것
은 곧 권력에 대한 도전으로 여겨졌다"(황상규, 1995: 245). 그러나 1980
년대 초, 중반에는 환경문제에 대한 관심이 급속히 고양되면서 주부를
중심으로 한 여성들의 조직과 청년, 대학생들의 조직이 생겨났다. 공해
반대시민운동협의회(1986년 9월 창립)와 공해추방운동청년협의회(1987년

10월 창립)가 그것들이다. 이 두 단체는 공해추방운동이 대중운동이 되어야 한다는 인식에서 일치하여, 1987년 대선 이후 넓어진 합법 공간에서 자연스럽게 합쳐지게 되는데, 이 조직이 바로 1988년 9월 결성된 공추련이었다. "공해추방운동연합이 서울을 중심으로 활동하던 때, 부산, 광주, 목포 등에서도 공해추방조직들이 구성되었고, 1991년 3월에 발생한 페놀 사건을 계기로 대구 지역과 마산/창원 지역에서도 환경단체가 결성되었다. 그리고 이 각지의 환경단체들이 통합하여 1993년 4월 '환경운동연합'이 되었다"(황상규, 1995: 246-247).

환경운동연합은 민족민주운동의 틀 속에서 활동하던 공추련 시기와 비교할 때, 입장의 변화를 보였다.

1988년 공추련 창립 선언문에는 환경오염의 원인자로 "돈벌이에 혈안이 돼 있는 독점재벌과 그 비호자인 군사독재, 한반도를 식민지 쓰레기장으로 여기면서 군림하고 있는 미국"이라 규정한 바 있다. 그리고 주요 활동 및 사업으로 "공해추방 반핵주민운동의 지원, 공해문제와 핵무기의 사회적 모순구조 지적, 민족민주운동의 전체적 과제에 충실히 복무하는 것"을 명시하였다. 반면, 1993년 환경연 창립 선언문에서는 "급속한 산업화와 무분별한 도시화를 결과한 기업과 정부, 그리고 시민 개인들의 무절제한 소비생활"을 환경오염의 주원인으로 꼽고 있다. 주요 사업 및 활동으로 "생활 속에서 이루어지는 모든 환경파괴, 오염행위를 근절하고, 새로운 환경의식과 실천으로 스스로 자신의 삶터를 건강하게 가꾸어나가는 시민운동을 펼쳐나가고자" 하며, "자연과 더불어 모든 인류가 자유롭고 평등하게 살아가는 공동체적 삶"을 이루고자 한다고 밝히고 있다. 이는 공추련 당시에는 공해추방, 반핵평화운동을 민족민주운동이라는 큰 운동의 한 축으로 본 구조적 인식에서 벗어나 체제내화된 환경문제 인식으로 변화한 것을 말해준다. 물론 이러한 인식의 변화에는 1993년 출범한 김영삼 정부의 정치적 성격의 변화, 한반도에서 미군 핵무기가 철수된 상황도 반영되었다"(황상규, 1995: 250-251).

공추련과 환경연의 인식 차이는 환경운동의 궁극 목표와 주체에서도 볼 수 있다.

공추련이 꿈꾸는 대안사회의 모습은 '사회적 불평등과 자연으로부터의 소외가 극복된 진정한 민주사회', '민중이 주인이 되는 민주사회'라는 말로 표현되었다. 반면, 환경연합의 대안사회는 '환경적으로 건전하고 지탱가능한 사회'라는 말로 요약된다. 환경운동의 주체로 주로 거론되는 집단은 공추련의 경우 '민중'인 반면, 환경연합의 경우에는 '피해지역 주민과 시민'으로 나타난다(구도완, 1994: 156).

이와 같이 변화된 인식 속에서 환경연이 벌인 주요활동들은 연구조사활동(부설기관인 시민환경연구소를 중심으로 한 각 분야 전문가들이 환경관련 정보 및 자료의 수집, 보급, 환경관련 자문 및 교육, 중장기적인 연구과제 수행, 국내외 연구단체와의 교류 등), 환경정보 통신망 운영(한국통신과 공동으로 '환경공해정보' 공공 데이터베이스를 운영하여 환경정책, 전문단체, 환경자료 등 각종 정보를 제공), 홍보, 출판활동(1993년 6월 월간 ≪환경운동≫을 창간), 환경교육활동(시민 환경대학, 어머니 환경대학, 대학생 환경교육, 어린이 환경학교 및 환경캠프, 환경전문강좌의 개설), 환경오염 대책 활동(발생하는 환경오염 사건에 대한 불매운동 등의 대책활동), 생태계 보전운동(지리산 양수댐 건설 반대 운동 등), 반핵평화운동(핵발전소 건설과 핵폐기물 처리장 설치 반대 활동, 1989년 핵발전소 11, 12호기 건설 반대, 1991년 안면도 반핵 항쟁, 1995년 굴업도 핵폐기장 반대운동, 1996년 영광 핵발전소 5, 6호기 건설 반대운동 등), 국제연대활동(국제적인 환경단체와의 교류, 연대 활동) 등이었다(황상규, 1995: 254-258; 환경운동연합, 1997).

(2) 조직, 회원, 재정

환경연은 1993년 4월 창립당시 약 5,000명의 회원으로 출발하였으나 1차년도에 회원수가 1만 명을 넘어섰다. 이것이 1995년 12월에는 2만 명으로 늘어났고, 상근인원이 중앙과 지역을 합쳐 70여 명에 달하였다(황상규, 1995: 252-253). 그 후, 1997년에는 회원이 2만 5,000명, 상근활동가가 130여 명으로 늘어났다(이시재/이상훈, 1997: 183).

지역조직은 출범 당시 공추련을 비롯하여, 공해추방시민운동협의회(부산), 공해추방운동협의회(대구), 환경운동시민연합(광주), 마산·창원 공해추방시민운동협의회(마산·창원), 울산 공해추방운동연합(울산), 남강을 지키는 시민의 모임(진주), 녹색연구회(목포) 등 8개였으나 그 후, 새로운 지역단체들이 계속 가입하여 1995년 12월에는 23개 조직으로(황상규, 1995: 247), 1997년에는 28개 조직으로 불어났다(김기식, 1997).[5]

환경연의 중앙조직과 지역조직은 유기적인 네트워크 체계로 연결되어 있다. 중앙조직은 전국적 사안에 대한 대처, 정책개발 및 정책적 대응, 지역단체활동 지원 등의 역할을 하고, 지역조직은 지역의 특수성에 맞게 지역 사안에 대처하면서 환경교육, 환경범죄 감시 등을 일상적으로 수행한다. 최고의사결정기관은 대의원회이며, 상설의결 및 집행기관으로 중앙집행위원회가 있다. 지역단체에서는 지역총회가 최고의사결정기구이며, 상설의결기구로서 집행위원회가 있다. 또한 각 지역별로 지도위원회가 있어 조언과 자문역할을 하고 있다(황상규, 1995: 252-253).

환경연의 재정은 각 지역단체별로 독자적으로 운영하고 있는데, 주요 수입은 회비, 찬조금, 수익사업 이익금 등이다. 재정규모는 지역별로 연 예산이 2,000만 원 정도인 곳에서부터 3억 원까지 다양하다. 마창지부의 경우, 회비를 통해 재정이 100% 충당되는 등 견실한 재정 구조를 가지고 있으나(김기식, 1997), 대체로 회원들의 회비에 의한 재정 자립도는 30% 수준에 머물고 있다. 중앙조직은 지역단체가 내는 분담금과 수익사업 이익금을 수입원으로 하고 있다(황상규, 1995: 253-261).

3) 한국여성단체연합(여연)

(1) 활동목표와 주요사업

여연은 1987년 1월 창립하여 1987년 6월 항쟁에 적극 참여하고 1989년 1월 전민련 창설 때 가입하여 활동한 "민중적인 여성운동단체들의 연합"(이승희, 1994)이었다.

여연은 1985년 진보적인 여성운동단체들이 비상설기구인 '여성노동자 생존권 대책위원회'를 구성하여 여성노동자들에게 가해지는 폭력, 해고 등을 일반시민들에게 폭로, 알리는 활동을 하다가 1986년 부천경찰서 성고문 사건을 계기로 종교단체와 민주단체들과 함께 '부천서 성고문 대책위원회'를 구성하여 주도해 나가다가 상설적인 공동투쟁조직의 필요성을 느껴, 1987년 2월 21개 회원단체가 모여 창립하였다(이미경, 1998: 22). 창립에 참가한 집단은 1970년대의 여성노동자층, 지식인 여성들, 교회 여성단체연합을 중심으로 한 교회 여성운동 등 크게 세 부류였다(18-19).

여연은 "여성을 억압하는 사회적 모순을 외세에 의한 분단, 군사독재 정권에 의한 기본적 자유의 억압과 민중억압적 경제정책으로 인식"하고 있으며, 활동의 목적을 "여성운동세력간의 조직적 연대를 이루어나가며, 사회의 민주화와 자주화, 여성해방을 쟁취함"이라고 회칙에 밝히고 있다. 이에 따라 매년 사업계획에 평화통일사업, 기층여성 운동력 강화사업, 정치사회 민주화 투쟁사업, 여성권익사업 등이 포함되어 있다(18).

여연은 창립 후 4·13 전두환 정권이 호헌선언을 하자, 즉각 호헌철폐와 직선제 개헌을 요구하는 성명서를 발표하고 시위에 참가하였고, 1987년 5월 27일 민주헌법쟁취 국민운동본부가 결성되자 참여하였고, 6월 항쟁에도 적극 참여하였다. 그 후 1989년 전국민주운동단체연합(전민련)이 결성되자, 여연은 가입 여부를 놓고 내부 토론을 벌였는데, 의견이 갈라졌다. 다수결로 가입을 결의하자, 일부 단체들이 탈퇴하였다. 전민련 가입 후, 1991년까지 여연은 크고 작은 정치투쟁을 전민련의 결정에 따라 함께 수행하였다(이미경, 1998: 25-26). 그러나 이처럼 민족민주운동과 전선운동의 입장을 가지고 있던 여연은 1991년, 1992년에 와서는 입장을 재검토하자는 의견이 내부에서 대두되어 토론을 벌이게 되었으며, 점차 기층여성 중심성이 약화되어갔다(32-36). 그리고 1992년 전민련이 전국연합으로 재편되는 과정에는 찬반 논의가 엇갈려 전국연합에는 가입하지 않았고 사안에 따라 연대하기로 결정하였다(이승희, 1994).

그 후 1994년 경실련 등을 중심으로 하여 시민협이 결성될 당시 여연은 가입제안을 받았다. 그러나 내부에서 가입문제를 놓고 찬반이 엇갈려 가입하지 않기로 결정하였다. 여연의 회원단체 구성이 시민운동을 전개하는 곳도 있고, 노동자, 농민 등 민중운동단체도 있기 때문에 가입하면 여연이 시민운동단체로만 비춰질 수 있기 때문에 가입보다는 사안별 연대방식을 취하기로 한 것이었으며, 회원단체가 원할 경우에 한해 개별적으로 가입하도록 해서 '한국여성의 전화'만이 가입하였다(남인순, 1995: 234).

여연은 1988년 13대 국회의 여소야대 국면에서 여성관련법 개정과 제정을 적극 추진하였다. 1988년 남녀고용평등법 제정, 1989년 가족법 개정, 1991년 영유아보육법 제정, 1993년 성폭력 특별법 제정 운동을 벌여 성공하였다(이미경, 1998: 29-30).

여연은 특히 회원단체의 요구를 받아들여 이것을 여연 전체의 중점사업으로 정하여 특별위원회를 구성하고 전 회원단체가 이 사업을 협조하도록 하는 사업방식을 택하였다. 그리하여 1990년은 '모성 보호의 해 — 탁아법제정 요구', 1991년은 '평등 평생 노동권 확보의 해', 1992~1993년은 '성폭력 추방의 해 — 성폭력 특별법 제정 요구', 1994~1995년은 '지방자치와 여성의 정치참여확대의 해', 1996년은 '여성의 삶의 질 향상을 위한 복지제도 개선 — 가정폭력방지법 제정' 등 중점사업을 정하여 활동했다(28).

1994~1995년에는 정치참여 확대를 중점사업으로 하여 여성의 정치참

여의 필요성, 지방자치의 중요성에 대해 단체의 회원교육은 물론 공개강좌, 문화행사를 통해 사회 여론화하였다. 그리고 각 단체들에게 한 사람 이상씩 후보를 발굴하여 지원할 것을 결의하도록 권고하였다. 또한 여성의 정치참여 확대기금을 모아 여성후보의 교육, 훈련비용과 홍보비용으로 사용하고 회원단체들은 선거 기간 중 자원봉사를 책임지기로 하였다. 이 기금을 마련하기 위해 여연은 창립 후 처음으로 음악회를 준비하여 비싼 티켓을 팔고, 서화전을 열어 그림 판매를 하였다. 그 결과, 1995년 지방선거에서는 여성민우회 등에서 17명의 후보를 내 그중 14명이 당선되는 성공을 거두었다(이미경, 1998: 33).

여연은 1995년 사단법인체로 정부의 승인을 획득한 법적 단체가 되었다. 중요 회원단체인 여성노동자회, 여성민우회, 여성의 전화 등도 사단법인으로 등록하였다. 이러한 움직임은 여연이 1980년대 분위기와는 달리 "합법적으로 진보성을 쟁취해 나가겠다는 선언"을 한 것이라는 의미를 지닌다(37).

(2) 조직, 회원, 재정

여연은 창립 당시 회원단체가 21개였으나 1997년 12월까지 모두 32개로 늘어났으며(이미경, 1998: 11), 회원은 총 2만 6,000여 명이 되었다(≪시민의 신문≫, 1997: 229).[6] 상근인력은 1995년 9월 현재 6명이다.

여연의 최고의결기구는 총회이나 평상시의 최고의결기구로서 중앙위원회를 두고 있다. 그리고 산하에 집행위원회 및 각종 위원회가 있다. 위원회들로는 정책과 사업위원회(여연사업과 회원단체의 사업을 실현하기 위한 정책을 협의하고, 활동가 교육을 기획, 실시하고 활동가 의식 및 근무실태를 조사), 노동위원회(여성노동문제를 사업으로 하는 회원단체들을 주요 구성원으로 하여 공동의 사업을 기획, 실행), 지역위원회(수도권을 제외한 지방의 회원단체 전체를 위원으로 하여, 지역여성운동의 조직력 강화방안을 연구하고 지역여성운동조직 상호 간의 유대를 높이는 위한 사업을 전개), 통일평화위원회(개인과 단체의 활동가들이 위원으로 가입, 평화통일방안에 대한 정책연구, 토론회 등을 조직하고, 통일운동과 관련된 민족회의 등의 단체와 연대사업), 정책전문위원회(전문연구자 중심으로 여성운동의 전문적인 정책대안 연구), 국제협력위원회(회원단체와 개인으로 구성되어 있으며, 국내 여성운동의 현황을 국제적으로 여론화시키고, 국제연대활동), 그리고 시기별, 사안별로 요구되는 주요 이슈에 대해 조직적으로 대응하고 매년 그 해의 중점사업에 따라 구성되는 특별위원회가 있다(남인순, 1995).

여연은 재정의 절반은 자체 조달하고, 반은 독일 교회의 후원을 받아 충당해왔다. 그러나 이것은 우리나라가 OECD 회원국으로 가입하면서 자격을 잃어버려 1997년에 끝나게 되었다. 여연과 회원단체의 임원과 실무자들은 인건비를 받지 않고 교통비만 받거나 그것도 받지 않은 채 헌신적으로 일하였다(이미경, 1998: 37-43). 지역여성단체의 재정은 더 열악하여 회원회비가 전체 수입 중 20%도 안되는 실정이다. 그리하여 수입을 대부분 사업수익에 의존하고 있으며, 음악회, 일일 호프 등 티켓 판매 등을 통해 재정을 조달하고 있다(정종숙/남윤인순, 1998: 159).

4) 참여민주사회시민연대(참여연대)

(1) 활동목표와 주요사업

참여연대는 1994년 9월 "국민 각계 각층의 자발적인 참여에 의하여 국가권력을 감시하고, 구체적인 정책과 대체입법을 제시하며, 실천적인 시민행동을 통하여 자유와 정의, 인권과 복지가 실현되는 민주사회를 건설하는 것"을 목적으로 하여 창립되었다. 창립 당시 회원은 200여 명이었고, 진보적인 경향의 교수, 인권변호사, 청년운동가, 인권운동가가 주축이 되었다. 이 단체는 특히 참여민주주의를 이념적인 좌표로 설정하여 "제도정치 이외의 영역에서 사회, 경제적 민주화운동을 가속화시키고",

"이른바 재야와 시민운동, 나아가 노동조합과 같은 기층 민중단체와도 친화적인 연대를 촉진시키는 것"을 목표로 활동해왔다(이대훈, 1995: 142).

그 동안의 주요활동으로는 사법감시센터를 중심으로 한 사법감시활동과 사법개혁의 구체적 내용을 마련하고 여론화하는 활동, 사회복지위원회를 중심으로 한 사회복지제도 개혁안의 마련, 공익소송 및 입법청원, 대국민 여론화 활동, 유엔경제사회문화 권리위원회에 "경제적 사회적 문화적 권리"에 관한 민간보고서를 제출하고, 해외진출 한국기업의 인권침해를 감시하는 등의 인권보호 및 신장을 위한 활동, 의정감시센터를 중심으로 국회와 서울 시의회의 의정활동에 대한 감시와 평가, 지방자치법, 선거법 등의 법, 제도 개혁을 위한 활동이 있다. 그리고 근래에는 시민위원회를 통해 청년모임, 언론감시모임, 자원봉사자모임, 정보민주화모임 등 다양한 시민모임의 공간과 시민여론형성의 장을 마련하는 활동 등을 벌이고 있다.

또한, 1995년부터는 자치권한 확대를 위한 법적, 제도적 개선, 자치 정부의 정책과정 및 행정절차 개선, 지역운동역량의 연대 등을 추진하고 있다. 그리고 그러한 연대사업의 일환으로 "서울시정 발전을 위한 시의원, 시민단체 네트워크"를 구성하여 1996년에는 서울시 조례 제·개정 사업, 정기회 공동대응 사업을 하였다. 이 네트워크에는 참여연대를 비롯하여, 환경연, 여연, 인의협, 시민교통환경센터, 도시연구소 등의 단체와 10명의 서울 시의원들이 참여하였다(참여연대, 1997).

참여연대는 또 1996년부터 전국 22개 지역 단체들의 연대모임인 '참여자치지역운동연대'에 간사단체로 활동하면서 연 2회 공동워크숍을 갖고 주민참여 조례 제정 운동 등 공동사업을 벌이고 있으며, 1998년에는 대구에 수평적 관계의 지역조직인 지역공동체(대구 참여연대)를 두었다.

이러한 활동들과 함께 참여연대가 역점을 둔 활동은 민중, 노동단체와의 적극적인 연대활동이었다. 1995년 5월에는 민주노총 준비위와 함께

'연금제도 개혁토론회', 지하철노조와 함께 지하철 개혁 시민협의회를 결성하였고, 12월에는 민주노총과 연대하여 시민, 사회단체 간의 정책협의 모임을 가졌다. 또, 1996년 2월에는 노동-시민단체 공동정책 워크숍을 개최하였고, 사회개혁 과제에 대한 노동-시민단체 합의선언을 발표하였다. 참여연대의 이 같은 입장과 관련하여 이대훈(참여연대 사무국장 1995: 156)은 "노동조합이 민주화 과정과 통일 과정에서 갖는 중요성을 염두에 둘 때, 또 재벌의 폐해에 대한 민주노조의 잠재적인 견제력을 염두에 둘 때, 민주노조 진영과 시민사회단체들 간의 체계적인 협의와 협력은 시민사회의 발전을 위한 관건이라고 본다"고 말하였다.

참여연대는 이와 같은 적극적인 연대활동을 벌이고 있지만, 1997년에는 "어떤 정치조직과도 상설적인 연대, 가입 등의 관계를 갖지 않는다"는 것을 활동규범으로 채택하는 등 정당정치에 대해서는 엄격한 거리를 두고 있다(참여연대, 1997).

(2) 조직, 회원, 재정

1994년 9월 200명으로 출범한 참여연대의 회원은 1995년에 800여명으로 늘어났고, 1997년 9월에는 2,000여 명, 1998년 중반에는 3,500여 명으로 늘었다(참여연대, 1997; 참여사회연구소, 1998). 1996년 3월 현재 상근자 수는 27명이다(참여연대, 1996).

참여연대의 의결 및 집행기관으로는 총회가 있고, 연 2회 주요 사업을 의결하는 대의기관으로 운영위원회가 있다. 그리고 그 산하에 업무집행기구로서 집행위원회, 이것이 보다 일상적으로 축소된 상임집행위원회가 있다(이대훈, 1995: 143-147).

활동기구들로는 센터와 위원회, 본부, 연구소 등이 있는데, 운영과 재정의 면에서 자율성을 강하게 지니는 분권적 네트워크형 관계를 맺고 있다. 일상활동의 조직적 구심들로 사법감시센터, 의정감시센터, 지방자치센터, 국제인권센터 등 4개의 센터가 있으며, 센터보다는 좀더 느슨한 구조를 지닌 정책위원회와 사회복지위원회, 시민위원회가 있고, 이와 연관된 여러 개의 시민모임과 전문가모임이 있다. 과제별 활동 본부로서 맑은 사회 만들기 본부, 작은 권리 찾기 본부 등 2개가 있으며, 부설기관으로 참여사회 아카데미(1996년), 참여사회연구소(1996년 5월), 포럼 참여사회가 있다(참여연대, 1997). 이외에 기관지로서 격월간 잡지로 ≪참여사회≫(1996년 5월), ≪사법감시≫, ≪자치+참여≫를 발간하고 있다.

재정을 보면, 1995년도 일반회계 수입은 2억 4,000여 만 원이었는데, 그중 회비수입은 20.3%, 후원금이 39.8%였다. 그밖의 재정부족은 창립기금, 사업수익, 내부모금, 출판물의 기업광고로 충당하고 있다(참여연대, 1996). 1996년 9월/1997년 8월 회계연도에는 일반회계 수입이 3억 9,000여 만 원으로 늘어났고, 그중 회비수입이 24.7%를 차지했으며, 후원금 수입은 30.3%가 되었다(참여연대, 1997).

3. 정부와 비정부사회운동단체 사이의 관계

앞서 고찰해보았듯이 경실련을 비롯한 시민운동단체들은 평화적이고 합법적인 새로운 운동방법을 통해, 특정한 계급을 초월하는 문제의 해결을 운동의 목표로 삼아 활동해왔으며, 대개는 중간계급 자유전문직 종사자들을 주체로 하고 있으나 역시 특정한 계급을 초월하는 시민적 정체성을 가지고 있다. 그렇기 때문에 이 단체들은 기존의 민족민주운동단체들 혹은 민중운동단체들과 성격이 다르며, 이들에 대해 자립적인 태도를 지닌다. 시민운동단체들은 또 정부나 정부정책에 대해 비판을 하더라도 평화적이고 합법적인 방법을 통해 하기 때문에 정부와 적대적이거나 갈등적이지 않았다. 물론 이러한 관계는 1987년 이후 비정부사회운동단체들의 활동에 대한 정부의 태도가 관용적인 방향으로 변화했기 때문에 가능했다.

1) 비정부사회운동단체들에 대한 정부의 태도변화

1987년 '6·29 선언' 이전까지 정부는 사회운동단체들에 대해 엄격한 권위주의적 통제정책으로 일관하였다. 정부는 정부의 정당성과 정책방향을 적극적으로 부인하거나 비판하는 운동단체들에 대해서는 주로 사법적인 수단을 동원하여 억압하였다. 그리고 정책상 필요하거나 정부의 정책방향에 대해 적극 동조하고 순응하는 단체(관변단체)들에 대해서는 통제와 함께 행정적, 재정적 지원을 아끼지 않았다. 이러한 정부의 태도가 6·29 이후 변화하기 시작하였다.

노태우 정부는 정부나 정부정책에 대한 반대와 비판을 하는 경우에 대해서도 그것이 합법적인 테두리 내에서 이루어지는 경우는 소극적으로 용인하는 경향을 보였다. 그리고 그러한 비판들이 다양한 언론매체들과 여론형성 과정들을 통해 어느 정도 자율적으로 견제되도록 하는 정책을 폈다. 이로 인해 1980년대 말, 1990년대 초에는 정부나 정부정책에 대한 비판이 많이 자유로워졌으며, 각종 새로운 사회운동단체들이 결성되고 활성화하게 되었다.

그러나 정부는 비합법적이거나 이른바 '체제 위협적'인 성격을 지니는 운동단체들, 특히 민족민주운동단체들에 대해서는 사법적인 수단을 동원하여 억압하는 정책을 견지하였다. 1988년, 1989년 무렵 사법적인 통제에 많이 적용된 법률들은 "집회 및 시위에 관한 법률, 화염병 사용 등의 처벌에 관한 법, 근로기준법, 국가보안법, 국가안전기획부법, 교육관계법 등"이었으며, 많은 수의 운동가들이 제재, 구속당하였다(조대엽, 1995: 161-165). 학생운동에 대한 통제와 구속, 노동조합 운동가들의 파업행위에 대한 통제와 구속, 전교조 교사들에 대한 해직과 구속 등은 그 대표적인 예들이다. 민족민주운동단체들은 이러한 정부의 엄격한 통제정책에 부딪혀 자유로운 활동과 성장이 억압당하였다. 더욱이 1990년대 초에 이르러 소련, 동구 사회주의권의 연이은 개혁과 몰락이 미친 충격적인 영

〈그림1〉 비정부사회운동단체들의 다변화 및 정부와의 관계 다변화

	1987년 이전			1987년/1990년 이후	
1. 정부의 태도	국가 (권위적)		→	국 가 (권위적/헤게모니적)	
2. 시민사회의 NGO	관변단체	민족민주 운동단체	→	관변단체	반관민중 운동단체 시민운동 단체	민족민주 운동단체 민중운동 단체
3. NGO와 정부의 관계 :	공생관계	적대관계	→	공생관계	견제관계	적대관계

향으로 인해 민족민주운동은 정신적인 타격을 받고 위기와 침체의 국면
으로 빠져들게 되었다.

　이 같은 복합적인 요인들은 결국 평화적, 합법적인 방법을 내세우며
출현한 일련의 시민운동들을 활성화시키는 배경이 되었고, 민족민주운
동의 연대기구에 회원단체로 활동하던 단체들이나 운동가들 가운데 일
부가 이탈하여 시민운동단체로 성격을 전환하는 현상도 빚어내었다. 이
렇게 성격을 전환한 단체들 역시 회원이나 조직규모 등의 면에서 성장을
할 수 있게 되었다.

　이렇게 해서 정부와의 관계 면에서 관변단체와 저항적인 민족민주운
동으로 이원화되어 있던 사회운동단체들은 1987년과 1990년대 초 급속
히 다변화하게 되었고, 그러한 관계들은 <그림 1>에서처럼 크게 공생,
적대, 견제 관계로 요약할 수 있을 것이다.

　사회운동단체들에 대한 정부의 이중적(권위적/헤게모니적)인 태도는
1993년 김영삼 정부가 들어선 이후에도 그 기조는 달라지지 않았으나 한
층 더 전향적, 관용적인 쪽으로 바뀌었다. 그래서 예컨대 전교조를 불법
으로 규정하는 정책은 고수하면서도 탈퇴하는 교사들에 대해서는 복직
을 허용하였다. 김영삼 정부는 합법적인 테두리 내에서 이루어지는 이른
바 '건설적이고 합리적인 비판'에 대해서는 한층 더 관용적이었으며, 심
지어 그중 일부는 정부정책에 반영했고, 비판적인 인사들을 정부기관에

기용하기도 하였다. 경실련 등 시민운동단체들은 정부의 이와 같은 관용적이고 우호적인 태도로 인하여 고무되고 활성화되었는데, 이것이 다시 새로운 시민운동단체들의 결성을 고무시키는 상승작용을 하였다.

시민운동단체들에 대한 김영삼 정부의 관용적이고 우호적인 태도는 정부의 '개혁' 정책과 맞물리면서 한편으로는 관변단체들에 대한 재정지원을 삭감 또는 폐지하려는 움직임, 다른 한편으로는 시민운동단체들을 법적, 재정적으로 지원하려는 움직임으로도 나타났다. 이러한 획기적인 변화는 1994년부터 공론화되기 시작하였으나, 그 사이 엎치락뒤치락하면서 1998년 현재까지 결말을 보지 못한 상태에 있다.

1994년 3월 이회창 전 총리는 1996년부터 관변단체에 대한 지원금을 전부 삭감하겠다고 발표했고, 이에 따라 정부여당은 지원금을 축소하는 방침을 세웠다. 그러나 1995년 가을 그 방침을 변경하여, 1996년도 예산에 40억 원의 지원금을 편성하기로 확정하였다.

1995년 당시 국정감사에 제출된 재경원 자료에 의하면, 민간단체에 대한 국고보조금은 1995년 5,583억여 원이었고, 1996년도에는 7,768억여 원을 책정하여, 39.1%가 늘어났는데, 대표적인 관변단체로 꼽히는 바르게 살기운동중앙협의회(바살협), 한국자유총연맹(1989년 4월 창립)에 각각 10억 원, 새마을운동중앙협의회(새마을단체)에 대해 새로 20억 원을 배정한 것이었다. 이 단체들에 대한 지원금 액수는 바살협이 1991년에 15억 원, 1992년에 25억 원을, 새마을단체는 1991년과 1992년에 각각 15억 원, 자유총연맹은 1992년에 25억 원이었다. 자치단체 보조는 바살협 서울시 지부가 1992년도에 1,200만 원, 경기도 지부가 2,795만 원을 받았다.

이렇게 관변단체들에 대한 지원액수가 크고 여전하다는 사실이 알려지자, 시민단체협의회는 "관변단체 지원예산을 전액 삭감하라"는 성명을 발표하여, 새마을운동 조직육성법, 바르게살기운동 육성법, 한국자유총연맹 육성법 등의 특별법을 폐지해야 한다고 주장하였으며, 여당인 민자당사 앞에서 항의시위를 벌였다(장윤선, 1995). 관변단체에 대한 정부의 지원정책은 1997년 가을에 작성된 1998년도 예산에서 드러나듯이 변함없이 유지되고 있다.

정부는 1997년 9월 25일 새마을운동중앙협의회 등 5개 단체들에 대해 1997년 110억 원보다 70억 원 늘어난 180억 원을 지원키로 했는데, 4개 관변단체들에 대한 지원액도 많이 증가되었다. 새마을운동중앙협의회는 1997년보다 25억 원이 많은 55억 원을 지원받고, 바르게살기운동중앙 협의회는 1997년의 두 배인 20억 원을, 한국자유총연맹은 1997년 10억 원에서 5억 원 늘어난 15억 원을 각각 배정받았다(≪시민의 신문≫, 1997년 10월 6일~12일자). 이것은 1998년도 추경예산에서 조정되어 관변단체예산은 총 121억 5,000만 원이었고, 새마을운동중앙협의회는 25억 5,000만 원, 바르게살기운동중앙협의회는 8억 5,000만 원, 한국자유총연맹은 12억 5,000만 원으로 되었다(≪시민의 신문≫, 1998년 6월 1일~7일자).

그러나 정부는 관변단체에 대한 지원과 병행하여 비정부적인 시민운동단체들에 대해서도 지원하기 시작하였다.

1994년 공보처는 '공동체의식 실천공동사업'의 명목으로 YMCA, YWCA, 환경운동연합, 흥사단, 기독교윤리실천운동, 소비자연구모임 등 13개 민간단체의 사업에 대해 8억 7,000여 만 원을 지원하였다. 그리고 경실련, 환경운동연합 등 15개 시민운동 조직의 실무책임자들에게 비용을 제공하여 해외연수를 보내기도 하였다(조대엽, 1995: 257-258). 공보처는 또 1995년에는 27개 단체에 8억 8,000만 원, 1996년에는 35개 단체에 9억 8,800만 원을 지원하였다(공보처, 1996: 312; 성경륭·김호기, 1997). 1998년에는 43개 단체가 선정되어 단체별로 1,000~7,000만 원씩 모두 10억 원을 지원하고 있다. 이밖에도 여성특별위원회, 산업자원부 에너지관리공단, 보건복지부, 재정경제부, 문화관광부 등의 정부부처들도 부처 관련사업을 하는 비영리 민간사회단체들에게 지원을 하고 있으며, 서울시도 1997년부터 '시정참여사업'의 일환으로 민간단체 지원 프로그램을 가지고 있다(≪시민의 신문≫, 1998년 6월 22일자).

정부는 또 1994년 '민간단체 지원에 관한 법률'(안)을 만들어 정기국회에 제출하기도 하였다. 이 법안에 따르면, 민간운동지원협의회의 위원장을 국무총리로 하고, 민간운동지원재단의 이사장과 상임이사를 주무 장관(내무부장관)의 제청으로 협의회 위원장(즉 국무총리)이 임명하도록 하였다. 그러나 이 안은 시민운동단체와 야당의 강력한 저항에 의해 입법화에는 실패하고 말았다. 이 법안이 시민운동 영역을 정부가 수직적으로 포섭하는 내용으로 되어 있다는 이유 때문이었다(성경륭·김호기, 1997).

시민운동단체들에 대한 지원은 김대중 현 정부에 의해서도 전향적으로 추구되고 있다. 1997년 대선 전 김대중 국민회의 총재는 가칭 '민간운동지원에 관한 법률안'을 마련하겠다고 공약한 바 있으며(≪참여사회≫, 1997년 10/11월호), 1998년 8월 15일 국민회의와 행정자치부는 '민간운동지원에 관한 법률'(안)을 마련하였다.

이 법률안은 "국민의 자발적 참여에 의해 설립된 각종 민간단체를 지원해 민간운동의 건전한 발전과 시민사회 정착에 기여하도록 한다"는 것을 목적으로 하고 있으며, "국가 및 지방자치단체의 출연금, 국내외 단체·법인 또는 개인의 출연금이나 기부금, 기금운용 수익금 등으로" '민간운동진흥기금'을 만들고, 국무총리 산하에 '민간운동지원위원회'를 두어 "기금운영에 관한 기본정책 수립을 비롯, 민간운동단체 지원대상사업의 선정과 지원금 교부결정에 대해 승인"(제4조)하는 업무를 맡도록 하고 있다. 그리고 부칙을 통해서는 "새마을운동 조직육성법, 바르게살기 운동 조직육성법 및 한국자유총연맹 육성에 관한 법률을 각각 폐지한다"고 밝히고 있다(≪문화일보≫, 1998년 8월 15일자).

정부는 또 재정적인 지원 문제와는 별도로 주요한 시민단체 임원들을 정부 내 정책자문역으로 위촉하거나 시민단체 활동가나 시민단체를 아예 민간차원의 '개혁주체세력'으로 동원하여 정부의 개혁정책을 입안, 추진하는 활동을 뒷받침하고자 하였다.

그리하여 1998년 8월에는 새마을운동중앙협의회 신임회장에 시민단체협의회 대표인 강문규를 임명하여 구시대의 관변단체인 새마을운동 협의회를 내부적으로 개혁하고, 민간차원의 개혁주체세력으로 거듭나 정부의 개혁을 뒷받침해주도록 하였다(≪중앙일보≫, 1998년 8월 11일자). 나아가 정부는 새마을운동 협의회를 중심으로 민간 시민운동단체들이 '제2건국운동'의 기구로 참여하여 민간차원의 개혁주체세력으로 참여하는 방안도 추진하였다. 그러나 정부의 이러한 구상과 의도는 경실련, 환경연, 참여연대 등 대다수의 시민운동단체들의 반발에 부딪혀 실효를 보지 못하고 있다. 정부가 시민운동의 자율성을 침해하고 관변단체화하려 한다는 이유 때문이었다(≪한겨레신문≫, 1998년 8월 18일자; ≪중앙일보≫, 8월 21일자).

2) 정부와의 협력관계에 대한 시민운동단체들의 태도

그러면 시민운동단체들은 정부에 대해, 그리고 정부와의 협력관계에 대해 일반적으로 어떤 태도를 지녀왔는가?

정부에 대한 태도의 면에서 볼 때, 시민운동단체들의 공통점은 반정부적이지 않고, 합법적인 방법으로 정부를 비판하고 문제를 제기한다는 점이다. 그래서 이들은 합법적인 선에서 정부정책을 비판하고 대안을 만들어 청원하거나 법적 소송을 하는 방법을 주로 사용하며, 대국민 홍보와 교육활동, 캠페인과 시위도 합법적인 테두리 내에서 한다. 그러나 좀더 세부적으로 들어가보면, 정부에 대한 태도는 약간씩 차이를 보인다. 차이는 두 가지 점에서 잘 나타나는데, 하나는 정부나 여당기구에의 참여를 통한 협력관계에 대해 적극적인가 소극적인가 하는 점이고, 다른 하나는 정부·여당의 재정적, 행정적인 지원과 협력에 대해 적극적인가 소극적인가 하는 점이다.

경실련은 김영삼 정부와 우호적인 관계를 맺었다. 박세일, 이영희 등 주요 임원들이 정부의 공직 또는 집권당으로 진출하였으며,[7] 정부·여당과의 정책협의도 여러 차례 가졌다. 1993년 3월에는 민자당 정책팀과 금융실명제 등의 내용으로 정책간담회를 가졌으며, 5월에는 경제기획원과 신경제 5개년 계획 작성지침에 관한 정책토론회를 갖는 등 협조적인 관계를 맺었다(조대엽, 1995: 337).

그리고 1993년도에 이루어진 서울대 인구 및 발전문제연구소(1993)의 조사에 의하면, 조사대상 69개 단체 중 응답한 44개 단체들은 시민운동의 팽창기라고 할 수 있는 이 당시에 벌써 '조직운영상의 어려움'으로 대부분(26개 단체)이 '재정난'을 들었으며, 정부의 재정지원이 필요하냐는 질문에 대해서는 69개 단체 중 55개 단체가 필요하다고 답하였다(성경륭·김호기, 1997). 또한 1994년도 송복 외(1994: 69)가 140여 명의 시민단체 활동가들을 상대로 한 심층 면접조사에 의하면, 이들의 압도적인 다수(61.1%)는 '정부가 시민단체에 재정적, 행정적 지원을 모두 해주어야 한다'고 답하였다. 그리고 1997년 한국 기독교 사회발전협회에서 사회운동 전문가 35명의 견해를 조사한 결과에서도 대부분 "시민단체는 정부와 적대 관계가 아니다", "시민단체는 공공선을 대변한다", "정부와 시민단체는 상호 협력해야 한다"는 의견이 지배적인 것으로 나타났다(강선미·이기호, 1997).

이 같은 경향은 초의수(1997: 305)가 1996년 5월~8월 사이 부산지역사회운동단체 45개를 상대로 조사한 바에서도 나타난다. 사회운동단체의 제도권 내 정치활동에 대한 입장을 묻는 질문에 대해 "제도권과는 철저히 분리, 독립적이어야 한다"고 응답한 경우가 17.8%, "필요한 경우, 단체이념에 부합하는 집단에 대한 지지와 연대활동을 해야 한다"고 답한 경우가 46.7%, "사회민주화, 생활민주화를 위해 의원을 내는 등 적극 제도정치권 내로 들어가는 것이 바람직하다"는 응답이 33.2%로 정치참여에 대한 입장이 대부분 적극적인 것으로 나타났다.

여연의 경우는 특히 직접적, 조직적인 '정치진출'에 적극적이었다. 여연은 이미 1991년 기초의원 선거에 여성운동권 후보 6명을 출마토록 해,

5명이 당선되었다(이승희, 1994). 그리고 1995년 6·27 지방선거에도 적극 참여, 여성민우회 등에서 17명의 후보를 내 그중 14명(광역의회 4명, 기초의회 10명)이 당선되는 성공을 거두었다(이미경, 1998: 33; 이경숙, 1998: 139쪽). 1998년 4월 지방선거에서도 17명의 후보를 내 광역의원 5명 등 12명의 당선자를 냈다(≪한국일보≫, 1998. 6. 6일자; 이상현, 1998). 환경운동연합의 경우도 정치진출에 적극적으로 참여해왔으며, 1998년 지방선거에도 기초단체장 3명을 포함해 39명의 후보를 내세워 기초단체장 2명, 광역의원 6명, 기초의원 13명 등 21명의 당선자를 냈다(≪한국일보≫, 1998년 6월 6일자; 이상현, 1998). 이 두 단체들과 달리 경실련과 참여연대는 아직까지 공식적으로는 정당정치에 참여하지 않는다는 입장을 지니고 있다(이상현, 1998).

다른 한편, 단체들의 이러한 차이들은 정부의 재정지원에 대한 태도에서도 나타난다.

앞서 본 바와 같이 시민협을 비롯하여 경실련, 환경연 등은 자율적인 사회, 민간단체의 활성화를 위해 법적, 제도적 장치의 수립을 촉구하는 것을 목적으로 관변단체 지원특별법 폐지를 위한 연대활동을 해왔으며(남인순, 1995 : 233), 여연의 경우도 내부 논의를 거쳐 1995년부터는 정부의 지원을 받아들이기로 입장을 정리하였다.

1993년 김영삼 정부의 등장 이후, 과거 관변단체에만 일방적으로 거액의 사업비를 지원하는 데 대한 비판이 거세게 일어났다. 사업비만이 아니라 경상비까지 정부예산에 의존함으로써 정부정책을 일방적으로 시행하고 지지하는 시녀단체로 만들었다는 것이다. 이후 정부는 사업별로 민간단체에 대한 지원을 확대하기 시작했고, 지방자치제 실시 이후, 지방자치단체의 민간단체와 협조사업이 많아지면서 사업별로 정부지원을 받는 시민단체들이 생겨나기 시작했다.

여연도 정부에 사업별 재정지원 요청에 참여할 것인가에 대한 토론 끝에, 정부의 재정은 우리의 세금이므로 우리가 쓸 권리가 있지만, 재정지원을 빌미로 정부의 간섭이 많을 경우는 시정을 강력히 요구하거나 받지 않는다는 원칙을 세우고, 1995년부터 정부지원을 사업별로 받기 시작했다(이미경, 1998: 43).

송월주 시민협 공동대표도 1998년 5월 김종필 총리서리에게 "시민, 사회단체발전기본법(가칭)을 제정해 비판적 동반자로서의 시민운동을 육성"해달라고 요청하기도 하였다(≪시민의 신문≫, 1998년 6월 1일~7일자). 그러나 여기에 대한 태도들은 통일적이지 않다.

앞서, 부산지역 시민단체들을 상대로 한 조사에서 보면, 시나 정부의 재정지원에 대한 의견을 묻는 질문에 대해 "매우 필요하다"고 답한 단체가 48.8%였고, "필요하다"고 한 경우는 39.0%, "필요하지 않다"고 답한 경우는 12.2%로서 압도적인 대다수가 지원이 필요하다고 답하고 있으나 반대 의견들도 있었다(초의수, 1997: 307). 또한 "소속단체에 시나 정부가 지원을 계획하고 있을 때 단체의 입장"을 묻는 질문에 대해서는 "순수성과 독립을 위해 어떤 지원도 받지 않음"이라고 답한 단체가 14.0%, "재정적 지원만 받아들임"이라고 답한 단체는 18.6%, "활동에 대한 행정 협조 중심으로 받아들임"이라고 한 경우가 41.9%, "모든 지원을 다 요구하겠다"는 경우는 4.7%였다(308).

1998년 봄 김대중 정부가 출범한 직후 "공선협에 5억 원을 지원하겠다"고 했을 때, 시민운동단체들 사이에서는 찬반논란이 벌어졌다.

"'시민운동의 중립성과 순수성이 침해받을 수 있는 만큼 절대 받아선 안된다'와 '권력으로부터 자율성을 지키고 재원사용을 투명화하면서 융통성 있게 활용할 수 있다'는 입장으로 갈라선 것이다. 논란이 완전히 끝난 것은 아니지만 심각한 자금난에 시달리는 단체들이 늘어나면서, '원칙을 유지하되 기본경비 정도는 지원받는' 선으로 의견이 모아지는 모습이다. 이른바 '관변단체'로 불리는 단체들이 엄청난 예산을 타가는 마당에 시민운동 진영도 이를 활용하지 못할 이유가 없다고 보기 때문이다"(≪시민의 신문≫, 1998년 6월 1일~7일자).

그러나 1998년 가을 정부가 '제2건국운동' 기구에 새마을운동 협의회를 중심으로 시민운동단체들이 참여하여 정부의 개혁주체세력으로 활동하도록 구상을 발표한 것에 대해 대다수 시민운동단체들이 반발하고 참여하지 않은 사건은 시민운동단체들이 가장 중시하는 것이 단체의 독립성과 자율성이라는 사실을 단적으로 보여주는 것이라 할 수 있다.

4. 비정부사회운동단체들의 사회적 위상과 역할

그 동안 시민운동단체들 다수는 단체의 재정난을 해결하는 방안의 하나로 정부의 재정지원을 요구해왔다. 그러면서도, 정부가 행정, 재정적으로 지원을 해주되 관변단체처럼이 아니라 시민운동단체의 자율성을 보장하는 방식으로 지원해주어야 한다는 단서를 붙이고 있다. 그리고 그 가장 큰 명분은 "시민운동단체들은 공공의 이익(공공선, 공동선)을 대변하고 있다"는 것이었고,[8] 이 점에서는 정부와 마찬가지로 국가재정을 사용할 수 있는 권리를 가지고 있다는 것이었다.

그러면 시민운동단체들은 과연 공익을 대변하는 위치에 있는가? 그리고 그 사회적인 위상과 역할은 어떠했는가?

1) 공공의 이익과 비정부사회운동단체들의 위상

민주주의 정치사상에 입각해서 보면, 우선 정부(즉 입법, 사법, 행정부를 포괄하는 국가)는 사회전체의 공공이익 혹은 공적 이익을 대변해야 하는 것으로 기대된다. 이러한 기대 속에는 정부가 특수하고 개별적인 이익들에 대해서는 일정하게 거리를 두어야 하며 특수이익들 사이에서 발생하는 분쟁에 대해서도 공적인 심판관의 위치에서 공정하게 조정해야 한다는 기대도 포함되어 있다. 그래서 정부나 정부관료, 또 집권층이 이러한 기대를 벗어나는 경우, 시민사회 안에는 비판적인 여론이 형성되고 비판적, 저항적인 집단행동도 벌어졌다. 정부가 '정권 안보' 차원에서 정책을 수립, 집행한다든지, '정경유착'의 관계 속에서 특수집단의 특수이익을 편파적으로 도모한다든지 하는 데 대한 비판과 저항이 그 대표적인 예이다.

이러한 비판과 저항의 목소리는 비정부적인 차원에서 공익을 대변하는 목소리라고 할 수 있을 것이다. 그러나 반드시 그런 것은 아니다. 그것은 정부가 대변하지 않는 어떤 특수한 이익을 대변하는 목소리일 수도 있기 때문이다. 그래서 정부와 시민사회, 그리고 시민사회 내부에서도 이 문제는 거의 항상 논란거리가 되어왔다. 그리고 공익성은 담론의 차원에서 이루어지는 명분싸움이거나 힘의 관계를 통해 힘센 쪽의 담론이 정답처럼 되어버리는 일도 적지 않았다.

1980년대 중반까지 우리 사회의 정부 혹은 정권들은 시민사회에서 형성된 그와 같은 비판과 저항에 대해 수용적이라기보다는 배제와 억압으로 맞서는 태도를 취해왔다. 그러한 비판과 저항을 이적 행위로 몰아붙이고 단죄하는 일도 적지 않았다. 이는 공익을 둘러싼 담론적 관계, 그리고 이를 뒷받침한 정부와 시민사회 사이의 힘 관계를 말하는 것이었다. 이로 인해 시민사회의 일각은 정부와 정권의 담론과 힘에 승복하고 협조했는가 하면, 다른 일각에서는 정부를 비민주적, 권위주의적인 것으로 평가, 성토, 저항하는 구도가 형성되었다. 정부와 시민사회 사이의 관계는 한편으로는 정부를 중심으로 한 '공생관계', 다른 한편으로는 시민사회를 중심으로 한 '적대관계'로 이원화된 구조를 지니게 된 것이었다. 이러한 이원적인 관계는 '시민사회의 조직화부문'을 의미하는 사회운동단체들을 크게 '관변단체'와 '민족민주운동단체'로 이분화하였다.[9] 전자가 정부에 대해 순응적, 협조적이었다면, 후자는 저항적이고 적대적인 성격을 지녔다. 물론, 전자는 순수한 의미의 '비정부' 사회운동단체라고 하기 어려우며, 후자가 순수한 비정부사회운동단체라고 할 수 있을 것이다.[10]

1987년의 6월 항쟁은 이러한 구도를 크게 뒤바꿔놓는 전기가 되었다.

정부는 시민사회의 비판적, 저항적 조직부문의 담론과 힘에 굴복하여 흔히 '위로부터의 민주화'로 불리는 '헤게모니적 통치법'을 도입하였다. 시민사회의 비판과 저항, 그리고 요구가 부분적으로 수용되기 시작하였고, 그 후 과도적인 노태우 정부를 거쳐 김영삼·김대중 정부로 이어지는 '개혁정치의 시대'로 이행하게 되었다. 새로운 정부들의 이러한 태도변화는 시민사회의 조직부문을 크게 활성화시켰으나 동시에 이를 분화시키고 재편시키는 결과도 초래하였다. 정부-시민사회의 적대관계 틈새에서 새로운 형태의 운동단체, 즉 시민운동단체들이 출현했기 때문이다.

'법의 테두리 내에서의 비판과 정책요구'를 활동의 주요한 방법과 내용으로 삼으며 새로 출현한 시민운동단체들은 정부에 대해 적대적이지 않았고, 문민개혁정부들은 이러한 성격의 비판과 요구에 대해 한층 더 수용적이었다. 이러한 성격의 시민운동단체들의 성장과 확대는 시민사회의 조직부문을 재편하는 결과를 초래하였으며, 결국 정부와 시민사회의 관계를 공생과 적대 이외에 견제의 관계로 다변화시켰던 것이다.[11] 그리고 김영삼·김대중 정부가 '위로부터의 민주화와 개혁정치'를 추구했다면, 시민운동단체들은 거기에 조응하는 '아래로부터의 민주화와 개혁정치'를 추구했다.

그러면 이와 같은 두 가지의 민주화와 개혁정치는 어떤 성격을 지니는 것인가? 그것은 공공의 이익을 대변하는 활동인가? 한편으로는 그렇고, 다른 한편으로는 그렇지 않다. 이는 정부나 시민운동단체 모두에게 그러하다.

많은 이들은 흔히 시민사회를 '한 덩어리'인 것처럼 생각하지만, 결코 그렇지 않다. 권위주의 정부 시대에 그러했듯이, 시민사회는 정부에 대해 입장이 엇갈리는 최소한 두 개의 부분들, 즉 관변적인 부분과 비판적, 저항적인 부분으로 나뉘어 있었다. 개혁정치의 시대에 와서는 이것이 한층 더 다변화되어 적어도 세 부분들, 즉 관변적, 비판적, 저항적인 부분들로 나뉘어 있다. 이러한 차이들은 공익·특수이익의 담론 측면에서도 차이를 지니며, 담론적 차이의 이면에는 힘의 차이, 그리고 이해관심의 차이도 존재한다. 이러한 차이는 크게 보아 계급들 사이의 균열과 초계급적 사회집단들 사이의 균열에 따라 존재한다.

자본가계급과 임금노동자계급은 각자의 계급적 특수이익을 추구하면서 동시에 '국민경제의 발전'이라는 공공이익, '노동해방은 곧 인간해방'이라는 공공이익을 추구한다. 이들이 추구하는 공공이익이 진정한 공공이익이냐 아니냐, 또 이들이 특수이익과 공공이익 가운데 어떤 것을 진심으로 추구하느냐 하는 문제를 놓고는 사실 논란이 많이 벌어져왔다. 그래서 그들의 공익성은 한갓 '담론'에 불과하다거나 자신들의 진정한 관심을 호도하기 위한 이데올로기에 불과하다는 비판들도 제기되었다. 이는 시민운동단체들의 '공익성'에 대해서도 마찬가지로 제기될 수 있는 의문이다.

시민운동단체들 가운데 일부는 재벌기업이나 대자본가계급(분파)에 대해서는 불공정거래와 분배를 문제삼고, 노동자운동단체들에 대해서는 '계급 이기주의'를 비판한다. 또, 어떤 단체들은 계급문제와 노동문제보다는 환경보전의 문제와 지속가능한 발전의 문제가 더 심각하고, 이것이 보다 더 공익적이라고 주장한다. 또, 어떤 단체는 계급문제보다는 남녀성 사이의 차이와 불평등이 더 심각하다고 생각한다. 물론 이러한 비판이나 주장, 견해들에 대해 계급적인 입장에 있는 운동단체들의 반비판도 있다. 시민운동단체들 또한 초계급적이거나 공익적인 것 같지만, 사실은 프티 부르주아적, 중간계급적 특수이익을 도모하면서 '공공선'이라는 담론을 펼치고 있을 뿐이라는 것이다. 나아가서는 그러한 담론을 통해 저항적인 민중운동을 약화시키고 해체시키려는 보수적 자유주의의 패권적 기획이라고 비판하고, 문민정부의 이른바 '개혁정치'를 장외에서 지원하는 '제2중대' 혹은 '신관변단체'라고 비판하기도 한다. 이상에서처럼 계급 세력들과 시민운동세력들이 공익성을 추구하느냐의 여부를 둘러싸고는 수많은 담론적 각축전이 벌어지고 있다.

문제는 세 가지이다. 하나는 시민사회가 담론의 수준에서 뿐 아니라 힘이나 이해관심의 면에서 계급별, 집단별로 균열상태를 보인다는 점이며, 이를 인정해야 한다는 점이다. 다른 하나는 그럼에도 불구하고 이들이 각자 특수이익만 추구한다고 할 수 없다는 점이다. 특수이익들이 중첩되는 지점, 그리고 종합되는 지점들이 존재하고 있으며, 이런 부분은 공통의 이익, 그리고 공공의 이익이기 때문이다. 이런 의미에서 공공이익은 특수이익과 어떤 부분은 상호 배치되고 또 어떤 부분은 상호 중첩되는 교차관계에 있다고 할 수 있을 것이다. 나머지 하나는 계급과 사회집단들의 활동이 실제에 있어서는 각자 어느 한쪽으로 경도되거나 균형을 이루거나 하는 '정도의 차이'를 지닌다는 점이다.

이상에서 논한 바와 같이 시민운동단체들의 공익성 여부는 한마디로 잘라 말할 수 없다. 일반적으로 말하자면, 이들은 공익과 특수이익을 동시에 추구한다고 할 수 있으며, 실제로 어느 쪽에 치중하느냐 하는 것은 개개 단체들마다 정도 차이를 지니고 있다고 할 수 있다.[12] 이는 어떤 특정한 정부나 정권의 경우도 마찬가지이다. 정경유착의 구도 속에서 정권안보와 반노동자 계급정책을 기조로 하는 경우가 있는가 하면, 정경유착의 고리를 끊으면서 양대 계급을 중재하는 타협정책을 기조로 하는 경우도 있기 때문이다. 시민운동단체들의 경우도 특히 재벌기업이나 노동운동단체에 대한 태도 면에서 일정한 '정도의 차이'를 보이고 있다.

2) 시민운동단체들의 역할: 평가와 반성

시민운동단체들이 지난 10여 년 간 해온 역할들 가운데 가장 중요한 것은 첫째 국가권력에 대한 감시와 비판, 둘째 시민대중의 이익을 대변하는 정책제안과 요구 그리고 그것의 제도화, 셋째 시민사회에 대한 민주적 계몽과 조직화였다. 시민운동의 이러한 역할들은 경실련, 환경연, 여연, 참여연대 등 1990년대 한국사회를 대표해온 시민운동단체들의 주요한 활동내용들을 구성하는 것이었다.

물론 이 단체들이 형성, 발달해온 과정이라든가, 시민사회의 전체적인 조직화 구도 내에서 차지하는 위상과 그 변화, 그리고 세부적인 활동 내용은 어느 정도 상이하다. 계급적 이익을 중심으로 보면, 경실련과 환경연은 중간계급적 이익을 대변하는 성격을 강하게 지녔던 반면, 여연과 참여연대는 노동자계급과 중간계급 사이에 교차되는 이익을 대변하는 성격을 지녔던 것으로 보인다. 이런 차이는 노동자운동단체와의 친소관계 면에서, 그리고 전국연합·민주노총·시민협으로 상징되는 시민사회의 전체적인 조직화 구도 속에서의 위상 면에서도 나타난다.[13]

이들의 역할 가운데 국가권력에 대한 감시와 비판은 상당히 획기적인 공헌이었다. 이것은 한마디로 말하자면 새로운 형태의 민주화운동이었다. 이는 투쟁이나 저항, 시위 중심으로 전개되었던 1980년대까지의 민주화운동과 달리 선거시나 평상시의 의정감시활동, 토론회나 성명을 통한 비판, 정책제안이나 입법청원과 같이 '합리적이고 건설적인 비판' 혹은 '법의 테두리 내에서의 개혁운동'이었다. 특히 '법의 테두리' 내에서의 비판과 구체적인 개혁적 요구는 과거 방식의 것들에 비해 정부 입장에서는 납득하기 쉬운 것이면서 수용하기도 쉬운 성격의 것이었기 때문에 수용되는 경우들이 많았고, 이를 통해 시민단체들은 민주화를 작지만 구체적인 수준에서 진전시키는 데 성공해왔다.

다른 한편, 시민운동단체들은 시민대중의 구체적인 이익을 정책비판과 제안, 그리고 입법청원 등을 통해서 대변하고 일부 실현시키는 역할을 해왔다. 이 부분 또한 과거의 민족민주민중운동단체들이 무관심 속에 소홀히 하거나 추상적, 근본적인 대안 속에 대변하던 것과 달리 새로운 것이면서 실효를 거두는 경우들이 많았다. 이와 관련된 활동들은 단순히 민주화운동이라고 하기보다는 사회민주화운동, 즉 민주주의를 사회적 차원으로 확장, 심화시키는 운동의 일환이라는 성격을 지닌다고 평가할 수 있을 것이다.

시민운동단체들이 시민대중들을 상대로 교육, 캠페인, 출판 등을 통해 계몽활동을 벌인 것, 그리고 시민단체의 활동에 동원하여 참여시키고 회원으로 조직화한 활동들 또한 일정 부분 성공적이었다. 이는 과거의 운동단체들이 동원하거나 참여시키지 못한 계층의 시민대중을 운동에 동원, 참여시켰다는 점에서, 그리고 이러한 활동은 정치적 차원에서의 민주화가 아니라 사회차원에서의 민주화라는 점에서 그러하다.

그러나 시민운동단체들의 이 같은 역할과 기여는 몇 가지 제한적인 의미를 지니는 것이었다. 한편으로는 그러한 역할과 기여가 충분하지 못했다는 점, 다른 한편으로는 그러한 역할과 기여의 이면에 부작용이나 역기능적인 측면도 있었다는 점이 그것이다. 첫째는 시민운동단체들이 주로 대정부활동에만 치중하고 정작 시민사회 자체에 대한 민주화와 개혁을 위한 활동에는 소극적이고 미흡했다는 점이며, 둘째는 전통적인 사회운동단체들의 관심과 활동을 위축시키고 차단하는 방향에서 활동해왔다는 점이다.

예컨대, 시민운동단체들은 교육기관이나 언론기관, 종교기관 등 시민사회 내의 제도화된 부문들에 대한 민주화나 개혁을 위한 활동에 소극적이었다. 이와 같이 시민대중들에 대해서도 활동은 소극적이었다. 단체들은 대체로 시민(대중)을 마치 '우리 편', 그리고 '우리를 후원, 지지해야 할 세력'이라고 생각하는 안이한 사고에 지배되었다. 그러나 시민사회는 '한 덩어리'가 아니고 또 시민운동의 편이기만 한 것도 아니다. 선거결과에서 나타나듯이, 시민들 가운데에는 보수정치를 지지하는 유권자, 연고주의와 부정부패와 탈세에 익숙한 시민, 민주화와 개혁의 대상이 되는 시민 등 시민운동의 편도 아니고 오히려 적이라고 할 수 있는 시민들도 많이 있는 것이다. 이 점이 오늘날 시민운동의 치부를 가장 잘 드러내주는 이른바 '시민 없는 시민운동'의 현상을 빚어낸 요인 중의 하나이다.

그 다음, 문제가 되는 것은 시민운동단체들의 '시민적' 아이덴티티, 즉 주체성이다. 시민적 주체성의 내면에는 대체로 초계급적이거나 반계급적인 가치지향이 내포되어 있다. 물론 여기에도 정도의 차이는 있다. 그러나 그것이 공공연히 '계급 이기주의'를 비판하고 자신들은 초계급적인 공공이익의 대변자라고 자임하는 시민의식(경실련)이건, 계급이익과는 무관한 비계급적인 공공이익의 대변자라는 시민의식(환경연)이건 간에, 계급적이지 않으려는 자의식이라는 점에서는 마찬가지이다. 이러한 의식이 시민사회 안에 확산되고 이러한 성격의 활동이 확장되는 만큼, 그것은 계급적인 관심과 이러한 관심에 입각해서 활동하는 사회운동을 위축시키고 차단하는 결과를 빚어낸다. 또, 그런 만큼 시민운동이 자임하는 공익성은 후퇴하게 된다. 노동자도 자본가도 모두 시민이기 때문이다. 이렇게 노동자와 자본가의 이익과 관심이 배제된 시민의식 속에서 시민운동이 이루어진다면, 그 운동은 공익은 명분으로, 실제에 있어서는 중간계급의 이익과 관심에 치중하는 특수층의 운동으로 제한될 수밖에 없을 것이다.

5. 맺음말

지금까지 비정부사회운동단체들의 역사와 사회적 역할을 시민운동을 중심으로, 특히 정부와의 관계에 주목하면서 검토해보았다. 논의의 주요 내용과 순서는 첫째 1987년과 그 이후의 정치상황과 사회운동의 판도 변화, 둘째 시민운동단체들의 조직적 특성과 그 변화, 셋째 시민운동단체와 정부 사이의 관계, 넷째 시민운동단체들의 사회적 위상과 역할 등이었다.

우리나라에서 비정부사회운동단체들의 성장과 변천, 그리고 사회적인 역할은 정치적인 조건의 변화와 경제적인 조건의 변화라는 큰 구도 속에서 규정되어 왔다. 분기점을 이룬 것은 1980년대 중반이었다. 1980년대 중반의 한국사회는 권위주의 정권과 시민사회의 저항이라는 정치적 대립 구도 속에서 1987년 6월 항쟁을 맞이하게 되었고, 그 직후 저항적 시민사회의 팽창은 자본주의적 경제성장의 과정에서 농축되어온 계급 문제와 사회변혁의 문제를 전면화시키고 노동자의 조직화와 사회진출에 물꼬를 텄다. 1987년의 정치상황은 또한 시민사회에 대한 정부권력의 태도에 일대 변화를 초래하였고, '위로부터의 민주화'와 '여론에 입각한 헤게모니적 통치', 그리고 그 후에는 '위로부터의 개혁정치'로 이어졌다. 이러한 과정 속에서 특히 1990년을 전후한 소련, 동구 사회주의권의 몰락 이후에는 '법의 테두리 내에서의 합리적 비판과 개혁'을 기치로 한 새로운 사회운동단체들이 결성되고 1990년대 초반을 거치면서 급성장, 시민사회의 조직화부문을 재편하기에 이르렀다. 이로써 정부와의 관계 또한 다변화되었다. 1980년대 말까지의 이원적인 공생-적대관계는 1990년대 초반에 이르러 공생-견제-적대관계로 다변화되었다.

그러나 오늘날 대표적인 시민운동단체들로 꼽히는 경실련, 환경연, 여연, 참여연대는 그 형성 과정과 활동 내용의 면에서 차이들을 지녔다. 1990년대 초 시민운동을 주도한 경실련은 기성의 사회운동권과 계급적, 이데올로기적으로 획을 그으며 중간계급적 성격의 활동을 전개해왔으며, 시민협 결성에 능동적으로 나서 시민사회의 조직부문을 재편하는 데 앞장섰다. 과거 민족, 민주, 민중운동의 연대구조 속에서 활동하던 환경운동단체들은 그러한 연대의 틀을 벗어나 시민운동단체로 성격을 전환하였고, 시민운동 진영의 연대구조(시민협)로 이동했다. 여연 또한 1990년대 초 민민운동 진영으로부터 벗어나 시민운동단체의 성격으로 전환했으나, 시민운동 진영의 연대구조로 이동해가지는 않았다. 참여연대는 이러한 흐름과 달리 구사회운동의 이슈를 시민운동의 방법과 결합시키는 새로운 시민운동단체로 출발하여 구사회운동단체들과 적극적으로 사안별 연대를 추구하는 활동을 벌였다.

1987년 이후, 그리고 특히 1993년 이후, 시민사회에 대한 정부의 태도는 여론에 입각한 헤게모니적 통치법을 도입, 적용하는 관용적, 수용적인 쪽으로 변화했다. 더욱이 정치, 경제체제에 대해 근본적인 비판과 변혁을 추구해 온 구사회운동세력과 달리, 시민운동단체들은 합법적인 비판과 개혁적인 정책요구를 해왔기 때문에, 이 단체들에 대해서는 한층 더 관용적, 수용적인 태도를 보였다. 이러한 정부의 태도변화와 선별적인 수용자세는 시민운동의 급성장을 초래하는 직접적인 요인으로 작용하였다. 김영삼 개혁 정부는 일부 시민운동단체의 의견과 정책제안을 적극적으로 반영하거나 주요 임원들 중 일부를 정부 관련부처에 기용하는 등 시민운동단체에 대해 매우 우호적인 태도를 보였으며, 이로 인해 일부 시민운동단체들은 정부의 '제2중대', 즉 새로운 관변단체라는 소리를 듣기도 하였다.

정부에 대한 시민운동단체들의 태도는 전반적으로 '합리적이고 건설적인 비판'이었으며, 한편으로는 거리를 두고 다른 한편으로는 수평적으로 협조하는 이중성을 지닌 것이었다. 그러나 정부에 대한 협력적인 태도는 조직적이거나 일관된 것은 아니었고, 개별단체나 활동가들에 따라 차이가 있었다. 이와 같은 내부의 견해 차이는 단체의 임원들이 정부나 정계로 진출하는 문제, 그리고 재정조달을 위한 수익사업에 정부지원을 받는 문제, 그리고 경상운영비나 활동사업비를 정부로부터 지원요청하는 문제 등을 둘러싸고 수년간 논란이 되어왔다. 이미 1993년, 1994년부터 빚어져온 이 논란은 그 사이 긍정적인 방향으로 정리되는 추세에 있다.

그래서 대다수 시민단체들과 소속활동가들은 "정부나 정계로의 진출은 조직적 결정에 따라 이루어질 수는 없으며, 개인적인 판단 여하에 맡겨야 한다"는 쪽으로 의견을 정리하고 있으며, 정부의 재정지원 문제에 대해서는 "제도적으로 재정지원을 해주는 것이 마땅하다. 그러나 관변단체에 대해서처럼 간섭해서는 안되고 활동의 자율성은 보장해야 한다" 라는 견해를 취하고 있다. 정부에 대한 시민단체의 이 같은 미묘한 태도, 특히 수평적으로 협조적일 수는 있지만 관변화되는 데 대해서는 거부하는 태도는 1998년 김대중 정권이 추진하고 있는 '제2건국운동 민간단체

네트워크' 구상에 대해 시민단체들이 반대하며 거부반응을 한 사건을 통해서도 재확인되고 있다.

시민운동단체들은 이상과 같은 역사와 사회적 위상 속에서 1990년대 한국사회의 변화과정에서 매우 중요한 역할과 기여를 해왔다. 가장 중요한 것들을 집약하면, 그것은 첫째 국가권력에 대한 감시와 비판, 둘째 시민대중의 이익을 대변하는 정책제안과 요구, 그리고 그것의 제도화, 셋째 시민사회에 대한 민주적 계몽과 조직화였다. 그러나 한계와 역기능이 없었던 것은 아니다. 가장 큰 한계와 역기능은 첫째 시민운동단체들이 주로 대정부활동에만 치중하고 정작 시민사회 자체에 대한 민주화와 개혁을 위한 활동에는 소극적이고 미흡했다는 점이며, 둘째 전통적인 사회운동단체들의 관심과 활동을 위축시키고 차단하는 방향에서 활동을 주로 해왔다는 점이다. 이러한 한계와 역기능은 시민운동단체들이 스스로 공익만을 대변하는 것처럼 오인하는 경향 속에서 실제로는 특수이익을 대변해왔다는 것을 성찰적으로 인식하지 못한 데에서 비롯된 것으로 보인다.

8. 종합적 시민운동의 구조적 성격과 변화전망에 대한 연구[1]

'참여연대'를 중심으로

조희연(성공회대 교수, 사회학)

1. 1987년 이후 민주주의 이행과 시민운동의 전개

1) 종합적 시민운동과 특수전문적 시민운동

시민운동[2]은 그 운동 주제의 포괄성의 정도에 따라 종합적 시민운동과 특수전문적 시민운동으로 나눌 수 있다. 종합적 시민운동은 질적 성격이 상이한 다양한 운동주제들을 한 단체가 포괄하여 활동하는 경우이며, 특수전문적 시민운동은 한 단체가 특정한 주제를 중심으로 활동하는 경우이다. 특수전문적 시민운동이 한 영역 혹은 이슈에 집중하여 활동하는 데 반하여, 종합적 시민운동은 한 이슈나 이슈 영역에 한정되지 않고 국가나 시장, 생활세계의 제반 문제들을 포괄적으로 다룬다고 할 수 있다. 1989년 창립된 경제정의실천시민연합이나 1994년 9월에 창립된 참여연대가 후자의 대표적인 예가 될 것이다. 이 글은 민주주의 이행이라는 구조적 맥락 속에서 종합적 시민운동의 발전 과정과 문제점, 전망 등을 살펴보게 된다.

2) 민주화에 따른 사회운동의 조건변화

1987년 이후 한국사회는 이른바 민주주의 이행 혹은 민주화의 과정에 처해 있다. 민주화의 대립 개념인 '권위주의화'의 과정은 군부국가의 외삽(外揷)적 진입 이후 군부국가에 의한 제도정치영역의 배제적 재편 및 시민사회의 통제적 배제를 의미하며, 반대로 민주화의 과정은 시민사회 및 시민사회의 활성화에 기초하여 제도정치와 국가의 개방적 재편이 일어나는 것을 의미한다. 원리적 측면에서 보면, 대의(代議)민주주의라는 것은 시민사회의 의견분포와 세력관계 등이 제도정치 내의 의석분포로 반영되고, 다양한 의석을 갖는 제도정치세력간의 경쟁에서 다수파가 된 정치세력이 일정 기간 동안 국가권력을 담당하는 것이라고 정의할 수 있다. 독재체제는 바로 이러한 대의민주주의의 전도(顚倒)인데, 제도정치적 영역이 통제되고 점차 협소화되어가며 동시에 자율적인 사회운동영역이 박탈되는 것이다.

박정희 군부정권 시대에 제도정치·시민사회적 영역은 극도로 위축되어 있었다. 군부정권이 전두환 정권으로 보다 경직화(stiffening)되어가면서 이러한 자율적인 제도정치영역, 시민사회적 영역은 더욱 제한되게 된다. 군부국가에 의한 정당정치영역 및 시민사회의 '식민화' 현상이 심화된다는 것이다. 이 시기에 제도정치영역에서는 정부의 통제하에 있는 '어용야당'만이, 시민사회에는 노총이나 새마을운동중앙협의회 등 관변단체만이 '자유롭게' 존재하게 된다.

바로 이러한 상황에 대한 반전과 극복과정이 바로 민주화 혹은 민주주의 이행의 과정이 된다. 민주주의의 '부정'으로 특징지어지는 '권위주의화'의 과정은 바로 권위주의국가로부터 제도정치 및 시민사회로 작용해 들어가는 배제적 과정이라고 한다면, 민주주의의 '복원'으로 특징지어지는 민주화의 과정은 시민사회의 활성화로부터 출발하여 제도정치 나아가 권위주의 국가의 민주적 재구조화를 도모하는 과정, 달리 표현하면 시민사회에 의한 제도정치 및 국가의 개방화의 과정이라고 할 수 있다. 이런 점에서 권위주의화의 과정과 민주화의 과정은 정반대의 사회 재조직화(reorganization)의 과정이라고 할 수 있다. 주지하다시피 1970년대 및 1980년대의 반독재 민주화운동 및 전투적 민중운동의 투쟁으로 인하여 권위주의화의 과정은 반전되고 한국사회는 민주화의 과정으로 진입하게 된다. 군부 권위주의 정권의 초기에 권위주의적 통제에 의해 '방어적' 위치에 놓여있던 노동과 시민사회는 반독재 민주화운동과 민중운동이 점차 활성화되어 가게 되고 군부 권위주의 정권의 퇴진과 본격적인 민주화를 강제하는 조건을 만들어내게 된다.

3) 시민운동의 출현과 성격을 이해하기 위한 두 가지 배경

1980년대 말, 특정하게는 1987년 이후 시민운동의 태동과 그 성격을 이해하기 위해서 이러한 민주화 과정의 두 가지 측면을 논의해야 한다. 첫째, 노동과 시민사회의 활성화에 의해 민주화가 강제되고 그를 통하여 준(準)자율적인 제도정치적 공간과 사회운동 공간이 확장되게 된다. 군부 권위주의 정권하에서 운동을 한다는 것은 곧 '존재'를 위협받게 되는 것을 의미하였고, 그래서 '목숨을 내놓는' 전투적인 반독재 민주화운동 및 민중운동만이 비합법적인 공간에서 활동하게 되었다. 물론 합법적인 공간에서 이루어지는 '온건한' 시민운동은 원천적으로 불가능하였다. 1980년대 말 시민운동의 부상은 바로 민주화가 가져온 제도정치 및 사회운동 공간의 자율적 확장을 조건으로 하고 있다.

1980년대 민주화 과정을 통하여 제도정치적 공간의 자율적 분화가 나타나게 됨과 동시에 군부 국가권력으로부터 자율성을 갖는 사회운동 공간이 분화되었다. 그간에 군부 권위주의 정권의 종속적 위치로서만 존재할 수 있었던 시민사회 내에, 전투적 민중운동의 투쟁으로 인한 군부국가권력의 약화에 조응하여 자율적인 사회운동기구들이 분화되게 되고 그것이 이른바 1980년대 말의 시민운동이 된다. 이런 점에서 1980년대 말 시민운동의 출현은 군부 권위주의 국가에 의해 통제되고 협애화되어 있던 제도정치적 공간과 사회운동 공간의 확장을 조건으로 하고 있다고 할 수 있다.

둘째, 1980년대에 전개되는 민주화의 성격은 '아래로부터의 급진적 민주화'가 아니라 '위로부터의 보수적 민주화'의 경로로 전개되게 되고 이것은 1980년대 말 시민운동의 지향성을 규정하는 데 반영되고 있다는 점이다.

한국의 민주주의 이행에서 우리가 주목하여야 할 점은 그것이 '위로부터의 보수적 민주화'의 경로를 따라 전개되고 있다는 점이다. 1987년까지의 시기에는 '아래로부터의 급진적 민주화'와 '위로부터의 보수적 민주화'의 경로가 각축하고 있었으나, 확장된 제도정치적 공간에 대한 민중운동 진영의 전략적 대응능력의 부족, 제도야당 세력의 분열 등으로 인하여 '위로부터의 보수적 민주화'의 경로가 지배적인 것으로 관철되었다는 점이다.[3] 1988년 이후의 일련의 정치적 변동은 바로 '위로부터의 보수적 민주화'의 경로를 따라 제도정치 및 사회운동 공간이 확장되는 과정이었다.

바로 이처럼 '위로부터의 보수적 민주화'가 관철됨으로써, 새롭게 출현하는 시민운동이 이전의 전투적 민중운동 혹은 반독재 민주화운동의 확장으로서보다는 반(反) 혹은 비(非)민중운동적 지향을 가지면서 출현하게 되는 배경이 된다. 1980년대 후반(정확하게는 1988년부터)부터 1990년대 중반(정확하게는 문민정부가 균열되기 시작하는 1994~1995년 무렵)까지의 시기는 시민운동의 반(反)민중운동 혹은 비(非)민중운동적인 독자적 발전이 주목받았고 보수언론에 의해서 이데올로기적으로 부각되었던 시기라고 생각된다. 민선 군부정권(노태우 정부)과 보수언론에 의하여 반민중운동적 분위기와 이데올로기적 조건이 적극적으로 조성되었다는 것이다. 1980년대 후반에 존재하였던 이러한 이데올로기적 분위기는 1991

년 외대 정원식 총리 밀가루 투척사건과 같이 민중운동, 특히 학생운동의 도덕성을 훼손시키는 사건의 발생에 의하여 더욱 증폭시키게 된다. 일반적으로 전두환 정권으로부터 민선 군부정권이라고 할 수 있는 노태우 정권으로의 이행, 민선 군부정권으로부터 민선 민간정권인 김영삼 정권으로의 이행은 마치 민중운동시대의 종언이 나타난 것처럼 보여졌다. 1980년대 후반, 1990년대 초반의 정세 속에서, 정치적, 사회운동적 공간에서 민중운동의 목소리의 반영도는 현저하게 감소하고 있는 것으로 비쳐졌다. '위로부터의 보수적 민주화'의 경로가 바로 이러한 '경쟁적 분화' 경향을 더욱 강화하고 사회운동의 전개에 '보수적인 이데올로기적 효과'를 강하게 미쳤던 것으로 보여진다. 노태우 정부가 출현하면서 1980년대 후반에 보수언론은 '민중운동의 시대는 가고 시민운동의 시대가 도래하였다'는 보수적 인식을 강력하게 증폭시켰는데, 이 시기의 시민운동은 바로 이러한 보수적 인식에 '편승'하고 동시에 상대적으로 '반사이익'을 얻으면서 성장하였다고 할 수 있다. 한편에서는 제도정치 및 사회운동 공간이 확장됨으로써 '존재'를 위협받지 않으면서도 활동할 수 있게 되었으나 그러한 공간에서 태동하는 새로운 운동의 지향이 전투적 민중운동의 확장으로서보다는 그것과 차별화되는 새로운 운동으로서 출현하게 된다는 것이다. 즉 반독재 민주화운동 혹은 민중운동의 '구심력적 심화' 혹은 확장으로서보다는 '경쟁적 분화'4) 혹은 '원심력적 분화'로서 나타나게 된다는 것이다.

4) 1987년 6월 민주항쟁의 이중적 성격

이러한 두 가지 측면은 바로 한국의 민주화를 가능하게 하였던 1987년 6월 민주항쟁의 이중적 성격을 의미한다. 즉 1987년 6월 민주항쟁은 1960·1970년대 및 1980년대를 관통하며 전개되어온 반독재 민주화운동의 승리적 사건이자 패배적 사건이라는 것이다. 1970년대부터 개발독재의 폭압적 탄압을 뚫고 전개되어온 반독재 민주화운동은 1980년대 초 더욱 폭압적인 신군부 정권의 출범이라는 어려운 조건 속에서도 지속적으로 발전하여 1987년 6월 민주항쟁이라는 정점에 이르게 된다. 1987년 6월 항쟁은 군부 권위주의 정권이 퇴진하지 않을 수 없는 정치사회적 조건을 창출할 정도로 대중적·전국적으로 전개되었다는 점에서, 나아가 6·29 선언이라고 하는 군부측의 '양보'를 강제할 정도로 위협적으로 전개되었다는 점에서 '성공'적이었다고 할 수 있다. 그러나 다른 한편에서 보면 6월 민주항쟁은 군부 권위주의 정권의 '타도'에 이르지 못하고 6·29 선언이라는 지배 블록의 '개량적' 정책에 의하여 중단되었다는 점에서 '패배'라고 할 수 있다. 성공의 측면에서 1987년 6월 민주항쟁을 보게 되면, 반독재 민주화투쟁은 군부 권위주의 정권 나아가 군부 권위주의적 통제 질서를 약화시킴으로써 '존재를 위협받지 않으면서도' 활동할 수 있는 자율적인 제도정치적·사회운동적 공간을 확대하게 하였고 1980년대 후반 '화려한' 시민운동시대를 가능하게 하는 조건을 창출하였다. 그러나 실패의 측면에서 1987년 6월 민주항쟁을 보게 되면, 반독재 민주화운동이 군부 권위주의 정권을 '타도'하지 못함으로써 기존의 지배질서 및 기존의 지배 블록의 이니셔티브를 유지시키게 되고 여기서 새롭게 출현하는 시민운동은 반독재 민주화운동 혹은 민중운동의 발전적 확장이기보다는 반(反)민중운동 혹은 비(非)민중운동적 성격을 띠면서 출현하게 되는 이중적이면서 역설적인 조건을 창출하게 된다. 그래서 필자는 1987년 6월 민주항쟁을 1980년대 반독재 민주화투쟁의 승리이자 패배의 이중적 성격을 지니고 있다고 해석한다.

통상 민중운동과 시민운동은 그 이슈로 구분된다. 그러나 1980년대를 통하여 혁명적 운동이 고조되었던 시기에서도 구체적인 투쟁 이슈를 보게 되면 대단히 '체제 내적이고' '개량적인' 이슈였다(직선제 개헌 요구 같은 것을 상기하자). 민중운동과 시민운동을 대립적인 것으로 보는 '상식'은 사실 초기 시민운동이 반민중운동 혹은 비민중운동적 지향을 강하게 풍기면서 출현한 데 따른 반사적 '편견'이라고 할 수 있다.

2. 종합적 시민운동의 부상

이러한 배경 속에서 부동산 투기 근절 및 경제정의 실현 등을 목적으로 하는 경제정의실천시민연합(경실련)[5]이 1989년 7월 출범하게 되고 경실련을 필두로 하는 시민운동이 급부상하게 된다. 이 시기에 새롭게 출범한 시민운동단체들과 이전에 활동하여 오던 시민운동단체들은 1994년 9월 한국시민단체협의회(시민협)를 결성하게 되며 집단적 실체로서 부상하게 된다. 이 시기의 시민운동은 전반적으로 비(非)민중운동적 정체성을 강하게 가지고 있었으며, 기존의 반독재 민주화운동이나 민중운동이 적절히 대면하지 못하였던 이슈들을 중심으로 사회운동의 '틈새시장'을 공략하게 되고 그 결과 급성장하게 된다.

한국의 시민운동은 서구의 신사회운동(new social movement)[6]에 비견되는데, 서구에서 신사회운동은 계급적 대중운동으로 환원되지 않는 다양한 이슈들을 중심으로 계급적 대중운동, 특히 노동운동의 '체제 내화' 혹은 제도화를 배경으로 하여 출현한 운동들이라고 할 수 있고, 한국에서도 이러한 사회운동은 반독재투쟁을 주도하였던 민중운동과는 이슈, 참여자, 가치와 목표, 활동양식, 지향 등에 있어 다른 특징을 드러내고 있다. 한국의 시민운동은 1980년대 반독재투쟁 속에서 부각되었던 독재정권 타도나 계급적 문제보다는, 환경문제와 같은 다(多)계급적, 전(全)계급적 문제, 소비생활상의 새로운 문제 등 반독재투쟁 과정에서 적절하게 다루어지지 못하였던 문제들을 중심으로 분화 발전하게 된다. 군부정권의 극단적인 억압기에 있어서는 군부정권의 타도가 모든 문제해결의 중심적인 과제였기 때문에, 위와 같은 제반 문제영역이 분화되어가고 있었음에도 불구하고 그것들이 부차화될 수밖에 없었다. 그러나 군부독재 '타도'의 문제가 일정하게 해결되면서 그러한 새로운 문제영역과 이슈들이 더 크게 주목을 받게 되는 상황이 시민운동의 독자적 발전을 추동하는 또 하나의 배경이 된다.

이 시기 시민운동은 그 이전의 시민운동에 비해서는 반독재민중운동의 '전투성'이나 '혁명적 지향'을 공유하지 않으나, 정부 및 제도정당, 기득권 체제 및 세력을 비판하는 넓은 의미의 '정치적' 성격을 띠게 된다. 이것은 이전 개발독재체제하에서 왜곡되게 고착된 정부 및 제도정치에 대한 비판과 민주적 개혁 — 비록 이전 시기와 같이 급진적이고 혁명적이지는 않지만 — 이 '시대적 당위성'이 되었기 때문이다. 이러한 시민운동의 '정치적' 성격은 이전 시기의 시민운동과 대비된다. 1980년대 후반 이전의 시민운동은 어떤 점에서 1980년대 후반의 시민운동, 특별히 대표적인 시민운동이 넓은 의미의 '정치적' 성격을 띠었다고 하면,7) 1980년대 중반 이전 시민운동은 탈정치화된 시민운동으로 존재하였다. 한편에 군부 권위주의정권에 포섭된 관변단체가 존재하고 다른 한편에 군부 권위주의 정권에 저항하는 반독재 민주화운동단체들이 존재하였다고 하면, 당시의 시민운동은 관변단체로 동일시될 수는 없지만 독재체제 자체와 공존하는 탈정치적인 단체로 존재하였다

1980년대 후반 보수언론의 화려한 주목을 받으면서 출발한 시민운동이 사회운동의 새로운 형태로 주목을 받게 된다. 그 결과 1990년대 이후 다양한 형태의 사회운동이 '앞다투어' 시민운동으로서의 '정체성'을 '자기화'하게 된다. 그러나 1990년대를 지나면서 시민운동의 조건에 일정한 변화가 나타나게 된다. 그러한 변화로서는 1980년대 후반 및 1990년대 초반 '민중운동의 시대는 가고 시민운동의 시대가 온' 것처럼 보였던 사회적 분위기는 반전되게 되고 그 결과 시민운동의 분화가 촉진된다는 점을 들 수 있다. 구체적으로 보수적 시민운동과 달리 진보적 지향의 시민운동의 출현으로도 나타났고, 또한 보수적 시민운동 내부에서의 진보적 목소리가 커지게 되는 것으로도 나타났다. 1980년대 후반 시민운동이 반민중운동적 성격을 강하게 띠고 있었다고 한다면 이러한 성격이 상대적

으로 완화되게 되고 동시에 친(親)노동운동 혹은 친(親)민중운동적인 시민운동도 출현하게 되었다. 이것은 시민운동의 다원화현상으로 파악될 수 있다. 시민운동 내부에서의 보수적 시민운동의 헤게모니가 전반적으로 약화되게 된다.

이러한 시민운동의 변화를 가능하게 한 요인으로서는 다음과 같은 것들을 들 수 있다. 먼저 6·29를 통해 구지배 블록의 이니셔티브하에 진행되는 '위로부터의 보수적 민주화' 자체의 내적 문제점이 표출되면서 전반적인 비판의식이 고조되고 이것은 '대결적(confrontational)' 사회운동이 재활성화될 수 있는 조건을 부여하게 된다. '타도'의 위기를 '슬기롭게' 극복하면서 지배체제의 합리화와 정치적 안정화가 달성될 수 있을 것으로 보였던 6공화국과 문민정부 초기의 분위기는 반전되고, 그래서 저항운동의 이니셔티브가 상대적으로 재강화될 수 있는 조건이 나타나게 된다. 민중운동의 전반적인 위축을 가져왔던 지배 블록의 이니셔티브가 '위로부터의 보수적 민주화'의 공신력이 약화되면서 동시에 약화되었다는 점은 바로 시민운동의 변화가 나타날 수 있는 조건이 된다. 둘째, 객관적으로는 1980년대 후반부터 1990년대 중반까지의 시기에 노동운동을 비롯한 계급적 대중운동의 성장과 그것이 동반하는 이데올로기적인 '급진화' 효과를 들 수 있다. '위로부터의 보수적 민주화'라는 한계에도 불구하고 그것이 동반하는 사회운동 공간의 확장을 이용하면서, 또한 정권과 보수언론의 이데올로기적 공세를 뚫고 노동운동이 자신의 정치적·조직적 발전을 가속화함으로써, 시민운동의 내부적 정세가 변화하게 된다. 셋째, 확장되는 시민운동적 공간에 외재적인 '이데올로기적 비판'만으로는 확장되는 시민사회적 이슈를 포괄할 수 없으므로 시민운동 공간에 대한 진보적 개입이 필요하다는 '뒤늦은 인식'이 확산되었기 때문이다.8) 이른바 '개량'적 이슈에 대한 주체적인 대응의 필요성이 이전에 비해 강하게 인식되게 되었다는 것이다.

이처럼 한편으로는 '위로부터의 보수적 민주화'의 내적 균열과 위기,

노태우 정권 및 문민정부의 균열의 정치적 효과, 노동운동의 조직적·정치적 발전이 동반하는 사회운동의 급진화 효과, 또한 다른 한편으로 주체적 측면에서 볼 때 '진보적 시민운동'과 같은 대항적인 시민운동적 실천에 대한 공감 확대 등이 1990년대 중반의 시민운동 정세를 변화시키게 되었다는 것이다.

또 다른 진보적 성격의 종합적 시민운동단체인 참여연대의 출범은 바로 이처럼 1990년대 중반 시민운동의 새로운 정세를 배경으로 하고 있었다. 참여연대의 초기 문제의식은 크게 두 가지로 나눌 수 있다. 첫째는 '타도되지 않은' 권력에 대해 방관할 것이 아니라 타도되지 않은 권력의 민주화를 위해 싸워야 한다는 인식이다. 둘째는 새로운 이슈, 이른바 시민운동적 이슈에 대한 적극적인 대응의 필요성이다. 전자는 운동의 방법론에 대한 고민이었다고 할 수 있는데, '가두에서' 전투적으로 발현되던 저항정신을 어떻게 새로운 방법론 속에서 표출할 수 있을 것인가 하는 점이라고 할 수 있다. 후자는 반독재 민주화운동 및 민중운동이 포괄하지 못하였던 운동영역과 이슈가 존재한다는 점에 대한 자각이었다.[9]

3. 종합적 시민운동의 구조적 성격

1) 종합적 시민운동은 왜 성공적이었나: 구조적 관점

그렇다면 여기서 왜 경실련이나 참여연대와 같은 종합적 시민운동이 급부상하였는가를 — 최소한 현재까지 — 살펴보기로 하자. 그 동안 종합적 시민운동들은 '압축형 고속성장'을 통하여 시민운동의 중심으로 자리 잡았다. 경실련이 1980년대 말 및 1990년대 초반의 시민운동의 대표적인 '성공' 사례였다고 한다면, 참여연대는 1990년대 중·후반의 대표적인 '성공' 사례라고 할 수 있다. 경실련이나 참여연대의 성공은 사실 주체들이 잘했기 때문에 성공하였다는 측면도 있지만, 시대적 상황에 크게 기인하고 있다고 생각된다. 그 '성공'을 가능하게 한 요인들은 다음과 같다.

첫째, 정부와 제도정치의 대의(代議)기능의 왜곡이 대의기능을 '대행(代行)'하는 '종합적 시민운동'의 역할을 부각시켰다는 점이다. 한국처럼 의회민주주의가 저발전되어 있고 개발독재국가에 의해 왜곡된 조건하에서는 '정치사회'의 대의기능이 왜곡되어 있고 따라서 시민사회 운동조직에 의한 '대의의 대행' 현상이 나타나게 된다. 정부가 관료적 저항이건 기득권 세력의 저항에 의해서건 시민사회의 요구를 제대로 반영하지 못하고, 나아가 제도정당들이 대의기능을 제대로 수행하지 못함으로써 정부나 제도정당의 대의기능이 비제도적인 시민사회 운동조직에 의해 수행될 수밖에 없게 만든다는 것이다.[10] 결국 대의구조의 왜곡으로 인한 대의의 대행현상이 참여연대와 같은 종합적 시민운동단체의 역할을 극대화하게 된다는 것이다. 1980년대 말 이후 시민운동 조직의 다양한 발전 및 그들이 실제 동원력에 비해 커다란 발언권을 갖는 것은 바로 '정치사회'의 대의의 '지체'에서 비롯되는 '대의의 대행' 현상의 하나라고 할 수 있다. 앞으로 정부나 제도정당의 기능이 합리화되고 그것들이 시민사회의 의견과 요구를 정당하게 반영하는 수준으로 합리성을 갖게 되면 참여연대와 같은 종합적 시민운동의 역할은 재조정될 것이다. 그러나 정부와 제도정당의 '불구성'이 극복되는 과정은 대단히 오래 걸릴 것이고, 따라서 참여연대와 같은 종합적 시민운동의 역할은 중장기적으로 확대된 형태로 나타나게 될 것이다.

둘째, 그 동안 무소불능의 힘을 가지고 있는 국가-시장 '동맹'체제의 문제점 때문이다. 개발독재하에서 고착된 국가-시장-시민사회의 불균형이 해소되고 시민사회의 새로운 자정력(自淨力)으로 국가 및 시장의 합리적 개혁이 이루어져야 하는 것은 시대적 요청이다. 민주화란 개발독재 속에서 왜소화되어 있던 시민사회가 정상화되고 그 힘에 기초하여 국가와 시장의 왜곡된 모습들이 교정되어 국가-시장-시민사회의 올바른 관계가 복원되는 것이라고 할 수 있다. 개발독재시대에 국가는 군부 권위주의 국가로 왜곡되어 있었고, 시장은 재벌중심적인 천민적 구조로 왜곡되어 있었다. 또한 자연스럽게 국가권력 엘리트들과 재벌 간에는 정치적·경제적 유착관계가 성립되어 있었다. 국가권력과 시장권력은 자신에 대한 도전자들을 반공이라는 이데올로기로 제압하였다. 그 결과 시민사회는 국가권력에 의한 정치적 억압에 의해, 그리고 시장의 천민적 논리에 의해, 또한 극우 반공적 이데올로기에 의해 왜곡되어 있었다. 달리 표현하면, 국가의 억압적 논리, 시장의 영리 논리는 반공주의와 성장주의라는 이데올로기에 의해 정당화되면서 시민사회의 자발적 논리로 내재화되어 있었다. 바로 이러한 상태에서 시민사회의 활성화를 반영하면서 시민사회운동이 성장하여 왔고, 여기서 국가-시장-시민사회의 균형화를 향한 압력을 행하는 시민운동의 역할이 시대적 요구와 합치하게 된 것이다. 달리 표현하면 민주화가 본격화되면서 국가와 시장의 '동맹' 체제 — 이것은 반공주의에 의해 강화된다 — 의 개혁을 위한 사회적 압력이 강화될 필요가 커지게 되었고, 여기서 정부권력과 재벌 등의 경제권력을 감시하고 견제하는 시민운동의 사회적 요구가 강화되게 되었다. 국가와 시장의 '동맹'구조를 해체하고 새로운 관계구조를 만들어야 하는 시대적 과제가 바로 참여연대와 같은 종합적 시민운동의 역할을 부각시키게 되는 것이다. 경실련이 벌인 부동산 투기에 대한 문제제기, IMF 이후 참여연대가 벌인 재벌개혁운동에 대한 국민적 지지, 비록 대안은 없지만 정부와 제도정당을 비판하는 것만으로 도덕성을 갖게 되는 현상 등은 바로 단적인 예가 될 것이다.

셋째, 공공영역의 불구화로 인하여 공공영역의 활성화에 대한 시대적 요구를 강화하였다는 점을 들 수 있다. 국가와 시장에 대한 감시와 비판은 정상적인 '공공영역'이 형성되고 작동할 때 가능하게 된다. 시민사회의 다양한 의견이 표출되고 경쟁·수렴되는 공적인 장으로서의 공공영역이 개발독재하에서는 부재하였고 여기서 시민운동기구들은 공공영역의 존재화와 정상화에 있어 중요한 역할을 수행하게 되는 것이고,[11] 이것이 종합적 시민운동단체를 강화시키는 조건이 된다. 현재처럼 제도정당이 '불구화'되어 있는 상황 속에서는 시민운동의 대의기구적 역할이 과도기적으로라도 강화되지 않을 수 없다고 생각된다. 공공영역의 불구화는 바로 언론기관이나 제도정당이 권력기구 혹은 시장기구(재벌언론이나 언론재벌)로 작동하는 데서 기인한다. 단적으로 언론 및 제도정당의 불구성이 종합적 시민운동단체의 고속성장을 가능하게 하는 중요한 요인이었다고 할 수 있다.

2) 참여연대와 같은 한국의 종합적 시민운동은 '신사회운동'인가?

종합적 시민운동이 포괄하고 있는 이슈를 보게 되면, 조직의 성격과 관련하여 다음과 같은 논점이 제기된다. 먼저 이러한 운동이 서구의 '신사회운동'이라고 규정할 수 있는가 하는 의문이다. 이는 합리화된 국가와 제도정당의 '관료화'에 대항하는 신사회운동과 달리, 종합적 시민운동은 국가와 제도정당의 합리화와 민주화라고 하는 '근대적' 과제를 포괄하고 있기 때문이다. 필자는 현단계 종합적 시민운동은 한편에서는 구사회운동과 대립되는 의미에서 서구의 신사회운동과 성격을 같이하는 측면이 존재하나, 다른 한편에서는 동시에 구사회운동적 성격을 강하게 내장하고 있다고 생각된다. 특별히 반공주의적 구조하에서 왜곡된 국가와 시장은 '일반민주주의'(GD)적 과제를 중심으로 전개되고 있다고 생각된다. 이런 점에서 구사회운동적 성격과 신사회운동적 성격을 공유하는 '복합적' 성격을 띠고 있다고 평가할 수 있다.

한국에서 경실련이나 참여연대와 같은 '종합적 시민운동'은 사실 개발독재적 국가의 민주적 전환을 위한 모든 과제들을 포괄하고 있는데, 이는 사실 민주주의의 진보화를 둘러싼 구사회운동적 과제라고 할 수 있다. 또한 노동계급의 정치적·시민적 권리 자체가 온전하게 보장되지 못하고 있는 조건에서, 노동운동은 언제나 노동 3권과 같은 근대적 권리의 쟁취를 위해서 싸우게 된다. 현재 우리 사회에는 시민적 비판만으로 해결될 수 없는 국가권력의 민주화의 과제가 여전히 우리에게 남아 있다 (국가보안법 등). 이런 점에서도 한국의 시민운동은 한편에서는 이른바 '탈근대적'인 과제들을 중심으로 싸우기도 하지만, 다른 한편에서는 근대적 과제 자체를 중심으로 전개되고 있다는 것을 의미한다. 최근에 발생한 지하철 파업이나 소액주주운동, 의정감시운동, 사법감시운동, 경제민주화운동은 사실 초기 산업화의 과정에서 왜곡된 국가와 시장의 근대적 '정상화'의 성격을 지니고 있다고 할 수 있다. 한국의 민주주의 발전은 민중운동의 활성화와 시민운동의 '전향화(轉向化)'를 통하여 국가에 의한 시민사회의 잠재적, 현재적 억압이 극복될 때 비로소 가능하다는 전제를 가질 필요가 있다.

3) 종합적 시민운동은 예외적 형태인가?

둘째, 종합적 시민운동을 시민운동의 예외적 형태로 바라보아야 하느냐 '일반적' 형태로 바라보아야 하느냐 하는 것이다. 때로는 대표적인 시민단체인 경실련이나 참여연대와 같은 대표적인 시민운동단체가 종합적 성격을 띠고 있기 때문에, 종합적 시민운동단체가 '전형'처럼 여겨지기도 한다. 지역적인 수준에서도 종합적 시민운동단체가 존재한다. 부산 참여자치 시민연대 및 대전 참여자치 시민연대, 인천 경실련 등 경실련 지역지부가 바로 그러한 예라고 할 수 있다. 종합적 시민운동단체에 대해서는 재벌이 '문어발식 경영'을 하듯이, 종합적 시민운동단체들이 너무 다양한 이슈들을 다루고 있고 '문어발식 운동'을 하고 있지 않은가 하는 우려도 제기되고 있다.

이와 관련하여 필자는 먼저 종합적 시민운동단체 자체를 시민운동의 '일탈'적 형태로 인식할 필요는 없다고 생각한다. 특히 이러한 종합적 시민운동단체가 민주화 개혁 국면에서 국가권력과 시장권력의 민주적 개혁을 추동하는 역할을 고려한다면 종합적 시민운동단체의 역할은 현재의 한국사회에서 중요한 의의를 가지고 있다고 생각된다. 예컨대 지방권력기구로서의 지방자치단체 및 지방의회 및 사법기구들을 일상적으로 종합적으로 감시하는 종합적인 지역 시민운동단체가 지속적으로 존재할 수 있다고 생각된다. 현재처럼 국가권력과 사회운영 시스템이 합리화되어 있지 않고 여러 측면에서 감시와 비판이 요구되는 상황에서는 종합적 운동형태는 불가피하다고 생각된다.

그러나 운동단체란 그 운동이 해결하고자 하는 과제에 대응하는 것이므로, 장기적인 측면에서 보면 그것은 우리 사회의 정부와 제도정당, 사회운동 시스템 자체의 개혁과 합리화가 어느 수준으로 이루어지느냐와 연동된다고 생각된다. 우리 사회의 정치, 경제, 사회가 일정한 합리성을 가지게 되면, 그래서 종합적 감시보다는 집중적 감시가 중요해지는 상황에서는 현재의 종합적 시민운동단체들은 변화를 요구받게 될 것이다. 필자는 장기적인 측면에서 현재의 종합적 시민운동단체를 몇 가지 전략적 사업영역을 중심으로 특화하는 것이 바람직하다고 생각된다. 현재 한국사회에는 시민사회단체의 수가 제한적이고[12] '운동화'되지 않은 사회영역이 많다는 점을 고려할 때, 현재의 종합적 시민운동단체들은 오히려 그 종합성으로 운동화되지 않은 사업영역들을 새롭게 운동영역으로 개척하고 자립능력을 갖는 부서들을 독립적인 단체로 분리시키는 것이 좋다고 생각된다.[13]

4. 참여연대운동을 통해서 본 시민운동의 문제점과 쟁점들

필자 스스로가 참여연대에서 활동하고 있기 때문에, 이 절에서는 여타의 운동단체를 대상으로 하기보다는, 참여연대를 중심으로 종합적 시민운동의 문제점을 살펴보기로 한다. 참여연대에 대한 비판으로서는 '현상'적인 측면에 대한 것에서부터 '계급적 성격'에 이르기까지 다양하게 제기되고 있다.

첫째, 이른바 '언론발' 받는 일을 중심으로 사업을 전개하고 있지 않느냐 하는 비판이 있다. 둘째, 연대사업에 있어서 그 성과를 독점하는 것이 아니냐 하는 우려가 있다. 셋째, 너무 잡다한 사업을 전개함으로써 사업의 비(非)연관 다각화현상이 나타나고 있지 않는가 하는 비판이 있다. 넷째, 개별기업의 노동조합운동이나 일반적인 노동운동과의 연대를 포함하여 민중운동과의 연대를 소홀히 하고 있지 않느냐 하는 비판이 있다. 다섯째, 참여연대가 국가권력이나 재벌권력에 대항하는 '시민' 권력기구인 데서 나아가 시민 '권력'기구화하지 않는가 하는 비판이 있다. 여섯째, '개량적'인 이슈들을 중심으로 활동하지 변혁적 함의를 갖는 투쟁은 소홀히 하고 있지 않는가 하는 비판이다. 일곱째, 소액주주운동 같은 경우 대표적으로 '가진 자들의 운동'이며 운동의 계급적 본질에 뚜렷한 한계가 있다는 비판이 있다.

이러한 비판점은 참여연대 자체의 고유한 문제점에 대한 비판이기도 하고 현 시기 시민운동의 일반적 성격에 대한 비판이기도 하다. 첫째와 둘째 비판은 초기 시민운동, 대형 시민운동의 전철을 밟지 않도록 하는 성찰적 노력이 필요하다고 생각된다. 둘째 문제와 관련하여서는, 참여연대가 이미 대표적인 시민단체로 '공인'받고 있기 때문에 언론에 보도되는 과정에서 연대사업 자체에서 참여연대가 주도적인 역할을 하느냐를 떠나 주도적인 단체로 '보도'되고 그것이 여타 단체들로 하여금 연대사업의 성과를 독점하는 것처럼 비쳐지게 하는 측면이 있다고 생각된다. 필자는 이미 대형화되고 공신력있는 단체로 부상한 단체들은 스스로가 '독점'적 지위를 향유하려 하기보다는, 신생단체 및 군소단체들이 공신력있는 단체로 성장해갈 수 있도록 '지원'적 역할을 극대화하도록 섬세하게 노력하여야 한다고 생각한다. 셋째와 관련하여, 필자는 앞서 종합적 시민운동이 민주개혁의 과도기적 국면에서 중요한 역할을 할 수밖에 없는 점을 지적하였다.

업무의 비(非)연관 다각화의 문제는 참여연대 자체가 비연관된 사업들을 '주체적'으로 선택하였기 때문이기도 하지만, 다른 한편에서는 참여연대에 대한 여타 단체들이 연대사업을 요구하는 데서 발생하는 불가피한 측면도 존재한다. 예컨대, 여타의 단체들의 경우 사안에 따라 이미 사회적 공신력을 갖는 참여연대의 연대를 요구하게 된다. 대표적인 시민단체가 되어버린 참여연대가 참여함으로써 여타 단체의 투쟁이 '힘을 받는 것처럼' 보여지는 상황에서 외부단체들의 연대사업 혹은 지원사업이 다양화되고 이것이 사업의 비연관 다각화로 투영되는 측면이 존재한다는 점이다. 비연관 다각화라는 비판을 의식해서 자신의 주력사업이 아닌 경우 연대사업이나 지원사업을 소홀히 하는 경우 그것은 곧바로 넷째 비판이 제기되게 된다. 실제 셋째와 넷째의 비판이 참여연대에게 동시에 제기될 때는 참여연대 사업의 딜레마로 작용하게 된다. 그러나 이러한 딜레마를 전제하더라도, 중장기적으로 핵심적인 전략사업 영역을 설정하고 그것에 집중하기 위한 목적의식적인 노력이 필요하다고 생각한다. 참여연대가 노동자운동과 민중운동과 보수적 시민운동 사이에서 적당한 양비론으로 대응하고 있는 것은 아닌가 하는 비판[14]도 이와 연관이 있다. 앞서 서술한 바와 같이 참여연대는 시민운동의 변화된 내적 정세를 배경으로 하고 있고 1980년대 말 시민운동의 반민중운동 혹은 비민중운동적 지향을 비판하면서 출발하였기 때문에 친민중운동 혹은 친노동운동적 성격을 지향하는 것으로 평가된다. 그러나 개별 사안에 대처함에 있어서는 이러한 비판의 지점들이 존재하는 것도 사실이다.

이와 관련하여 필자는 참여연대와 같은 진보적 시민운동과 노동운동은 결코 동차원의 대립물이 아니며 대립물이 되어서도 안된다고 생각한다. 진보적 시민운동을 하는 것은 노동운동을 하지 말자는 것과는 다른 차원의 문제이다. 왕왕 시민운동, 특히 진보적 시민운동을 강조하고 진보적 시민운동의 영역을 개척하는 것을 노동운동에 대립하는 것으로 인식하는 경우가 있다. 그러나 진보적 시민운동은 노동운동에 의해 포괄되지 않는 다양한 이슈들을 끌어안고 대결함으로써 노동운동과 보완관계에 설 수 있다고 생각된다.

1980년대 후반 보수언론에서는 시민운동을 '공공선(common good)'을 지향하고 노동운동은 '계급 이기주의'에 기초하여 행동하는 것처럼 규정하기도 하였다. 물론 노동자의 이해와 공공적인 이해가 대립하는 경우도 있을 수 있다. 그러나 현 시기 노동자에 대한 배제와 억압이 주된 것으로 존재하는 조건에서 노동운동의 투쟁은 공공선을 실현하는 중요한 동력이 되고 있다. 현재의 한국 상황은 노동자계급의 계급이기주의가 문제될 정도로 한국의 민주주의가 확장되어 있거나 노동자들의 권리가 신장되어 있지 않다. 모든 이슈에서 노동조합의 입장이 공익적 입장과 동일시되는 것은 아니나, 현재로서는 노동자계급의 기초적인 정치적·경제적 권리를 보장받기 위한 투쟁이 도덕성을 갖는다고 해도 틀린 말이 아니다.

한국에는 서구에서의 체제내화된 노동운동과 달리 역동적인 노동운동과 민중운동이 존재하고 있다. 한국사회의 민주주의의 불완전성은 시민운동 역시 보수화하는 것을 제한하고 있다. 이것은 서구사회에서처럼 노동운동의 역동성과 신사회운동의 역동성이 적극적으로 결합할 수 있는 가능성이 크다는 것을 의미한다. 이런 점에서 전투적 노동운동과 진보적 시민운동 간의 연대 및 동맹을 현실화하기 위한 적극적인 노력이 요구된다고 생각한다. 시민운동 입장에서는 한국사회의 편협한 이데올로기적 한계를 뛰어넘는 근본적인 급진성과 전투성의 견지가 요구되지만, 노동운동 입장에서는 그러한 한계를 인식하면서도 시민운동 내부에서의 진보성이 발현되도록 노력하고 더 나아가 시민운동을 '수단화'하지 않는 적극적인 동맹전략이 요구된다고 생각된다. 한국의 사회운동이야말로 '전투적 노동운동과 진보적 신사회운동의 동맹'의 세계 운동사적 전형을 만들어갈 수 있는 토양이라고 필자는 생각한다.[15)

노동계급에 기반을 두는 노동당이나 사회민주당이 이른바 신사회운동과 동맹하는 형태는 다양하게 존재하며,16) 한국적 맥락에서 노동운동과 신사회운동 간의 '동맹'에는 다양한 형태가 존재할 수 있다. 예컨대 시민운동에는 진보적 시민운동, 중도적 시민운동, 보수적 시민운동이 있을 수 있고, 또한 친노동적 시민운동과 비(非)친노동적 시민운동이 있을 수 있다. 노동운동측에서도 적극적인 동맹전략이 필요하며, 시민운동 내부에서도 노동운동과의 동맹을 적극적으로 사고하여야 한다고 생각된다. 필자는 "시민의 다수는 노동자이므로" 비노동자적 시민만을 대상으로 할 때, 그것은 중산층적 시민만을 대상으로 하는 것이 된다고 생각한다.

다섯째로 시민 '권력'화하는 것이 아닌가 하는 우려는 참여연대에 대해서 뿐만 아니라 시민운동 일반에 대해서도 제기되고 있다. 이것은 최근 경실련 사태 같은 것을 계기로 한 우려 증대를 배경으로 하고 있기도 하고, 참여연대의 소액주주운동이나 재벌개혁운동에 대한 재벌들의 반개혁적인 불만에서 기인하는 것도 있다. 전자와 관련하여서, 시민운동에 대한 무조건적인 우호적 태도가 '도덕성'을 갖는 것처럼 여겨지는 분위기에서 반대의 분위기가 조성되고 있는 현실을 직시하면서, 시민운동단체가 '관료적'인 모습을 보이거나 실제 권력기관처럼 행동하지 않도록 하는 성찰적 노력이 필요하다고 생각된다. 후자와 관련하여서는, 재벌을 포함하여 우리 사회의 기득권층이 민주적 개혁에 따른 기득권 박탈을 우려하면서 반개혁적 여론을 조성할 가능성을 예방하면서 시민사회 내의 적극적인 개혁적 여론을 만들어내는 것이 중요하다고 생각된다.

여섯째 문제와 관련하여서, 필자는 우리가 소중하게 생각하고 있는 '1980년대적 정신'의 관점에서 보면 '개량적'이라고 하는 평가에 대해서 인정한다. 직접적으로 체제변혁적인 투쟁을 하지 않기 때문이다. 그러나 역시 1980년대적 표현을 빌리면, 현재의 시민운동, 특히 종합적 시민운동의 활동은 '일반민주주의'(GD)적 투쟁의 범주에 속한다고 할 수 있다. 문제는 일반민주주의적 투쟁을 어떤 관점에서 수행할 것인가 하는 문제이지, 그 자체의 '존재론적' 한계를 지적하는 것이 문제는 아니다. 앞서도 지적하였듯이, 1987년 이후 '위로부터의 보수적 민주화'는 1980년대 바로 민중진영의 투쟁, 그리고 우리 자신들의 투쟁의 결과로 — 한편으로는 성공의 결과로 다른 한편으로는 실패의 결과로(앞서 6월 항쟁의 이중성을 지적한 바 있다) — 나타난 것이다. 우리에게 당면한 문제는 이렇게 주어진 현실에 어떻게 싸울 것인가 하는 문제라고 생각한다. 오히려 1980년대식의 혁명과 개량의 양분법으로는 진보적 사회운동의 공간을 축소시키게 된다는 점을 지적하지 않을 수 없다. "개량에 대한 '혁명'적 접근법"이 필요하다고 표현하는 것이 더욱 적합할지 모르겠다. 그런 점에서 일반 민주주의 공간, 일반민주주의의 정치적·사회적 공간이 확장되는 것을 적극적으로 바라보면서, 진보적 실천의 영역과 방법론을 다양화하는 것이 중요하다고 생각된다. 변혁적 성격이 한 이슈 자체 속에 '내재'하기보다는, 그 이슈를 바라보는 '관점' 속에 존재한다고 보는 것이 더욱 진보적이라고 생각된다.

필자는 이 문제는 그람시적 표현을 빌리면 기동전과 진지전의 보완적 관계로 표현할 수 있다고 생각한다. 통상 기동전과 진지전을 대립되는 것으로 생각한다.[17] 그러나 필자의 관점에서 볼 때, 진지전은 기동전 자체를 부정하는 것은 아니다. 오히려 일반민주주의의 정치적·사회적 공간이 확장되는 것에 대응하여 다양한 (운동) '진지'들이 구축되어야 한다고 생각된다. 진지전을 강조하는 것은 민주주의의 심화에서 혹은 한 사회의 민주적 변혁에서 다양한 진지가 필요하다는 것을 지적하는 것이지, 기동전 자체를 부정하는 것은 아니다. 쟁취되고 구축된 진지가 특정한 국면에서의 기동전적 전략 내부에서 어떤 지위와 관계를 가질 것인가 하는 것은 다른 차원의 문제라는 것이 필자의 생각이다. 구축된 진지전이 어떤 성격을 가질 것이며 어떤 방향으로 작동할 것인가 하는 점은 특정 국면의 상황에 따라 결정될 것이다.

일곱번째, 소액주주운동에 대한 비판을 들 수 있다. 소액주주운동[18]에 대해서는, 상반되는 비판이 제기된다. 자본측에서는 "소액주주운동이 정치 운동인 양 호도하면서 정상적인 기업경영이나 시장경제를 교란한다"고 비판한다. 반대로 재벌개혁과 관련하여 소액주주운동의 '계급적 한계'와 이데올로기적 속성을 비판하는 쪽도 있다. 후자의 비판에 따르면, "소액주주운동은 가진 자의 운동이다", "소액주주운동은 재벌개혁의 본질을 왜곡할 수 있다", "소액주주운동은 노동자 경영참가를 이데올로기적으로 억압하는 효과를 갖는다", "소액주주운동은 지분확보 과정에서 외국인주주나 외국계 기관투자가들로부터 필요한 지분을 충당하고 있으므로 외국자본의 이해를 대변한다".[19] 이에 대해서 소액주주운동은 소액주주의 권리를 활용하여 기업 지배구조의 민주화를 이루려는 운동일 뿐 재벌의 소유, 지배구조를 근본적으로 변화시키는 데는 원천적인 한계가 있다는 점을 솔직하게 인정하면서, "오히려 현 단계 경제민주화운동의 문제는 소액주주운동 외에 재벌체제의 근본적 전환을 위한 다양한 운동들이 적극적으로 전개되고 있지 않다"는 반론도 있었다. "참여연대의 소액주주운동을 계기로 다른 형태의 경제민주화운동이 휴식을 취하거나 재벌개혁을 위한 진보진영의 임무가 경감돼서도 안된다. 오히려 촉발의 계기가 돼야 한다"는 점을 지적하고 있다.[20] 이에 대해서는 재반론[21]이 제기된 바 있다.

1997년과 1998년 소액주주운동이 주목받게 된 것은 사실 소액주주의 '권익옹호운동' 그 자체보다도 재벌개혁운동의 일환으로서였다고 생각된다. 소액주주운동을 전개하는 주체의 입장에서도 전자보다는 후자의 관점에서 접근하였다고 생각된다. 실제 민주화가 본격화되면서 국가와 시장의 '동맹'체제 — 이것은 반공주의에 의해 강화된다 — 의 개혁을 위한 사회적 압력이 강화될 필요가 커지게 되었고, 여기서 정부권력과 재벌 등의 경제권력을 감시하고 견제하는 시민운동의 사회적 요구가 강화되면서 소액주주운동이 주목을 받게 되었다고 생각된다. 이런 점은 IMF로 인하여 재벌체제의 문제점이 더욱 극명하게 나타나고 재벌개혁을 위한 사회적 비판이 강화되면서 더욱 주목을 받게 된다.

필자는 소액주주운동의 '본질론'적 한계를 고려하면서도, 현재는 재벌을 포함한 경제권력에 대한 민(民)의 저항의 '다양한' 행동수단의 하나로 인식될 수 있다고 본다. 사회주의 붕괴 이후 시장 자체를 부정할 수 없는 조건 속에서, 기업활동(자본)은 노동조합에 의한 내부적 감시, 소액주주에 의한 아래로부터의 감시, 국가에 의한 공익적 감시, 은행에 의한 수평적 감시 등 다양한 감시와 통제가 필요하고 바로 이러한 다양한 노력의 하나로 인식하는 것이 타당하다고 생각된다. 소액주주 자체가 자본주의적 질서 자체를 전제하고 활동하는 것이지만, 소액주주운동은 자본주의라는 현실 속에서 자본을 통제하는 민의 활동의 한 측면으로 이해되어야 할 것으로 생각된다. 그러나 중장기적으로 현재와 같이 재벌총수들의 전횡과 천민적 경영행태 속에서 소액주주를 포함한 모든 경제적 주체들의 권리가 전적으로 부정되는 현실이 일정하게 극복되어가고 소액주주운동이 소액주주들의 권익 옹호운동으로서의 성격이 주된 것으로 되어갈 때, 소액주주운동은 본질적 선택을 요구받게 될 것으로 판단된다.

5. 종합적 시민운동 발전의 병목지점과 전망

마지막으로 이러한 논의의 전제 위에서, 21세기를 향한 종합적 시민운동의 고민지점을 살펴보고 전망을 살펴보기로 한다.

첫째, '시민 없는 시민운동'을 어떻게 극복할 것인가, 어떻게 시민운동을 대중참여적 운동으로 발전시킬 것인가 하는 문제를 살펴보기로 한다. 일반적으로 한국의 시민운동은 시민참여가 취약한 '시민 없는 시민운동'의 한계를 가지고 있다고 지적된다. 그렇다면 계급적 대중운동과 달리 시민운동은 독자적인 대중운동으로 전개될 수 있는 것인가 하는 문제가 제기된다. 이 점에 대해서 명확한 해답이 존재하고 있지 않다. 현재로서 시민운동이 소수의 전문가들 혹은 상근간사들의 운동으로 관성화되어서는 안된다는 원칙적인 입장을 강조할 필요가 있다고 생각된다.

그런 점에서 다양한 방법으로 시민참여를 확대하기 위한 내적·외적 노력이 경주되어야 한다. 무엇보다도 참여적인 시민의식을 높이기 위한 일상적인 노력이 경주되어야 한다. 환경운동 같은 경우 상대적으로 많은 회원을 보유하고 있고, 각종 운동과 행사에 대한 일반시민들의 참여가 상대적으로 크나, 일반적으로 시민운동의 경우 상근자 및 임원, 일부 열성회원 중심의 운동으로 전개되고 있다. 이것은 물론 '무임승차 의식'과 같이 시민들 자신들 속에 참여의식이 부재한 데서 연유하는 것이기는 하나, 이것을 인식하면서도 시민운동이 '엘리트주의'적 편향과 '상근자주의'적 관성으로 가지 않도록 하는 지속적인 노력이 필요하다. 여기서 참여 자체가 시민운동의 수단이기도 하지만 목적이기도 하다는 점이 강조되어야 한다.

둘째, 안정적인 재정기반을 어떻게 마련할 것인가 하는 문제가 있다. 1999년에 국민정부는 행정자치부를 통해 150억 원(중앙 50%, 지방 50%)을 지원하였다. 현재 민간운동지원법(시민단체에서는 시민사회지원법)이 법제화를 기다리고 있다. 시민단체가 정부지원금을 받아야 하는가라는 구체적인 쟁점이 있다. 이에는 원칙적으로 시민사회단체의 독립성과 자율성을 위하여 정부는 '간접지원'에 국한하여야 한다는 원칙론에서부터, "지원금이란 기본적으로 국민의 세금이므로, 더구나 지원과 정치적 지원이 교환되는 것이 아니므로 당연히 받아야 한다"는 입장에 이르기까지 차이가 나타나고 있다.

여기에는 세 가지 변수가 고려되게 된다. 첫째 한국의 민주주의가 충분히 완숙되지 않아 재정지원의 정치적 효과가 없다고 말할 수 없는 조건, 둘째, 현실적으로 기금이나 재단형태의 지원체계가 발전되어 있는 서구와 달리 '사회적' 재정지원 장치가 없다는 점, 셋째, 참여적 시민문화 및 기부문화의 부재로 회비에 의한 재정충당이 어렵다는 점 등이다. 참여연대를 예로 들면, 월 총지출 중에서 70%를 회비에 의해 충당하고 있다. 다른 단체들의 경우 회비에 의한 재정 충당률이 20~30%에 이르는 점을 감안하면, 이는 대단히 높은 수치이다. 나머지 부족분을 개인적 기부나 그림전 등 각종 특별 모금행사를 통해 보충하고 있다.[22] 특별히 참여연대의 경우 기업과 정부로부터 재정지원을 받지 않는다는 원칙을 견지하고 있기 때문에 일상적으로 재정적인 어려움을 겪고 있는 것이 사실이다. 인지도가 있는 단체의 경우가 이러하다는 점을 고려하면, 군소단체들의 재정적 어려움은 더욱 크다. 그것을 상근자들의 개인적 헌신으로 버티어가고 있는 셈이다. 필자의 입장에서는 공신력을 갖는 대표적인 단체일수록 정부나 기업으로부터의 재정적 자립성을 유지하려는 노력을 경주하는 것이 중요하다고 생각한다. 이와 동시에 정부는 직접 '자금교부' 방식에서 간접적인 지원체제를 제도화하는 방안으로 나아가야 할 것이고, 사회적 차원에서 다양한 공익재단들이 마련되면서 시민운동의 재정적인 후방지원 체제가 폭넓게 발달하는 것이 필요하며, 우리 사회에 폭넓게 기부문화가 발전할 필요가 있다고 생각된다.

셋째, 시민운동의 정치와의 관계는 어떠하여야 하는가 하는 고민의 지점이 있다. 정치와 시민운동의 관계에 대해서는 먼저, 최근 '젊은 피 수혈론'에서 문제가 된 바와 같이 정치엘리트의 충원 풀(pool)로 시민운동(지도자)이 기능하여야 하느냐, 다음으로, 국민적 불신을 받고 있는 제도정치의 혁신을 위한 '정치적' 역할을 시민운동이 하여야 하느냐, 한다고 할 경우 그것은 어떤 형태여야 하는가 하는 문제이다. 필자는 장기적으로 볼 때 시민운동이 정치엘리트 충원 풀 중의 하나가 될 것이라고 생각한다(사실 미국에서는 기업엘리트가 정치엘리트로 대거 충원된다). 그러나 현재는 정치에 대한 국민적 불신, 시민운동의 발전의 취약성 등을 고려할 때, 극히 일부가 이동할 수는 있으나 시민운동 전체적으로는 시민운동의 '마르지 않는 저수지'가 형성되어 '흘러 넘치는' 역량의 일부가 정치적으로 충원되어도 좋은 시점이 오기까지는 절대적으로 반대하여야 한다고 생각한다.[23]

다음으로 시민운동의 정치화가 필요한가 하는 문제가 있다. 사실 1996년 선거에서 반지역주의적인 개혁적 제도야당 세력과 시민운동 세력이 연대하여(정치개혁 시민연대) 시민운동의 정치화를 위한 시도가 있었다. 그러나 이는 실패하였다. 현재로서 시민운동의 정치세력화를 포함한 진보적 정치세력화는 중장기적으로 실현될 수밖에 없을 것으로 생각된다. 단기적으로는 노동세력의 정치세력화나 환경 사회운동세력의 정치세력화를 전망하여 볼 수 있다. 단기적으로 현실적인 가능성은 노동세력의 정치세력화와 결합된 시민운동 일부의 정치세력화가 유일한 가능성이라고 생각된다. 그러나 현재로서는 우리 사회의 반(反)정치주의적 분위기와 노동운동·시민운동 간의 긴장으로 인하여 이 역시 불가능한 상태에 있다고 할 수 있다. 그런 점에서 노동세력을 중심으로 하는 진보정치세력화가 '각개약진'의 형태로 추구될 수밖에 없는 현실적 조건에 있지 않는가 생각된다.

셋째, 시민운동 일반이 '운동만 있고 조직과 체계는 없다'라는 지적을 어떻게 넘어설 것인가 하는 과제가 제기되고 있다. 한국경제가 '압축형 성장'을 하였듯이, 시민운동 역시 압축형 성장을 하였다고 할 수 있다. 경실련이나 참여연대 같은 단체들은 '작은 정부'라고 일컬어질 정도로 대표적이고 영향력있는 단체로 성장하였으나, 그 기간은 5년 혹은 10년도 채 되지 않는다. 이러한 압축형 성장과정은 시민운동의 내적 체계성과 전문성의 부족을 시사한다. 자원봉사 관리, 대형 조직관리, 직무교육, 직무 매뉴얼, 규정, 업무 분장 등 기존의 '관료제'적 조직의 노하우가 충분히 축적되지 않고 있다. 이러한 점은 시민운동을 지원하는 외적 인프라의 부족에 의해 보다 강화되고 있다. 비교사회적 관점에서 보면 한국의 시민운동, 특히 종합적 시민운동은 다른 나라에 비해 대단히 크나큰 영향력을 가지고 있다. 그러나 그러한 영향력에도 불구하고 내적 체계성, 그러한 영향력있는 조직을 운영하는 인프라의 빈곤이라는 모순적 상황에 놓여 있다고 할 수 있다. 이런 점을 보완해가는 것도 현 시기 종합적 시민운동 혁신의 중요한 과제라고 할 수 있다.

넷째, 시민운동, 특별히 진보적 시민운동에 상응하는 시민운동 '문화'를 어떻게 만들 것인가 하는 점이다. 현재 대부분의 시민운동단체들은 개별 이슈를 중심으로 활동의 통합성을 발휘하고 있는데, 고유한 시민운동 문화 나아가 시민운동적 생활문화가 부재하고 있다. 1970, 1980년대 대학에서는 민중문화가 대학에서의 저항문화로 존재하고 있었다. 이러한 민중문화는 사회운동에도 전형적인 문화지향으로 존재하고 있었다. 그러나 현재는 강력한 대항문화가 존재하지 않고 있다. 대학이 상업적 소비문화에 압도당해 있고 강력한 대항문화가 존재하지 않는다는 점에서 우리 시대의 '병적인' 측면을 발견할 수 있다. 시민운동 역시 대항문화의 진원지가 되지 못하고 있다. 이것은 한국의 시민운동이 1968년 5월 혁명처럼 문화혁명적 성격을 전혀 지니지 못하고 있음을 의미한다. 이런 점에서 어떻게 대안적인 시민 '운동문화'를 형성할 것인가, 이것이 대학문화와 연결될 수 있을 것인가 하는 과제가 존재한다.

특히 개발독재하에서 압축형 성장을 위하여 동원된 여러 부정적 요소들은 왜곡된 보수적 시민사회를 재생산 기제의 일부로 재편되었고 구조적으로 의식, 생활, 사회적 관계 등의 일부로 내재화되어 있다. 폐쇄적 가족주의, 성장주의, 반공주의, 연고주의, 유교적 엘리트주의, 지역주의, 권위주의, 가부장제 등은 시민 속에 내재하여 있다. 왜곡화된 보수적 시민사회에 대한 성찰과 대안적 행동을 유도하기 위해서도 대안적인 문화의 필요성이 크다고 할 수 있다. 이런 점에서 현재와 같은 대(對) 권력적 투쟁을 넘어서서, 시민사회 자체의 쇄신을 도모하고, 대 권력적 투쟁이 문화공동체적 기반 위에서 전개될 수 있도록 하는 고민이 요구된다.[24]

다섯째, 시민운동이 어떻게 사이버 세계와 신세대로 확장되어갈 것인가 하는 고민이 있다. 이를 위해서는 실재행동(real action)에 상응하는 수준의 사이버 행동프로그램(cyber action program)이 마련될 필요가 있다. 사이버 공간이 갖는 무한한 잠재력을 직시하면서, 의사소통이 면접적 관계 혹은 신문 방송 보도를 통한 관계뿐만이 아니라 사이버 통신을 통한 쌍방향적 의사소통을 통한 시민운동으로 확장될 필요가 있다. 또한 신세대들이 볼 때 시민운동은 '엄숙주의'에 경도되어 있다고 평가되기도 한다.[25] 시민운동의 '세대간 재생산'을 위한 방안이 강구될 필요가 있다.

여섯째, 시민운동과 글로벌리즘과의 관계이다. 이것은 시민운동, 나아가 사회운동이 글로벌한 이슈와 의제들을 내부화할 것인가 하는 문제이다. 한국의 사회운동은 폐쇄적 민족주의의 성격을 강하게 가지고 있고 '국제주의'적 차원에 대한 인식은 결여되어 있는 상태이다. 이런 점에서 글로벌 의제를 어떻게 내부의 사회운동 의제로 만들 것인가 하는 과제를 안고 있다고 하겠다. 이런 점에서 사회운동에 대해서도 '탈식민화적 인식과 보편적 독해'가 필요하다. 글로벌리즘과 한국의 시민운동이 만나는 것은 국제적 의제를 내부화하는 측면만 존재하는 것이 아니라, 우리의 의제를 어떻게 세계화할 것인가 하는 측면도 존재한다. 우리가 우리 사회운동의 경험을 하잘것없는 것으로 여기고 사회운동의 보편적 지혜가 서구의 운동 이론 속에서 배울 수 있다고 하는 사고를 극복할 필요가 있다. 우리 현실과 운동의 보편적 요소를 인식하고 그것을 보편적 운동의 제와 범주로 정식화하려는 '세계주의적'인 노력이 필요하다고 생각된다.

9. 시민운동에 대한 비판적 평가 [1]

정종권(사회진보연대 정책기획국장)

1. 시민운동(NGO 운동)의 출현이 갖는 사회적 함의

‘공기업 민영화’라는 개념을 접하면서 늘 이런 생각을 하게 된다. 정확하게, 아니 상식적으로 표현하면 사유화 또는 사기업화라고 해야 올바른 것인데 왜 민영화라는 것으로 개념화되고 또 그 개념이 사회화되고 있을까라는 생각이 그것이다. 말장난이라고 치부할 수도 있지만, 나는 사유화가 민영화로 표현되고, 그 개념이 사회적으로 유통되는 과정 자체도 하나의 이데올로기적 효과라고 생각한다. 공기업을 장악하고 있는 정부 관료들에 대한 민중적 반발을 지렛대로 하여 정부 소유가 국민의 소유로 전환되어야 한다는 주장을 민영화 개념으로 정당화하고 있는 것이다. 즉, 공기업과 사기업화에서는 정부 소유 대 사적 자본의 소유가 대당하지만, 공기업과 민영화에서 ‘정부’에 대당하는 것은 사적 자본이 아닌 ‘국민’이라는 이미지이다. 즉, 민영화 개념은 국민적 소유와 경영이라는 위장논리를 부각시키면서 실제적으로는 사적 자본의 소유를 관철시키는 데 주요한 이데올로기적 역할을 하는 것이다.

이런 사설을 늘어놓는 것은 시민운동(담론)을 보고 접하면서 느끼는 몇 가지 단상들과 중첩되는 것이 있기 때문이다. 시민운동은 1989년 경제정의실천시민연합(경실련)의 출범과 함께 사회운동적 담론으로 부각되기 시작했고, 1994년 참여연대의 출범과 소액주주운동의 파급력을 계기로 주요한 사회적 실체로 자리잡기 시작했다. 그리고 이제는 시민운동이 NGO 운동이라는 개념으로 그 폭과 내용을 확장하고 있다. 그러나 과거가 없는 현재가 없듯이, 그리고 민주노총의 활동이 노동자운동의 역사와 분리될 수 없듯이 경실련, 참여연대와 같은 주요 시민단체의 등장 또한 시민단체운동의 역사와 별개로 사고되어서는 안된다. 즉, '무엇이 이들의 과거인가', '시민운동의 전사(前史)가 무엇인가'라는 질문이 필요한 것이다.

이를 단순화시키면 그 역사의 종별성²⁾은 크게 세 가지로 나눌 수 있을 것이다. 하나는 YMCA와 YWCA, 흥사단과 같은 독자적 역사를 가지고 있던 단체들이 과거에는 중간층운동 또는 종교운동 등 비(非)민중운동의 이름으로 호명되다가³⁾ 1990년대의 흐름 속에서 시민운동 또는 NGO 운동으로 불려지는 경우이며, 두번째는 여성운동과 같이 1980년대에는 적극적인 의미에서 민주화운동 또는 민중운동으로 호명되다가 1990년대에 시민운동으로 정체성을 새롭게 정립하는 경우, 그리고 세번째로는 경실련, 참여연대와 같이 시민운동을 적극적으로 담론화하고 이론화하면서 새롭게 탄생한 단체들의 경우가 그것이다.

여기서 우리는 과거에 비민중운동단체 또는 관변적 성격을 가지고 있던 단체들을 시민운동 그리고 NGO 운동이라는 이름으로 재호명⁴⁾하게 만드는 사회적 배경이 무엇인가라는 질문을 던져야만 한다. 한 단체가 1980년대에는 시민운동이 아닌 다른 운동으로 지칭되다가 1990년대에는 동일한 단체의 동일한 활동이 시민운동으로 지칭되는 데는 무엇인가 이유가 있다는 의미이다. 억압적 사회체제에서 열린 사회로 정치사회적 공간이 확장되고, 확장된 공간에서 그 동안 억눌렸던 시민들의 다양한 목소리가 터져나오는 시민사회의 활성화 과정이라고 분석하는 것은 지나

치게 단선적이고 표피적인 분석이다.[5]

시민운동은 다양한 이념적 스펙트럼과 대중적 기반을 가지고 있는 운동들에 대해 차이가 아닌 동질성을 부각시킨다. 그리고 그 동질성은 노동자로서의 개인이 아닌, 농민과 도시빈민으로서의 개인이 아닌 시민사회의 일원이며, 진정한 시민의식을 가진 국민적 개인으로서 '공익'이라는 보편적 요구를 중심으로 활동한다는 의미에서의 동질성이다. 그런 의미에서 시민운동은 NGO 운동으로 확장하는 것이 필연적이다. NGO라는 것은 크게 분류하자면 자발적으로 조직된 주체들의 특수한 이해를 대변하고 추구하는 운동이냐, 사회의 공익적 요구를 대변하고 추구하는 운동이냐로 나눌 수 있으며, 후자의 경우가 시민운동의 논리이다.

시민단체는 NGO의 소극적이고 정치적인 표현이며 NGO[6]는 시민단체의 노골적이고 확장된 표현에 다름아니다. 이제 시민운동을 하는 단체들은 각자가 내세우는 공익의 아이템과 이를 실현하기 위한 로비력과 활동력에 의해 변별점을 가질 수 있을 뿐이다. 이런 시민운동적 논리에서는 과거의 YMCA와 현재의 참여연대가 무슨 본질적 차별성을 가질 것이며, 또한 차이를 분석하고 평가한다는 것이 무슨 의미가 있을 것인가? 만약 의미가 있다면 그 단체의 선구적인 활동방식과 체계 그리고 나름의 조직적 노하우를 벤치마킹한다는 의미일 것이다. 참여연대 박원순 사무처장이 미국 시민운동 기행서 『NGO, 시민의 힘이 세상을 바꾼다』라는 책을 쓴 것도 이런 이유에서일 것이다.

민영화 담론이 그 실제적 내용과 별개로 자신의 이데올로기적 목적과 효과가 있듯이 시민운동 담론 또한 그 운동의 이념과 방향, 대상과는 별도로 이데올로기적 효과를 발휘하는데, 그것은 첫째 과거의 반(反)민중단체, 친관변단체, 중간층단체들이 가졌던 서로의 차별성과 사회적 의미를 부차화시키고 공익을 추구하는 단체로서의 동질성을 부각시킨다는 점, 둘째 생산관계 속에서 동질적 이해관계를 가지고 있는 집단, 즉 계급의 운동적 의미를 이익집단화하고 부차화시킨다는 점, 셋째 우리 사회의 구조적이고 체제적인 문제를 특정한 정책과 그것의 담당자 문제로 제한시키다는 점이 그것이다. 이런 것들이 우리가 시민운동을 고민하고 분석하면서 설정하는 문제틀이며, 시민운동가들의 개별적 선의와는 무관하게 사회적 의미에서 시민운동을 부정적이고 비판적으로 바라보는 이유이기도 하다.

조희연 교수는 시민운동의 등장배경으로 1970~1980년대의 반독재 민주화운동과 민중운동으로 인해 권위주의화가 저지되고 민주화의 과정으로 진입했다는 점을 든다. 그리고 그 과정은 시민사회의 활성화에 기초하여 제도정치와 국가의 개방적 재편이 일어난다는 것을 의미한다고 주장했다. 군사독재 시절 합법적 공간에서 활동하는 것이 원천적으로 봉쇄되었다가 1980년대 말 제도정치 및 사회운동 공간의 자율적 확장을 배경으로 시민운동이 본격적으로 전개되기 시작했다는 것이다.

그러나 1980년대 민주화의 성격, 집약하자면 1987년 6월 항쟁의 이중적 성격으로 인해 시민운동의 방향성이 굴절되기 시작했다. 민주화운동이 권위주의화를 저지하고 민주화의 길을 열었다는 성과적인 측면이 존재하지만, 다른 측면에서는 민주화의 과정이 '아래로부터의 급진적 민주화'가 아닌 '위로부터의 보수적 민주화'를 밟게 되었다는 점에서 이제 막 등장하기 시작한 시민운동이 민중운동의 확장이 아닌 비민중운동 혹은 반민중운동적 방향으로 전개되는 배경이 되었다고 분석한다. 그리고 보수적이고 반민중운동적 시민운동에서 1990년대 중반 참여연대로 대변되는 진보적 시민운동이 출현하게 된 배경으로는 보수적 민주화의 내적 문제점이 표출되면서 사회적 비판의식이 고조되었다는 점, 계급적 대중운동의 성장과 급진화, 시민운동적 공간에 진보적으로 개입할 필요성의 공감 등이 작용했다고 분석하고 있다.

이에 대한 우리의 시각은 시민운동의 등장에 1980년대 후반 3저호황을 배경으로 한국경제가 호황국면에 돌입하면서 과거의 허위적이고 의제적인 중산층(의식)이 물질적 근거에 기반하여 사회적 실체로서 부각되기 시작했다는 점과 전문직, 사무직의 일부, 골드칼라로 표현되는 금융계층이 주요한 여론집단으로 등장한 시기가 1980년대 말과 1990년대 초반이었다는 점이 실질적이고 근원적인 배경으로 작용했다고 판단한다. 조희연 교수가 분석한 배경도 하나의 조건으로 작용했지만 그것만으로는 시민운동이 어떠한 계급, 계층을 근거로 하고 있으며, 왜 공익의 추구를 시민운동의 가장 핵심적인 논리로 하고, 체제합리화라는 운동적 한계로 나타나고 있는지에 대한 정치적 분석으로 나아가지 못한다. 우리는 그런 면에서 시민운동의 논리가 근거하는 것이 전문가집단과 사무관리직의 상층, 금융자산계층이며, 시민운동과 이념적 친화성을 가지는 것이 자유주의와 실용주의, 법률주의라고 생각한다.

2. 시민운동의 성격과 사회적 효과

위에서도 언급했듯이 '시민운동은 이러저러한 운동이다'라는 식으로 접근하는 것은 올바른 접근법이 될 수 없다. 왜냐하면 시민운동이 노동자운동, 농민운동, 도시빈민운동, 여성운동과 같이 운동의 주체적 측면을 지칭하는 것이라면 '시민'이라는 주체가 무엇을 의미하는지가 전제되어야 하는데, 시민이라는 개념 자체가 이념적 가치규정을 담고 있는 다의적 개념이기 때문에서 모호할 수밖에 없으며, 운동의 이념적·가치적 지향이라는 측면에서도 사회주의운동, 사회민주주의운동, 자유주의운동 등과 같이 이념적 체계와 가치를 공유하고 있는 운동도 아니며 시민운동 진영 내에서도 다양한 이념적 스펙트럼을 보이고 있기 때문이다. 그런 의미에서 시민운동, NGO 운동이 무엇이다라는 접근이 아니라 현재 상황에서 시민운동이 어떠한 사회적 효과와 의미를 가지고 있는가, 그리고 왜 지금 시기에 시민운동 담론이 제기되고 확산되고 있는가라는 질문[7]과 접근법이 더욱 의미있는 것이다.

1) 자유주의 운동으로서의 시민운동

시민운동, NGO 운동이라는 표현은 가치중립적 표현이 아니라 '민중운동의 자유주의화, 탈계급화, 부르주아적 시민화'를 지향하는 가치함축적 표현이다. 모든 시민운동론자들에게 시민운동은 특정한 집단의 특수한 이해가 아니라 우리 사회의 보편적 이해를 대변하려는 운동을 의미한다. 그리고 보편적 이해는 공익 또는 공공선으로 표현된다.

> "시민운동은 단순한 계급적 이해관계를 넘어서서 공공성의 실현을 지향하고 있다. 노동운동은 시민사회 운동의 일부이나 그것과 분리된 계급이익을 추구하는 운동이다. 계급적인 이해의 대립이 자본주의 사회에서 가장 중심적인 대립축인 것은 사실이나, 계급이해는 시민일반의 이해와 공유되는 영역, 독자적인 영역을 함께 포함하고 있다"(김동춘).

이런 주장은 자유주의적 혐의를 지울 수 없다. 자유주의는 '개인'의 정치경제적, 사회문화적 자유권를 절대화하는 것에서 출발하며, 국가와 특정 집단에 의한 개인의 권리에 대한 제한과 규제는 설사 그것이 강요가 아닌 사회적 합의에 의한 것이더라도 비본질적이며 일시적, 임시적인 것을 뛰어넘을 수 없다는 것을 논리적 골격으로 하고 있다. 그래서 자유주의는 경제적 자유주의, 즉 시장질서와 개인의 소유권을 핵심으로 하는 사회체계를 지향하는 것이다. 자유주의적 논리에서 계급적 이해관계는 사회를 구성하는 개인들의 다양한 준거집단의 이해에 불과하며, 공공성과 공익이라는 보편적 이해관계에 비해 부차적이고 이차적인 지위를 가질 수밖에 없는 것이다. 비록 '가장 중심적인'이라는 수식어를 붙이더라도 그것의 의미는 일시적, 상황적 의미를 뛰어넘을 수 없다. 이런 의미에서 시민운동이 민중운동의 자유주의화를 지향한다는 것은 민중, 노동자, 농민, 도시빈민의 대중운동이 사회의 구조적 모순과 원인에 대한 저항과 극복으로 나아가는 것을 저지한다는 것이다. 그리고 그것은 사회구조를 개혁하기 위한 '대중'의 운동이 아닌 노동정책과 농민정책, 빈민정책을 개선하기 위한 전문가들의 입법청원과 제도개선 운동으로 나타날 수밖에 없는 것이다.

여기서 논점이 법과 제도의 개선이 불필요하다거나 무의미하다는 것이 아님을 확인할 필요가 있다. '대중을 위한' (전문가의) 운동이 아닌 '대중의' 운동이 필요한 것이며, 그 대중은 특정한 이슈와 현안에 대한 동일한 이해관계를 가진 시민들의 집단 — 다른 표현으로는 공익과 공공성을 추구하며, 자신의 협소한 이해관계를 뛰어넘는 진정한 시민의식의 소유자 — 이 아니라 생산과 사회의 구조적 관계 속에서 그리고 자신의 투쟁과 실천 속에서 동질성을 확보하는 대중들이다.

자본주의가 형성될 시기 부르주아가 혁명적이고 진보적일 수 있었던 것은 자유와 평등이라는 부르주아 혁명의 구호가 갖는 보편성에서 연원한다. 즉, 부르주아가 자유와 평등의 실체적 내용을 개인의 소유권과 시장의 자유, 시장질서에서의 형식적 평등으로 추구하고 사회를 재편했다고 하더라도 그들은 그것을 사회의 보편적 이해로서 추구했던 것이다. 그런 의미에서 모든 사회적 운동은 보편성을 추구한다. 문제는 보편적 이해관계라는 것이 계급적 이해관계와 별개의 그 무엇인가, 아닌가라는 점에 존재한다. 시민운동론자들은 계급적 이해관계를 공익과 공공성이라는 보편적 범주의 하위 범주로 사고한다.

2) 관리주의로서의 시민운동

시민운동은 체제의 극복이 아닌 합리화를 지향하는 운동이다. 시민운동은 민중운동과 대립하면서 등장한 운동이며, 사회구조적 모순과 갈등의 극복이 아닌 합리적 관리를 지향하는 운동이다. 그런 점에서 공익의 논리도 다른 각도에서 보면 다양한 사회 이익집단의 요구를 조정하는 논리를 의미하기도 한다. 우리는 공익이라는 용어를 노사갈등의 현장에서 중재자의 외양을 띤 정부의 논리 속에서 수없이 듣고 보고 부딪쳐 왔다. 계급갈등과 투쟁을 이해 다툼으로 전락시키고, 이를 공공의 이익(공익)을 파괴하는 행위로 비판하면서 타협과 화해를 요구하는 것 — 사실은 노동의 항복 — 이 공익의 실체이며, 공익집단(정부 또는 사회적 지위와 권위를 가진 중재집단)의 모습이었다. 과거에는 공익의 담지자가 정부 또는 공적 기관이며, 공익을 관철하는 수단과 방식이 대단히 억압적이었다면, 현재 상황에서 공익의 담지자는 시민운동이 되며 관철의 수단은 영향력과 사회적 합의를 통한 압력이며 그리고 과정에서의 절차적, 사회적 정당성을 획득하는 것으로 변화하고 있는 것이다.

관리주의는 현재 존재하는 사회적 갈등과 모순의 존재에 대해 부정하거나 보수적이고 물리적 방식에 의존하는 해결방식을 회피하고, 갈등의 법률적 관리와 전문적 지식, 미디어를 통한 관리방식을 선호한다. 또한 실용적이고 정책적인 해결책 제시를 통한 갈등의 해소를 지향하기 때문에 정부와 국가에 대한 '영향력'이 필수적인 요소가 된다. 이렇듯 관리주의적 성격에서는 공익소송과 같은 법률적 매개수단을 보편화·절대화시키는 법률주의, 전문적 지식에 기반한 정책의 입안과 갈등의 중재를 일상화할 수밖에 없는 전문가주의를 내부적 요소로 안고 있다.

우리는 이런 NGO의 관리자적 성격이 전형적으로 나타난 예를 신자유주의 재편하의 라틴아메리카에서 찾을 수 있다. 1980년대와 1990년대 초반, 라틴아메리카 전역에 걸쳐 NGO가 급증했는데, 그들의 주요한 역할은 개발 계획의 입안자이자 실행의 대리인이었다. 라틴아메리카에서의 경제위기가 NGO의 확장에 기여한 주요한 요인이 된 것이다. 즉, 국가정책의 전환과 연결된 정치적이고 제도적인 변화는 빈곤의 격감과 개발의 촉진을 위한 노력에서 정부의 대안적 집행자 역할을 NGO에게 부여한 것이다. 이렇듯 '발전 NGO'라는 이름으로 관리주의의 주요한 주체로 기능하는 시민운동과 NGO 운동의 전례를 라틴아메리카에서 발견할 수 있는 것이다.

한국이 직면하고 있는 실업문제에 대한 실천적 흐름 속에서 우리는 이런 관리주의적 경향성을 볼 수 있다. 실업문제에 대한 대응은 크게 두 가지로 정리할 수 있는데, 실업노동자를 조직하고 이를 노동자운동의 주요한 내적 계기로 전환하려는 운동 — 이것은 실업으로부터의 자유를 지향하는 노동자적 권리 — 과 실업은 경제위기의 불가피한 산물로 이해하고 이것의 사회적 파괴효과를 최소화하려는 운동 — 이것은 실업자에 대한 관리정책의 하위 범주이다 — 으로 나눌 수 있다.

후자의 흐름에서 실업노동자는 조직화의 대상이 아니라 관리의 대상이 될 뿐이며, 능동적인 실천적 주체로 나아가는 것이 봉쇄될 수밖에 없다. 이것이 관리주의적 측면의 사회적 효과인 것이다. 이렇듯 관리주의로서의 시민운동은 노동자와 민중을 정치적 주체로 형성하려고 하기보다는 개별 시민으로 분산시키고, 다시 이들을 압력집단으로 재조직하는 양상을 보이고 있으며, 비계급적 의제에 대한 계급적 개입이 아니라 탈계급주의, 반계급주의 운동으로 나아가게 되는 것이다.

"노동자는 시민사회의 가장 중심적 세력이며 노동운동은 시민운동과 연대해야 한다"(김동춘)는 주장은 두 가지 의미를 함축하고 있다. 하나는, 현장과 조직 노동자의 협소한 이해에 묶여 있는 노동조합운동은 시민운동과 연대하면서 운동의 시야를 넓히면서 국민적 운동으로 확산될 수 있으며, 시민운동은 노동조합운동과 만나면서 시민 없는 시민운동이 아니라 노동자를 시민으로 재조직하면서 주체 있는 시민운동으로 정립할 수 있다는 의미이다. 두번째는, 노동(조합)운동을 협소한 계급관계에 얽매이는 과거의 운동에서 공공성을 추구하는 시민운동, NGO 운동의 한 부분으로 재정립되어야 한다는 점이다. 여기서 계급관계, 계급성, 계급의식의 의미는 집단이익의 개념으로 전락하면서 극복되어야 할 낡은 개념이 되는 것이다. 탈계급화라는 목표를 위해서.

3) 미국적 모델을 지향하는 시민운동

시민운동은 미국의 사회운동 모델, 더 나아가서는 미국식 사회 시스템과 경제구조를 지향하고 있는 운동이다. 시민운동의 조직적 지향점이 미국의 수많은 NGO들이며, 그들의 논리와 조직화 양식, 실천방식을 모델로 한다는 것만을 의미하는 것만이 아니라, 시민운동의 정신적 지향이 미국식 신자유주의를 향하고 있다는 것이다. 미국식 근대화, 혹자는 이것에 대해 한국의 천민적, 기형적 자본주의와 정치구조를 '정상화'시키는 운동이 시민운동의 주요한 과제라고 표현하기도 했다.

즉, 이들에게 사회의 정상적 모델이 바로 미국식 근대화 모델인 것이며, 미국식 모델이라는 것은 곧 신자유주의 모델을 의미하는 것이다. 바로 한국사회의 구조를 더욱 왜곡시키고 모순을 심화시키는 근본원인인 신자유주의를 이상적 모델로 지향하면서, 우리 현실에서 진보적이고 개혁적인 역할을 한다고 주장하는 것이 시민운동의 역설적이고 자기 모순적인 모습인 것이다.

이런 역설의 대표적 사례가 바로 소액주주운동이다. 어떤 운동을 긍정적 요소와 부정적 요소, 한계적 요소 등으로 나누고, 요소의 총합으로 그 운동의 가치와 의미를 분석하는 것만큼 무의미하고 허황된 것이 없다. 사회적이고 실천적 운동은 그 운동의 전략과 목표 그리고 정세적 함의 속에서 가치와 적절성을 평가해야지 요소들의 비율로 판단해서는 안된다. 이런 사족을 다는 것은 소액주주운동의 긍정적 의미와 부정적이고 한계적 요인으로 나누고 이런저런 현실적 의미를 부여하고, 비판적 시각에 대해서는 '원론적이고 비현실적이다'라는 식으로 외면하는 것에 대한 대답이 필요하기 때문이다.

"소액주주운동을 (소액)주주 자본주의를 지향하는 운동으로 규정하고 비판하는 것은 본질론적 비판으로서의 의미를 가지나 현실론적 비판으로서는 과잉규정의 성격이 있다고 생각된다. 현 국면은 기동전적 상황이 아니기 때문에 본질론적 비판과 직접적으로 연관된 투쟁만을 중심으로 보게 되면 현재의 자본지배에 대한 저항의 통로를 협소화하는 것…… 소액주주운동은 자본주의라는 현실 속에서 자본을 통제하는 민의 활동의 한 측면으로 이해되어야 한다"(조희연)는 논리가 그 대표적인 경우이다.

신자유주의는 민주와 자유를 파괴하지만 민주와 자유를 배제하는 것도 아니다. 오히려 (절차적) 민주화와 (경제적) 자유화를 내부적 요소로 하면서 자기화하고 있다. 비합리적인 각종 제도와 절차의 합리화, 개인의 경제적 자유권 보장, 경영 투명성의 확보, 각종 규제의 철폐라는 신자유주의의 핵심 기조는 바로 민주화와 자유화를 기반으로 하고 있는 것이다. 그래서 민주화와 자유화의 실제적 내용과 계급적 의미를 가지고 판단해야지, 민주화와 자유화의 일반적이고 보편적인 의미로 접근해서는 안되는 것이다. 그래서 소액주주운동이 재벌의 거대 권력에 저항하고 이를 민주화하고, 거대 자본을 통제하는 민의 활동이라고 규정하는 것은 과잉규정이 아니라 '전도된' 규정일 뿐이다. 그래서 재벌에 맞서는 소액주주의 이해는 무엇인가, 민주적 이해이고 민중적 이해인가 아니면 재벌에 의해 왜곡되고 굴절된 자산소유자들의 이해인가라는 질문은 본질적인 것이다.

금융시장의 핵심적 주체는 주식 소유자인 주주이며, 주주는 인격체가 아닌 주식의 인적 표현일 뿐이다. 1,000주를 소유한 주주와 1주를 소유한 주주는 1,000과 1이 동일하지 않듯이 금융시장에서 결코 동등하고 평등한 존재가 아니다. 소액주주와 거대주주는 금융시장에서 결코 동일해질 수 없다. 그것은 금융시장의 본질을 파괴하는 것이기 때문이다. 문제가 되는 것은 평등의 원리가 아니라 소액주주의 합리적(!) 권리를 보장하라는 것이다. 그러면 왜 지금 그것이 문제가 되는가?

경제위기와 IMF 구조조정이 가져온 가장 큰 변화 중 하나가 금융화의 가속화이다. IMF 이전에 비해 한국의 주식시장 규모는 몇 배로 성장했다. 정부의 경제정책도 주식시장의 활성화를 통한 경제부양을 기본 줄기로 하고 있다. 즉, 금융화의 사회적 비중이 이전과 비교할 수 없을 정도로 확대되었고, 또 신자유주의 구조조정의 핵심에 바로 '자본의 금융세계화' 경향이 존재한다. 이런 상황에서 주식시장의 질서를 정비하고, 비합리적이고 전근대적인 요소를 정비할 필요성이 객관적으로 요구되는 것이다.

소액주주운동은 이런 자본의 금융화라는 흐름을 저지하거나 비판하는 운동이 아닌 철저하게 그 과정에 기여하는 운동이라는 점에 우리의 비판이 존재하는 것이다. 즉, 실천적 과제는 자본의 금융세계화라는 흐름과 정책기조가 어떤 파괴적 효과를 낳고, 우리 사회의 모순을 은폐, 확대시키고 있는가를 분석하여 밝혀내고 이에 대한 저항을 조직하는 것인데, 소액주주운동은 이와는 반대로 확대되고 있는 주식시장의 합리화라는 자본의 목적에 기여하는 방향에 있는 것이다.

물론 이런 소액주주운동이 개별 자본과 갈등하고 대립하는 현실이 이런 우리의 주장을 반박하는 것이 될 수는 없다. 김대중 정권에 대한 재벌의 저항과 반발이 김대중 정권의 성격을 규정하지 않듯이, 소액주주운동에 대한 개별 자본의 비판과 반발이 소액주주운동의 개혁성과 진보성을 담보하는 것은 아니다.

4) 비신사회운동으로서의 시민운동

신사회운동은 합리화된 국가와 제도정당의 관료화에 대항(조희연)하면서 대중운동으로 촉발되었다. 그렇기에 신사회운동은 제도정당에 대한 독립성과 비(非)제도적 활동을 특징으로 한다. 그리고 내용에서는 관료화에 대한 대항으로 급진성과 일탈성, 전복적 성격을 강하게 가지며 실천형태들도 전투적인 양상을 띠게 된다. 그렇기 때문에 신사회운동을 단순히 환경, 문화, 소비, 여성 등 새롭게 제기되는 이슈의 문제로 사고하는 것은 일면적인 사고이다. 신사회운동의 핵심은 과거에 접하지 않았던 '새로운' 이슈가 제기되었다는 점이 아니라 진보정당과 노동운동이 더 이상 진보적이고 급진적이며, 현실전복적 역할을 수행할 수 없게 되면서 기존의 진보적 운동과 대립, 갈등하면서 대중적인 운동으로 등장했다는 점에 존재한다. 그러나 한국의 시민운동은 '제도정치의 관료화'에 대한 반발이 아니라 '제도정치로부터 배제'되면서 대안적 조직형태로서 시민단체와 NGO를 선택하고 형성해왔다. 즉, 이들에게는 '배제의 조건'이 철회된다면 그것은 '참여의 조건'이 되는 것이다. 그 참여에는 직접 참여뿐만 아니라 각종 정책적 제언을 통한 정책 파트너 역할 등 다양한 형식이 존재한다. 그것의 이상적 모델이 바로 미국의 수많은 NGO들인 것이다.

신사회운동의 급진성과 전복성[8]은 비록 그것의 이념적 성향이 비사회주의적 운동이고 사회주의운동과 대립, 갈등했다고 하더라도, 사회주의운동에 중요한 정치적 영감과 상상력을 제공하는 근거가 될 수 있었다. 그러나 한국의 시민운동은 그런 역할을 하고 있지 못하다. 그 이유는 전투적이고 급진적인 운동방식, 선명한 정치적 태도, 중립이 아닌 당파적 태도를 분명히 하는 신사회운동과 근본적으로 다른 한국 시민운동의 모습에서 원인을 찾을 수 있다. 온건하고 합리적인 운동방식, 제한적이고 주변화된 정치성, 중립지향의 태도는 과거의 중간층 운동과 본질적으로 구분되는 것이 아니다. 변화된 것은 이를 정치적으로 용인하고 확산시키는 사회적 체제와 시스템인 것이다.

온건 합리주의 운동의 징표는 시민단체들의 활동양상이 성명서와 기자회견 그리고 볼거리를 제공하는 이벤트성 행사를 위주로 하고 있으며, 미디어에 의존하는 비중이 크다는 것에서 읽을 수 있다. 그리고 제한적이고 주변화된 정치성은 우리 사회의 가장 정치적인 쟁점인 실업과 불안정 노동을 구조화하는 신자유주의적 구조조정, 민중들의 생존권 요구 투쟁, 그리고 국가보안법 철폐에 대한 불철저하고 회피하는 태도를 통해 드러난다. 특히 국가보안법은 급진주의자, 진보주의자가 아닌 자유주의

자라고 하더라도 단호하게 반대하고 비타협적으로 철폐운동을 해야만 하는 기본적이고 근원적인 지점이다.

현재의 시민운동은 과거와 달리 비정치적이고 탈정치적이라고 하기는 힘들다. 그러나 정치적 쟁점의 핵심에서 비켜가려는 경향이 농후한 것이 현실이며, 정치적 의제의 우선 순위와 실천의 강도, 집중성에서 주변적이고 제한적인 범위에서 벗어나고 있지 못하다. 그리고 자유권적 의제가 아닌 사회적이고 구조적인 의제일수록 그런 경향이 더욱 강하게 나타나고 있다.

또한 시민단체의 중립지향적 태도가 드러난 대표적인 경우가 작년 지하철노조의 파업투쟁이다. 지하철 파업의 핵심적 성격은 신자유주의적 구조조정에 대한 반대투쟁이라는 점이다. 그러나 파업 당시 대부분의 시민단체들은 파업에 대해 비판적인 태도를 보이거나 유보적이고 중립적인 태도를 보였다. 시민운동에게 파업사태의 본질은 지하철 노동자들의 이해관계와 지하철을 이용하는 시민들의 이해관계가 대립한다는 것이었다. 그래서 이들은 공익 — 지하철을 이용하는 시민들의 이해 — 을 위해서 사용자와 노동자의 이해관계를 조율하고 중재하는 것이 자신들의 역할이라고 생각한 것이다.

즉, 이들에게 파업의 원인에 대한 구조적 분석과 이에 근거한 당파적인 태도는 편협한 태도이며, 대립과 갈등 — 그것이 어디에서 기인한 것인지는 부차적이다 — 을 중재하고 해결하는 것이 공익적인 태도인 것이다. 그러나 우리는 이를 거꾸로 바라본다. 파업이 발생한 원인에 대한 분석과 이에 대한 구조적이고 근본적인 해결방안이 바로 공익이며, 이용자들의 불편은 부차적이라는 것이다. 동시에 노동조합의 자주적 권리와 파업권은 무엇에 의해서도 부정되거나 훼손되어서는 안되는 기본권이며, 누군가의 불편함이 이를 부정하는 이유가 되어서는 안된다는 것이다. 우리는 이런 사례가 일회적이거나 특수한 것이 아니라 시민운동의 논리 속에서 필연적이며, 일반적이라는 점에 주목하고 있는 것이다.

3. 우리의 길

분명 시민운동은 허구적인 것이거나 이데올로기적 현상만을 지칭하는 것은 아니다. 실체가 있다는 것이다. 아니 실체가 있는 수준이 아니라 현재의 사회운동에서 헤게모니적 위치가 있다는 것이 현실이다. 진보적 기독교운동은 과거 대표적인 민주화운동이면서 민중운동의 울타리에 있는 운동이었다. 그러나 지금의 진보적 기독교운동은 스스로를 민중운동이 아닌 시민운동으로 규정하고 정체성을 재정립하려고 한다(그런 경향이 있다는 것이 정확한 표현이다). 이것의 함의가 무엇인가? 그것은 기독교운동이 새로운 다른 운동(비기독교운동)으로 변하는 것이 아니라 기독교운동의 실체를 규정하는 운동의 정신, 수단과 방법, 목표, 조직대상이 민중운동적 논리에서 시민운동적 논리로 변한다는 것이다. 결국 원점으로 돌아가는 것이고, 운동의 전략을 둘러싼 문제로 귀결되는 것이다. 세상을 바꾸고 개혁하려는 시민운동적 전략과 민중운동적 전략이 무엇이 다르며, 누가 대중운동을 전취하고 실질적으로 결합하는가의 문제인 것이다.

이 점에서 "전투적 노동운동과 진보적 신사회운동의 동맹의 세계운동 사적 전형을 만들어갈 수 있는 토양이 한국 사회운동에 존재한다"(조희연)는 주장에 착목할 필요가 있다. 우리 생각에 이 주장은 과학적 사회주의와 노동자운동의 결합이라는 전통적 전략구도에 대한 대항 테제로서의 자유주의(시민운동)와 노동운동의 결합을 의미하는 것이다. 그리고 이것은 '제도화되고 체제의 일부로 전락한 진보정당 ― 조직노동자의 사회경제적 이해를 대변하는 협소한 계급 대중조직 ― 시민의 이름으로, 공공선을 추구하는 시민운동'이라는 운동의 벨트가 형성되느냐, 아니면 '급진적이고 대중적인 진보정당 ― 협소한 조직 이기주의가 아닌 사회운동적 노선을 분명히 하는 계급 대중조직 ― 정치적이고 급진적인 사회운동'의 벨트가 형성되느냐의 문제로 나아가는 것이다. 그리고 이것은 예상과 분석의 과제가 아닌 투쟁과 실천의 과제이며, 경향성과 전략노선의 투쟁일 수밖에 없는 것이다. 몰락의 길이 아닌 전진의 길을 가기 위한 각자의 노력과 투쟁이 필요할 뿐이다.

시민운동의 선거개입과 진보정당운동

10. 이제 다시 위태로운 모험의 기로에 선 한국 시민운동

홍일표(참여연대 간사)

1. '프로크루스테스의 침대'에 누운 한국의 시민운동

그리스 신화에 등장하는 영웅인 테세우스가 16세 때 여행을 하면서 프로크루스테스라는 강도를 만난다. 포세이돈의 아들인 프로크루스테스는 대장장이의 신 헤파이스토스에게 부탁하여 마음대로 늘였다 줄였다 하는 철침대를 만들어, 이를 이용해서 지나가는 여행객을 괴롭혔다. 그는 키가 큰 여행객이면 침대를 줄여 상대방의 머리를 자르고, 키가 작은 여행객이면 침대를 길게 해 여행객의 다리를 늘여 침대에 맞췄다. 테세우스 역시 그 침대에 누울 수밖에 없었는데……

한국의 대표적 시민단체인 경제정의실천시민연합(이하 경실련)이 작년으로 만 10년을 맞았고, 그리고 참여연대가 출범한 지 만 5년이 지났다. 환경운동연합이나 녹색연합, 여성연합 등도 대부분 10년 남짓의 역사를 갖고 있다. 이처럼 1987년 민주화 대투쟁 이후 다소나마 획득된 형식적 민주주의의 공간에서 움트기 시작한 한국의 시민운동은 10년이 채 되지 않은 짧은 기간에 비약적인 발전을 이룩했다. 언론 등에서는 시민단체에 대해 '제5권력'이니 '21세기 새로운 리더십'이니 하는 갖가지 찬

사를 쏟아내고 있고, 일반시민들 사이에서도 시민운동 또는 시민단체라
는 단어는 이제 더 이상 낯선 용어가 아니게 되었다.

그런 성장과 동시에, 시민운동에 대한 기대와 바람, 비난과 비판은 극
과 극이 병존하고 있는 실정이다. 시민단체에서 일하는 사람들은 여전히
"너무 과격하고 경직되어 있다"는 비난에서부터 "체제 내에 안주하는 개
량주의자들"이라는 비난이 공존하고 있으며, "시민들의 눈과 귀와 입이
되어 속시원히 잘해주고 있다"는 격려에서부터 "시민단체의 본분을 넘
어서고 있다"는 우려까지 뒤섞여 있다.[1)

한국의 시민운동은 마치 프로크루스테스에게 몸길이가 침대보다 길어
도 안되고 짧아도 안되는 것을 요구받고 있는 테세우스처럼 지금 매우
난처한 상황에 처해 있다. 시민운동의 정체성, 시민운동이 나아갈 바에
대한 상반된 요구와 기대가 시민운동 내외적으로 교착되고 있는 것이다.
어느새 훌쩍 커버린, 그리고 누구의 도움도 쉽사리 기대할 수 없는 지금,
한국의 시민운동은 스스로 새롭게 전개되는 현실을 헤쳐나가지 않으면
안될 처지이다. 테세우스의 운명 그리고 한국 시민운동의 운명은?

2. 급성장한 시민운동, 그러나 왠지 모를 불안감

1) 1990년대 후반, 한국 시민운동의 급성장

최근 우리 사회에서 시민단체의 위상과 역할이 급격히 커졌음은 부정
할 수 없는 사실이다. 이를 증명하는 가장 비근한 사례가 바로 2000년 4
월 총선을 앞두고 전개되고 있는 시민단체들의 낙천·낙선운동이 몰고
온 엄청난 파장일 것이다. IMF 외환위기 이후 거의 모든 사회분야에서
생존을 위한 고통을 경험하고 있는데도, 오직 정치권만은 난공불락의 요
새 속에서 '그들만의 세계'를 구축하고 있었다. 시민·사회·노동단체의
그 어떤 개혁 요구도, 시민들의 들끓는 불만도 국회 정문만 통과하면 무

력하기 그지없었고, 세비(歲費) 인상, 호화 외유, 멱살잡이와 욕설, 뇌물수수는 감히 넘볼 수 없는 그들 사생활의 일부 같았다. 2000년 4월의 총선은 그들만의 세상에 대한 단순한 인증 절차에 불과할 것이라는 무력감이 우리를 감싸고 있었다.

그러나 1999년 12월 이후 상황은 급변하기 시작했다. 시민단체들의 낙천·낙선운동은 운동의 주체들조차 예상할 수 없을 정도로 엄청난 파괴력을 발휘했다. 처음 6개 단체로 시작한 이 운동이 어느새 전국 각지의 400여 개 시민단체들의 결합으로까지 이어졌고, 경실련, 정치개혁 시민연대 등도 각각 국회의원들에 대한 정보공개와 낙천대상자 발표를 독자적으로 진행했다. 이런 시민단체들의 낙천·낙선운동은 각종 여론조사 결과 90%에 가까운 지지를 받고 있으며, 이들의 행보에 언론이나 정치권은 물론, 시민들 스스로가 놀라운 관심을 보이고 있다.[2] 4월 총선에서 과연 어떤 결과를 맞이할지는 아직 미지수지만, 정치개혁에 대한 국민적 열망이 얼마나 강렬한지, 그리고 이를 실현시킬 수 있는 계기를 얼마나 절박하게 희구했던지를 확인할 수 있게 되었다. 1987년 6월 항쟁 이후 최초의 그리고 최고의 국민적 관심과 지지가 표출되는 운동 — 혹자는 이를 '유권자 혁명'이라고 말하기도 한다 — 이 바로 지금 시민단체들에 의해 주도되고 있는 것이다. 한국사회의 변화를 고민하면서 시민운동을 논하지 않을 수 없는 단계로 이미 돌입한 것이다.

그러나 시민단체의 위상과 사회적 관심이 높아진 것은 결코 이번 낙선운동 때문만은 아니다. 오히려 지난 몇 년에 걸쳐 지속적으로 이루어진 시민운동의 뚜렷한 성과가 낙선운동에 대한 전국민적 지지를 이끌어내고 있다고 보는 것이 더 정확할 것이다. 지난 몇 년간의 언론보도를 통해서 시민단체와 시민운동에 대한 사회적 관심이 증폭되어온 과정을 간접적으로나마 확인할 수 있다.[3]

<그림 1>에서 확인할 수 있듯이 시민단체 또는 NGO라는 단어가 신문에서 언급되는 횟수는 1997년 이후 꾸준히 늘어나 1999년에는 4,600회

<그림 1> 신문에 등장한 시민단체, NGO, 그리고 참여연대

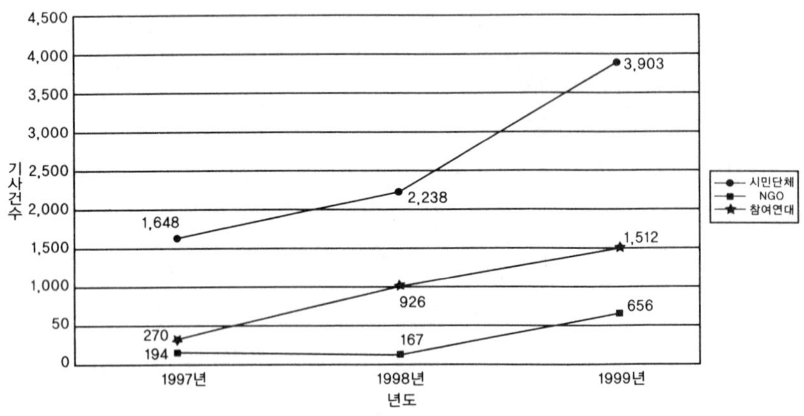

<그림 2> 신문에 등장한 시민운동, 노동운동, 학생운동

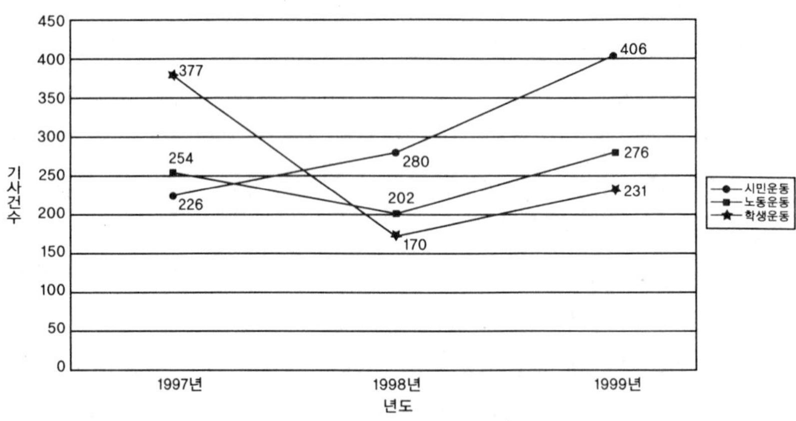

나 언급되고 있으며 이를 산술적으로 풀어보면 5개 신문 전체에서 거의 매일 10번 이상 언급되고 있음을 의미한다. 특히 1998년 이후의 증가폭은 더욱 뚜렷하게 나타난다. 이런 경향성은 여타의 운동, 즉 노동운동과 학생운동에 대한 언론보도 현황과 비교해보면 더욱 분명하게 확인된다.

<그림 2>에서 보는 바와 같이, 1997년까지 가장 많은 기사건수를 보였던 학생운동은 1998년을 거치면서 가장 그 빈도수가 낮아졌고, 반면

1997년에는 가장 낮은 수치를 보였던 시민운동은 1998년 이후 가장 많은 빈도수를 나타내고 있다. 물론 신문에 등장한 기사건수만으로 그 운동의 중요도나 활동 전체를 파악할 수는 없다. 또한 시민운동에 대해 가장 일반적인 비판 가운데 하나가, "언론발 받는 일을 중심으로 한 사업"(조희연, 1999: 335)이라는 점을 감안한다면 이런 분석은 더욱 부족하고 위험할 것이다. 하지만 우리 생활에서 언론보도가 갖는 영향력을 감안할 때, 이런 분석이 최소한의 경향성을 파악하는 데 도움을 줄 수 있을 것이다.

이런 추세대로라면 시민운동은 '지금 하고 있는 그대로만' 하더라도 상당한 영향력을 발휘하면서 안정적 성장을 지속할 수 있을 것이라는 예측도 가능하다. 그러나 이런 급성장에도 불구하고 왠지 모를 불안감이 느껴진다. 그것의 실체는 무엇일까? 이를 우선 이론진영의 논의를 통해 파악해보고자 한다.

2) 현장의 고민을 읽어내지 못하는 이론진영

노동운동과 통일운동을 두 축으로 하는 전통적인 민중운동과는 다른 새로운 운동, 즉 시민운동이라는 세력이 1980년대 말을 기점으로 등장하기 시작했다. 그 대표적인 단체가 바로 경제정의실천시민연합이다. 경실련은 1987년 이후 확장된 제도정치적 공간과 사회운동 공간에 존재하는 '틈새 시장'을 적절히 장악하면서 '민중운동'에 대비되는 시민운동이라는 담론을 공격적으로 펼쳐나갔고, 1990년대 초반 시민운동을 이끌었다(조희연, 1999: 322-326). 특히 경실련은 의도적으로 기존의 민중운동과의 관계를 '단절적' '적대적'으로 설정했으며, '민중운동의 시대는 가고, 시민운동의 시대가 왔다'는 사회적 분위기를 유도했다(서경석, 1995).

이런 경실련의 부상은 민중운동진영, 특히 이론진영 내의 논쟁을 가속화시켰다. ≪이론≫, ≪경제와 사회≫ 등 당시 주요 사회과학지를 무대로 시민사회 논쟁이 활발히 전개된 것을 통해서도 이를 확인할 수 있다.4) 그러나 불행하게도(?) 당시 시민사회 논쟁에서는 시민단체에 대한 실증적 분석을 찾아볼 수가 없다. '원래 시민사회란 이러이러한 것이기 때문에 이러저러한 문제점이 있다'거나 이와 반대로 '원래 시민사회란 이러저러한 특성을 지니고 있으므로 이러저러한 가능성을 지니고 있다'는 논쟁이 반복되었지만, 그 이상도 이하도 아니었다. 이는 결국, 당시 시민사회 논쟁이 '현실'을 반영한 것이 아니었기 때문이다. 당시 그 동안의 관변단체나 소비자운동단체와는 성격을 달리하면서 훨씬 더 정치적 역할을 수행하는 새로운 의미의 시민단체는 경실련과 환경운동연합 정도만이 있었을 따름이다. '민중운동을 대체하는 시민운동의 등장'이라는 경실련의 주장은 단지 선언 또는 바람에 불과했다. 이론이 현실을 지나치게 앞질러가는 상황이 여기서도 연출된 것이다.

그러나 2000년 한국사회에서는 전혀 반대의 상황이 벌어지고 있다. 전국을 떠들썩하게 만들고 있는 낙천·낙선운동이 400여 시민단체에 의해 진행되고 있고, 각종 개혁 법안의 입법에서부터 제정에 이르기까지 강력한 영향력을 미치고 있으며, IMF 외환위기 이후 고통받고 있는 많은 사람들의 대변자 노릇을 톡톡히 해내고 있는 시민단체들이 급속도로 성장하고 있는 이 시점에서 과거와 같은 시민사회 논쟁은커녕 시민단체, 시민운동에 대한 연구 자체가 제대로 이루어지고 있지 못하다.

일부 학자와 시민단체의 활동가들 스스로에 의해 연구가 이루어지고 있으나 이는 대부분 시민단체의 '운영 매뉴얼'이거나(김광식, 1999; 킴보보·켄달·맥스, 1999), 외국 시민단체들에 대한 소개(박원순, 1999; 함께 하는 시민행동, 1999), 각 단체 주최 심포지엄 발표글(주성수, 1999; 조희연, 1999) 등이 대부분을 차지한다. 1990년대 초·중반의 치열한 이론적 논쟁은 더 이상 눈에 띄지 않는다. 물론 여전히 시민운동을 '개량/체제내적 운동'이라는 차원에서 비판하는 입장도 있지만(김세균, 1998; 채만수, 1999; 김성구, 1999a, b), 이를 적극적으로 옹호 또는 비판하는 논쟁조차 제대로 이루어지지 않고 있다.5) 그저 알아서 잘하고 있는데 뭐가 문제냐는 묘한 분위기가 흐르고 있는 듯하다.6) 1990년대 초반 치열하게 논쟁을 벌였던 바로 그 주제들—시민사회와 정치사회의 관계, 시장과 시민사회, 시민운동과 노동운동, 시민운동의 이념적 기반과 현실, 시민운동이 구사하고 있는 운동전략 및 전술, 시민운동의 구성원들에 대한 실증적 분석 등—이 이제는 '현장의 치열한 고민'으로 진행되고 있는데도 막상 이론 진영은 그것에 대해 별다른 관심을 보이고 있지 않다. 1990년대 초반과는 반대로 이론이 현실을 따라가지 못하는 상황이 지금 벌어지고 있는 것이다.

하지만 이처럼 이론진영이 시민운동을 여전히 정권과 자본의 이중대로 폄하해버리거나 가만히 둬도 알아서 잘하고 있다고 방기해버리는 것은 상황변화의 심각성을 고려할 때 이론진영의 분명한 직무유기이자 책임방기이다. 한국의 시민운동이 발딛고 선 사회적 지형의 변화, 그것이 함의하는 바에 대해 더욱 적극적이고 실천적으로 고민을 진행하지 않으면 안되는 상황이 벌어지고 있기 때문이다.

IMF 외환위기 이후, 그 동안 스스로를 중산층이라 믿고 살던 대다수의 '시민'들은 신빈곤층으로 전락했다. 구조조정은 노동자계급을 실업과 빈곤의 위협으로 몰아넣었으며, 사회는 이미 '80 대 20의 사회'로 굳어져가고 있다. '시민운동=중산층운동'이라는 도식은 근본적으로 재검토되어야 하는 상황으로 변해가고 있다. 뿐만 아니라 IMF 외환위기는 정부와 재벌, 제도정치권에 대한 신뢰의 기반을 철저히 뒤흔들어놓았지만, 동시에 그들 내부의 역관계가 새롭게 재편되면서 신자유주의라는 거대한 흐름을 등에 업고 지배체제가 더욱 공고해지는 계기가 마련되어가고 있다.

이는 시민운동의 저항기반이 크게 위협받고 있음을 의미한다. 시민운동 급성장의 절대적 지지기반이 되었던 '참여하는 시민들', '참여할 수 있는 시민들'의 존재가 흔들리고 있는 것이다. 그러나 시민운동의 급성장에도 불구하고 감지되는 묘한 불안감의 원인은 다른 곳에서도 찾아볼 수 있다.

3. 불안감의 실체와 희망의 조건

1) 위기가 제공한 기회, 기회에 숨겨진 더 큰 위기

지난 10년간 한국의 시민운동이 내걸었던 주요 과제는 일반민주주의적 요구를 넘어서지 않았다. 금융실명제의 실시, 부가가치세 과세특례제도의 폐지, 소액주주운동·반부패운동·국민기초생활보장법의 실시 등 공익, 공공선으로 집약되는 시민운동의 주장은 합리적 제도 운영에 대한 최소한의 요구 사항이라고 볼 수 있다. 그런 시민운동의 주장이 국민적 공감과 지지를 획득할 수 있었던 것은 결국 최소한의 요구마저도 제대로 받아들여지지 않는 상황 때문이었다. 워낙에 부실하고 부패한 한국의 정치·경제·사회구조는 시민운동으로 하여금 공익성과 공공성을 더욱 강조하게 만드는 조건이 되었고 원칙적인 주장을 조금만 집요하게 하더라도 그것이 설득력과 영향력을 발휘할 수 있었던 것은 그만큼 우리 사회가 취약하다는 반증이기도 했다. 부패 무능 정치인에 대한 낙천·낙선운동이 이만큼 강력한 폭발력을 발휘하는 것도 이런 맥락에서 이해할 수 있을 것이다.

나아가 1990년대 후반 한국의 시민운동이 갖는 역사적 성과는 정부와 기업, 정치권으로 연결되는 철의 삼각구조에 균열을 냈다는 사실로 요약될 수 있을 것이다. 1998년 1월부터 시행된 정보공개청구법은 정부 부처, 지방자치단체, 공기업에 대한 시민의 접근권을 제고시켰고, 시민단체들은 이를 적극 활용했다. 각 부처 단체장들의 판공비 실태, 국세청의 표준소득률 산정근거 등 그 동안 가려져 있던 정부자료의 실체를 낱낱이 드러내었다. 처음에는 순순히 자료를 내주지 않던 정부기관들도 계속적인 행정소송과 여론조성에 밀려 자료를 공개하기 시작했고, 이는 그 동안 관행이라는 이름으로 간단히 처리되었던 많은 사안들을 철저하게 개혁하도록 만들었다.[7] 기업들도 마찬가지이다. 소액주주운동으로 대표되는 기업감시운동은 부당 내부거래를 비롯한 재벌들의 관행을 바꾸도록 강제했다. 그리고 이제 드디어 가장 완고하게 버티고 있던 정치권들마저도 자신들의 의정활동과 부패·비리전력이 낱낱이 공개되면서 당혹감을 감추지 못하고 있다. 이런 일련의 시민단체들의 활동은 '감시'의 외양과 동시에 '참여'의 가치를 지니고 있었고, 이는 지배권력의 철옹성을 뒤흔들어놓기에 충분했으며, '극도의 불신과 기묘하게 공존했던 철저한 무관심, 그리고 그것으로 인한 지배질서의 재생산'이라는 무한 악순환의 고리를 끊어버린 것이다.

특히 낙천·낙선운동의 경우 불법시비, 음모론, 유착설 등 정치권의 갖가지 음해성 대응에도 불구하고 이제껏 계속된 '정치권에 의한 독점적 정치구조'에 정면으로 도전한 것으로, 기존의 공명선거 감시운동과 분명히 궤를 달리한다. 이는 법과 제도의 틀 안에 갇힌 운동이라는 시민운동에 대한 일방적 폄하를 무색하게 만들고 있고, 그 동안 시민운동이 보여주었던 '법과 제도 자체를 고치고 새로 만드는 운동'에 또 다른 전형을 제시하고 있다. 뿐만 아니라, 가장 분명한 정치행위자인데도 이제까지 철저하게 소외되었던 '유권자'를 정치의 주체, 정치개혁의 주체로 일으켜 세우는 결정적인 역할을 하고 있다. 이제 한국의 시민운동은 소비자, 납세자, (소액) 주주에 이어 유권자를 운동의 주체로 이끌어내기에 이른 것이다. 이는 시민운동이 그 동안 지향해온 참여민주주의의 이념이 정책결정 과정에의 참여만을 의미하는 것이 아니라, 그것을 가능케 하는 '운동에의 참여'도 의미한다는 점에서 매우 중요한 의미를 지닌다고 할 수 있다.

그러나 1990년대 후반에 이루어지고 있는 시민운동의 비약적 성장은 단순히 시민운동 주체들의 노력이라는 내적 요인에서만이 아니라 IMF 외환위기라는 외적 요인에서 커다란 영향을 받았음을 간과해서는 안될 것이다. 외환위기는 우리 사회의 부패와 무능, 각종 부조리와 비합리, 비효율의 실체를 낱낱이 드러냈고, 국민들은 이런 위기상황을 낳게 한 사회에 대해 분노했다. 더 이상 기댈 곳도, 믿을 데도 없는 고립무원한 국민들과 함께, 그리고 그들을 대신하여 소리를 지르고, 위기의 원인을 규명하고, 책임소재를 분명히 하여 위기를 극복할 수 있는 구체적 대안을 시민단체들은 하나하나 제시했던 것이다. 이는 평상시라면 쉽사리 받아들여지지 않을 주장들이었지만, 위기적 상황은 이런 주장을 받아들이지 않으면 안되는 것으로 몰고 갔다. 위기는 기회라는 말처럼, 시민운동에 있어서 외환위기는 그들의 급성장을 가능케 하는 사회적 기회로 작용했던 것이다.[8]

그러나 동시에 우리는 '위험한 기회'라는 말을 잊어서는 안된다. 시민운동이 맞이한 기회란 더 큰 위험을 내포한 것이다. 외환위기는 시민운동의 급성장에 중요한 기회로 작동했지만, 바로 거기에 한국의 시민운동이 넘어서야만 하는 두터운 경계선이 자리잡고 있다. 이제까지 시민단체들이 주장해왔던 정부와 기업, 정치권의 투명성과 합리성, 효율성 확보는 새로운 세기가 예고하는 지배와 피지배 질서를 전복시킬 수 있는 전부가 아니기 때문이다.

신자유주의의 도도한 물결은 오히려 그런 합리성과 투명성을 훨씬 더 효율적으로 현실화·가속화시킬 수 있다. 그러나 문제는 그렇게 되면 될수록 '시장의 폭력'은 강화되고, 빈곤이 구조화되며, 시민사회는 파편화될 가능성이 커진다는 데 있다. 워낙에 더럽고 무질서하고 말도 안되는 부조리가 판치는 세상이기에, 이를 해결하기 위한 운동이 결코 쉽게 중단되지는 않겠지만, 거기서 한 걸음만 앞을 내다보면 지금의 시민운동이 전제하는 이념과 사용하는 수단만으로는 분명한 시대적 한계가 있음을 간과할 수 없다.

그저 지금 이대로의 추세를 가정한다면 한국의 시민운동이 국가-시장-시민사회라는 커다란 틀의 주요 구성원으로 자리잡아 일정한 역할을 할 수도 있을 것이다. 적당한 사회적 발언력과 영향력으로 여러 가지 문제점들을 조금씩 고쳐나가는 즐거움을 맛볼 수도 있을 것이다. 그러나 국가와 시장은 그렇게 호락호락하지 않을 것이고, 특히 시장의 가공할 폭력은 이제 국경조차 무력화시킬 것이다. 근대 국민국가의 이상과 원칙을 가장 충실히 수행하고자 하는 시민운동의 주장이 힘을 얻으면 얻을수록, 다시 말해 정부나 기업이 투명해지고 합리적으로 변하면 변할수록, 오히려 시민운동의 입지는 점점 더 위축되거나 하위 파트너 정도로 전락할 위험성도 얼마든지 전망해볼 수 있다. 이것이 바로 '잘나가는 시민운동'이 느끼는 불안감의 실체인지도 모른다.

그렇다면 결국 이는 신자유주의적 시장질서의 폭력성으로부터 사회를 방어하고, 이를 넘어섬으로써 해결할 수 있을 것이다. 이미 이런 고민은 비록 '선언'의 형태로나마 이미 제시되었다.[9] 하지만 이는 아직까지 단순한 선언에 불과하다. 이런 고민을 선언만이 아닌 현실의 구체적 운동으로 실현시키기 위해서는 현재 한국 시민운동이 발딛고 선 기반과 새로운 사회적 조건의 변화에 대해 정확히 읽어낼 수 있어야 할 것이다.

2) 한국 시민운동이 직시해야 할 세 가지 상황

우선, 이제까지 시민단체들의 활동, 즉 권력에 대한 비판과 감시는 큰 틀에서 볼 때 적극적(positive)이거나 대안적(alternative)인 것은 아니었다는 점을 인정해야 할 것이다. 이번 총선을 앞두고 시민단체들이 전개하고 있는 낙천·낙선운동 역시 소극적·부정적(negative)인 운동에 다름아니다. 정부나 기업을 대상으로 한 시민단체들의 제도개혁운동 또한 각론적 정책대안의 제시까지는 이루어졌지만, 이를 아우르는 총체적 대안과 전망의 제시는 제대로 이루어지지 못했다.[10] 정부나 기업, 정치권이 시민운동의 주요한 요구들을 수용하면 할수록 시민운동은 자기 동력을 상실할 가능성이 높다.[11] 또한 낙천·낙선운동 역시 현재의 현상적 폭발력에도 불구하고, '그렇다면 누구를 찍으란 말인가?'라는 단순한 질문에 대답하지 못한다는 사실이 뚜렷해질 경우 폭발력이 반감할 가능성이 매우 크다. 이는 결국 시민운동의 이념적 지향에 대한 진지한 성찰과 여타 운동과의 새로운 관계설정에 대한 요구에 다름아닐 것이다.

둘째, 시민단체를 지지하고 회원이 되거나 자원활동을 하는 사람들 중 다수는 진보적이라고 말할 수는 없고 그저 소박하게 세상이 좋아지기를 바라는 사람들이었다는 점에 다시 한번 주목해야 한다. 어쩌면 그 동안 우리 시민운동이 뚜렷한 이념적 지향을 내비치지 않았기 때문에 시민단체의 문을 열고 들어왔을 가능성은 매우 크다. 만약 시민운동이 더 진보적인 색채를 농후히 하고 이념적 지향을 분명히 한다면 그곳으로부터 얼마든지 쉽게 멀어질 수 있는 것이다.[12] "그저 집 안에 있기보다는 시민단체에 와서 작은 일이라도 돕고 싶었다"고 말하는 주부 자원활동가의 이야기는 이를 여실히 드러낸다. 그러나 이들이야말로 지금 한국의 시민운동을 지탱하는 가장 중요한 기반이 되고 있다는 사실을 결코 부정할 수 없다. 따라서 그저 소박한 바람으로 시민운동에 동참하고 있는 다수 대중과의 관계를 어떻게 만들어낼 것인가는 시민운동이 결코 간과할 수 없는 숙제인 것이다.

결국 한국의 시민운동은 조금은 상반되어 보이는 이 두 가지 사실을 늘 염두에 두지 않을 수 없는 것이 현실이다. 문제는, 운동의 이념성과 운동의 대중성은 당위적으로는 동시에 존재해야 하는 것이지만, 이 둘이 언제나 행복한 결합을 이루는 것은 아니라는 사실이다. 시민단체의 주요 구성원들, 즉 상근활동가, 자원활동가, 회원들이 결코 자신이 속한 단체에 대해 일치된 기대를 하고 있는 것은 아니다. 뿐만 아니라 상근활동가들 내부에서조차 이념적 지향이 다양하게 존재하고 있다. 이런 이질성을 묶어주고 있는 끈이 바로 '일반민주주의적 과제', '최소한의 효율성과 투명성'이라는 느슨하지만 너무나 분명한 공감대였다고 생각된다. 그러나 시민단체 내부의 이런 공감대를 넘어 이념적 분화현상을 가속화시킬 수 있는 사회적 조건의 변화가 현실로 나타나고 있다. 그것은 바로 진보정당, 즉 '민주노동당'의 출범이다.

진보정당이 제도정치권 내로 진입하는 과정에서, 그리고 진입하게 된 후 시민운동의 이념적 분화현상은 더욱 가시화·가속화될 것으로 예상된다. 특정 정당에 대한 지지를 원칙적으로 표명하지 않는 기존 시민단체의 운동방식을 고려할 때 곧바로 그런 양상이 나타나지는 않겠지만, 조만간 정당의 정책이나 정강에 대해 지지를 표명하는 시점이 올 수 있기 때문이다. 이때에 이르면 우선 개별 시민단체들 내부에서 격론이 벌어질 가능성이 높다. 진보정당의 출범에 상당한 기대와 희망을 거는 구성원[13]과 그것에 대해 불만을 표시하는 구성원 간의 갈등이 분명히 발생할 수 있다. 그리고 그 결과 여하에 따라 시민단체 구성원들 사이의 이합집산이 이루어지고 그에 이어 시민단체들간의 이념적 스펙트럼의 분화현상이 가속화될 가능성이 높은 것이다.

이렇게 되면 그 동안 무언의 원칙처럼 되어 있던 시민사회와 정치사회의 뚜렷한 구분이라는 것이 조금씩 무너질 수도 있다. 진보정당을 매개로 한 제도정치권에의 직접적 개입이 가능하다면 이를 훨씬 더 적극적으로 활용하고자 할 것이기 때문이다. 이 과정에서 그 동안 금기시되어왔던 특정 정당에 대한 전면적 지지가 시민운동 내부에서 주장되면서 이념적 스펙트럼에 의한 시민운동의 분화가 이루어지고, 이를 계기로 '(좁은 의미의) 시민사회 내의 개혁 블록'을 넘어 더 광범위한 개혁 블록, 저항 블록이 형성될 수 있을 것이다. 그리고 이런 저항 블록은 가공할 힘으로 밀려오는 신자유주의적 시장질서의 폭력성과 맞설 수 있는 최후의 보루가 될 것이다.

그러나 민주노동당 스스로의 주장, 많은 이들의 기대와 바람에도 불구하고 민주노동당이 노동자계급을 대표하는 진보정당으로서 제대로 뿌리를 내릴 것인가에는 쉽사리 낙관할 수 없다.[14] 민주노동당의 성패 여하에 따라 시민운동의 이념적 분화속도는 달라질 수 있을 것이다. 시민운동 내 이념적 분화속도의 둔화와 더불어 시민사회라는 독자적 영역에 대한 방어전략이 강화되면서 '투명성, 합리성, 효율성의 담론'이 갖는 시대

적 한계를 극복하지 못한 채 이를 시민운동의 최대치로 설정하려는 경향
이 강화될 가능성이 크다.

즉, 한국의 시민운동이 소박한 시민운동에 대한 기대를 가진 사람들까
지 충분히 설득할 수 있으면서 동시에 신자유주의적 시장질서를 넘어설
수 있는 총체적 대안과 전망, 구체적인 실천 프로그램을 마련하는 데 실
패한다면, 전혀 의도하지 않은 결과, 즉 신자유주의적 시장질서의 하위
파트너로 안주하게 되어버리는 최악의 상황도 상상해볼 수 있을 것이다.
이런 최악의 시나리오가 현실화되지 않도록 하기 위해서는 시민운동 스
스로의 노력뿐만 아니라 진보정당의 성공적 안착, 현장에서의 시민운동
과 노동운동의 실천적 연대 강화가 동시에 이루어지지 않으면 안될 것이
다.

4. 이제 다시 위태로운 모험의 기로에 선 한국의 시민운동

테세우스는 자신이 누운 침대가 어차피 자신의 몸에 맞지 않는다는 사
실을 알고 있었다. 그래서 그는 직사각형인 침대에 대각선으로 누워 몸
과 침대를 맞췄다. 이에 당황한 프로크루스테스는 어찌된 영문인지 확인
하고자 머리를 내밀었고, 이때 테세우스는 프로크루스테스의 목을 칼로
내리쳤다. 목이 잘린 프로크루스테스의 몸은 철침대에 꼭 맞았다. 그리
고 테세우스는 무사히 여행을 계속할 수 있었다.

한숨 돌릴 여유도 없이 앞으로만 달려온 시민단체들이 숨을 고르고 주
위를 둘러보고 있다. 어느새 훌쩍 커버린 자신을 발견하고 스스로도 놀
라고 있지만, 그는 이미 여행을 출발할 때의 어린아이가 아니었다. 누구
하나 그가 어디로, 어떻게 가야 하는지 알려주지 못하지만, 그는 여행을
멈추지 않고 '위태로운 모험'을 또다시 출발한다. 넘어지기도 하고 예측
불허의 위기상황을 맞을 수도 있지만, 그 여정을 끝마쳤을 때 훨씬 더 성

숙한 자신을 발견하기 위해서 그는 몸을 털고 일어나야 하는 것이다.

한국의 시민운동이 앞으로도 지금처럼 '열심히, 그리고 멋지게' 싸움을 벌여나갈 것은 분명하다. 일부러 현재의 성장에 안주하려 들지도 않을 것이다. 그런데 문제는 자신의 의도와는 무관하게 결과적으로 지배질서의 하위 파트너가 되는 결과를 맞을 수도 있다는 사실이다. 그것은 그 동안 시민운동이 추구해온 이념과 그것을 달성하기 위해 사용한 수단이 더 이상 신자유주의의 경계선을 넘어서지 못하고 그 안을 맴돌게 될 때 벌어질 수 있는 사태이다. 따라서 시민운동이 긴 호흡과 너른 시야를 가지고 경계선을 분명히 파악하고, 이를 뛰어넘는 모험을 할 수 있는 지혜와 용기를 갖는 것이 무엇보다 필요하다. 단, 이제 새로이 시작해야 할 위태로운 모험에는 반드시 동반자가 있어야만 한다. 결코 혼자서는 견뎌낼 수 없는 고난의 행군이 그를 기다리고 있을 것이기 때문이다.

11. 시민사회의 정치개혁운동과 낙천·낙선운동[1]

조희연(성공회대 교수, 사회학)

1. 머리말

이 글은 2000년 4·13 총선국면에서 한국 시민운동에 의해 전개되었던 낙천·낙선운동의 전개과정과 그 출현배경을 분석하고, 나아가 낙천·낙선운동의 성과를 분석 평가하고 향후의 전망을 검토한다. 낙천·낙선운동은 부패 무능한 정치인들을 척결하고 시민사회에 의한 정치개혁을 추동하는 하나의 성공적인 모델로 인식되고 있다. 낙천·낙선운동은 하나의 운동 모델로 인식되어 일본에도 '수출'되고 있다. 이 글은 한국사회운동사에 있어 중요한 의미를 갖는 낙천·낙선운동을 역사적으로 기록하는 의미에서 작성된 것이다.

새 천년 지구촌 사회가 시애틀에서의 시민사회단체 '반란'으로 막을 열었다면, 새 천년 한국사회는 시민사회가 앞장선 유권자들의 반란으로 막을 연 셈이다. 981개 단체(시작 당시는 500여 개) 시민사회단체들이 나서서 공천 부적격자 명단을 발표하고 정당활동의 핵심인 공천과 선거에서 전면 개혁을 요구하고, 그러한 개혁 요구를 무시하고 공천된 인사들을 대상으로 하는 낙선운동을 전개하여 대대적으로 낙선시켰던 현상은 과거에는 상상할 수 없었던 일이다. 이것은 제도정치권에 대항하여 시민사회가 벌인 거대한 정치개혁운동이었다. 이 글은 사회운동의 '수입국'이었던 한국에서 사회운동의 첫 수출 사례가 될 수도 있는 낙천·낙선운동을 그 구체적인 경과 및 성과, 그 한계, 전망을 중심으로 검토해보고자 한다.

2. 낙천·낙선운동의 전개

1) 시민사회운동의 정치개혁운동 전개

먼저 낙천·낙선운동의 전개과정에 대해 살펴보기로 하자. 시민사회운동의 낙천·낙선운동이 정치개혁운동의 일부라고 할 때, 이러한 정치개혁운동은 1990년대 초반부터 활발하게 전개되기 시작한다. 처음 시민사회운동의 정치개혁운동은 일상국면에서는 의정감시운동과 선거국면에서는 공명선거 감시운동 형태로 전개되어왔다. YMCA 등을 중심으로 하여 의정감시운동이 조직화되기 시작하였으며, 지방의회가 출범한 이후에는 지방의회 감시운동(의정지기단 등) 및 조례제정운동 등으로 확대되었다. 1992년 선거에서는 경실련을 주축으로 시민단체협의회가 '공명선거 감시운동'을 활발하게 전개하였다. 1994년 9월 참여연대가 출범하면서 의정감시센터를 두어 보다 상설적인 의정감시를 시도하였으며, 정치개혁시민연대 등 여러 시민단체를 중심으로 국회감시운동, 지방자치단체 수준에서의 의정감시운동이 확대되어갔다. 이러한 의정감시운동과 같은 외부적인 감시운동과는 별개로, 1996년 총선에서는 지역주의 타파라는 명목으로, 일부 시민운동 인사들이 제도정치권의 일부 개혁정치 그룹과 연합하여 집단적인 정치세력화를 위한 시도가 있었으나, 이는 성공하지 못하였다.

국회감시운동은 1999년 정기국회시 국정감사를 모니터하는 운동으로

〈표 1〉 낙천·낙선운동의 전개과정

1단계	2단계(~3.29)	3단계(~4.12)
낙천운동	공천철회운동	낙선운동

보다 발전하였는데,[2] 이는 상임위원회에 대한 참여감시를 통하여 의정 활동에 대한 압박을 시도하는 운동이었다. 국감모니터 결과가 언론에 발표되자 국회의원들은 격렬한 반발을 하였고 심지어 상임위원회 방청을 금지시키는 조치를 취하기도 하였다. 낙천·낙선운동에 대한 구상과 계획은 이러한 국감모니터 과정에서 나타났다고 할 수 있다. 시민사회 진영에서의 이러한 의정감시 형태의 정치개혁운동의 정점에 2000년 1월 12일 출범한 총선시민연대의 낙천·낙선운동이 서 있다고 보여진다.

낙천·낙선운동은 기존의 정치개혁 압박 운동, 외부에서의 제도정치의 감시운동을 뛰어넘어, 보다 민주적 공천과 부패 무능 정치인의 퇴출이라고 하는 직접적인 정치개혁 압박 운동이었다고 할 수 있다. 981개 전국 시민사회단체의 한시적 연합체인 총선시민연대가 중심이 되어 벌인 낙천·낙선운동은 <표 1>에서 보는 바와 같이 (1) 부패 무능한 정치인의 정당공천을 반대하는 공천반대운동, (2) 공천된 부패 무능 인사들에 대한 공천 철회운동, (3) 선거국면에서의 낙선운동으로 전개되었다.

2) 낙천운동의 내용

낙천운동은 2000년 1월 10일 경제정의실천시민연합이 일차로 164명의 총선 부적격자 명단을 발표한 데 이어, 2000년 1월 24일 총선시민연대가 66명의 공천 부적격자 명단을 발표하는 형태로 구체화되었다. 그 후 1월 27일 '유권자가 알아야 할 15대 국회의원'이라는 이름으로 정치개혁시민연대가 89명의 명단을 발표하였다.[3] 그 후 2월 2일에는 총선시민연대가 2차 공천 부적격자 명단을 발표하였다. 총선시민연대에 의해 공천 부적.

〈표 2〉 총선시민연대의 공천부적격자 명단(2차)

구분	일시	선발 모집단	규모	정당별 구성		비고
1차 낙천 낙선 인사	2000. 1. 24.	15대 국회의원 (329명)	66명	민주당	16명	66명 중 불출마 선언 등으로 인하여 명단 삭제 6명, 최종 명단 60명
				한나라당	29명	
				자민련	16명	
				무소속	5명	
2차 낙천 낙선 인사	2000. 2. 2.	전직 국회의원, 원외 출마예상자 중 유력자 600여 명(전의원, 장차·관급 이상 고위 공직자, 기타 출마가 확실한 유력인사), 1차 때 누락된 15대 국회의원	46명(15대 의원 6인+원 외 인 사 40인)	15대 의원 6명(민주당 2명, 한나라당 4명). 원외인사는 정당구별이 중요하지 않음.		48명 중 불출마 등으로 인하여 명단 삭제 6명, 최종 명단 42명

격자로 발표된 명단의 내역은 <표 2>와 같다.

낙천대상(이후 낙선명단 선정에서도 동일 기준 적용) 선정의 기준은 ① 부패행위, ② 선거법위반, ③ 헌정파괴 반인권 전력, ④ 지역감정 선동행위, ⑤ 의정 활동의 성실성, ⑥ 개혁 법안 및 정책에 대한 태도, ⑦ 기타 선관위에 등록토록 되어 있는 기초사항의 진위(재산등록/병역사항/납세실적/전과기록 등)이었다. 1,2차 공천반대 명단 발표 과정에서 이 중 ① 부패행위, ② 선거법 위반행위, ③ 헌정파괴 반인권 전력의 세 가지에 하나라도 해당될 경우 우선적으로 적용하였으며, 나머지 기준들은 아주 심각한 경우를 제외하고서는 다른 기준들과 병합하여 적용하였던 것으로 보여진다. 낙선인사의 선정에는 총선시민연대 참가단체의 지도부들뿐만 아니라, 일반시민 중에서 선출된 '유권자 100인 위원회' 성원들이 참여하여, 선정과정의 객관성을 유지하려는 노력을 하였다.

낙천명단을 발표하는 것 자체가 당시로서는 '사전 선거운동'으로 선거법에 저촉되는 행위였고, 당시 선거법에 따르면 낙선운동 자체가 선거운동에 의해 전면적으로 금지되어 있기 때문에, 한편으로는 유권자운동을 합법적으로 수행하기 위한 선거법 개정운동이 전개되었으며, 다른 한편으로는 공천 반대운동을 전개하였다. 선거법 87조는 노동조합을 제외한 사회단체의 선거운동을 전면적으로 금지하고 있기 때문에, 87조를 포함하여 사전 선거운동을 금지한 59조, 58조, 231조 등을 동시에 개정하기 위한 캠페인이 전개되었다. 당시 시민사회단체들은 유권자의 올바른 선택을 목표로 하는 공익적 시민사회단체의 선거활동은 '후보를 당선되거나 당선되지 못하도록 하는' 협의의 선거운동과 질적으로 다르다고 주장하였다. 나아가 '후보를 당선시키거나 당선되지 못하도록 하는' 협의의 선거운동과 유권자의 올바른 선택을 목표로 하는 공익적 시민사회단체의 선거활동을 명백히 구별, 후자에 대한 규제를 전면적으로 철폐하여야 한다고 주장하였다.4) 전자를 선거운동의 개념에서 제외하면, 사전 선거운동 기간이나 선거운동 기간의 공익적 시민사회단체의 활동에 제약을 받지 않게 되기 때문이었다. 낙천·낙선운동이 기성 정당들에 부정적인 효과를 미칠 것으로 예측한 기성 정당들은 이미 '저질러버린' 낙천명단 발표행위는 합법화하고 향후 선거국면에서는 언론이나 인터넷을 통한 간접적인 유권자 정보제공 운동만을 합법화하는 식으로 제한적으로 선거법을 개정하였다. 여야는 시민사회단체의 최소한의 활동만을 허용하고 그것이 갖는 정치적 충격을 최소화하려는 방향으로 담합한 셈이다. 여야가 합의한 개정선거법에 따르면, 낙천·낙선자명단 발표 등 유권자의 올바른 선택을 위한 시민사회단체의 활동은 언론이나 인터넷을 통한 발표만 허용될 뿐, 집회나 서명 등 유권자를 대상으로 하는 적극적인 행위는 불법화되도록 되어 있다. 선거기간 전의 활동에 대해서도 명단을 유권자들에게 직접적으로 나누어준다든가 하는, 당선이나 낙선에 영향을 미치는 행위는 불법이 되고 있다.

이처럼 선거법 개정 캠페인을 함과 동시에, 각 정당들의 공천과정에서 공천 반대자가 공천되지 않도록 하는 캠페인과 압력활동을 전개하였다.5)

공천 심사위원장을 만나 '개혁적' 공천을 요구한다거나 공천 반대 '장외' 집회를 하는 것 등이 바로 그러한 활동이었다.

그럼에도 불구하고 많은 공천 반대자들이 정당공천을 받게 되어가던 3월 중순경부터 후보자 등록일(3월 28일~29일)까지는 발표한 공천을 철회하도록 요구하는 '공천 철회운동' 형태로 운동을 전개하였다. 이 시기에 전개된 운동으로는 각 정당 점거 항의농성, 공천 규탄 전국집회, 공천 철회를 위한 서명운동, 공천 철회 소송 원고인단 모집 및 소송[6] 등이었다.

3) 낙천·낙선운동에 대한 기성 정당의 반발

낙천·낙선운동에 대한 기성 정당의 대응태도는 상이하게 나타났다. 민주당의 경우는 낙천·낙선운동을 자신들의 개혁성을 부각시키는 계기로 활용하려는 '적극적 활용전략'을 선택한 데 반하여, 한나라당의 경우 '일면 비판 일면 활용전략'을 선택한 것으로 보여진다. 반면에 자민련의 경우 김종필 총재가 포함되고 나아가 다수 의원이 포함된 탓도 있지만, 낙천·낙선운동을 여당 음모론으로 매도하는 '적극적인 대결전략'을 선택하였으며, 한나라당의 낙천 대상자들을 중심으로 하는 급조된 민국당의 경우 낙천·낙선운동과의 대결보다는 한나라당과의 대결을 취하면서 '노골적인 지역감정 유발전략'을 선택한 것으로 보여진다.

부패사건과 관련하여 낙천대상자로 선정된 의원들의 경우 개인적 항변을 하였다.[7] 개인적 항변과는 별개로, 자민련에서 제기한 음모론이나 한나라당이 제기한 유착설(연계론)이 낙천·낙선운동의 순수성을 훼손하기 위한 기성 정당의 집단적 공세로 제기되었다. 낙천·낙선운동에 대하여, 자민련에서는 시민사회단체의 배후에 청와대 및 민주당 일부 인사가 있다는 음모론을 들고 나왔고, 한나라당은 낙천·낙선운동을 주도하는 시민사회단체의 주요 인사가 제2건국위원회나 부정방지 대책위원회에 관

계되어 있으며, 총선시민연대에 참여하고 있는 주요 단체들이 정부의 재
정지원을 받고 있다고 하는 소위 '유착설'을 들고 나와서 공세를 취하였
다. 이는 낙천·낙선운동이 미칠 수 있는 부정적인 정치적 효과를 최소화
하기 위한 정치권의 공세의 성격이 있다고 평가된다. 물론 음모론의 경
우 낙천운동의 정치적 효과를 차단하면서 역(逆)지역감정을 불러일으켜
자기 방어를 하려는 시도라고 한다면, 유착설의 경우는 낙천운동의 정치
적 효과의 '불균등 배분'에 대한 반발이었다는 점에서 일정한 차이를 갖
고 있었다.

　음모론이나 연계론 같은 경우 기성 정치권의 정치적 공방이 어떤 형태
로 전개되는가를 잘 보여주었다. 정치권의 일반적인 공방의 패턴을 보면,
진실 여부와는 관계없이 상대방을 정치적으로 공격하기 위하여 확인되
지 않은 '주장'을 언론에 발표하는 방식으로 공세를 취하게 되고 그 이후
에는 진실 자체는 실종되고 논란은 이전투구(泥田鬪狗)식 정치공방으로
변질되어가게 된다. 이렇게 되면 발단이 된 사안의 진실과는 관계없이
정치적 공방이 지속될 수 있게 된다. 정작 진실이 밝혀질 때쯤에는 그 사
건 자체가 정치적 중요성을 갖지 않게 되므로, 서로가 적당한 선에서 타
협하고 종결시키게 된다. 이러한 기성 정치권의 대표적인 공방 메커니즘
은 동시에 비리 국회의원의 방어 메커니즘이 된다. 예컨대 부패에 연루
된 의원이 그것을 정치적 음모라고 주장함으로써 자신을 방어하게 되고,
일정한 시간이 흐른 다음에는 지역감정에 의거하여 정치적 복권을 하게
된다. 이러한 방어 메커니즘은 현재처럼 지역감정이 엄존하는 구조 내에
서 지역감정에 호소하면 동정론을 유발하기가 상대적으로 용이하기 때
문이다. 이러한 정치권의 공방 패턴이 심지어 시민사회단체의 낙천·낙선
운동에 대해서도 그대로 원용되었다. 음모론이나 연계론 같은 것도 바로
그러한 예가 될 것이다.8)

4) 낙선운동의 전개와 쟁점

공천 철회운동 단계를 거친 총선시민연대는 2000년 4월 3일 낙선명단을 발표하는 것을 계기로 하여 본격적인 낙선운동 단계로 돌입하였다. 총선시민연대가 발표한 1, 2차 공천 반대자는 112명이었는데, 이 중 대상자들의 불출마 선언 및 총선시민연대측의 정정으로 최종적인 공천 반대자 수는 102명이었다. 이 102명 중 총 64명이 공천되었다. 여기에 1, 2차 대상자들(전·현직 국회의원 및 고위급 출마 예상자) 외에 추가로 출마하고자 하는 22명을 추가하여 총 86명의 낙선 대상자 명단을 2000년 4월 3일 확정 발표하였다. 총 1,000여 명이 입후보하는 선거에서 낙선 대상자보다도 더욱 부패 무능한 후보자들이 있음에도 불구하고 당선 가능성이 없어 낙선운동 자체가 무의미한 경우들도 있었기 때문에, 이들은 낙선 대상자 명단에서 제외하였다.

낙천운동은 기본적으로 정당을 대상으로 한 운동인 데 반하여, 낙선운동은 일반 국민을 대상으로 하는 운동이다. 낙천운동은 정당의 공천 심사과정이라고 하는 집중화된 대상이 존재하는 데 반하여, 낙선운동은 유권자들이 동참하지 않으면 소기의 성과를 거둘 수 없는 운동으로서의 성격을 지니고 있었다. 낙천운동은 그것이 언론의 주목을 받고 정당에 대한 개혁 여론이 조성되는 것만으로도 족한 것이지만, 낙선운동은 대중이 직접 행동화하지 안으면 안되는 운동이라는 점에서 차이가 있었다. 그래서 총선시민연대는 공천 철회운동의 협소성을 고려하여 공천 철회를 요구하는 서명운동과 부문별·지역별 대중조직들의 참여를 촉진하기 위한

〈표 3〉 낙선명단 규모

공천 반대자(102명) 중 최종 공천자	기타 출마자 중 공천 반대자	전체 낙선 대상자
64명	22명	86명

노력을 행하였다.[9] 낙선운동에 대한 시민들의 참여를 촉진하기 위하여, 새로 설립된 유권자 운동 위원회를 중심으로 하는 서울 및 지역에서 '유권자 약속, 227만 표 모으기' 행사 등이 진행되었다. 유권자 약속 227만 표 모으기 전국 버스 투어는 3월 20일부터 3월 25일까지 진행되었다.

낙천운동의 성과로 인하여 기성 정당의 공천과정이 ① 개혁화된 측면과 ② 당 자체의 구조적 비민주성, 뿌리깊은 보수성, 내부 권력투쟁과 연결되면서 왜곡화된 측면[10]이 존재한다고 생각된다. 전자의 측면에서 낙천운동은 정치개혁에 상당한 효과를 발휘하였다고 생각되지만, 후자의 측면에서 낙천자들을 중심으로 하여 민국당이 출현하게 되는 '돌발' 상황[11]이 나타났다. 또한 낙선운동은 낙천운동과 달리, 운동 기간 내내 '누구를 투표하라는 것이냐'라고 하는 '대안 요구'적 비판에 직면하여야 했다. 227개 선거구별로 3~4명씩 후보자로 나선다고 할 때 1,000여 명이 넘는 사람들이 출마하는데, 소수의 낙천·낙선대상자만을 '찍지 않기 위한' 운동이라는 협소성을 갖고 있었다. 이런 한계를 무릅쓰고 낙선운동은 줄기차게 전개되었다.

처음 참여연대, 환경운동연합, 여성단체연합, 녹색연합 등 주요 시민단체들을 중심으로 시작된 총선시민연대의 낙천·낙선운동은 점차 지역과 부문으로 확대되어갔다. 1차 낙천명단 발표시 500여 개에 이르렀던 총선시민연대 참여 단체수는 총선이 끝날 무렵에는 981개의 단체가 참여한 것으로 되어 있었다. 중앙 총선시민연대뿐만 아니라 부산, 경기, 대전·충남, 대구, 울산, 광주·전남, 충북, 전북, 제주, 경남 등 10개의 광역 총선연대가 조직되었으며, 가톨릭, 기독교, 불교 등 종교계와 보건의료계, 학계[12]의 참여가 있었다. 지역 총선연대 조직들은 전국 수준의 낙선명단과는 별개로 지역별 낙선명단을 추가로 발표하여 운동을 전개하였다.

낙천·낙선운동은 그 낙선 결과에서 국민들의 절대적인 지지를 받았다는 것이 확인되었지만, 여러 측면에서 국민적 지지를 받은 운동이었다고 평가할 수 있다. 먼저 후원금의 경우 5,667명으로 총 모금액만 3억 5,000

만 원에 이르렀다. 연합운동이 대체로 적자운동으로 끝났던 것에 비추어 본다면, 참가단체들의 자부담을 고려하더라도 흑자운동으로 끝났다는 것만으로도 국민적 지지를 간접 추정할 수 있다.

낙천·낙선명단의 발표와 관련하여, 일부에서는 특별히 낙천대상자 명단에 포함된 대상자들이나 기성 정당들이 제기하는 선정기준의 편파성 논란과는 별개로, 낙천명단 선정과정에서는 ① 부패 인사들을 선정함에 있어 법원의 판결과는 무관하게 부패자금을 수수한 구체적 '사실'이 있는가를 기준으로 하였는데, 법원에서 무죄판결을 받은 경우도 재판이 진행 중인 경우를 포함시키느냐 하는 문제, ② 김종필 총재를 포함시키는 문제와 관련하여, 역사적 판단에 맡겨야 하는 문제까지 공천 반대 기준에 포함시켰어야 하느냐 하는 문제, ③ 이회창 총재나 이인제 선대위원장을 포함시키지 않은 문제, ④ 헌정파괴 인사로서 5·18 신군부 쿠데타 및 광주학살에 연루된 인사들을 선정하고자 하였는데, 그 기준으로 국가보위대책위원회나 국가보위입법위원회에 참가한 인사들을 예외 없이 낙천대상자로 선정하는 방식이 적절하였는가 하는 문제(국가보위입법위원회 같은 경우 파견근무 형태로 참가한 경우도 있었음), ⑤ 일부 대상자들의 경우 특정 기준에서 과(過)가 있지만 민주화운동에의 기여와 같은 공(功)의 측면을 전혀 고려하지 않은 문제, ⑥ 선정 이유를 개혁 법안에 대한 태도 등 사회구조적인 연결성을 시도하지 않은 문제 등을 둘러싸고 일정한 논란이 있었다.

낙선운동은 권역별로 낙선운동을 전개하고 중앙 총선시민연대 지도부는 전략지역을 중심으로 낙선운동을 하는 형태로 진행되었다. 이 시기 낙선운동은 ① 낙선운동을 지지하며 개혁적 투표를 하기로 약속하는 유권자 서약운동(227개 선거구별로 1만 명의 서명을 모은다는 취지에서 유권자 약속 227만 명 모으기 운동으로 전개되었다), ② 22개 전략지역을 중심으로 하는 집중 낙선운동, ③ 대학생 및 청년유권자 투표 참여운동, ④ 미국의 반전 페스티벌이었던 우드스탁과 유사한 정치문화 행사로서의 '레드 2000' 페스티벌 개최 등을 중심으로 전개되었다. 지역구 후보의 경우와 달리 전국구 공천에서도 비례대표 공천 가이드라인을 발표하여 개혁적 공천을 촉구하기도 하였다.[13)

이 기간 동안에 개정 선거법이 허용하는 합법적 수단들을 최대한 활용하면서 동시에 선택적으로 '불법적인' 낙선운동을 감행하여 낙선운동을 전개하였다. 22개 지역의 전략지역을 선정하여,[14) 전략지역별로 중앙 총선연대 지도부가 전담하는 방식으로 역량집중을 꾀하기도 하였다. 권역별 총선연대에서도 집중 낙선지역을 중심으로 활발한 낙선운동을 전개하였다.

가톨릭 총선연대를 중심으로 하는 이사철 후보(부천)를 낙선시키기 위한 운동이 전개되었고, 학계를 중심으로 교육 7적으로 선정되었던 함종한 후보(원주)를 낙선시키기 위한 운동이 전개되었다.[15)

〈표 4〉 총선시민연대의 주요 활동

시 기	내 용
2000. 1. 12.	총선시민연대 발족
2000. 1. 24; 2. 2	1차 및 공천반대 명단 발표
2000. 1. 30; 2. 19	1·2차 공천반대 전국 동시 집회
2000. 1~2.	선거법 개정운동
2000. 2~3.	공천 철회운동 및 소송 원고인단 모집
2000. 3. 1	3·1절 유권자 독립선언의 날
2000. 3. 2~3. 6	정치개혁 국민광장(명동성당)
2000. 3. 20~26	유권자 약속 227만 표 모으기 전국 버스 투어
2000. 3~4.	유권자 약속 227만 표 모으기 운동(336,226명)
2000. 3. 23	비례대표 공천 가이드라인 발표
2000. 4. 3	낙선명단 발표 및 낙선운동 결의대회
2000. 4. 8.	레드 2000 페스티벌('가자 놀자 찍자 바꾸자)
2000. 4. 3~12	권역별·지역별 낙선운동
2000. 4. 12	희망의 퍼포먼스(명동성당 촛불집회)

낙천·낙선운동 기간의 총선시민연대의 주요 활동은 <표 4>와 같다.

3. '정치지체'와 낙천·낙선운동: 활성화된 시민사회와 괴리된 제도정치

그렇다면 여기서 낙천·낙선운동과 같이 시민사회가 주도하는 정치개혁운동이 어떤 배경에서 전개되는가를 구조적 관점에서 살펴보기로 하자.

정치개혁을 향한 '유권자 혁명'에 비견될 정도로 강렬한 국민적 지지 속에서, 어떤 이는 낙천·낙선운동을 군부정권에 대한 '시민사회의 대반란'이었던 1987년 6월 항쟁과 비교한다. 낙천·낙선운동을 6월 항쟁에 버금가는 준(準)시민혁명으로 평가하는 견해도 있다. 1987년의 시민사회 반란이 학생운동과 재야운동에 의해 주도되었다면, 4·13 총선에서의 시민사회 반란은 시민사회단체들에 의해 주도되고 있다는 점에서 차이를 갖고 있다. 그러나 내용적인 측면에서는 본질적인 연속성이 있다고 평가할 수 있다. 1987년 6월의 반란이 직선제 등 민주주의의 '하드웨어'를 쟁취하기 위한 것이었던 데 반하여, 현재의 낙천·낙선운동은 부패 무능, 반인권 정치인 퇴출 등 민주주의의 '소프트웨어' 혹은 내용 혁신을 위한 운동으로 전개한 것이다.16) 돌이켜보면, 1987년 6월 항쟁은 야당의 적극적인 참여하에 군부 집권당을 '굴복'시키는 결과를 쟁취하였다. 그래서 시민들은 직선제를 쟁취하고 난 후에, 개혁을 약속하는 집권당과 또한 개혁을 위해 싸웠던 야당에 정치개혁을 맡기고 '관중'으로 돌아갔었다. 그러나 여야 정당에게 맡겨진 민주주의의 '소프트웨어', 즉 정치는 전혀 바뀌지 않은 채로, 지난 10여 년이 흘러왔다. 참고 참던 시민들이 이제는 정당들의 자정능력이 전무하다는 절망 속에서 다시금 '반란'을 일으킨 셈이다.

1) 정치지체, 제도정치와 시민사회의 괴리

필자가 볼 때, 정치개혁을 요구하는 시민사회의 반란은 시민사회의 활성화와 변화에 부응하지 못하는 '정치지체(遲滯)' 혹은 정당지체에서 말미암은 것이라고 생각된다. 한 사회의 경제적 조건이나 시민사회는 급속하게 변화하는데, 정치나 정당의 운영양식은 이러한 경제나 시민사회와의 불일치 속에서 그것을 반영하지 못한 채로 존재하는 것을 정치지체(political lag) 혹은 정당지체로 표현할 수 있다.[17] 이처럼 정치와 정당이 지체되어 있기 때문에 한편으로는 국민들로부터 엄청난 불신과 증오를 받게 되고, 다른 한편으로는 개혁과 변화를 요구하는 강렬한 압력과 관심의 대상이 되게 된다. 우리의 현실이 바로 이것이다. 이러한 정치지체 현상은 권위주의 질서에서 민주주의 질서로 이행하는 '민주주의 이행(democratic transition)'의 과도기적 국면에서 특히 두드러진다. 정치개혁은 정부 주도형과 정치권 주도형, 시민사회 주도형의 세 가지 유형으로 나눌 수 있다. 정부 주도형은 과거 권위주의 정권이 답습한 것으로서 현실성이 없으며, 정치권 주도형은 불가능하다는 판단 위에서, 시민사회 주도형의 정치개혁운동이 촉발되었다고 할 수 있다.[18]

이처럼 '대의(代議)'기구로서의 정당이 시민사회의 의견을 반영하는 대의기구로서의 역할을 제대로 수행하지 못하기 때문에, 시민사회운동 단체가 시민사회의 의견을 반영하는 일종의 '대의의 대행(代行)'[19] 현상이 나타나게 된다. 낙천·낙선운동은 어떤 점에서 기성 정당들의 대의 기능이 제대로 수행되지 못하는 데 대한 시민사회의 반란이자 기성 정당의 불구화된 '대표자(representative) 선발' 기제에 대한 시민사회단체의 '대리 선발'이라고 표현할 수 있다.

2) 시민사회 반란의 배경

제도적으로 '권한을 위임받지 못한' 시민사회단체가 제도적으로 권한을 위임받은 정당에 대해 개혁을 요구하는 일종의 '대의의 대행(代行)' 현상은 자기 정화능력을 갖지 못한 정당의 불구성(不具性)에 대한 저항이다. 이것은 물론 '정치의 위기'를 의미한다. 그러나 그것은 구(舊)정치의 위기일 뿐이며, 신(新)정치를 위한 산고라고 평가할 수 있다. 제2의 시민사회 반란이라고도 일컬어지는 낙천·낙선운동과 그것에 대한 국민적 지지 속에는, 새로운 정치 나아가 새로운 민주적 국가운영 양식에 대한 요구가 강력하게 존재하고 있다고 생각된다. 시민사회의 반란이란 그만큼 각성된 시민들이 비약적으로 많아지고 그만큼 시민사회가 활성화된다는 것을 의미한다. 1987년 이후 우리 사회가 민주개혁의 과도기에 있다고 할 때, 민주개혁이 가져오는 가장 중요한 변화는 국가권력에 억눌려 있던 시민사회의 독자화와 활성화이다.[20] 우리 사회의 탈(脫)권위주의화에 따르는 시민사회의 활성화, 그러나 그것을 반영하지 못하는 정치와 정당에 대한 반란이다.[21]

탈권위주의화에 따르는 시민사회의 활성화는 다양한 변화를 포괄한다. 먼저 탈권위주의화는 기존의 국가권력이 갖고 있던 압도적 사회통제력이 현저하게 약화되는 것을 의미하고, 이는 다양한 사회적 힘과 목소리를 분출시키고, 공익적·사익적 이익을 중심으로 하는 시민들의 자발적 조직화를 촉발하게 된다. 이 과정에서 구(舊)국가권력을 지탱하고 있던 거대 조직들의 장악력이 약화되고 작은 조직들, 풀뿌리 조직들의 목소리와 위상이 현저하게 강화된다. 전에는 문제 되지 않았던 많은 문제들이 주민들에 의해 문제화된다. 이러한 흐름들을 넓은 의미에서 '생활정치(life politics)'의 활성화라고 표현할 수 있다.

시민사회의 활성화에서 빠뜨릴 수 없는 것은 다양한 사회적·계급적 운동들의 활성화이다. 1987년 6월 항쟁의 여진 속에서 분출된 노동자 대투쟁은 노동운동의 정치적·조직적 발전의 출발점이었고 이는 노동자가 거대한 사회적 세력으로 성장하는 계기가 된다. 제도정치와 구별되는 '계급정치'가 활성화되게 된 것이다. 문제는 제도정치가 바로 이러한 풀뿌리 정치 및 생활정치, '계급정치'와 극단적으로 괴리된 채로 존재한다는 점이다.

활성화된 시민사회가 존재해도 정당은 시민사회와 괴리된 채로 공존할 수 있다. 그러나 시민사회와 괴리된 제도정치에 대항하는 시민사회의 역동성이 강화되었다는 것이 정치개혁운동이 강력하게 제기되게 된 배경이라고 생각된다. 즉 활성화된 시민사회가 단순히 '무정형'의 시민사회로 머물지 않고 역동적인 네트워크 속에서 새로운 연대성과 능동성을 발현하게 된다는 점이다. 탈권위주의화의 과정에서 이전의 거대 조직들 간의 고정화된 관계에 비해 네트워크형 관계들의 역동성이 두드러지게 된다. 과거에는 수(數)를 중심으로 하는 경성(硬性) 조직중심의 운동에서 네트워크형 조직이 갖는 역동성과 동원력도 무시할 수 없는 것이 되고 있다. 이번 낙천·낙선운동 속에서 바로 이러한 유연하고 개방적인 네트워크형 관계의 중요성을 읽을 수 있다. 이러한 네트워크화에 있어서 정보의 중요성이 크다. 특별히 공신력 있는 정보가 갖는 파괴력과 파급력이다. 공천 부적격자라는 정보와, 정보를 제공하는 시민사회단체의 공신력이 맞아떨어지면서 나타나는 폭발적 현상을 우리는 발견하게 된다. 정보를 중심으로 전자적 네트워크에 익숙하여 있는 네티즌들의 폭발적인 관심도 이와 연관이 있다고 생각된다. 총선연대에서 운영한 사이버 참여연대(www.ngokorea.org)의 경우 총 접속건수가 85만 6,000건이 넘을 정도로 호응이 높았으며, 1일 평균 1만여 건이었으며, 시민참여 게시판에 글이 게재된 건수만도 4만 5,000건이 넘는 것으로 나타나고 있는데, 이러한 폭발적 관심 역시 이러한 현상의 반증이라고 생각된다.

이처럼 탈권위주의화에 따르는 시민사회의 변화는 구정당질서의 기반 자체를 위협하게 된다. 탈권위주의화에 수반되는 변화들, 생활정치의 활

성화, 계급정치의 활성화, 정보를 매개로 하는 네트워크형 관계의 확산
등 시민사회의 변화에도 불구하고, 한국정치는 새로운 '소통의 정치'로
거듭나지 못하고 고착되어왔다.[22]

시민사회와의 소통성(疏通性)을 상실한 정치에 대한 반란이 낙천·낙선
운동의 구조적 배경이라고 생각된다. 이러한 소통성은 시민사회의 새로
운 사회적 집단이 정치세력화하는 것에 대한 개방성,[23] 제도정당 내에서
의 인적인 교체와 대류, 정당에 의한 시민사회의 의견반영능력 제고 같
은 것을 들 수 있다. 이런 점에서 기성 정당은 시민사회와의 소통성을 상
실하였고 기성 정치인들간의 정치카르텔로 유지되어왔다. 물론 구(舊)정
치카르텔은 약간씩 새로운 인물을 수혈하는 정도에서 자기 변화를 시도
하였다. 그러나 그러한 제한된 자기 변화로 머물렀고, 그 결과 기성 정치
인과 기성 정당의 정치독점과 정치카르텔이 사회운영능력을 상실한 지
점에 이르렀던 것이다.

시민사회의 반란을 촉발한 '지체된 정치'의 구체적인 현상들은 지역주
의로 인한 정당정치의 전근대성, 부패 커넥션으로 인한 정당정치의 천민
성, 반공주의로 인한 정당정치의 이념적·정책적 폐쇄성, 당 운영의 비민
주성을 들 수 있다. 이것이 바로 현 단계 한국정치의 문제점이자 정치개
혁의 구조적 과제라고 할 수 있다.[24]

지역주의적 구도의 고착화는 '막대기만 꽂아도 당선된다'는 자조가 나
오고 일부에서는 '선거무용론'을 거론할 정도로 극단화되어 있는 것이
우리의 정치현실이다. '근대적' 사회에서 투표에 작용할 수 있는 여러 변
수(계급 계층, 소득 등)들은 지역이라는 변수에 의해 주변화되고 있다. 계
급 계층 변수나 현안이 되는 중요 이슈에 대한 찬반보다는 지역성 자체
가 투표의 가장 중요한 기준이 되고 있는 현재의 '과잉' 지역주의적 분할
구도는 국민들의 정치불신을 넘어 절망을 만들어내었던 것이다. 다음으
로는 한국 제도정치의 부패성이었다. 권위주의 시대 한국정치는 부패의
폐쇄회로의 한 부분으로 존재하고 있었다. 민주주의 이행이 본격화된 이

후에도 이러한 부패가 극복되지 않은 채로 관성적으로 재생산되어왔다. 기존의 질서 속에서, 은행의 신용배분을 비롯한 사회경제적 자원의 배분을 둘러싸고 막강한 의사결정권을 갖는 정부관료와 제도정당은 이러한 배분과정에서의 공식적·비공식적 영향력을 발휘하는 대가로 정치자금 및 뇌물을 획득하여 왔다. 기업은 정부관료 및 정치가들과 유착하여 각종 특혜를 향유하는 대가로 정치자금을 제공하는, 부패관계가 관행화되었다. 바로 이처럼 관행화된 부패로부터 한국정치가 자체적인 힘으로 탈피할 수 없는 상황이 조성되었던 것이다. 다음으로 한국정치의 이념적 폐쇄성을 들 수 있다. 그 동안 한국 제도정치는 사회적 갈등과 요구를 반영하기보다는 군부 권위주의 국가의 정치적 정당화 기제로서, 억압적 국가기구의 일부로 기능하였다. 한국사회는 지난 30여 년 간의 산업화를 통하여 노동자계급이 다수의 계급이 된 사회로 변화하였으며, 이미 산업사회의 갈등이 기본적인 갈등이 되는 사회로 이행하였다. 개발독재에 대한 저항과정에서 이념적으로 급진적인 지향을 갖는 세력도 생겨나게 되었다. 그러나 이러한 변화를 반영하는 형태로 정치는 개방되어 있지 않다. 이념적·정책적 스펙트럼이 대단히 제한되고 폐쇄화되어 있으며, 극우 보수주의적 성격을 띤 채로 존재하여 왔다. 여기서 정치지체는 보다 극단화된 형태로 나타나게 된다. 다음으로 이러한 지역주의적, 극우 보수주의적, 부패연관적 한국정치는 보스중심주의적인 비민주적 정당구조 속에서 유지되어왔다. 당 내부적인 비민주성은 보스 중심으로 운영되는 정당구조, 당 공천의 비민주성, 당 재정의 반투명성, 돈을 중심으로 하는 당내 파벌의 결속 구조 등 여러 측면에서 확인할 수 있었다.

이처럼 시민사회의 활성화와 괴리된 채로 존재하는 정치와 정당, 그 결과로 정치에 대한 불신이 광범위하게 존재하는 상황 속에서, 낙천·낙선운동이 그러한 정치적 불신을 '행동화'하는 계기와 출구를 마련함으로써 국민적 지지를 받는 낙천·낙선운동이 전개되었던 것으로 보여진다. 활성화된 시민사회를 반영하지 못하는 정치, 시민사회와 소통하지 못하는 정치에 대한 불신이 바로 '불법적인' 공천 반대운동에 대한 국민적 공감을 낳는 근본원인이었다고 생각된다. 도도한 사회변화에도 불구하고, 정당은 기존 체질로 존재하게 되고 여기서 정당개혁, 정치개혁은 최대의 화두가 되고, 시민사회가 이를 강제하는 새로운 행진이 폭발적 관심을 받으면서 전개되었다는 것이다.

제도정치에 대한 시민사회의 불신이 광범위하다고 하더라도, 거기에 행동의 출구가 존재하지 않으면 국민적 불신은 내연(內燃)하는 채로 끝날 수 있다. 예컨대 지역주의적 정당구조만 하더라도 지역주의 극복의 당위성, 지역주의를 넘어서는 정치개혁의 필요성은 모두가 공감할 수 있다. 그러나 구체적인 행동의 지침이 존재하지 않을 때, 그것은 정치행동으로 나아갈 수 없다. 낙천·낙선운동은 바로 부패한 기성정치, 지역주의적 정치에 대한 행동적 지침을 제시함으로써, 비록 그것이 완전한 지침은 아니었지만 국민적 동참을 촉발하였던 것으로 보여진다.

4. 낙천·낙선운동의 성과

1980년대 후반부터 활발한 활동을 벌여왔던 900여 개의 자생적인 지역적 시민사회운동단체들이 선거국면에서 선거혁명과 정치개혁이라는 단일 사안을 중심으로 전국적 연대망을 형성하고 이 연대망을 중심으로 전국적인 수준에서의 활동을 추진하는 상황은 한국사에서 획기적인 사건이었다. 이 낙천·낙선운동의 경험은 일천한 역사적 경험 속에서 성장하고 있는 시민운동단체의 정체성을 확인하고 시민운동의 국민적 저변을 확보할 수 있게 되고 향후 한국정치의 변동에서 중요한 행위자의 하나가 될 것으로 보여진다.

낙천·낙선운동은 정치개혁을 향한 사회운동의 전략이라는 점에서 보면 '최소주의'적 운동의 성격을 띠고 있다. 그러나 '비(非)정치주의'를 표방하여 온 시민운동의 입장에서는 기존의 시민운동의 '합법주의'적 경향을 뛰어넘어 선거법에 대한 시민불복종 운동으로 나아간 '최대주의'적 운동의 성격을 지니고 있다. 이 운동은 대안적인 정치세력의 약진을 위한 적극적인 운동으로서 효과가 없었다는 점에서 한계가 있었으나, 제도정치에 대한 외부적 감시를 넘어 보다 직접적으로 제도정치의 개혁을 강제하는 '근접운동'으로서 향후 제도정치권의 자정 노력을 강화하는 계기를 부여했다는 점에서, 그리고 향후 시민사회의 다양한 요구들에 대한 제도정치의 배타성과 폐쇄성을 약화시킴으로써 '개혁적인 입법 공간'을 확대하는 결과를 가져왔다는 점에서 대단히 의미 있는 운동이었다고 평가할 수 있다.

낙천·낙선운동에 대해서는 다양한 평가가 존재하는 것으로 보여진다. 여기서는 낙천·낙선운동의 성과를 살펴보고 나아가 향후의 시민사회운동의 보완적 실천의 지점이 어디인가를 살펴보는 의미에서 낙천·낙선에 대한 다양한 평가와 문제점을 살펴보기로 하자.

1) 낙천·낙선운동의 직접적 효과

먼저 직접적인 효과를 보기로 하자. 낙선운동은 언론이나 낙선운동을 주도한 지도부들의 예상까지 뛰어넘어[25] 압도적인 성공으로 나타났다. 영남지역을 제외한 전국 지역에서 낙선운동은 예상밖으로 국민들의 지지를 받으면서, 유력한 낙선대상자들을 대거 낙선시키는 효과를 거두었다. <표 5>에서 보는 바와 같이, 전국의 낙선율이 70%에 이르고 있으며, 지역주의가 상대적으로 적게 작용하는 수도권만을 놓고 보면 95%의 낙선율을 기록하고 있다. 특별히 수도권 집중 낙선지역에서는 압도적인 우위를 보이는 낙선후보들이 낙선하여, 낙선운동에 대한 국민적 지지를 확인할 수 있다. 일부 집중 낙선지역의 경우에는 낙선후보가 압도적인 우위를 보여, 실질적으로 낙선운동을 포기하고 여타의 전략지역에 집중하는 경우도 있었는데, 이런 경우에서조차 낙선대상 후보가 낙선하는 결과

〈표 5〉 낙선 대상자수 및 낙선율

	낙선대상자 수	실제 낙선자 수	낙선율
전국	86명	59명	68.6%
수도권	20명	19명	95%
전략지역(22개)	22명	15명	68.2%
수도권 집중 낙선지역	7명	7명	100%

를 가져왔다.

이러한 낙선효과 외에도 낙천운동은 공천과정의 '개혁화'를 촉발하였다. 낙천운동이라는 '외압'이 없었다면 기성 정당들은 일부 참신한 후보들을 공천하고 '적당히' 선거를 치르는 방식을 채택하였을 가능성이 크다. 그러나 정치개혁을 요구하는 낙천운동은 공천과정에서부터 기성 정당의 변화를 강제하였다. 다수의 중진의원들이 출마포기를 한다거나 일부 의원들의 정계 은퇴 혹은 선거 불출마를 강제하였다. 기성 정당들의 경우, 자신들의 텃밭이라고 할 수 있는 지역에서는 '후진적인' 공천이 지속되었지만, 지역주의의 영향을 적게 받는 수도권의 경우 개혁적 공천을 위한 경쟁이 두드러졌던 것도 낙천운동의 한 효과가 있었다고 이야기할 수 있다.

386세대의 부상도 이러한 맥락에서 이해할 수 있다. 386세대의 부상은 정치개혁 요구라는 '외압'에 대한 기성 정당들의 '개혁적 응전' — 비록 한계를 갖는 것이기는 하나 — 의 성격을 띠고 있었다. '당선 가능성' 위주로 흘러가던 기성 정당들의 공천을 일정하게 '개혁공천'의 성격으로 끌고간 효과가 있었다고 판단할 수 있다. 정치개혁 요구에 대해서 기성 정당들은 수도권이라는 제한된 영역에서 '세대교체'라는 방식으로 대응하였다고 할 수 있다.

사실 민국당의 등장과 같은 기성 정당의 '핵분열'은 시민사회에 의한 정치개혁 압력이 강화됨으로써 나타난 현상이라고 할 수 있다. 시민사회에 의한 위협적 압력이 없었다면, 제도정당의 핵분열이 초래되지 않고 일정한 수준에서 타협적으로 공천이 이루어지는 방식을 취했을 것이 분명하다.[26] 특별히 지역주의가 강한 지역에서는 이러한 타협의 가능성이 컸다고 생각된다. 그러나 시민사회에 의한 정치개혁 압력은 바로 이러한 기성 정당 내 여러 분파간의 타협보다는 갈등의 현재화(顯在化)와 핵분열이라는 형태로 내부 권력갈등이 전개되게 만드는 효과가 있었다. 이번 선거는 시민사회의 정치개혁 요구에 '편승'하거나 '우회'하지 않고 그것에 정면으로 대결하는 방식이 결코 성공할 수 없음을 민국당과 자민련의 예에서 잘 보여주었다고 생각된다. 이것은 그만큼 시민사회단체의 낙천·낙선운동이 국민적인 정치개혁 요구를 — 비록 그것이 한계를 갖는 것이었다고 하더라도 — 반영하고 그것을 예각(銳角)적으로 행동한 것임을 확인할 수 있다.

셋째로 낙천·낙선운동과 같은 정치개혁을 위한 강력한 '외부적 행위자'가 생겨나면서 선거와 연관된 각종 국가기구의 전향적 행위를 촉진하는 효과를 가져왔다는 것이다. 먼저 낙천운동이 출발한 이후 기성 정당들은 선거법 개정, 국회법 개정 등에 나서지 않을 수 없었고 여기서 그동안 시민사회운동이 주장하여 오던 개혁적 조항들[27]이 관철되는 결과를 가져왔다. 선거구 획정 위원회에 민간대표들이 참여하는 형태로 선거구의 조정이 이루어졌고 선거구를 26개 축소하는[28] 결과를 가져왔다. 또한 선거관리위원회가 선거를 앞두고 병역, 납세, 전과, 재산 등 후보자의 신상에 관한 정보들을 공개한 것도 낙천·낙선운동의 '외부적' 압력이 크게 작용하여 선거관리 국가기구 자체의 활동을 전향적인 방향으로 유도하였다고 생각된다. 또한 민주당의 군산지역 후보인 강현욱 의원의 공천 과정에서 보여준 밀실공천의 비민주적 관행에 제동을 건 법원의 판결 역시 시민사회의 강력한 정치개혁운동이 사법적 국가기구의 전향화를 촉진한 사례로 해석할 수 있다. 언론의 경우에도 과거와 같으면 지역주의에 의존하는 기성 정당들의 선거행태에 편승하는 '상업주의'적 보도에 치중하였을 것으로 예측할 수 있는데, 방송사의 지역감정 조장 발언 보도 중단 및 신문 언론들의 지역주의에 편승하는 보도 자제 합의 등도 간접적인 효과로 평가할 수 있다.

2) 낙천·낙선운동의 구조적 효과

다음으로 구조적 효과를 보기로 하자. 여기서 구조적 효과라는 것은, 낙천·낙선운동이 의회 및 제도정당, 시민사회의 자체적 변화와 상호관계 구조의 변화를 촉진하였다는 의미에서이다. 먼저 시민사회의 자정(自淨)과 시민사회의 능동성의 회복을 들 수 있다. 사실 지역주의는 제도정치의 문제일 뿐만 아니라 제도정치의 지역주의적 동원화에 따라가는 시민사회의 문제이기도 하다. 물론 전국적인 범위에서 이루어진 것은 아니지만, 시민사회 단체의 탈지역주의적 행동화(동원화)에 시민사회가 부응한 것은 시민사회의 지역주의적 균열을 뛰어넘는 방향으로 시민사회가 변화해가는 중요한 단서를 마련한 것으로 보여진다. 그만큼 지역주의적 균열에 관한 한 시민사회의 자정력이 높아졌다는 것을 의미한다.

낙천·낙선운동은 몇 명을 떨어뜨림으로써 성과를 측정하는 운동이라기보다는, 개혁적 참여의식과 새로운 선거문화를 만드는 시민사회의 자정운동으로서의 성격을 동시에 지니고 있었다. 어떤 점에서 민주정치 교육과 민주시민 교육의 계기를 만드는 운동이었다는 것이다. 낙천·낙선운동은 한편으로는 시민사회에 의한 정치사회의 개혁운동이면서, 정치사회에 의해 지역주의적 방식으로, '경제주의적' 방식(부패와 같은)으로 동원화되는 시민사회의 성찰적 개혁운동이었다고 평가할 수 있다.

다음으로 중요한 것은 1987년 6월 이후 침체되어 있던 시민사회의 능동성(能動性)의 회복을 들 수 있다. 필자는 '수동적(受動的) 시민사회'에서 '능동적 시민사회'로의 전환을 촉진하였다고 생각된다. 제도정치에 대한 높은 불신을 가지면서도 불신이나 절망이라는 소극적 정서에 머무르던 상태에서 — 비록 작은 행동이지만 — 저항적 행동을 하였다는 것,

그리고 선거결과를 통해 작은 행동들이 제도정치에 대해 '엄청난' 경종을 울리는 집단적 행동의 일부였다는 것을 확인하는 것은 대단히 중요한 의미를 지니고 있다고 생각된다. 물론 시민사회의 이러한 능동성은 1980년대적인 전투적 방식으로 표출되지 않는 것이기는 하다. 이는 이전의 민주주의 투쟁이 일반민주주의적 공간을 확장함으로써 시민사회의 능동성이 제도내적 방식으로 표출되기 때문인데, 그럼에도 불구하고 그것은 비전투적인 능동성이라고 해석할 수 있다.

이처럼 시민사회의 능동성의 확대는 시민사회를 '대변'한다고 하는 시민사회운동단체들의 대(對) 제도정치적 위상을 강화시키는 효과를 동반하게 된다. 시민사회운동의 국민적 위상이 강화됨으로써 시민사회단체의 정치적·사회적 영향력이 증대되는 결과를 가져온다는 것이다. 4·13 총선 이후에는 강화된 시민사회 운동단체들의 위상 때문에, 시민사회 운동단체들이 전국적 수준에서나 지역적 수준에서 중요한 정치적·사회적 행위자로 인정받게 될 것으로 예상된다. 어떤 의미에서 이는 제도정치와 시민사회의 '정상적인' 관계이다. 이전의 이러한 비정상적 관계가 정상화되는 과정으로 이해할 수 있다. 이전에는 제도정치의 배타성과 독점성 때문에, 시민사회와의 최소한의 '소통성'을 갖지 않고서도 제도정치가 원활하게 재생산되었다고 하면, 이제 제도정치가 시민사회와의 소통성을 갖기 위해서 일정하게 노력할 수밖에 없고 이러한 소통성을 매개하는 시민사회운동의 중요성이 강화되게 된다고 볼 수 있다. 더구나 낙천·낙선운동이라고 하는 연합운동의 경험을 통해서 연합 리더십과 연합 실무력, 전국적 네트워크 능력이 일정하게 축적되었기 때문에, 이는 향후 시민사회운동 활동이 조직적으로 강화되는 계기를 부여할 것으로 생각된다.

이런 시민사회운동의 위상 강화는 시민사회운동에 예상치 않았던 효과를 가져올 것으로 예측된다. 기존의 시민사회운동에 대한 제도정치의 대응양식은 시민사회운동의 '배타적인' 중립성을 인정하면서 제도정치에 대한 직접적인 개입금지를 반대급부로 하여 시민사회운동의 중립성을 공인(共認)하여 주는 관계였다고 할 수 있다. 그러나 이제 시민사회운동이 어떤 의미에서 '중요한 정치적 영향력'을 갖게 되면서, 제도정치는 과거와 달리 시민사회운동의 중립성을 인정하던 방식에서 선택적으로 시민사회운동의 정치성을 부각시키는 대응양식을 취할 것으로 생각된다. 낙천·낙선운동은 일종의 '정치적' 운동이었고 이는 시민사회운동 전체가 '정치화된(politicized) 운동'으로 투영됨으로써 부분적으로는 '과잉 정치화' 혹은 '과잉 시민권력'의 이미지를 동반하였다.[29] 물론 이는 '정치'라는 것을 제도정치만으로 협소하게 보는 편견에 기초하는 것이기는 하지만, 장외(場外)의 비(非)정치적인 중립적 행위자에서 정치적 행위자로 대우하는 이러한 변화는 시민사회운동이 과거와 달리 비정치성을 담보로 하여 우호적인 환경을 향유하던 조건이 변화하게 됨을 의미한다.

둘째, 제도정치의 변화를 만들어내고 제도정치권의 개혁 잠재력이 '현재화(顯在化)'하는 계기를 만들었다는 것이다. 직접적으로 제도정치가 무조건적으로 지역주의적 동원방식을 채택하거나 부패와의 일상적으로 연루되는 관행을 억제하는 효과를 가질 수 있다고 보여진다. 나아가 제도정치 내의 중요한 행위자들로 하여금 탈(脫)지역주의적·반(反)부패적 방식으로 행위할 수 있는 잠재력을 확산시키게 될 것으로 예측할 수 있다. 한편에서 낙천·낙선운동은 부패 정치인 및 지역주의적 정치인에 대한 '낙인화(labelling)'의 운동이었기 때문에, 비록 당선된 낙선대상자라고 하더라도 그들의 도덕성을 박탈함으로써 제도정치 자체 내에서 관행적으로 이루어져 오던 부패 연관성과 지역주의적 행태 자체를 억제하는 효과를 가져올 것이다. 다른 한편에서는 기존의 관행에 경종을 울린 상태이기 때문에 기존의 관행으로부터 벗어나고자 하는 개별적 행동들(이에는 보스 추종적인 행태로부터 벗어난 적극적인 행동들도 포함된다)을 촉진하는, 그래서 개혁적 잠재력이 관행에 의해 억제되는 조건에 일정한 변화를 수반하게 될 것으로 보여진다.

또 하나 중요한 변화는 시민사회의 요구에 대한 제도정치의 감수성과 개방성을 이전에 비해 증대시키게 될 것으로 보여진다. 시민사회, 특별히 시민사회단체의 각종 요구에 대해서, 이전에는 제도정치권이 배타적인 태도를 취하였으나 시민사회단체에 의한 입법 요구 활동에 높은 장벽이 존재하던 상태에 일정한 변화가 나타나게 될 것으로 생각된다. 이처럼 시민사회 운동단체의 개혁요구에 대해 정치권이 '신경'을 쓰지 않을 수 없는 상황, 나아가 시민사회 운동단체의 정책적 요구에 대하여 정치권이 보다 개방적이 되는 상황이 출현한다는 것은, 총선 이후 '개혁입법 공간'이 확대될 것임을 예측하게 해준다. 이는 확장된 개혁입법 공간을 활용하여 개혁적 입법의제들 및 국민적 개혁의제들을 입법화하려는 운동, 즉 보다 적극적인 시민사회 주도의 입법운동이 필요함을 시사해준다.

5. 낙천·낙선운동에 대한 비판적 평가

그러나 이러한 성과에도 불구하고, 낙천·낙선운동의 문제점과 한계에 대해서 다양한 견해가 제시된 바 있다. 먼저 낙천·낙선운동이 부패 무능한 정치인의 퇴출을 지향하는 네거티브(negative) 캠페인이었을 뿐, 적극적인 대안을 제시하지 못한 한계를 지니고 있다는 점이다. 낙천운동은 정당에서 공천을 하지 않으면 완결되는 운동인 데 반하여, 낙선운동은 여러 후보 중에서 선택을 하는 운동이다. 그래서 '누구를 찍으란 말이냐' 하는 물음에 응답을 주어야 하는 과제를 안고 있었음에도 불구하고, '누구를 찍으란 말이냐' 하는 물음에 응답을 주지 못하였다. 낙선후보를 찍지 않을 경우, 더 좋은 후보가 당선된다는 보장이 없는 운동이었다는 점에서 한계를 지니고 있었다는 것이다.

사실 대안적 정치세력에 대한 전망을 공유하지 않고 전개된 운동이라는 본질적 한계를 갖고 있었다는 지적은 정확한 지적이라고 생각된다.[30] 낙천·낙선운동으로 조성된 기성 정당에 대한 부정적 태도가 과연 어떻게 새로운 정치세력에 대한 적극적 태도로 나타날 것인가 하는 점은 유보한 채, 낙천·낙선을 통해 제도정치권 전체의 개혁을 압박하고자 하는 '최소주의적' 운동이었다고 할 수 있다. 그래서 일각에서는 당선 운동을 병행하여야 하는가 하는 견해도 있었지만, 총선시민연대는 낙선운동의 일관성을 지키고자 하는 원칙을 견지하였던 것으로 보여진다. 필자가 볼 때 향후의 정치개혁은 한편으로는 낙천·낙선운동과 같은 국민적인 압력운동을 통해서, 다른 한편으로는 기존의 지역주의적 질서와 보수주의적 질서 속에 편입되지 않은 신생 정치세력의 진출 속에서 조금씩 진전될 수 있을 것으로 생각된다. 이 점에서 대해서는 향후 역사적 평가가 내려져야 할 것으로 생각된다.[31]

다음으로는 낙천·낙선운동은 정치개혁을 '인물교체'로 국한함으로써 한국 정당의 비민주적인 구조를 변화시키는 과제를 방기하였으며, 그 결과 1인 보스 중심 체제와 비민주적인 공천 '구조' 자체를 변화시키는 데 기여하지 못하였다는 비판이다. 정치인에 대한 불신에 편승한 운동이었을 뿐, 오히려 공천권자를 중심으로 하는 보스 정치가 강화된 것이 아닌가 하는 비판도 있었다. 이는 낙천·낙선운동이 부패 무능한 인물의 인적청산에 초점을 둔 제한된 운동이었기 때문에 발생하는 문제라고 할 수 있다. 실제 개혁의 상징으로 부각된 386세대들이 사실은 기존의 보스 중심주의적 공천구조에 철저히 편입되어 공천된 것도 사실이다. 또한 386세대 후보들이 과연 기성 정치인보다 철저히 개혁적으로 행동할 것인가 하는 점에 대해서는 의구심이 많다.[32] 또한 공천운동 대상자들이 모두 낙선하더라도 사당화된 한국정당의 '구조'는 여전히 존치될 수밖에 없는 것도 사실이다. 낙천·낙선운동에도 불구하고, 보스 정치와 비민주적인 공천구조와 밀실공천은 크게 손상받지 않고 엄존하고 있는 것도 사실이다. 이러한 비난이 담고 있는 정치개혁의 과제가 엄존함을 인정하지 않을 수 없다. 이 비판은 낙천·낙선운동이 자신을 국민적으로 전개하기 위하여, 불가피하게 설정한 의제의 제한성으로 나타나는 불가피한 점이라고 할 수 있을 것이다. 모든 의제 자체가—혁명적 이슈가 아닌 한—구조 자체의 전면적인 개혁을 수반하지 않는다는 점에서, 모든 제한된 운동의제가 안고 있는 문제라고 할 수 있다.

이 점과 관련하여, 앞서 지적하였듯이 낙천운동으로 인하여, 기성 정당의 공천이 '개혁화'된 측면과 '왜곡화'된 측면이 동시에 표출되었다는 점을 지적하여야 할 것이다. 이것이 동일한 현실의 양 측면이다. 이 점은 정치개혁을 위한 '외압'을 행사하는 시민사회운동이 직접적인 의사결정자가 아니기 때문에, '외압'이 당내 권력관계를 매개 변수로 하여 왜곡되게 관철된다는 데서 연유한다. 구체적으로 민주당의 경우 당내 실세 및 이른바 '가신'들의 영향력이 두드러졌고 보스의 정치적 통제력을 약화시키지 않는 방식으로, 즉 당내 실세들이 386세대들을 경쟁적으로 영입하여 보스를 정점으로 하는 계보의 하부 성원 충원의 방식으로 진행되었다는 것이다. 한나라당의 경우 이회창 총재의 취약한 당내 장악력을 보충하는 의미에서 외부로부터의 개혁압력을 당내 경쟁자들을 제거하는 방식으로 사용하였다. 이런 점에서 보면, 낙천운동이라고 하는 외부로부터의 감시운동을 통해서 한편에서는 공천이 '개혁화'되는 측면과, 다른 한편에서는 당내 역학관계에 의해 '왜곡화'되는 측면이 공존하였고 실제 공존할 수밖에 없다고 평가할 수 있다. 이러한 왜곡화된 측면, 어떤 점에서는 보스 중심의 비민주적인 공천이 변형되는 측면이 시민사회의 개혁압력 운동이 갖고 있는 본질적인 한계라고 할 수 있을 것이다.

그런 점에서 낙천·낙선운동을 통해서 진행된 인물교체에도 불구하고, 또한 왜곡성을 동반한 개혁적 공천에도 불구하고 한국정당을 투명성을 갖는 민주정당과 탈지역주의적인 정책정당으로 전환하느냐 하는 과제는 여전히 남아 있다.33) 현재 한국정당은 민주적 정당이라고 하기에는 너무도, 당내의 의사결정구조—당 공천까지 포함하여—가 비민주적으로 되어 있다. 이런 점에서 일인 보스와 그 가신 중심의 의사결정구조를 혁파하여 상층 의사결정구조를 민주화하는 과제가 존재하고 있고, 나아가

지구당 위원장 및 공직 후보자의 민주적 경선 및 상향식 선출을 포함하는 '아래로부터의 참여'에 열려 있는 정당으로 만드는 과제가 존재한다. 기업에 대해서 투명성을 요구하면서, 정당에 대해서는 투명성이 존재하지 않는 것이 우리의 현실이다. 1999년 6월 참여연대에서 중앙선거관리위원회에 정보공개를 청구하여 획득한 자료에 따르면, 1998년 상반기 국고보조금 중 지출서류에 도장이 없거나 지출결의서 자체가 없는 경우가 68%에 이르는 것으로 나타나고 있다.[34] 이는 현재 한국의 정당질서가 얼마나 투명하지 못하게 운영되는가를 상징적으로 보여주고 있다. 다음으로 보수정당 일색의 협소한 정치적 경쟁구도 및 지역주의적인 정치적 경쟁구도에서 어떻게 정당의 이념적·정책적 정체성을 다양화하면서, 건전한 정책적·이념적 경쟁구도로 전환하느냐 하는 과제이다. 우리의 경우에는 근대적 계급적 이념정당으로의 분화 경험 자체가 없었다. 현재의 후진적인 정당 시스템과 정치경쟁 시스템을 '근대적' 정당 시스템으로 개혁하는 과제로 나아가야 할 것이다. 우리가 몇몇 부패한 의원을 낙선시킨다는 인식을 넘어, 새로운 정치문화와 새로운 정치질서를 만들기 위한 거대한 행진의 출발점에 있음을 인식해야 하는 이유가 바로 여기에 있다.

1) 낙천·낙선운동이 정책선거를 실종시켰다는 비판

다음 비판을 든다면, 낙천·낙선운동이 인적 교체를 부각시킴으로써 선거가 인물경쟁으로 흐르고 정책선거를 오히려 실종시켰다는 것이다. 정책선거의 실종을 중심으로 하는 비판은 두 가지 의미를 담고 있다고 생각된다. 첫째는 우리가 지향하여야 할 선거가 정책경쟁선거라고 할 때, 인물 중심의 선거는 오히려 선거정치를 후퇴시킨다는 비판이고, 둘째는 신자유주의 문제, 빈부격차 문제 등과 같은 민중적 의제를 주변화시켰다는 비판이다.

첫째와 관련하여서는 기존의 선거에서 부각된 정책 이슈라는 것이 사실상 보수정당들간에는 변별력(辨別力)이 없고 오히려 지역정당을 은폐시키는 효과가 있었다는 점에서 볼 때, 현재의 보수정당들간의 정책 경쟁은 크게 중요하지 않다는 점에서 항변을 할 수 있다. 이번 선거에서 정책적 이슈들이 부각되지는 않았지만, 진정한 의미의 정책경쟁을 할 수 있는 토양을 만드는 데 일정한 기여를 하였다고 적극적으로 평가할 수 있다.

단지 두번째 측면에서 민중적 의제의 주변화(周邊化)는 실제적인 문제로 제기되었다고 생각된다. 이른바 '신자유주의'의 문제, IMF 이후 확장되어온 우리 사회의 빈부격차 문제, 민영화 문제, 노동시간 단축 등 사회구조적인 문제들이 낙천·낙선운동 때문에 '주변화'되거나 부각되지 못하였다. 또한 정치권 전체에 대한 비판이 부각되면서, 김대중 정부의 2년여의 정책에 대한 비판적 평가는 부각되지 못한 것이 사실이다. 그런 점에서 사회적 투쟁전선에서의 일정한 긴장이 있었던 것이 사실이다. 시민사회운동이 사회의 그늘진 문제들과 소외의 현장을 해결하고자 하는 운동이라는 점에서 이러한 현실은 안타까운 것이 아닐 수 없다. 실제 낙천대상자 전원이 떨어지더라도 우리 사회의 근원적인 불평등의 문제, 노동자와 실직자 등 우리 사회의 소외된 집단들의 문제는 여전히 존재한다. 그러나 이는 낙천·낙선운동의 '의도되지 않은(unintended)' 결과이며, 그런 점에서 이러한 불평등과 소외와 관련된 다양한 정책적 이슈들을 부각시키기 위한 별도의 노력이 필요하다는 점을 지적하지 않을 수 없다.

낙천·낙선운동과 같은 시민적 투쟁이 선거시기 민중적 투쟁들에 직접적으로 연관되지 못한 것은 낙천·낙선운동의 어떤 '본질적인' 성격 때문이라기보다는 낙천·낙선운동 진행과정에서의 실무적인 갈등에서 강화되었던 것으로 보여진다. 총선시민연대는 낙천·낙선운동의 '정치적 중립성'을 위해서 민주노동당 후보들에 대한 당선운동을 하는 민주노총의 참여를 거부하였다. 이는 '미시적 합리성'에 집착한 나머지, 민중운동과 시민운동의 일반민주주의 투쟁과정에서의 연대 필요성이라는 '거시적 합리성'을 간과한 것이었던 것으로 보여진다. 후에 낙선운동 과정에서 대중들의 참여를 촉진하기 위하여 총선시민연대가 민주노총과의 연대를 모색하였을 때 이번에는 민주노총이 '정중히' 이를 거절한 바가 있다. 이러한 운동진행 과정에서의 문제가 시민적 투쟁과 민중적 투쟁의 적극적인 연결을 막았던 것으로 보여진다.

2) 낙천·낙선운동과 진보정당운동

위의 비판과 연관된 것인데, 낙천·낙선운동이 진보정당운동에 긍정적인 결과를 미치지 못했다는 비판이 제기되고 있다. 진보정당운동 진영에서는 낙천·낙선운동을 행하는 시민운동진영이 자신들이 목표로 하는 반부패정치, 탈지역주의 정치를 실현하기 위해서도, 네거티브 전략에만 의존하는 것이 아니라 반부패정치 및 탈지역주의의 추동체가 되는 진보정당에 대한 적극적인 지원전략이 있었어야 하지 않는가 하는 비판이다. 낙천·낙선운동과 진보정당운동을 대립적으로 보는 견해에 대하여 필자는, 낙천·낙선운동과 진보정당운동은 정치개혁운동의 양날개라고 생각하며, 대립적이기보다는 상보적인 운동이었다고 생각한다.

대립적이라고 생각하는 견해는 낙천·낙선운동이 없었으면 진보정당이 위력적으로 제도정치권에 진입했을 것이라는 가정을 전제하는 것인데, 이는 사실 검증되지 않은 가정이라고 할 수밖에 없다. 비록 진보정당이 원내의석을 획득하지는 못했지만, '실패 속의 성공'을 보인 것은 오히려 낙천·낙선운동과 같은 기성 정당 불신운동이 존재하였기 때문이라고 해석할 수도 있다. 또 한 가지 지적할 점은, 필자가 볼 때 낙천·낙선운동이 본질적으로 진보정당을 배제한 기성 정당 지지운동이 아님은 분명하다. 단지 낙천·낙선운동의 효과가 진보정당에 대한 지지효과로 크게 나타나지 않았던 것은 진보정당운동이 아직까지 대중들의 '사표 심리'를 뛰어넘을 정도의 '대체' 정당으로 인식되지 않고 있는 데서 나타난다고 생각된다. 진보정치운동의 주체역량 부족으로 인하여, 기성 정당에 대한 불신이 진보정당에 대한 지지로 곧바로 전환되지 않았다는 것이다.

정치개혁운동이라는 점에서 보면, 낙천·낙선운동은 '장외' 압력운동의 성격을 띠고 있다. 반면에 민주노동당의 진보정당운동은 '장내' 진입운동이라고 할 수 있다. 문제는 낙천·낙선운동으로 조성된 기성 정당에 대한 부정적 태도를 어떻게 새로운 정치세력, 특별히 진보정당에 대한 적극적 지지태도로 전환했어야 할 것인가 하는 점이다. 낙천·낙선운동이라고 하는 기성 정치에 대한 불신촉발 운동의 성과가 기성 정당들 내부에 있는 개혁적 후보에 크게 기여한 반면에 기성 정당 외부에 있는 개혁적 후보들에게 크게 기여하지 못한 것이 사실이다. 그러나 낙천·낙선운동과 같은 '국민적 전선'이 유지되는 것은 진보정당에게 결코 불리한 조건은 아니다. 이런 점에서 낙천·낙선운동의 한계를 인식하면서도 이러한 '국민적 전선'을 유지하면서 그것을 진보적인 정치전선으로 만들 것인가 하는 주체적 노력이 중요하다고 생각된다.[35] 이번 총선에서의 진보정당운동은 기존의 진보정당에 존재하고 있던 '구조적 가능성'을 '구체적 가능성'으로 전환시켰다는 점에서 대단히 '성공적'이었다고 생각된다. 이러한 변화는 낙천·낙선운동과 같은 낮은 수준의 시민적 투쟁이 진보정당운동의 성과로 전화될 수 있는 조건을 증대시켰다고 생각된다. 이러한 조건을 발전시키는 것이 향후의 과제라고 하겠다.

3) 낙천·낙선운동과 낮은 투표율

다음으로 낙천·낙선운동을 평가함에 있어 낮은 투표율 문제를 언급하지 않을 수 없다. 투표율은 반독재투쟁이 절정에 있었던 1985년 12대 총선에서 84.6%를 기록한 후 13대 때에는 75.8%, 14대 때에는 71.9%, 15대 때에는 63.9%로 낮아지는 경향을 보이는데, 16대 총선의 투표율은 57.2%

로서 역대 최저를 기록한 15대 총선보다도 훨씬 낮아졌다. 물론 낮은 투표율과 낙천·낙선운동의 상관관계에 대해서는 별도의 논의가 필요하지만, 낙천·낙선운동이라고 하는 네거티브 캠페인, 그리고 그것이 촉발한 병역, 비리, 재산, 납세 등의 각종 정보공개가 정치권에 대한 불신을 강화함으로써 보다 개혁적인 성향을 갖는 유권자들, 특별히 전체 유권자의 51.4%를 점하는 20·30대 유권자들의 정치불신을 증폭시킴으로써 투표율을 저하시켰다는 것이다.[36] 이런 측면이 존재하는 것이 사실이라고 생각된다. 그런데 이에 대해서는 '낙천·낙선운동이 낮은 투표율에 책임을 질 필요가 없다'라는 견해나 '낙천·낙선운동이 정치적 관심을 촉발하였기 때문에 낙천·낙선운동이 없었다면 투표율은 더욱 낮았을 것이다'라는 항변도 존재한다. 그러나 낙천·낙선운동이 기권층을 확대한 것은 아니라고 하더라도, 무관심층을 적극적인 투표층으로 전환하는 데 크게 기여하지 못한 것은 사실이다. 사실 낙천·낙선운동이 종반에는 '꼭 투표합시다' 라는 투표참여 캠페인을 병행한 것을 감안한다면, 20·30대 젊은 유권자층을 기성 정치에 대한 광범한 불신층으로 만들어내기는 하였으나 그들을 '투표를 통한 정치개혁 행동자'로 끌어내는 데는 실패한 것으로 보여진다. 이런 점에서는 향후 새로운 전략이 필요함을 시사한다.[37]

이와 관련하여, 여러 가지 측면을 고려해야 한다고 생각된다. 먼저 낮은 투표율에 표현된 기성 정치에 대한 폭넓은 불신에 주목해야 한다고 생각된다. 그런 점에서 투표율의 저하를 부정적으로만 볼 것은 아니라고 생각된다. 진보정당에 대한 관심의 증대와 함께 이번 선거는 새로운 정치, 개혁정치에 대한 열망을 보여주고 있기 때문이다. 투표율 저하는 고정적인 정치적 무관심층도 있기 때문이기도 하지만, 기성 정치에 대한 불신과 지체된 정치에 대한 반사적 행위의 성격을 띠고 있기 때문이다. 민주노동당의 경우 전국 득표율에서는 1.18%이지만, 26개 출마 지역구에서는 13.09%의 놀라운 득표율을 기록하고 있으며, 울산 북구(41.79%)와 창원을(38.69%) 선거구에서는 당선권에 육박하는 선전을 하였다. <표 6>

<표 6> 16대 총선 정당별 의석수 및 득표

	15대 의석	16대 의석	득표수(%)	비고
한나라당	139	133	7,365,359(38.96%)	
민주당	79	115	6,780,625(35.87%)	
자민련	50	17	1,859,331(9.84%)	
무소속	5		1,774,2111(9.39%)	
민국당	2		695,423(3.68%)	
민주노동당			223,261(1.18%)	26개 지역구 출마
청년진보당			125,082(0.66%)	45개 지역구 (서울 출마)
한국신당	1		77,498(0.41%)	
공화당			3,950(0.02%)	

에서 보는 바와 같이 청년진보당의 경우 서울의 45개 지역구에 전원 출마하였는데, 12만 5,082표(0.66%)를 획득하고 있다. 청년진보당의 경우 자신의 투표가 사표가 될 가능성이 높음에도 투표한 것은 기성 정당에 대한 강한 거부감과 새로운 정치에 대한 강한 요구를 담고 있다고 해석해도 좋을 것이다. 바로 그런 점에서 기성 정치의 철저한 혁신과 새로운 진보개혁적 정당의 출현이 없이는 정치적 무관심을 제고하기는 어려울 것으로 생각된다.

다음으로 낮은 투표율은 기존의 '정치적 동원' 양식의 붕괴를 시사하고 있다고 생각한다. 특별히 20, 30대 유권자의 투표율이 낮다고 하는 것이 이를 말해준다. 기존의 정치의 유권자 동원방식은 지연, 학연, 연고 같은 전근대적인 동원방식에 크게 의존하고 있었다. 연고주의적 동원과 지역주의적 동원이 기성 정치의 주된 방식이었다. 문제는 이런 과거의 동원방식이 젊은 유권자들, 특별히 20, 30대 유권자들에게 효과가 없으며, 그것이 이번 낮은 투표율에서 나타나고 있다는 것이다. 어떤 점에서는 낙천·낙선운동조차도 그러한 연고주의와 지역주의에 의존하는 구정치에 대한 비판이었을 뿐 새로운 정치에 대한 비전을 제시하거나 새로운

동원양식을 개발한 것은 아니기 때문에, 투표율 자체에 대해서는 크게 영향을 미치지 못하였을 것으로 추측할 수 있다. 젊은 유권자들이 투표장에 나오도록 유인하기에는, 현재의 정치가 거의 유인력을 상실한 것으로 생각된다. 이 점을 굳이 부정적으로 볼 것은 아니다. 이러한 구정치의 위기는 새로운 정치로 가는 동력이 되기 때문이다.[38]

4) 낙천·낙선운동의 시민운동 내부적 문제점

다음으로 연합 시민사회 운동으로서의 낙천·낙선운동이 갖고 있는 시민운동 내부적인 문제점들을 살펴보기로 하자. 먼저 낙천·낙선운동에서는 시민운동으로서의 내재적인 발전경향들을 발견할 수 있다. 먼저 서울의 몇몇 대표적인 시민사회단체뿐만 아니라 전국의 다양한 시민사회단체들이 참여하고 있다는 점이다. 이 점은 기존의 시민운동 연합단체인 시민단체협의회의 구성과도 구별된다. 시민운동에 국한하여 보면, 시민운동은 초기에 중앙 수준의 대표적인 시민운동 중심에서 지역 및 풀뿌리 수준의 다양한 운동으로 확산되어갔고, 초기 일부 이슈 영역 중심에서 다양한 이슈 영역으로 확산되어갔다. 이러한 다양한 시민사회단체들은 각자의 영역에서 대중과의 결합을 통하여 시민사회의 여론에 영향을 미치는 기구로 발전되어왔다. 시민운동에서도 한국사회의 일반적 특징처럼 중앙집중주의적 경향이 존재하고 서울에 있는 전국단체들의 과도한 집중성이 나타나고 있기는 하지만, 낙천·낙선운동과 그 이전의 시민운동에서는 지역단체들이 활성화되고 그들의 위상이 보다 강화되고 있음을 볼 수 있다. 정당을 대상으로 하는 낙천운동 단계에서는 중앙단체의 역할이 컸지만, 시민참여가 절대적으로 요구되는 낙선운동 단계에서는 지역수준의 총선연대가 더욱 활발하게 조직적인 활동을 펼쳤다고 평가된다.

다음으로 총선시민연대의 낙천·낙선운동은 시민사회단체의 연대운동이 한 단계 높은 수준으로 발전하고 있음을 상징하고 있다는 점이다. 국민정부하에서 나타난 시민운동상의 중요한 변화는 다양하게 분화되어가던 시민사회단체들이 국민적인 이슈를 중심으로 연대기구를 구성하게 되었다는 것이다. 대표적으로 1999년에 전개되었던 동강살리기 연대운동이나 특검제를 쟁취하기 위한 연대운동 등을 예로 들 수 있다. 낙천·낙선운동은 연대운동상의 발전을 의미하고 이것은 시민운동의 전국적 연대조직으로 가는 징검다리가 될 것으로 보인다.

5) 낙천·낙선운동의 내적 한계

먼저 낙선운동이 보다 위력적인 대중 참여적인 운동으로 전개되지 못하였다는 평가를 들 수 있다. 몇몇 언론의 적극적인 보도에 힘입어 시민운동의 대중 동원력의 취약성이 상쇄되기는 하였지만, 총선시민연대를 구성하는 개별단체들의 대중적 참여유도가 효과적으로 진행된 것은 아니었다. 물론 총선시민연대는 자신의 역량의 한계 내에서 최대의 노력을 하였지만, 총선시민연대가 서울지역의 소속단체들에 '총동원령'을 발동하여 진행한 공천 반대집회나 명동성당의 '희망의 퍼포먼스' 집회 같은 경우에도 1,000명을 넘는 경우가 거의 없었다. 이는 낙천·낙선운동이 대중들의 폭넓은 정서적 지지를 받고 있었음에도 불구하고 대중들을 사업과 운동의 '중심'으로 세워내는 관점이 부족했을 뿐 아니라 그렇게 시행되지 못하였음을 의미한다. 이러한 대중참여적인 운동으로서의 한계성은 청년학생조직들에 대한 사업이 활발하게 전개되지 못한 데서도 나타나고 있다. 유권자 서약운동 같은 경우도 YMCA와 같은 대중사업조직들이 가동되면서 부분적으로 보완되기는 하였으나 시종일관 낙천·낙선운동은 대중 '지지'적 운동이기는 하였으나, 대중 '참여'적 운동이지는 못하였다고 평가된다.[39]

다음으로 낙천·낙선운동이 몇몇 중심적인 단체들, 그리고 소수의 핵심실무자들 중심으로 전개되는 과정에서 의사결정과정에서의 개방성이 충분히 견지되지 않고 일종의 배타성이 드러나는 등 일종의 '관료화' 현상이 존재하였다는 비판도 존재하였다. 수백 개의 시민단체들이 참여하고 전국민적 지지를 받는 운동이라는 특성과는 달리, 의사결정과정의 소수화와 배타화가 나타났다는 지적이 있었다. 그리고 특정단계의 활동에 대하여 후속 평가와 각계의 여론이 의사결정과정에 충분히 수렴되어 이후의 사업실행이 결정되는 측면이 부족하였다는 지적도 제기되었다. 다음으로 몇몇 명망가 중심의 언론플레이에 의존하고 기층 대중조직의 활발한 동원과 참여가 촉진되지 못하였다는 지적이 있었다. 이것은 앞서 서술한 바와 같이 민주노총 등 대중조직들의 적극적인 참여가 없었던 데에 있었고, 내부적으로는 지속적인 대중참여적인 프로그램을 개발하지 못한 데서 말미암은 것이기도 하다. 다음으로 낙천·낙선운동에 대한 국민적 지지를 시민사회운동의 저변을 확대하는 조직확대의 계기로 파악하고 낙천·낙선운동의 과정에서 운동의 성과를 내부의 조직적 성과로 연결시키고자 하는 목적의식적인 노력들이 개별단체에서 부족하였다는 지적도 있었다. 단체에 따라서는 '유권자 실천단'[40]과 같은 형태로 소속단체의 회원들의 참여공간을 만들려는 노력이 전개되기도 하였으나, 총선시민연대의 활동을 개별 소속단체의 내부활동 및 회원참여적 사업과 연결시켜내려는 노력이 부족했다. 그래서 낙천·낙선운동에 대한 국민적 지지가 개별단체의 강화에 얼마나 연결되었는가 하는 점이 추후 평가사항으로 남게 되었다고 할 수 있다.

마지막으로 총선 이후의 총선시민연대의 향후 진로를 포함하여, 전망에 대하여 살펴보기로 하자. 총선시민연대는 4월 20일 해단식을 통하여 공식적인 해산을 한 바 있다. 그러나 낙천·낙선운동으로 인하여 총선시민연대의 정치사회적 위상이 현저히 높아져 있고, 정치개혁을 위한 향후 일정에서 일정한 역할이 기대되고 있다. 또한 낙천·낙선운동이 인적 교체를 중심으로 하는 제한된 정치개혁운동이었고 그 때문에 정치구조개혁에 이르지 못한 한계를 가지고 있었기 때문에, 자연스럽게 정치제도개혁, 정치구조개혁을 위한 후속 개혁과제들이 필연적으로 요구되고 있는 것이 사실이다. 더구나 앞서 지적한 바와 같이 개혁입법 공간이 확대되어 있는 '호조건'이 예비되어 있기 때문에, 다양한 개혁의제들을 입법화할 수 있는 좋은 계기를 맞고 있다. 이런 점에서 해산에도 불구하고 일정한 정치사회적 역할이 기대되고 있는 것이 사실이다.

6. 낙천·낙선운동의 향후 발전전망과 민중운동과의 관계

특별히 낙천·낙선운동은 지역수준에서 시민사회단체들의 영향력을 증대시켰기 때문에, 이를 향후의 시민사회운동의 전개를 위한 '운동적 자산'으로 활용하려는 문제의식이 강하게 존재하고 있다. 이미 지역수준에서의 총선시민연대들은 후속 연대조직을 위한 논의를 진행하고 있다.

후속 조직에 관한 논의들은 크게 세 가지로 나눌 수 있다. 첫째는 다양한 개혁의제들을 다루는 포괄적인 상설적 연합운동체를 건설하는 방안, 둘째는 해체 후 별도의 연대기구를 조직하지 않는 방안, 셋째는 낙천·낙선운동의 과정에서 제기된 후속 정치제도 개혁과제들과 일반적인 시민사회 발전제도 개혁과제들만을 다루는 최소형태의 연대기구를 조직하는 방안 등이 거론되고 있다.

총선시민연대는 자신의 실제적인 조직적 동원력을 뛰어넘는 정치적 영향력을 부여받았는데 이러한 '허상'의 이미지에 기초하여 연대조직을 만들 경우의 문제점 때문에 첫째 안은 상대적으로 내부의 저항감이 많다고 여겨지며, 둘째안의 경우 연대운동의 성과를 향후 한국사회의 개혁을 위한 적극적인 운동역량으로 전화시키지 않는 '무책임성' 때문에, 또한 향후 개혁의제의 관철을 위하여 불가피하게 연대운동을 전개할 수밖에 없는 현실적 필요성 때문에 크게 동의를 얻지 못하는 것으로 보인다. 그럴 경우, 셋째 안을 선택하게 될 가능성이 크다고 하겠다.

　그럴 경우 새로운 조직은 조직의 성격이라는 점에서 보면, 최소 연대
조직의 성격을 띠면서, 그 자체가 다양한 개혁의제들을 운동화하는 조직
이라기보다는, 향후 제기될 의제들을 다루는 사안별 공동투쟁체 결성을
매개하는 '코디네이션' 기능을 수행하게 될 것으로 보인다. 이런 점에서
보면, 새로운 이슈를 위한 연대조직(예컨대 평화군축 이슈, 신자유주의
문제, 사회권 이슈, 언론개혁 이슈 등)을 별도로 구성하는 방식을 택하게
될 것이다. 그런 점에서 새 연대조직은 ① 낙천·낙선운동이 직접적으로
남겨놓은[41] 정치제도 개혁과제들, 즉 선거법, 정치자금법 등 정치개혁입
법들을 위한 캠페인, 일상적인 개혁적 의정활동을 위한 연합감시 등의
활동, ② 시민사회운동의 발전을 위한 탈(脫)정치적인 과제들, 즉 시민사
회운동을 지원하기 위한 제도적 인프라의 정비, 민간 비영리단체 지원법,
기부금품 모집 규제법 등 다양한 법제도의 개선, 기부문화나 공익펀드를
확대하기 위한 공동캠페인 등의 특정 사안들만을 중심으로 활동하게 될
것으로 보인다.

　새로운 연대조직이 만들어지느냐의 여부와 관계없이, 다양한 시민사
회운동이 해결하여야 하는 국민적 의제들은 엄존하고 있다. 낙천·낙선운
동으로 결집된 역량이 어떠한 국민적 이슈를 개혁의제(agenda setting)로
설정하고 싸워나갈 것인가 하는 점은 대단히 중요한 문제가 된다. 시민·
사회운동은 그것이 체제 자체의 변화까지에 이르지 않는다는 점에서 명
백한 한계를 가지고 있지만, 다른 한편에서는 그것이 한국사회의 사회경
제적 발전에 상응하는 최소한의 합리성과 공공성을 전사회적으로 관철
하려는 운동이라는 점에서 국민적 파급력과 영향을 가지게 된다. 이처럼
최소한의 합리성과 공공성이 관철되고 있지 못한 국민적 이슈 영역으로
시민사회단체의 연대운동이 확산된다면, 이는 큰 국민적 영향력을 가질
수 있을 것으로 판단된다. 과거의 안보독재와 개발독재하에서 '왜곡된
국가'와 '왜곡된 시장'의 개혁이 1987년 이후 민주개혁의 핵심적인 과제
라고 할 때, 낙천·낙선운동으로 결집된 역량이 미답(未踏)의 개혁의제로

국민적 힘을 분출시키는 데 기여해야 할 것이다.

이런 시민사회운동의 연대조직의 결성에는 정치적 환경의 변화, 제도 정치권의 구조변화, 민중진영의 연대질서의 재편,42) 총선시민연대에 참여하지 않았던 시민단체들의 향배 등 다양한 외적 변수들에 영향을 받으면서 전개될 것으로 생각된다. 특별히 민중진영과의 연대관계를 어떻게 형성해 갈 것인가 하는 점이 최대의 쟁점이 될 것으로 생각된다.

1) 시민전선과 민중전선의 바람직한 관계

시민운동이 중심이 되어 다양한 시민적 이슈를 중심으로 전개되는 시민적 투쟁의 공간을 시민전선이라고 하고, 민중운동이 중심이 되어 다양한 민중적 이슈를 중심으로 전개되는 투쟁의 공간이 민중전선이라고 한다면, 민중전선과 시민전선은 향후의 개혁국면에서 공존하게 될 것으로 생각된다. 민주주의 이행의 과정에서는 다양한 민주개혁의 이슈들, 일반 민주주의적 과제 해결을 둘러싼 다양한 이슈들, 정치지체 현상으로 인하여 다양한 정치개혁 이슈들이 제기되게 되고 이런 점에서 계급적 전선으로 '환원되지 않는' 시민적 전선이 존재하는 것이 사실이다. 예컨대 반부패와 같은 '국민적'43) 이슈가 존재하고 이를 둘러싼 전선이 존재하게 된다.

이러한 전선을 보는 데에 두 가지 편향이 존재한다. 하나는 시민운동의 이슈들을 국민적 이슈로 상정하고 민중적 이슈들을 '계급 이기주의'적 이슈로 간주하는 인식이다. 그러나 이는 1980년대 말과 1990년대 초반의 이데올로기적 규정에 의한 것이라고 생각된다. 민중적 이슈들, 예컨대 민영화문제나 노동시간 단축 등은 그 자체가 국민적 이슈이다, 그러나 왜곡된 이데올로기적 인식으로 인하여 시민운동이 다루는 시민적 이슈들만을 국민적 이슈로 상정하는 것은 잘못된 것이다. 다음으로는 모든 시민적 이슈들을 '개량적'인 이슈로 간주하고 부차적인 것으로 간주하는 편향이다. 이번 총선에서도 낙천·낙선운동과 같은 개량적 투쟁들이 본질적인 민중적 투쟁들을 주변화시켰다는 비판도 이런 맥락에서 제기된다. 필자가 볼 때 이러한 비판이 일리가 있는 것이 사실이다. 그러나 이런 비판은 사실 모든 '개량적' 투쟁에 다 적용되는 것으로 보아야 한다. 심지어 1987년 6월 민주항쟁의 주요 이슈인 '직선제 개헌 쟁취' 투쟁에 대해서도 이러한 비판을 적용해야 한다. 혁명적 시기가 아닌 모든 비(非)혁명적 시기에 있어 개량적 투쟁이 변혁적 투쟁을 저해한다고 말할 수는 없다. 앞서 지적한 바와 같이 낙천·낙선운동이 주목을 받게 되면서 '의도하지 않게' 여타의 투쟁과 이슈들을 희석시킨 것은 사실이지만, 시민적 이슈들은 비록 개량적 성격의 이슈들임에도 불구하고 그 자체가 민중적 투쟁으로 '환원'되지 않는 독자적인 의의를 갖는 투쟁 이슈들로 파악되어야 한다고 생각된다.

1987년 이후 사회운동의 전개과정을 보면, 다양한 일반민주주의적 투쟁 이슈들이 존재함에도 불구하고, 민중운동은 이것을 주변적인 것으로 파악하여 방기하거나 민중투쟁의 저변을 위한 '수단적' 영역으로 파악하는 경향이 존재하였다. 그래서 민중진영은 역설적으로 이 투쟁영역을 방기하였고 그 결과 이 영역은 점차 시민운동의 영역이 되어갔다.[44] 사실 이러한 민주주의적 투쟁공간이라는 것은 오랜 반독재 민중투쟁을 통해 획득된 것이다. 계급적 시각에서 파악될 수는 있지만 계급문제로 '환원되지 않는' 일반민주주의 영역이 분명히 존재한다. 이 부분은 특별히 민주주의 이행국면에서는 더욱 확대된 규모로 존재하게 된다. 1987년 6월 민주항쟁은 군부 권위주의 정권의 퇴진의 계기를 마련한 것일 뿐, 구체제의 구조를 혁신해 가는 것은 이후의 계급적·사회적 투쟁에 의해서 결정되는 것이다. 따라서 이 부분을 단순히 '개량'적 투쟁의 영역 또는 도구적으로만 이해해서는 안된다고 생각된다. 시민적 전선과 민중적 전선은 별도의 차원이면서 동시에 중첩된다. 두 전선을 명확히 분리하는 것은 적절한 파악이 아니라고 생각된다. 시민운동은 건강성을 훼손당할 수 있고, 민중운동은 대중적 투쟁의 풍부한 저변을 상실하는 것이 된다. 이런 점에서 '이중 멤버십'을 적극적으로 인정해야 하며, 민중운동이 일반민주주의적 영역에 적극적으로 개입하여 시민전선을 진보화하는 적극적인 전략이 필요하다. 일반민주주의 영역에서 노동정치 이외에 생활정치, 환경정치, 성정치 등과 관련된 다양한 이슈들이 존재한다. 민중운동은 바로 이러한 운동 이슈들과 영역에 어떻게 진보적으로 개입할 것인가를 고민하는 방식으로 접근해야 한다고 생각된다.

또 하나, 연대를 고려함에 있어 중요한 고려 사항은, '재정치화를 위한 연합전선'의 필요성이다. 1980년대 전투적인 반독재 '정치'투쟁이 존재하였던 시기와 달리, 시민운동과 민중운동 및 진보정당운동의 근거지라고 할 수 있는 대학과 작업장은 대단히 '탈(脫)정치화'되어 있다. 이처럼 전반적으로 탈정치화되어 있는 조건을 도외시하고, 곧바로 비약하여 '급진적 정치화'를 도모하는 전략이 시도되고 있다. 어떤 점에서 재정치화를 위한 '연합전선'이 필요하다. 다양한 시민적 이슈들을 중심으로 조성된 정치적 관심을 이용하여 대학 및 작업장을 '재정치화'하면서, 그런 속에서 '급진적 정치화'를 위한 토양을 확대해가려는 전략이 요구된다고 생각된다. 일종의 이중전략이 필요하다고 생각된다.

이런 점에서 총선 이후의 국면에서 민중운동의 연대질서와 시민운동의 연대질서는 적극적인 중첩전략이 필요하다. 여기서의 중첩이라는 것은 진보적 시민운동단체들이 적극적으로 민중운동의 연대질서에 참여하고, 민중운동이 시민운동의 연대질서에 참여하거나 적극 연대하는 전략이 요구된다는 점이다.

이러한 적극적인 개입전략에서 중요한 점은 시민적 전선의 복합성을 전제해야 한다는 점이다. 쟁점이 복합적이고 운동체의 이념적 스펙트럼도 다양하다. 민중운동은 반독재 투쟁과정에서 일정한 통일적 정체성을 공유해 온 것이 사실이다. 그러나 시민운동의 경우는 이념적 지향이나 성격에서 지극히 복합적이고 다양하다고 할 수 있다. 그런 점에서 민중운동으로서는 시민운동단체의 이질성과 복잡성 및 한계를 전제로 한 탄력적인 연대 및 견인전략이 필요하며 현실적이라고 생각된다. 예컨대 신자유주의 반대에는 일부 진보적 시민운동단체만이 동의하겠지만, 적어도 신자유주의적 질서 재편 과정에서 드러난 많은 사회 경제적 문제에 대해서는 상당수의 시민운동단체가 민중운동과 함께할 수 있을 것이다. 이런 점을 섬세하게 고려하는 적극적인 연대전략이 필요하다고 생각된다.

이처럼 민중운동의 개방적인 연대전략과 함께, 시민운동측에서는 보다 진보화될 필요가 있다고 생각된다. 많은 시민운동단체들의 경우 급진성을 포기하고, 부단히 '체제내화'하는 경향성을 가지고 있는 것도 사실이다. 시민운동은 대중성 내지는 국민적 지지라는 당위성 속에서, 자신의 운동을 '(개혁) 자유주의'적인 영역에 가두고 있다.45) 모든 국민들이 지지하는 운동은 현재처럼 정당과 정부의 합리성이 극도로 제약되어 있는 현실 속에서 개혁적 의미를 갖지만, 이러한 '전국민 지지적' 영역에만 한정하면 '운동성'을 견지하기 어려울 것으로 생각된다. 사회운동으로서의 시민운동은 보수적 의식을 뚫고 전개되는 진보적인 것이어야 된다. 이런 점에서 시민운동은 부단히 급진화되고 진보화되어야만 자신의 생명력을 유지할 수 있다. 시민운동의 '운동성'을 견지하기 위해서는, 시민운동의 진보화가 필요하다고 할 수 있다.46) 시민운동의 이념적 스펙트럼도 개혁 자유주의에서부터 좌파 사회민주주의, 급진주의에 이르기까지 폭넓게 확장되어야 한다. 그렇지 않을 경우, 시민운동은 지속적으로 포섭(co-optation)의 위험을 안고 있다고 하겠다. 이러한 위험성은 정부정책의 합리성이 제고되고 제도정당의 민주화가 진전되면 될수록 커질 수 있다. 이런 점에서도 민중운동과 시민운동의 적극적인 연합 모델이 성취되어야 한다고 생각된다. 한국의 계급적·사회적 투쟁의 조건, 민주주의 이행국면에서의 민주개혁과제의 존재 때문에, '전투적 민중운동과 진보적 시민운동의 세계적 동맹모델'47)이 가능하며 필요하다고 생각된다.

7. 맺으면서

낙천·낙선운동은 1980년대 이후 분화 발전되어온 시민사회운동의 역량이 국민적 이슈를 중심으로 결집하게 된 것이고, 어떤 형태로든 이러한 연대운동은 국민정부하에서 정체되고 있는 민주개혁을 추동하는 힘으로서 지속적으로 존재해야 하고 할 수밖에 없을 것으로 예상된다. 국민정부의 개혁은 한편으로는 집권세력의 불철저성과 개혁 주체세력의 미형성, 개혁 주체세력들의 '신자유주의'적 경향성 등 내부적 요인으로, 다른 한편으로는 강고한 보수세력과 국회 내의 소수파적 지위로 인한 이른바 '포위된 개혁'의 한계로 인하여, 정체되는 경향을 보여왔다. 국민정부의 지난 기간의 경과를 보면, 시민사회로부터의 강력한 개혁압력이 나타나게 되면 국민정부의 개혁이 부분적으로 '전진'하고, 이러한 압력이 약화되고 보수파들의 압력이 강화되면 다시금 정체하거나 후퇴하는 경향을 보여왔다. 이런 점에서 낙천·낙선운동으로 결집된 국민적 힘이 국민정부의 개혁을 외부로부터 추동하는 힘으로 작동하여야 할 것이다. 더구나 집권 후반기로 이행하는 국민정부의 경우 외부로터의 개혁압력이 없으면 제한된 개혁마저도 수행할 수 없는 '집권 불능' 상태에 빠질 수도 있을 것이다. 이러한 불능상태는 사회 심리적 반동화나 정치적 허무주의로 나아가는 징검다리가 될 수도 있다. 이런 경향들을 통제하면서, 국민들이 적극적인 개혁행동으로 나아가도록 하는 데 있어, 시민사회운동의 연대성에 기초한 국민적 힘이 특별한 중요성을 갖는다고 할 수 있다.

낙천·낙선운동은 한국 시민운동의 신기원을 만들었을 뿐만 아니라 아시아적 사회운동의 한 중요한 전범이 될 정도로 대단히 중요한 의의를 가지고 있다고 생각된다. 이러한 의의가 향후 발전적인 행동을 통해 확장되어 나가야 할 것이다.

12. 4·13 총선, 진보정당과 시민운동[1]

장상환(경상대 교수, 경제학)

1. 머리말

2000년 4월 13일 16대 국회의원 총선거에서 두드러지게 나타난 몇 가지 현상을 살펴본다면 다음과 같다. 첫째, 무엇보다도 먼저 투표율이 57.2%로 지극히 낮았다. 이것은 유권자들이 기성 정당들을 불신하고 있음을 보여주는 것이며, 동시에 다수 유권자들이 현실정치에서 소외되고 있음을 말해준다. 둘째, 지역주의적 투표행태가 지배했다. 한나라당과 민주당이 영남과 호남에서 의석을 거의 독점했는데 이것을 한나라당과 민주당의 진정한 성공으로 볼 수 있는가? 셋째, 총선시민연대의 활동으로 낙천·낙선운동이 이루어졌고, 일정한 성과를 거두었지만 여러 가지 한계도 드러냈다. 총선시민연대가 낙천·낙선운동을 펼치고 사회적 주목을 받은 배경은 무엇인가? 향후 전망은 어떠하고 진보정당의 발전에 어떤 의미를 갖는가? 넷째, 민주노동당은 이번 총선에 21곳에 후보자를 내어 참여했으나 당선자를 내지는 못하였다. 그러나 노동자 밀집 거주지역인 경남 창원과 울산 등 전략적 지역에서 상당한 득표를 해 당선 가능성까지 보여줬고, 후보를 낸 지역에서 평균 13.1%의 득표율을 획득했다. 민주노동당의 출범과 이번 선거참여 성과를 어떻게 평가할 것인가?

이러한 특징들을 담고 있는 4·13 총선의 의미를 평가하고 민주노동당 총선투쟁의 성과와 한계를 진단한 후 민주노동당의 향후 진로와 관련한 여러 가지 과제를 모색해보고자 한다. 민주노동당 울산 북구에서 후보 경선을 둘러싸고 노동조합과 정당 간의 관계, 정파활동의 한계 등 문제점이 노출됐으므로 이에 대해서도 자세한 검토를 하기로 한다. 그리고 진보정당을 발전시켜 나가는 데 있어서 시민운동과의 관계를 어떻게 설정하고 실천할 것인가를 모색해보고자 한다.

2. 낮은 투표율: 보수 여·야당에 대한 불신 심화

이번 16대 4·13 총선 투표율이 57.2%로 극히 낮아진 것은 무엇 때문이고 또 무엇을 의미하는가? 이번 총선에서 투표율이 유례없이 낮게 된 것은 다음과 같은 이유 때문이라고 할 수 있다.

첫째, 유권자들이 자신이 선호하는 정책적 지향을 대표하는 정당과 후보가 없다고 판단하고 투표에 참여할 동기를 별로 느끼지 못했기 때문이다. 국민들은 보수 여·야당의 차이를 별로 크게 느끼지 않는다. "정치인들은 다 믿을 수 없다", "그 사람이 그 사람이다"는 인식이 국민들, 특히 젊은층들에 광범위하게 퍼져 있다. '호남 유권자들은 민주당, 영남 유권자들은 한나라당'이라는 지역주의적 투표행태도 유권자들이 정말로 자신들이 원하는 정당이었기 때문이 아니라, 비민주적인 정당이긴 하나 이를 통해 자신들의 정치적 의사를 표출할 수밖에 없는 구조 때문이다. 경상도 사람들은 김대중 정부의 정책수행에 대해 불만을 갖고 있다. 특히 부산경제의 침체가 심하기 때문에 과거 김영삼 정부나 김대중 정부 모두에 불만을 가지고 있는데, 다른 대안이 없기 때문에 한나라당에 집중적으로 투표한 것이다. "분절화된 정치적 지지 시장의 구도(지역구도)가 나타나는 현상은 정치적 대표체제의 협애성 내지는 시민사회에 뿌리를 두

어야 할 정당조직의 전근대성 혹은 비민주성에 기원을 두고 있다. 따라
서 정치개혁의 핵심은 정치적 대표체제를 민주화하는 문제이지 지역감
정의 극복 혹은 비이성적 유권자의 의식개혁의 문제가 아니다"[2]는 지적
은 정곡을 찌르고 있다

　이렇게 보수 여·야당이 당면한 국가적 문제해결에 무능력한 것으로
평가되고 다수 국민들한테 불신받는 이유는 우선 기성 보수 여·야당이
모두 본질적으로 자본가계급정당·재벌정당이기 때문이다. 이것은 여·야
당의 1999년도 수입·지출내역을 보면 분명하게 드러난다(<표 1>). 세 당
모두 수입에서 당비가 차지하는 비중은 10% 미만(국민회의 3%, 한나라
당 5%, 자민련 8%)이다. 야당인 한나라당은 국고보조금이 104억 원으로
수입의 절반을 차지한다. 여당인 새정치국민회의(새천년민주당의 전신)
는 후원회 기부금으로 200억 원을 조달하였는데 연간 300여 억 원의 재
정수입(이월분 제외)에서 2/3를 차지한다. 후원회 기부금의 대부분은 4대

〈표 1〉 1999년 정당의 재산과 수입·지출내역(단위: 억 원)

		새정치국민회의	한나라당	자유민주연합
수 입	전년도 이월	109	13	17
	당 비	14	11	12
	국고 보조금	83	104	65
	후원회 기부금	200	27	58
	기 타	2	45	4
	합 계	408	200	156
지 출	기본경비	139	67	53
	정책개발비	30	42	22
	조직활동비	19	20	13
	당원 교육 훈련비	26	1	0.3
	선전비	41	6	8
	의정활동비	15	3	2
	기 타	61	42	44
	합 계	331	181	142
잔　액		77	20	14

자료 : 중앙선거관리위원회, 『정당의 재산 및 수입지출내역공고』, 2000.

재벌들한테 각각 20억, 30억 원씩 거둔 것이다. 집권여당으로서 프리미엄을 얼마나 얻고 있는지를 잘 말해준다.

또한 4·13 총선에서 한나라당은 선거대책본부 정책위원장으로 전 대우경제연구 소장 이한구 씨를 영입하고 국가채무 과다와 국부유출 문제를 제기하였는데 이것은 모두 재벌과 부유층의 이해관계를 대변하는 것이다. 한나라당이 국가채무 과다 문제를 제기하고 '재정적자감축특별법'을 제정하겠다는 것은 재벌을 비롯한 부유층, 자본가계급의 조세부담을 줄이고, 사회적 약자에 대한 재정지출을 줄이자는 논리로 한국도 벌써 선진국병에 걸린 것처럼 오도하는 것이다. 이것은 전혀 터무니없는 논리다. 채무가 과다한 것이 아니다. 우리나라는 현재 오히려 상당기간 재정적자와 국가채무 증가를 감수하더라도 실업자를 비롯한 사회적 약자 보호를 확충해야 할 단계에 있다. 새천년민주당도 이러한 한나라당의 주장에 대해 적극적으로 반박하지 않고 400조 원에 달한다는 재정적자 추계가 비현실적이고 실제로는 104조 원에 그친다는 반론을 펴는 수세적 대응에 그쳤다. 그리고 2001년부터 재정적자를 GNP 대비 2% 이내로 억제하고, '재정운용개선 특별법'을 제정하겠다고 공약하고, 재정지출과 관련해서는 생산적 복지를 내세우면서 선진국의 복지병을 사전에 예방하겠다고 하였다. 재정적자 문제에 대해서 한나라당과 기본적으로 같은 정책노선을 취하고 있는 셈이다.

그리고 한나라당이 국부유출 문제를 제기한 것도 공기업 민영화나 부실기업 매각 때 외국자본을 우대함으로써 국내재벌을 역차별하지 말라는 정책방향을 내포하고 있는 것이다. 공기업 체제를 유지하거나 부실기업에 우선 공적 자금을 투입해 공기업화하여 경영을 정상화시키는 것보다는 "공기업 매각시 매각대상을 외국인으로 제한하는 정책을 중지하고 공개적인 논의를 거쳐 국유 민영 방식도 도입하겠다"는 것이나 "정부산하 단체가 사실상 소유·경영하고 있는 400개 이상의 기업을 조속히 정리하겠다"는 한나라당의 16대 총선공약은 형식상으로는 시장경제 질서 존중을 표방하고 있으나 시장 주도일 경우 강자인 재벌이 주도하게 된다고 본다면 분명히 친재벌적이다.

나아가서 보수 여·야당이 현재 한국사회가 안고 있는 문제를 해결하는 데 정책의지가 없거나 무능하기 때문이다. 오늘날 한국경제는 외환위기와 IMF 구제금융 사태를 겪으면서 빈부격차와 경제불안정, 실업 등 자본주의적 모순이 심화되었다. 이에 따라 노동자, 농민, 도시빈민 등 다수 민중들은 큰 고통을 겪고 있고 정치적 요구도 높아지는 것이 정상적이다. 따라서 정당들은 이 문제의 해결, 자본주의적 모순의 완화 내지 해결에 집중적인 노력을 기울여야 마땅하다. 그러나 기성 보수 여·야당은 그동안 방탄국회로 상징되듯이, 국회회기의 절반 이상을 각 당의 정치적 목적을 위해 소집했을 정도로 지루한 정쟁을 일삼아왔다. 4·13 총선에서도 보수 여·야당의 각 후보들은 과거 고도성장기에 해왔던 지역개발 공약을 반복했다. 오늘날의 정치위기는 보수 여·야당이 주도하는 기성 정치가 새로운 상황에서 감당해야 할 역할을 제대로 하지 못함으로써 발생한 것이다.

둘째, 이번 총선에서 두드러진 시민단체들의 낙천·낙선운동도 투표율을 떨어뜨리는 방향으로 작용했다고 할 수 있다. 시민단체들이 낙천·낙선대상자로 도덕적 파렴치범이나 반인권 행위자의 명단을 제시했을 때 많은 시민들의 반응은 기성 정치인들에 대한 환멸이었다. 유권자들은 낙천대상자들의 경우에는 범죄적 행위가 드러났을 뿐이고 대다수의 정치인들이 정도의 차이가 있을 뿐 부패했다고 상식적으로 생각하고 있는 것이다. 기성 정치권에 대해 가졌던 유권자들의 다소 막연하거나 잠재적인 불만이 낙천·낙선운동을 보면서 표면화됨으로써 투표할 의지가 약해진 것이다.

셋째, 총선 투표율이 낮았던 또 하나의 이유는 정치적 의사를 제대로 대변하기 어렵게 된 선거제도 때문이다. 정당명부식 1인 2표 비례대표제가 2월 9일 새벽에 여야가 합의한 선거법 개악으로 무산됐다. 그 결과,

보수 여·야당이 아닌 노동자 중심의 민중적 진보정당인 민주노동당이 노동자를 비롯한 상당수 국민들에게서 기대를 모았다 하더라도 후보를 낸 지역이 아직 적기 때문에 대부분의 유권자들은 투표권을 행사해 지지할 수 없게 됐다. 이에 따라 보수 여·야당에 실망한 유권자들은 대거 투표에 기권했던 것이다.

낮은 투표율의 원인으로 우리나라도 이제 선진국에 접어들어서 정치적 무관심이 젊은층을 중심으로 확산된 것이라고 해석하는 견해도 있다. 그러나 민주당과 공화당 모두 보수정당이어서 계급적 대결의 투표가 불가능하기 때문에 투표율이 특별하게 낮은 미국과는 달리 좌·우파가 정치적으로 치열하게 경쟁하는 유럽 각국의 투표율은 대체로 70% 이상이다. 1995년 독일 총선의 투표율은 82.3%, 1997년 영국 총선은 75%, 같은 해 프랑스 총선이 68.5%였다. 15대 총선 투표율 62.5%에 비해 이번 총선 투표율이 57.2%로 급격히 낮아진 것은 특이한 현상이라고 봐야 한다. 더구나 외환위기와 IMF 관리체제에서 실업자가 급증하고 빈익빈 부익부가 심화되고 있는 현실에 대한 다수 민중들의 불만이 큰 상황임을 감안한다면, 투표율이 이렇게 낮은 것은 유권자들이 기성 보수 여·야당에 대한 불만과 불신이 아주 강함을 말해준다고 할 수 있다.

결론적으로 낮은 투표율은 한국의 현재 상황에서 정당의 역할에 대한 다수 국민들의 요구와 기성 보수 여·야당의 실제적 행태 사이의 괴리가 큰 데서 나온 필연적인 결과다. 이렇게 볼 때 이번 총선에서 비록 보수 여·야당이 다수 의석을 차지했다 하더라도 이것이 한나라당의 총선 승리 자평 등에도 불구하고 안정된 정치적 지지기반을 확보한 것이라고는 말할 수 없다. 총선에서 낮은 투표율은 기성 여·야당에 대한 다수 국민들의 기대 하락을 말해주는 동시에 민주노동당을 중심으로 하는 새로운 진보정당에 대한 기대 상승을 함축하고 있다고 할 수 있다.

3. 낙천·낙선운동의 의의와 한계

16대 국회의원 총선거에서는 시민단체 주도로 기성 정치세력 중에 부패·반인권 정치인의 퇴출을 겨냥하는 낙천·낙선운동이 활발하게 전개됐다. 우선 경실련이 2000년 1월 10일에 164명의 공천 부적격자 명단을 발표했다. 1월 24일에는 전국 500여 개의 시민·사회단체로 구성된 '2000년 총선시민연대'가 66명의 공천 부적격자 명단을 발표했고, 그 뒤 2월 2일에는 2차 46명의 공천 부적격자 명단을 발표했다. 1월 27일에는 정치개혁 시민연대가 '유권자가 알아야 할 국회의원'이라는 이름으로 89명의 명단을 발표했다. 그 후에 총선시민연대는 4월에 총 86명의 낙선운동 대상자를 선정해 발표했고, 그중에서도 22명을 집중 낙선운동 대상자로 지목했다.

4·13 총선의 결과를 보면, 낙선대상 후보 86명 가운데 68.6%에 이르는 59명이 낙선했고, 중점 낙선대상자 22명 가운데 68.2%에 달하는 15명이 낙선했다. 특히 수도권에서 낙선율이 높았다. 총선시민연대는 전체적으로 낙선운동의 성과가 성공적으로 나타났다고 자체 평가했다.

낙천·낙선운동에 대해 기성 정당과 개별 정치인들은 음모론이나 연계설 등으로 거세게 반발했다. 자유민주연합에서는 시민·사회단체의 배후에 청와대와 민주당 일부인사가 있다는 '음모론'을 제기했다. 또 한나라당은 이 운동을 주도하는 시민·사회단체 주요 인사가 제2건국위원회나 부정방지 대책위원회에 관계하고 있으며 총선시민연대 주요 단체들이 정부의 재정지원을 받고 있다는 '연계설'을 제기했다. 그러나 국민들은 낙천·낙선운동에 폭발적인 지지와 호응을 보여주었다.

낙천·낙선운동은 어떠한 의의가 있는가? 시민단체들의 낙천·낙선운동은 정치인들 개개인의 인적 청산으로 나타나고 있으나, 본질은 기존 정치질서에 대한 시민들의 저항운동이라고 할 수 있다. 6월 항쟁은 군부독재체제의 청산, 즉 군부독재 정치인들의 추방을 요구하고 쟁취했다. 그러나 군부정치세력의 자리를 대신 메우고 들어온 민간정치인 집단은, 군부독재에서도 연명을 해왔고 부패하고 반인권적인 인사가 다수를 차지하고 있었다. 이번 낙천·낙선운동은 이들을 정치에서 추방하자는 운동이었다. 이것은 자본주의적 모순의 심화와 시민사회의 활성화라는 시대적 변화에 부응하지 못한 정치지체 내지 정당지체 때문에 야기된 운동이었다. 정당이 국민들의 의견을 반영하는 대의기구 역할을 제대로 수행하지 못함으로써 시민·사회단체가 시민들의 정치적 욕구를 부분적으로 대변하는 현상이 나타났던 것이다. 이번 시민단체들의 낙천·낙선운동은 기성 정당의 불구화된 대표자 선발 기제에 대한 시민·사회단체들의 대리선발 행위라고 할 수 있다. 1987년 6월 민주항쟁이 시민들이 거리에서 벌인 비합법적인 투쟁이었다면 낙천·낙선운동은 시민단체들이 시민들의 지지를 빌려 벌인 평화적 정치개혁운동이었다.

총선시민연대의 낙천·낙선운동은 민주노동당 후보의 득표에 긍정적으로 작용할 가능성이 있었다. 기성 보수 여·야당 후보에 대한 불만을 증폭시켜 투표율이 낮아지는 가운데 진보정당의 상대적 청렴성과 도덕성이 부각될 수 있었기 때문이다. 민주노동당 후보가 출마한 창원 등에서 투표율이 높았던 것은 기성 정치인들에 대한 환멸로 투표율이 낮아진 반면 민주노동당 지지자들의 응집력이 강했기 때문에 나타난 현상으로 볼 수 있다. 다만 민주노동당이 전국의 많은 선거구에 후보를 내지 못하고 21개 선거구에서만 후보를 내서 유권자들이 민주노동당을 지지하더라도 투표를 하지 못한 것은 정당명부식 1인 2표 비례대표제가 도입되지 못한 것과 민주노동당이 유리한 선거지형을 활용할 주체적 역량축적이 미흡한 탓으로 돌려야 할 것이다.

그러나 낙천·낙선운동은 한국정치를 한 단계 더 발전시키는 데 많은 한계가 있었다. 낙천·낙선운동은 현재 정치개혁의 핵심인 선거 및 정치제도 개혁과 지역주의 극복과 정책대결로의 전환이라는 과제를 제기하는 데 실패했다. 첫째, 근본적 정치개혁으로 나아가지 못했다. 정치가 제대로 이루어진다는 것은 정당들이 우리 사회의 모순을 반영하여 자본가계급에 기초한 보수정당과 노동자계급에 중심을 두는 진보정당이 정립하고, 각 정당들이 민주적으로 운영되는 것을 의미한다. 그리고 이를 기반으로 하여 제반 국가적 문제들에 대처해나가는 데 있어서 각 정당의 지지세력들이 정당을 통해 대결한다는 것을 의미한다. 정당을 통한 계급의 조직과 투쟁이 제도적으로 확립되었을 때 정치가 정상적으로 작동되는 것이다. 이렇게 되기 위해서는 제도적 틀이 올바르게 정비되어야 하고, 각 계급의 정치의식과 정치적 실천이 발전해야 한다. 그러나 낙천·낙선운동은 기성 보수 여·야당의 비민주적 정치행태를 타파하는 데 실패했다. 보수정당의 보스 정치인과 그들이 지배하는 비민주적인 공천과정을 문제삼지 않음으로써 보수정치세력에 대한 국민의 환멸이 보수정치세력 전체와 그 보스들에 대한 불신과 거부로까지 이어지지 않게 하려는 보수정당 보스들에게 이용당했다. 자민련 등에서 음모론, 한나라당에서 연계설로 역공세를 펼 소지를 제공한 것이다.

둘째, 지역주의 정치구도를 약화시키지 못했다. 지역주의 구도를 타파하려면 계급적 대결 구조, 정책대결 구도를 만들어야 하는데 낙천·낙선운동이라는 네거티브 전략으로는 이것을 만들어낼 수 없었다. 공천 부적격자로 지명된 의원들의 다수가 낙선되더라도 밀실정치, 금전선거, 극우 반공주의와 지역주의 정치질서는 그대로 존속된다. 낙천·낙선운동 대상자와 당선자 간의 차이는 오십보 백보인 것이다. 퇴출된 인물 대신에 당선된 보수정당 의원들이란 그들 못지않게 보수적이거나 부패한 인물이거나, 새로 등장한 인물의 경우 보수정당의 이미지 개선과 영향력 확대에 이바지할 인물들이다. 총선연대의 활동은 수도권에서는 상당한 영향력을 미친 반면에 영남지역에서는 그 영향력이 상대적으로 미미하였고, 오히려 부정적 영향을 미친 것으로 보인다. 지역감정을 완화시킨 것이 아니라 강화시킨 것이다. 울산, 경남에서는 낙선운동 대상자들이 집권세력으로부터 탄압받는 정치인으로 선전·부각되어 당선에 유리하게 작용하기도 했다.

셋째, 보수언론이 낙천·낙선운동을 잘 홍보해주었다. 낙천·낙선운동이 보수언론의 이해관계와 맞아떨어졌기 때문이다. 보수언론은 자신들의 기득권을 위협받지 않기 위해 보수정당체제를 유지하는 것을 선호하면서도, 자신들도 보수정치 중에서 국민들한테 불신을 받을 수 있는 인적 요소, 즉 부정부패범·파렴치범·반인권범 등을 청산하는 데 적극적이라는 인상을 국민들에게 주기 위해 총선시민연대를 활용한 것이다. 그리고 정치적 순수성을 유지해야 한다는 논리로 낙천·낙선운동이 보수정당 비판과 진보정당 옹호로 나가는 것을 저지했다. 이렇게 낙천·낙선운동에 대중적 참여가 취약했던 반면 보수언론의 헤게모니가 강하게 관철된 탓에 총선시민연대는 대중적 요구에 기초한 근본적 정치개혁과 진보정치 강화의 방향으로 나가는 길을 적극적으로 모색하지 못했다.

넷째, 총선시민연대는 민주노총의 낙천·낙선운동 참여를 거부했다. 민주노동당 후보의 당선운동을 적극 펼치는 민주노총이 참여하면 정치적 중립성을 훼손하고, 이렇게 될 경우 영향력이 저하된다는 것을 이유로 내세웠으나 이것은 지나친 전술적 고려였다고 할 수 있다. 시민운동이 민중운동과 연대에 실패한 것은 낙천·낙선운동이 근본적 정치개혁운동을 병행하지 못했기 때문에 스스로 덫에 걸린 것이라고 할 수 있다. 민주노총은 민주노동당을 적극적으로 지지하지만 동시에 후보의 기본자격 기준에 대해서도 발언하고 운동을 전개할 권리가 있는 것이다. 낙선운동과 특정후보 지지운동은 배타적인 것이 아니고 병행될 수 있다. 보수세력의 압도적 우세와 진보세력의 열세 상황 속에서 시민단체 활동의 정치적 중립성이란 강자, 즉 보수정치세력을 이롭게 하는 것이다.

총선시민연대 활동을 주도한 사람들 가운데는 중립적인 정치개혁운동을 단계적인 전술로 봐야 한다고 주장하는 사람도 있다. 지금의 시민 역량을 기초로 기성 정치권의 자정운동을 펴고, 그 기초 위에서 비로소 진보정당이 성장할 수 있을 것이라는 것이다. 그러나 결코 그렇지 않다. 이것은 시민의 입장에서 어떻게 투표해야 할지를 생각해보면 분명해진다. 낙선대상 후보가 있을 때 그를 낙선시키기 위해서는 다른 후보에 투표해야 한다. 그런데 다른 후보 역시 보수정당의 후보라면 기권하지 않고 투표한 것은 그 보수후보를 지지한 꼴이 된다. 기존 보수 여·야당의 계급적 본질을 추궁하지 않고 도덕적 측면만 부각시킨 것은 분명히 보수 여·야당에 큰 타격이 될 수 없다.

　여기서 낙천·낙선운동과 진보정당의 관계를 둘러싼 논쟁을 검토해보자. 참여연대의 조희연은 '낙선운동 양 날개론'을 펼쳤다. "진보정치 운동의 주체 역량 부족으로 기성 정당에 대한 불신이 진보정당에 대한 지지로 곧바로 전환되지 않는 것이 현 시기 우리의 조건이다. 그러나 낙천·낙선운동과 같은 국민적 전선이 유지되는 것은 진보정당에게 결코 불리한 조건이 아니다. …… 낙천·낙선운동을 통해서 조성된 정치적 관심을 이용해 대학 및 작업장을 재정치화하면서 그 속에서 급진적 정치화를 위한 토양을 확대해가려는 전략이 필요하다." 장내 진입운동이라 할 수 있는 진보정당운동과 장외 압력 운동이라고 할 수 있는 낙천·낙선운동이 대립적인 것이 아니라 상보적인 운동, 다시 말해 정치개혁운동의 양 날개라는 것이다.3)

　이에 대해 민주노동당의 장석준은 낙천·낙선운동이 민주노총의 참여를 거부하는 등 국민적 전선을 형성하지 못했으며, 기존 제도정치가 비제도정치의 가능성을 끊임없이 흡수하고 마는 지배의 구조를 주목하지 못한다고 반론을 편다. 가상의 시민사회의 주체로 자임하며 '공공선', '중립적', '국민적' 등을 전제하는 가운데, 현실의 시민사회에 존재하는 '지배의 구조' 자체는 시야에서 사라지게 되고, 결과적으로는 이 지배구조에 의도하지 않게 스스로 봉사하는 역할을 맡게 된다는 것이다.4) 더 나아가서 채만수는 낙천·낙선운동이 대중의 정치적 냉소주의에서 야기되는 위기에서 부르주아 정치를 구해줬으며, 부르주아 지배를 연장하고 재생산하는 데에서 시민운동단체들의 역할은 대중에 대한 정신적 테러

라고까지 혹평했다.[5)]

낙천·낙선운동은 보수 여·야당의 부패를 비판했지만 자본가계급의 본질에 대한 타격까지는 가하지 못했다는 한계가 있다. 그러나 부르주아 정치를 위기에서 구해주었다는 진단은 과도한 것으로 보인다. 투표율이 크게 떨어진 것은 보수 여·야당으로서는 큰 정치적 타격이라고 할 수 있다. 그리고 낙천·낙선운동이 진보정당운동의 발전에 별로 도움을 주지 못했다고는 할 수 있어도 적극적으로 방해했다고까지 평가할 수는 없다. 민주노동당 후보의 출마지역이 소수였고, 낙선대상자의 낙선을 위해 그렇지 않다면 민주노동당 후보에게 투표할 유권자가 사표심리가 발동해 낙선대상자가 아닌 보수 여·야당 후보에게 적극적으로 투표한 경우는 많지 않을 것이기 때문이다.

시민단체들의 낙천·낙선운동의 향후 발전방향은 어떠해야 하는가? 우선 후보자 부적격 문제는 선거법을 개정해 파렴치범·반인권 범죄행위자 등 일정한 범주에 속하는 인물의 피선거권을 제한하는 법적·제도적 장치를 마련하는 방향으로 해결해야 할 것이다. 그리고 시민단체별로 추구하는 목표에 따라 후보자별로 당선운동과 낙선운동을 펼쳐나가야 할 것이다. 노동조합의 정치활동이 허용됐듯이 시민단체들에게도 정치활동이 허용돼야 할 것이다. 시민단체들도 보호막이자 동시에 족쇄가 되고 있는 정치적 중립성이라는 울타리를 뛰어넘어야 한다.

4. 민주노동당의 성과와 한계

1) 의미 있는 실패

2000년 4·13 총선에는 민주노동당이 일부 선거구에 후보를 내 참여했다. 민주노동당은 4·13 총선 대응의 기조를 ① 파벌정치와 지역분할 정치를 일삼아온 보수정당 일색의 정치구도를 바꿔낼 대안정당으로서의 위치를 확보한다. ② 적극적인 후보 대응으로 선거시기 당원들의 결합력을 높이고 이후 지역활동의 기반을 형성한다. ③ 전국적 선거 대응으로 민주 진보 진영의 제 단체들과 함께 신자유주의에 맞서는 연대투쟁 전선을 형성한다는 것으로 정했다. 그리고 총선 대응의 목표로서는 ① 원내 의석확보와 지역역량이 일정하게 축적된 지부에서 의미있는 득표를 해서 대안정당으로서의 원내입지를 확보하고 당발전의 기틀을 형성한다. ② 선거활동으로 당 간부의 역량 확대와 질적 강화를 이루어낸다. 그리고 당원의 일상적 결합력을 높여 일상체계의 기틀을 마련하며, 잠재적 지지층의 참여를 적극적으로 조직한다. ③ 노동자·여성·농민·빈민의 계급·계층적 요구를 전면적으로 내걸고 선거활동을 벌이며 특히 민주노총과 전면적으로 공조해서 정치적 대표체로서의 위상을 확보한다 등으로 설정했다.

민주노동당은 노동자 밀집지역을 중심으로 역량이 어느 정도 구비된 21개 선거구에서 후보를 냈지만 당선자를 내지 못했다. 그러나 전국 득표수가 223,261표로 1.18%였고, 후보출마한 선거구 평균득표율이 13.1%로 1992년 총선 당시 민중당이 획득한 평균 6.5%에 비해 두 배나 높아졌다. 청년진보당은 46개 선거구에 후보를 내 125,082표로 0.65%를 획득했고, 선거구 평균득표율은 3%로 민주노동당보다 훨씬 낮았다.[6] 민주노동당 후보가 2위를 한 선거구가 울산 선거구 3곳과 경남 창원을 4곳이며, 3위를 한 선거구가 7개 선거구였다<표 2>. 정당 명부식 1인 2표의 비례대표제가 무산되어 불리한 조건에서도 이만한 득표를 했으니 만약 1인 2표제가 도입됐더라면 훨씬 많은 득표를 할 수 있었을 것이다.

당선자를 내어서 대안정당으로서 원내입지를 확보하고 당 발전의 기틀을 형성한다는 애초의 목표를 달성하는 데는 실패했지만, 창원과 울산의 득표결과를 보고서 노동자 중심의 진보정당의 가능성에 대한 기대가 높아졌으며 당원 가입의사가 있는 노동자도 늘어났다. '의미있는 실패'라고 총괄할 수 있을 것이다.

<표 2> 민주노동당 4·13 총선 결과

선거구	후보자	득표수	득표율	등 위
서울 강북	박용진	8,381표	13.26%	3/7위
서울 노원	이상현	7,931표	6.75%	4/6위
서울 노원	정윤광	6,910표	5.94%	4/8위
서울 관악	신장식	8,635표	8.41%	3/6위
서울 금천	최규엽	4,258표	4.13%	4/6위
서울 종로	양연수	1,408표	1.74%	5/9위
서울 용산	이호영	2,045표	2.14%	5/6위
인천 서구 강화갑	김창한	6,906표	7.39%	4/6위
경기 성남 중원구	정형주	19,781표	21.48%	3/5위
경기 용인	김종구	4,357표	6.59%	5/5위
경기 안산	노세극	6,356표	8.38%	3/5위
경기 고양 덕양을	유기수	4,165표	6.30%	5/5위
경기 고양 일산을	김두수	6,250표	8.49%	3/5위
대전 유성구	이성우	10,852표	18.23%	3/4위
충남 천안	이용길	7,391표	11.31%	4/6위
부산 연제구	박순보	8,020표	8.16%	3/7위
대구 서구	김기수	4,287표	4.04%	5/6위
경남 창원을	권영길	36,579표	38.69%	2/5위(5,150표, 5.4% 차이)
울산 남구	윤인섭	20,594표	16.76%	2/5위(43,558표, 36.5% 차이)
울산 동구	이갑용	29,288표	35.07%	2/3위(22,057표, 26.4% 차이)
울산 북구	최용규	18,867표	41.79%	2/4위(563표, 1.2% 차이)
21개 선거구		223,261표	13.09%	
전 국		223,261표	1.18%	

전국노동운동단체협의회에서는 4·13 총선에서 민주노동당이 현재의 조건에서 노동자정당이 거둘 수 있는 가능성의 전부를 거두지 못했다고 강력하게 비판하고 있다. 객관적 조건에서 민중들의 피나는 투쟁의 성과로 이제는 진보적인 주장들을 자유롭게 펼칠 수 있게 됐고, 주체적인 면에서도 노동자 민중의 의식수준과 조직적 역량이 과거에 비교할 수 없을 정도로 성장·발전했고, 조직대중들은 노동자·민중의 정치세력화의 필요성을 공감하고 있다는 것이다. 따라서 한두 명이 원내에 진입하는 정도

를 넘어서서 전국적으로 5% 이상을 득표하면서 유력한 정치세력으로 등장할 수 있는 가능성이 있었다는 것이다. 그러나 민주노동당은 21명의 후보를 내서 1.2%를 득표하는 데 그쳤고, 이것은 명백한 패배라는 것이다. 실패의 이유는 민주노동당이 노동자·민중의 투쟁하는 당이 아니라 상층 출세주의자들의 당이었기 때문이라고 비판한다. 민주노동당 창당을 주도한 세력들이 광범위한 노동자·민중을 묶어세워서 지배세력과 정치적으로 대결해 나가는 투쟁의 무기로서 정당을 만들려고 한 것이 아니라, 노동자·민중의 정치세력화를 명분으로 몇몇 인사들이 선거에 출마하고 정치적으로 출세하는 발판으로 정당을 만들었다는 것이다.[7]

이러한 비판은 무리한 논리전개로 생각된다. 객관적 조건에 비추어볼 때 민주노동당이 이번 총선에서 거둔 성과는 크지 않았고 따라서 실패했다고 할 수 있다. 그러나 민주노동당으로 집결된 주체세력의 힘이 아직 미약하여 그러한 객관적 조건을 충분히 활용하지 못했다고 할 수 있다. 민주노동당의 주체세력을 강화해서 그러한 객관적 가능성을 구체화하는 과정이 필요하고 이러한 주체세력 강화에는 일정한 시간이 소요된다. 이것을 고려하지 않을 경우 모험주의와 패배주의에 빠질 수 있다. 전국노운협 그룹도 그러한 역할을 해야 할 주체 가운데 하나이다. 그런 세력인데도 민주노동당을 소수 출세주의자들의 요구를 충족하기 위한 정당으로 규정하는 것은 비현실적이면서 과도한 비판으로서 과학적 근거를 결여한 비난에 불과하다고 할 수 있다. 예컨대 민주노동당이 농민들을 참여시키기 위한 노력을 기울였음에도 불구하고 농민들의 참여가 부진한 것은 농민들의 의식변화도 느리고 거기에다가 전농이 가입하고 있는 민주주의민족통일전국연합이 현 단계 정치적 대표체로서 전선조직을 강조하고 진보정당 시기상조론을 편 것도 작용했다.

여기서 민주노동당이 많이 득표한 선거구의 투표율을 주목할 필요가 있다. 울산의 경우 울산시 전체 59.1%, 중구 57%, 남구 57.3%, 동구 69%, 북구 60.6%, 울주 53.9%로 나타났다. 현대중공업 노동조합원들의 표가 결집된 동구의 투표율이 높았던 데 비해, 경선 후유증이 심했던 북구의 경우에는 노동자가 밀집 거주하지 않는 다른 선거구에 비해서는 투표율이 높았지만 동구보다 10% 포인트나 낮았다. 북구 내에서도 한나라당 후보가 다수 득표한 강동동, 효문동, 송정동에서는 투표율이 60.1%, 61.0%, 68.0%로 결집력이 높았던 데 비해 노동자 밀집 거주지역이고 최용규 후보 득표율이 각가 54.3%, 50.7%로 높았던 양정동, 염포동에서는 투표율이 60.3%, 59,7%로 낮았다.[8] 이러한 노동자표의 결집력이 약했던 것이 북구 최용규 후보가 미세한 득표수 차이로 낙선한 데에 중요한 영향을 미쳤다고 해석할 수 있다. 경남 창원시는 투표율이 56%였는데, 갑구의 51.3%에 비해 을구는 61.4%로 노동자 표가 결집된 을구의 투표율이 갑구에 비해 10% 포인트 정도 높았다. 대전에서는 대전시 전체 53.3%, 동구 52.3%, 중구 49.9%, 서구 52.8%, 유성 59.8%, 대덕구 55.7% 등으로 민주노총 조합원들이 밀접하게 결합된 유성구의 투표율이 다른 선거구보다 높았다. 성남시의 경우에는 경기도 전체는 54.9%, 중원구 48.9%, 분당구 62.2%로 노동자계급이 많은 중원구의 투표율이 중산층 이상이 많은 분당구의 투표율에 비해 현격히 낮았다. 노동자들의 표가 모이지 않은 것으로 보인다. 이러한 선거구별 투표율의 차이를 놓고 볼 때 4·13 총선에서는 노동자의 힘이 결집됐는지의 여부가 민주노동당 후보의 득표율과 당선 여부를 좌우했다고 해석할 수 있다.

2) 선거활동에서의 한계

첫째, 선거에 너무 늦게 임했다. 창당이 1월 30일로 늦었고, 내부적으로 논의하는 시간이 너무 길었다. 다른 당은 선거운동 막바지에 접어드는데 민주노동당은 겨우 시작하는 형국이었다. 실제적인 활동을 해야 하는 동안 내부토론으로 시간을 보냈다. 현장에서 유권자에게 다가가서 표 얻는 작업이 부족했다. 대부분의 지역에서 선거 막바지가 될수록 지지율이 올라가고 있었던 것을 보면 선거활동이 늦어진 것이 득표율이 낮았던 중요한 이유라고 할 수 있다. 물론, 이러한 뒤늦은 창당과 선거 대응은 주체적 역량의 축적이 미흡했기 때문에 불가피한 것이었다고 할 수 있겠지만, 주어진 역량으로도 적절한 최선의 대응을 하는 것이 중요하다는 것을 인식해야 한다.

둘째, 진보정당, 노동자 민중정당으로서의 정체성을 부각시킬 수 있는 정책적 쟁점형성이 미흡했다. 민주노동당은 아주 늦은 3월 17일에서야 '국민소환제 실시와 부정축재 재산몰수로 근본적인 정치개혁', '정리해고제 중단과 주 40시간 노동제로 고용안정 실현', '부자에게 중과세하고 복지예산을 두 배로 늘려 사회적 평등 실현'을 3대 핵심공약으로 하는 24개 선거공약을 발표했다. 이 중에 '주 40시간으로 노동시간을 단축해 고용안정과 정리해고 중단', '상가 임대차 보호법 제정' 문제 정도만 부각됐다. 국부유출과 국가채무 문제에 대해서는 노동자·민중의 입장에서 정확한 비판과 대안을 주장하지 못했다. 이렇게 정책적 대안제시가 늦고 또 부각되지 않은 것은 우선 중앙당 정책부서의 체계와 인적 자원을 충분히 확충하지 못했던 것에 기인한다. 또한 민주노동당을 조직적으로 떠받치고 있는 민주노총 등에서 민주노동당에서 제시해야 할 정책적 대안을 대중적 토론을 통해서 집약하는 노력을 충실히 하지 않았기 때문이다. 그리고 진보적 지식인들을 민주노동당의 정책대안 작성과정에 참여시키려는 중앙당의 노력이 부족했다. 정책자문 교수단을 구성하고 정책대안작성에 적극적으로 참여시키지 못했다. 선거운동기간 중인 4월 7일에 70여 명의 교수들이 민주노동당을 지지하는 성명을 발표했으나 시기적으로 너무 늦어 여론을 형성하는 데에는 별로 영향을 미치지 못했다.

5. 울산 북구 문제의 본질과 해결책

울산 북구는 선거 전에는 민주노동당 총선후보의 당선 가능성이 아주

높고 거의 확실한 곳으로 인식됐다. 전략적 선거구였던 셈이다. 그러나 경선 후유증이 크게 작용해 600여 표 차로 패배하고 말았다. 울산 북구 문제는 향후 진보정당 운영에서 제기될 수 있는 여러 가지 쟁점을 내포하고 있으므로 문제의 본질과 해결책을 검토해 보고자 한다.

1) 울산 북구 문제의 본질

울산 북구 문제가 심화된 데는 여러 단계에서 문제가 해결되지 않고 누적됐기 때문이다. 첫째, 울산연합의 패권주의적·종파주의적 행태가 문제를 야기했다. 종파주의(분파주의, sectism)란 자신이 속한 정파·정치조직에 집착해 다른 사회층과 정치집단을 낮게 평가하고, 광범한 동맹을 맺을 필요를 인정하지 않고, 전체 정치조직의 결정을 존중하지 않음으로써 조직을 혼란시키고, 결과적으로 자신의 종파를 대중과 분리시키는 정치적 경향을 말한다. 종파주의란 결국 대중의 요구를 우선시하지 않고 자파의 정치적 이익을 우선시하며, 다른 정파의 존재를 인정하지 않고 존중하지 않는 정치적 태도를 말한다.

울산연합의 종파주의적 행태는 여러 곳에서 확인된다. 우선 울산연합은 북구의 당선 가능성이 높다고 판단해 자신들과 긴밀한 관계가 있는 후보가 선정되도록 하기 위해 무리한 방법을 동원했다. 송철호 변호사를 후보로 내려고 했으나 노동자들이 노동자 대표를 후보로 내는 것을 원하자 이를 포기했고 송철호 변호사는 결국 중구에 무소속 후보로 출마했다. 현대자동차 노동조합 대의원 대회의 북구 예비후보 경선에서 울산연합측은 '실천하는 노동자회 의장' 박상철 씨를 내세워 이상범 후보와 경선을 했지만 박상철 씨가 후보로 결정되지 못했다. 이 예비경선은 당의 창당 일정과 총선 일정을 고려해 민주노동당에 추천할 후보를 현대자동차에서 선정한 절차였다. 민주노총과 민주노동당의 방침은 노동자 후보의 경우 해당 노조, 연맹과 민주노총의 조정을 거쳐 당원 총회에 추천하자는 것이었다.

3월 4~9일 실시된 민주노동당 울산시지부 당원투표 총회에서 현대자동차 조합원이면서 울산시의회 의원인 이상범 씨가 떨어지고 울산연합이 내세운 세종공업 노동조합 위원장 최용규 씨가 후보로 선출됐다. 후보경선 과정에서 최용규 후보와 울산연합측은 이상범 후보측을 배신자, 개량주의자, 출세주의자, 타협주의자 등으로 매도했다. 그리고 "현대자동차가 다 해먹는다"고 흑색 선전을 했다.

울산연합은 객관적으로 당선이 어렵게 전망되던 동구나 남구에는 전혀 자파 후보를 출마시킬 생각을 하지 않았다. 그 대신 아무나 내세워도 당선될 수 있다고 판단한 북구에 자기 조직원을 후보로 만드느라 수단과 방법을 가리지 않았고, 그 결과 공천 후유증이 생긴 것이다. 울산연합은 당선이 확실한 후보를 밀어내고 왜 당선이 불확실한 후보를 내세우냐는 비판에 대해 "울산 동구청장 선거를 봐라, 다들 안된다고 했으나 당선시키지 않았느냐"며 과도한 자신감을 보였다. 울산연합에 참여하고 있는 '실천하는 노동자회(현대자동차내 현장조직)' 소속인 현대자동차 노동조합 위원장 정갑득 씨는 권영길 대표에게 "울산 북구는 민주노동당, 노동자 후보면 무조건 당선된다"며 최용규 씨로 결정할 것을 강하게 요구했다. 울산연합 간부이자 울산 북구 선대본부장을 맡은 천병태 씨는 울산연합측이 울산시지부 투표 총회에서 최용규 후보를 밀고 당선되도록 한 것이 민주적 절차와 과정에 전혀 하자가 없었고, 해방 이후 최초의 노동자 후보를 내서 당선 가능한 지역에 좀더 노동자 민중의 이익을 대변할 수 있는 후보를 많은 사람들이 갈망했으며 이에 충실한 선택을 했으니 내용적으로도 문제가 없었다고 강변한다.[9]

언론의 여론조사 결과에 따르면, 초기에 이상범 씨가 출마한다고 했을 때 38% 지지율로 한나라당 윤두환 씨의 18% 지지율을 압도했다. 한나라당에서는 울산 북구는 거의 포기한 선거구로 공천을 받은 윤두환 씨는 기초의원 출신자로서 시의원인 이상범 씨에 비해 인지도와 지지도가 훨씬 낮았다. 그러나 최용규 씨로 후보가 바뀌고 나서 18%로 지지율은 급하강했고, 반면 한나라당 윤두환 씨는 39%로 지지율이 급상승했다. 결국 울산연합측은 민주노동당 내지 다수 노동자의 이익보다는 자기 정파 영향력의 극대화만 추구한 결과 민주노동당에 피해를 끼친 것이다. 절차상 민주주의의 헛점을 이용해 자기 정파의 이익을 위해 지역민의 여론을 무시하고 노동자계급의 단결을 저해한 종파주의적 행태를 보인 것이다.

다음으로 울산연합측은 중앙위에서 최용규 후보가 후보로 인준된 뒤에도 현대자동자 노동자들의 감정을 치유하기 위해 전혀 노력하지 않았다. 홈페이지 자유게시판도 닫아놓는 등 쌍방향 대화를 봉쇄하고 나머지 모든 칸도 후보자 소개만 일방적으로 하는 상황이었다. 이상범 씨 측은 경선에 패배하고 중앙위원회에서 최용규 후보를 인준한 뒤에는 경선 결과에 승복하고 출마하지 않았으므로 이상범 후보는 분열적인 행동을 하지 않았던 것이다. 따라서 최용규 후보측으로 볼 때 이상범 씨 측은 끌어안아야 할 세력이지 배척하거나 무시할 세력이 아니었다고 할 수 있다. 그런데도 왜 이런 노력을 하지 않았는가? 우선 선거 후에 울산연합측에 돌아올 책임을 자인해서 지고 싶지 않았던 것이다. 특히 노조에 배포된 하나의 유인물 때문에 사과문을 발표하지 않은 것은 사과할 경우에 돌아올 책임을 어떻게 해서든 면하기 위한 것이었다. 다음으로 사과하지 않아도 당선 가능성이 높다고 판단했다. 민주노동당 울산 북구 선거대책본부에서는 울산 노동자들의 민심을 모르고 해결하려고 노력하지 않았다. 여론조사에서 10% 이상 앞서갔다고, 7,000표 차이로 이긴다고 장담하고 있었다. 이 부분에 대해서는 최용규 후보도 완곡하게 반성하고 있다. "노동자들이 많이 산다는 이유로 일정 정도 안이하게 대처했던 측면이 있었다." 총선에서 패배한 뒤에도 최용규 후보는 "책임론은 누구에게도 도움이 되지 않을 것", "어느 한쪽에 책임을 전가해 끝장을 내려고 하는 발상"이라고 책임론을 반대하고 있다.[10]

울산연합측은 오히려 선거 패배의 책임을 자신들의 주관주의적 판단

오류와 함께 선거에 적극적으로 결합하지 않은 이상범 후보측 현대자동차 조합원 세력에게 돌리고 일부 사람들은 이들을 분열주의자들로 비난한다. "당 중앙위에서 결정한 후보 결정은 최선의 결정이었다. 이에 대해 불만을 가진 분열주의자들은 팔짱끼고 바라보고 결과에 대해서도 최용규 후보가 잘 안되기를 바랐다. 이들의 작태로 당의 존립이 위태롭게 됐다." "현재 벌어지고 있는 분열주의자들의 해당 행위를 더 이상 묵과하지 말아야 한다. 진보정당의 발전을 바라는 모든 당원들은 단합하고 조직의 결정을 기본으로 행동해야 당면한 어려움을 조직적으로 이겨낼 수 있을 것이다. 분열주의자들의 해당 행위를 분쇄하고 당 중앙을 기본으로 단합하자!"[11] 그러나 이러한 평가는 자신의 오류를 경시하고 다른 세력에게 책임을 씌우는 것으로서 종파적이고 아전인수적이다.[12] 북구 후보를 북구 당원과 북구 노동자들이 선출하지 못하고 울산시지부 전체 당원들의 투표로 선출했고, 이 과정에서 울산연합 세력의 출세주의적·종파주의적 행태가 작용하는 등 첫 출발이 잘못되었기 때문에 이상범 후보측의 분열적 행동이 크지 않았음에도 북구 당원, 활동가, 노동자들의 적극적인 선거운동과 북구 유권자들의 전폭적인 지지를 얻어내는 데 실패한 것이다.

결론적으로 울산 북구 선거의 실패에 대한 주된 책임은 종파주의적이고 출세주의적 행태를 보인 울산연합 세력에게 있다. 이상범 후보측은 울산연합측한테서 배신자, 개량주의자, 출세주의자로 매도당했음에도 불구하고 최용규 후보 선거대책본부를 맡는 등 북구 선거에 적극적으로 결합하는 것이 옳지 않느냐는 도덕적 권유와 지적을 받을 수 있지만 이것은 일반적 인간의 행동에 대해 "일체 원한을 갖지 말라"는 종교적 기준을 적용하는 것으로서 과도하고 가혹한 것이다.

이와 관련하여 민주노동당에서는 임시 대의원 대회(7.12)에서 채택된 '총선평가'에서 울산지부 당원들의 후보선출 결과에 대하여 다음과 같이 평가하였다.

울산지부의 후보선출 과정은 당헌상의 형식적 절차를 준수하였다. 그러나 내용적으로는 당의 16대 총선목표와 당내 민주주의, 어느쪽에도 부합하지 않는 심각한 종파적 행위를 보여주었다.

현대자동차 노동조합의 예비선거 결과를 존중해서 당의 16대 총선목표를 확실하게 달성할 수 있는 길이 있음에도 이를 뒤집어 정치적 모험을 감행한 것은 당의 이익을 최우선으로 한 정치적 판단이라고 보기 어렵다. 이것은 분파의 이익을 당의 이익보다 우위에 둔 종파주의적 행위였으며, 이러한 종파적 행위를 가능하게 한 것은 지역상황에 대한 주관적, 자의적 판단이었다. 울산지부는 현대자동차 노동조합의 예비경선을 거쳤다는 정황, 각 예비후보의 당선 가능성과 자질에 대한 평가, 울산 북구 주민들의 정서, 여타 지역 민주노동당 후보의 선거운동에 미칠 영향 등을 판단하는 데 있어서 신중하지 못했으며 정치적으로 미숙함을 보였다.

또한 이러한 종파적 이해와 정치적 주관주의가 결합해서 내린 결정을 관철하기 위해 경선과정에서 당내 민주주의를 손상시키는 불공정한 행위를 저질렀다. 우리 당의 민주적 경선과정에서 있을 수 없는 인신공격이 표출된 것은 당의 기풍과 동지적 신뢰를 훼손하는 반민주적 행위였다.

둘째, 해당 선거구가 아니라 지부총회에서 국회의원 후보자를 선출하도록 한 당헌의 취약점이 문제를 해결하는 데 어려움을 주었다. 당헌을 만들 때 중앙당에서 총재가 밀실공천을 해 내려보내는 것을 막는 장치로 각급 공직선거 후보를 지부총회에서 선출하기로 했다. 그러나 당헌에 후보자 선출을 시지부 단위로 하도록 한 것은 정작 지역구의 대표성을 가진 사람이 후보로 당선되지 못하는 사태를 초래할 수 있다. 문제는 지부라는 것이 당의 현재 역량상 선거구마다 조직될 형편이 되지 않는다는 것이다. 그래서 몇 개의 선거구를 묶어서 지부를 건설했다. 경기도의 경우 경기 동부지부와 고양지부, 안양·군포·의왕·과천지부로 조직하고 있는 형편이다. 경남의 경우 경남지부와 함께 진주지부가 있다. 진주의 경우는 선거구와 지부가 일치되어 있다. 그런데 울산에서 문제가 발생한 것은 선거구와 지부의 포괄 지역이 불일치했기 때문이다.

울산의 경우 시지부 투표 총회에서는 최용규 후보가 선출됐지만 북구 당원들의 의사는 이상범 후보쪽이 우세했다. 울산시지부 당원투표 총회 결과 최용규 513표, 이상범 466표로 나왔다. 그러나 북구에서는 이상범 280표, 최용규 158표로 이상범 후보에 대한 지지가 훨씬 높았다. 북구의 경우에 사실 100명 이상이면 조직할 수 있는 지부가 되고도 남을 역량이 었지만 지부를 조직하지 않은 상태였고, 따라서 북구 후보인데도 시지부에서 선출하게 됐고, 그 결과 경선 후유증이 심각하게 발생하게 된 것이다.

울산 북구의 문제를 비판적으로 얘기하면 울산연합과 현대자동차 노동조합의 '실천하는 노동자회'에서는 절차와 형식에서의 민주주의를 앞세운다. 김산[13] 역시 최용규 후보 선출과정은 합법적이었다고 주장한다. 그러나 기존 절차의 요식행위만 갖추면 되는가? 종래의 형식적 절차적 정당성만을 가지고 판단하면 내용적으로 비민주적인 것도 얼마든지 정당화될 수 있다. 기존 절차가 과연 민주주의 원칙에 입각해서 정당한지를 따져야만 내용적 정당성을 입증할 수 있다.

셋째, 주체 역량이 취약했다. 울산시지부 총회에서 울산연합의 종파주의적 행태를 제어하고 북구지역 노동자들의 의사가 관철될 정도로 다수 민주노총 조합원의 당원가입과 투표참여가 이루어지지 않았다. 노동자 주체 역량의 조직적 결합의 느슨함, 정치적 지도력의 취약성 등이 문제해결을 어렵게 한 것이다. 현재의 민주노동당에 대한 참가가 현장의 적극적 활동가들의 범위에 머무르고 일반 노동자들의 참여까지는 진전되지 못했음을 보여주는 것이다.

넷째, 중앙위원회(2000년 3월 17일)에서 현행 당헌을 그대로 적용해 울산시지부 투표총회의 북구 후보 선출결과를 추인하는 방향으로 결정한 것도 문제해결을 어렵게 했다. 후보 인준과정이 요식행위에 그쳤던 것이다. 당시에 중앙위원의 다수는 당내 민주주의의 원칙을 지킨다는 차원에서 현행 당헌에 입각해 이루어진 결과를 존중할 수밖에 없다고 생각한 것으로 보인다. 당헌이 미비한 것은 사실이나 그것은 추후 개정해 다음 선거 때부터 적용하는 것이 타당하다는 입장을 취한 것이다. 당 지도부는 당시 중앙위원회에서 만약 최용규 후보 인준을 유보하고 북구 당원총회에서 재선출을 하도록 결정할 경우에 후보를 내지 못하고 심지어 울산연합 그룹과 평등연대 그룹의 당 이탈을 예상하고 이를 우려한 것인지도 모른다. 실제로 평등연대는 울산 북구 후보선출에 문제가 없었다고 주장한다. "여러 문제제기에도 불구하고 최용규 후보가 민주적 절차에 따라 선출되고 후보에게 결격사유가 없었기 때문에 당의 인준은 최선의 선택이었다. 따라서 지금 당이 평가해야 할 지점은 인준 이후 최용규 후보 진영이 얼마만큼 통합에 최선을 다했느냐는 것과 이상범 지지진영이 당의 결정을 충실히 따랐느냐는 것이다."14)

그러나 이러한 중앙위원회의 결정은 형식과 내용 가운데 형식에 얽매인 결정이었다. 확실한 가능성을 버리고, 불가능을 선택하는 안을 선택한 것이다. 최용규 후보가 돼도 충분히 당선이 가능하다고 생각했다면, 이것은 극히 주관주의적 판단이라고 볼 수밖에 없다. 선거에서 투표를 하는 것은 다수의 현대자동차 조합원과 북구 주민들이다. 이들이 쉽게 납득할 수 없이 선출된 후보에 대해 적극적으로 투표하고 주위에 투표하도록 권유할 수 있겠는가? 물론 적극적인 활동가들은 후보선출 과정의 문제에도 불구하고 결정된 후보를 우선 당선시키는 것이 중요하다고 생각하고 투표를 할 것이고 실제로도 그렇게 한 것으로 나타났다. 그러나 다수의 일반 조합원들과 북구 주민들은 그렇게 하기 어렵다. 후보에 대한 자신들의 인지도와 후보에 대한 평소의 평가에 따라 투표한 것이고, 이것은 인지도가 낮은 최용규 후보에게 크게 불리하게 작용한 것이다. 최일선에서 활동하는 당원들과 조합원들의 의사를 무시하고 경선과정이 문제를 안고 있음을 알면서도, 그리고 이런 후유증이 예상되는 것을 알면서도 형식적 요건에 얽매인 결정을 한 것은 중앙위원회가 정치적 지도력을 제대로 발휘한 것이라고 할 수 없다.

조직 내에 갈등과 의견대립이 발생할 경우 원칙에 입각해서 문제를 해결해야 한다. 당헌에 지부총회에서 후보를 선출하도록 조항을 만든 근본정신은 해당지역 당원의 의사존중이다. 이 원칙의 관철에 문제가 있다고 생각되면 이의를 제기할 수 있는 것이고 원칙에 맞춰서 문제를 해결해야 한다. 지금 돌이켜 생각해볼 때, 당시 중앙위원회는 경선 파문이 일어난 즉시 당헌 가운데 문제가 되는 부분을 대의원 대회에서 개정하기 전이지만 올바로 해석해 최용규 후보의 인준을 유보하고 북구 당원들이 후보를 재선출하도록 결정했어야 했다. 오류가 발견됐을 때 문제가 커지기 전에 신속하게 오류를 시정하는 것이야말로 지도력의 요체이다. 당 지도부는 항상 다수 당원, 다수 노동자 민중의 요구와 이익의 입장에 서서 당 간부, 당내 정파(의견그룹)의 활동을 통제해야 하는 것이다. 특정한 정파의 반발을 우려하는 것보다도 북구 당원과 투표할 다수 현대자동차 노동자, 북구 주민의 요구와 의사를 존중하는 것이야말로 진정한 민주주의인 것이다.

2) 해결책

첫째, 당장은 울산연합의 패권적 행태와 이상범 후보에 대한 매도, 후보 선출 후에도 전혀 사과를 하지 않은 점을 사과하도록 해야 할 것이다. 울산연합측의 이번 경선과정에서 취한 종파주의적 태도에 대해서는 반드시 책임을 물어야 한다.

둘째, 당헌을 개정해 지부, 지회 등의 일상적 조직관리를 위한 당 기구에 얽매이지 않고 해당 선거구의 당원들이 각종 공직자선거 후보를 선출하도록 해야 한다. 국회의원뿐 아니라 시장, 구청장, 시·구의원의 경우에도 마찬가지이다.

셋째, 근본적으로는 민주노총 조합원을 중심으로 노동자 다수가 당원으로 가입해 어떠한 조건에서도 노동자의 입장이 관철될 수 있도록 수적 우위를 확보해야 한다.

6. 민주노동당의 향후 과제

민주노동당은 노동자계급을 중심으로 한 민중들의 정치적 대표체로서 한국사회의 진정한 민주화를 위해 중요한 역할을 하도록 요구받고 있다. 이번 총선을 거치면서 그 가능성이 일단 확인됨으로써 출발을 한 셈이다. 따라서 전국적 득표율 2%를 얻지 못함으로써 해산되었음에도 불구하고 바로 기존의 역량을 결집하여 바로 재창당하는 것은 당연하다. 향후 민주노동당의 성장을 위해서 요구되는 몇 가지 중요한 과제는 다음과 같다.

첫째, 다수 노동자들이 당원으로 가입하도록 해야 한다. 현재의 1만 5,000여 명 당원으로는 당의 정상적 운영이 어렵고 이번 총선에서 보는 것처럼 각종 선거에서 유력한 득표를 얻기가 어렵다. 2002년 지자체 선거 때까지 10만 명을 목표로 당원을 늘려나가야 할 것이다. 나아가서 민주노동당 내에서 노동자계급의 입장을 관철할 힘을 결집시키는 일이 대단히 중요하게 됐다. 노동자파(가칭) 내지 민주노총파의 논의 기구가 필요하다. 동시에 노동조합원들은 상대적으로 정치교육을 받거나 정치활동을 해본 경험이 적으므로 이들 노동자 당원을 교육시키는 일이 중요하다. 이를 위한 훈련과정 개설과 교재개발이 필요하다.

민주노동당은 당원의 일상적 조직활동의 대안적 모형을 창출해야 한다. 현재 기성 보수정당의 당원들은 철저히 대상화돼 있고, 선거 때나 당 간부가 주도하는 집회에 동원될 따름이다. 평소에 정치에 대한 불만이 많더라도 이를 대안적 힘으로 만드는 데 주체적으로 참여해본 적이 없다. 진보정당의 당원들도 이러한 관행에서 크게 벗어나 있지 않다. 이러한 느슨한 조직활동만 가지고는 진보정당의 힘을 발휘할 수 없다. 선거나 대중투쟁 때 다수 당원들의 참여를 확보하기 위해서는 평상시 활발한 분회모임을 통해 당원들끼리 신뢰하고 의지하는 분위기가 확립돼 있어야 한다. 구체적으로 20명 내외로 구성되는 지역 내지 직장단위의 분회모임을 활성화해야 할 것이다. 분회모임은 민주노동당의 정체성을 확립하는 데 결정적인 요소라고 할 수 있다. 분회모임은 정기적 모임을 가지며 당의 이념과 당면 실천과제를 토론하고 실천활동에서 역할을 분담하는 등 기본적인 활동내용 이외에, 정서적 즐거움을 함께 나누는 역할도 할 수 있을 것이다. 분회모임은 당내 민주주의를 정착시키고 당원의 질적 수준을 높이고 당원을 확대하고 당과 대중의 접촉을 확대하는 데 중요한 역할을 할 것이다. 분회모임의 자세한 내용에 대해서는 전국적인 계획을 세우기 이전에 각 지부별로 분회모임의 정형을 창출하고 이를 모범으로 해서 확산하는 방식을 택해야 할 것이다. 지부의 전체 당원을 기계적으로 분리하여 분회에 편성하더라도 그 분회의 활동내용을 채워갈 수 있는 적극적인 활동가가 없으면 형식적 편성에 불과할 수 있다. 분회를 이끌어갈 수 있는 사람의 배출과 성장에 맞추어 분회 확대를 시도해야 할 것이다.

나아가서 농민을 비롯하여 노동자 이외의 다수 민중들을 가입시키기 위한 적극적 노력이 필요하다. 농민층의 가입을 확대하는 과제는 전농 등 민주적 농민단체들의 조직적 여건 등과 관련된 문제이기 때문에 이 문제를 재창당과 바로 연결시키지 말고 시간을 두고 추진해야 할 것이다.

당원 확대를 통한 재창당을 추진할 경우 지켜야 할 원칙으로서 관련 단체의 상층지도부와의 정치적 교섭만으로 문제를 풀어나가려고 해서는 안된다. 상층지도부와의 연합을 위한 노력이 중요하지 않은 것은 아니지만 그것에다 너무 많은 기대를 걸거나 그 일에만 매달려서는 안될 것이다. 각 단체 상층지도부는 일반적으로 단체 전체구성원들의 반응을 의식하게 되고 현재 상황을 반영하여 신중하거나 현상타파에 소극적인 것이 일반적이다. 따라서 시민운동단체, 전농, 전교조, 금융노동조합연맹 등 집중적인 조직화 사업이 필요한 대상을 선정하고 그 조직에서 당에 열성적이거나 우호적인 분들을 중심으로 내부조직화 사업을 해나가는 것을 기본으로 삼고, 이를 기반으로 상층지도부에 문제를 제기하고 당원을 확대하도록 하는 방안이 합리적이다.

둘째, 당내 민주화를 실현할 수 있도록 당헌과 제반 규정을 정비해야 할 것이다. 앞서 말했듯이 공직자 후보를 해당 선거구 당원들이 선출하도록 해야 한다. 또한 각종 회의에서 의안의 사전토론을 활성화시키기 위한 규정도 마련되어야 한다. 특히 이번 울산 후보경선 후유증 사태에서 표면화된 당내 정파(의견그룹)의 존재를 공식화하되 의견그룹의 활동의 한계를 명확히 해야 할 것이다. 당의 일반적 방침과 어긋나는 독자적 실천을 해서는 안된다. 이와 관련하여 청년진보당이나 '노동자의 힘' 그룹 등도 민주노동당에 결합하여 당내의 한 의견 그룹으로 활동할 수 있도록 해야 할 것이다. 이를 위해 지도부의 노력과 함께 일반 당원, 특히 민주노총 조합원 당원들의 노력이 필요하다.

셋째, 노동조합 및 시민운동과 민주노동당의 관계를 확립해야 할 것이다. 노동조합과의 관계에 있어서 민주노총의 결정을 민주노동당에 그대로 관철시키는 것도 곤란하며, 민주노동당의 결정을 민주노총에 강제하는 것도 곤란하다. 예컨대 현장분회를 두는 것이 노동조합의 상호 독자성을 유지하면서도 유기적 관련을 강화하기 위한 지속적인 협의를 할 기구를 설치하고 이를 내용있게 운영해야 한다. 노동조합에서는 정치위원회를 통해 조합원들에 대한 정치교육을 지속적으로 실시하고 정치개혁운동을 전개하되 이것을 민주노동당의 일상적 사업 속에 배치하도록 하는 것이 노동조합과 민주노동당의 결합을 강화하는 데 도움이 될 것이다.

또한 민주노동당과 시민운동과의 관계를 재정립해야 한다. 정치적으로 중립적인 종합적 시민운동단체의 존재는 현재의 제반 정치적 상황이 초래한 예외적 형태라고 할 수 있다. 시민단체가 그 동안 표방해온 정치적 중립성은 보수 여·야당 독주의 부패정치하에서는 단기적, 부분적으로는 영향력을 발휘할 수 있는 기반이지만 장기적, 전체적으로는 영향력을 제한당하는 족쇄로서 작용한다. 이것은 4·13 총선시민연대 활동을 통하여 그대로 드러났다. 낙천·낙선운동은 정치적 중립성 탈피의 출발에 불과하다고 봐야 할 것이다. 우선 시민운동과 민주노동당은 진보정당의 활동에 불리한 선거법을 비롯한 제반 법률 개정운동을 함께 해나갈 수 있을 것이다. 국가보안법을 폐지하고, 정당명부식 1인 2표 비례대표제를 도입하고 파렴치범, 반인권 행위자의 공직 피선거권을 제한하는 방향으로 선거법을 개정하는 데 연대해야 한다.

종합적 시민운동단체는 그 동안 정치적으로 기존 보수 여·야당의 역할이 한계를 보임에 따라 야당의 역할을 실질적으로 대신한 것이라고 할 수 있다. 따라서 종합적 시민운동은 향후 장기적으로는 정당으로 발전하는 것이 타당할 것이다. 종합적 시민운동 중 보수적인 부분은 노동운동과는 대립적인 측면이 있으므로 보수 여·야당으로 흡수되어갈 것이다. 노동운동에 상대적으로 우호적인 시민운동단체의 구성원 상당수는 노동자 민중 중심의 진보정당에 참여할 수 있을 것이다. 이를 위해 민주노동당은 시민운동단체들에 대해 단체의 간부들이 정당의 당원으로 가입하여 활동하는 것을 규제하는 내규를 완화하거나 철폐함으로써 단체회원들의 정치적 자유를 보장할 것을 요구해야 할 것이다. 민주노동당과 시민운동단체 간에 적극적인 이중 멤버십을 만들어나가는 것이 바람직하다. 정치적 중립성 유지를 이유로 단체회원들의 정당가입을 막는 조치는 결국은 기존 보수 여·야당을 지원하는 결과를 낳을 뿐이기 때문이다. 시민운동은 향후 정부와 제도정당, 사회운동 시스템 자체의 개혁과 합리화가 진전됨에 따라 종합적 감시보다는 집중적 감시가 요구되는 상황에서는 전략적 사업 영역을 중심으로 시민단체도 전문화되는 것이 바람직할 것이다.

민주노동당이 시민운동단체 구성원을 포괄하기 위해서는 과거로부터 이어져온 민중운동의 과제를 중심으로 하면서도 환경·인권·여성·평화군축 등 한국사회에서도 새롭게 제기되고 있고, 시민운동단체들에서도 제기하는 새로운 과제를 실천하는 포괄성을 가져야 할 것이다.

여기서 제기되는 것이 환경운동단체의 독자적인 녹색당 건설 문제이다. 장기적으로는 물론 녹색당이 성립될 가능성이 크다. 그러나 그것이 유의미한 정치적 실천을 할 수 있기 위해서는 생태주의를 강하게 제기하더라도 주민들의 적극적 반대에 직면하지 않을 수 있는 상황과 지지기반이 있어야 할 것이다. 급진 생태주의는 마이너스 성장을 제기해야 자신의 정체성을 유지할 수 있을 터인데 아직 후진국을 벗어나지 못한 한국에서는 아직 광범위한 지지를 얻기 어려울 것이고, 따라서 녹색당은 다소 시기상조의 면이 있다. 녹색당이 제기하는 생태주의 정책 중 노동자들이 수용할 수 있는 부분을 근거로 환경운동단체 구성원들이 민주노동당을 통해 노동자계급과 조직으로 결합하여 이 힘을 기초로 환경정책을 전환시키는 전략을 구사해볼 수 있을 것이다.

넷째, 투쟁을 통해 조직을 확대해나가야 할 것이다. 이번 총선과정에서 대부분의 지역에서는 민주노동당이 무엇인지 설명하는 데 선거운동의 2/3 이상의 시간을 썼다. 일상적 활동의 중요성을 말해주는 경험적 증거이다. 따라서 선거가 끝난 뒤에도 일상적 활동을 통해 대중과 접촉을 계속하면서 기존 보수 여야정당과는 다른 정책정당이라는 점을 민중들의 의식 속에 심어줘야 한다. 단순히 노동자뿐 아니라 중소상인, 중산층에도 그들의 이익을 진정으로 대변하는 당은 민주노동당이라는 선전을 해나가야 할 것이다. 신자유주의에 대한 반대, 자본주의 극복의 방향을 분명히 하되 현실 속에서 나타나는 구체적인 문제들을 이러한 이념적 방향을 구체화한다는 차원에서 해결해나가는 자세가 필요하다. 당이 주도하는 대중투쟁의 요구와 대안의 내용을 추상적인 차원에 머물지 않고 구체적인 사항까지 제시해야 한다.

정책적 과제 실천을 통해 대중과 결합하고 대중을 획득하는 전술이 필요하다. 4·13 총선 선거운동 기간 중에 상가임대차보호법제정을 내세워서 영세 상인들의 호응을 얻은 점은 높게 평가할 수 있다. 향후 상가임대차보호법제정 운동을 통해 영세 상인들과의 결합을 확대해야 할 것이다. 1인 2표 비례대표제의 도입 등을 목표로 한 선거법 개정 투쟁, 주 40시간으로 노동시간 단축을 목표로 한 근로기준법 개정투쟁, 재벌해체 특별조치법 제정투쟁 등도 핵심적 과제가 될 것이다. 모든 지부는 매월 1회 이상씩 정책적 문제를 가지고 시민들과 결합하는 토론회를 가질 필요가 있다.

이러한 활동을 펼치기 위해서는 정책위원회 관련부서가 대폭 강화돼야 할 것이다. 교수, 교사, 연구소 연구원, 기자, 변호사 등 진보적 지식인들을 정책자문에 참여시켜 그들의 전문적 지식을 적극 활용하도록 해야 할 것이다. 특히 민주노동당은 서구와 제3세계 진보정당의 정치적 경험을 충분히 흡수하여 한국의 특수한 상황에 맞춰서 적용함으로써 시행착오를 최대한 줄이도록 노력해야 할 것이다. 진보정당의 필요성, 당위성을 강조하고 의욕만을 앞세우는 아마추어리즘을 벗어나서 과학적이고 성과있는 실천을 해나가는 프로페셔널리즘을 확보해야 한다.

7. 맺음말

4·13 총선에서 보수 여·야당이 의원직을 석권함으로써 보수정치·자본가계급정치가 표면적으로는 승리하고, 민주노동당이 원내진출에 실패하는 등 노동정치·민중정치는 또 한번의 좌절을 맛보았다.

그러나 낮은 투표율에서 나타난 것처럼 기성 보수정치와 보수 여·야당에 대한 불신은 심화됐다. 민주노동당은 노동자 밀집 지역에서 의미있는 득표를 했다. 정치지형의 구조적 변화의 기운이 높아지고 있는 것이다. 진보정치, 노동정치, 민중정치는 이제 가능성의 단계에서 현실성의 단계로 접어들었다고 할 수 있다.

이러한 가운데 진보정치는 총선에 본격적으로 참여하면서 그 동안 저항세력으로서 실천하는 과정에서 형성된 실천방식, 즉 도덕주의를 강조하고, 추종하는 대중에게만 복무하는 서클주의적 행태의 한계를 그대로 드러내었다. 울산 북구의 후보자 공천 파동은 이것을 잘 보여주었다. 민주노동당 내외에서 노동정치, 진보정치를 모색하는 활동가들은 다수 노동자계급, 다수 민중의 요구에 부응하고 다수 민중의 자발적 참여를 이끌어낼 수 있는 방향으로 자신들의 사고방식과 실천형태를 크게 혁신해야 할 것이다.

진보정치의 조직적 과제로서는 대중의 요구가 잘 반영되도록 다수 민중을 진보정당에 참여토록 하고 정당의 의사결정구조를 민주화해야 할 것이다. 소수의 선진활동가들이 주도하고 대중은 수동적으로 동의하는 구조로서는 진보정당의 기치를 내걸었다고 하더라도 보수 여·야당의 정치적 헤게모니를 극복할 수 없다. 조직 확대를 위하여 시민단체, 민중운동단체 상층지도부와의 교섭에 과도하게 의존하지 말고 기층 대중의 참가를 기반으로 하여 참가자를 확대하는 원칙을 견지해야 할 것이다. 그리고 민중운동과 시민운동단체 회원과 정당참가의 이중 멤버십을 시민운동단체들이 당연한 것으로 인정하도록 정착시킬 필요가 있다.

진보정치의 실천에 있어서는 자본주의 극복이라는 근본 지향을 유지하면서도 현실문제에 대해서는 보수정당에 뒤지지 않는 개입능력을 가질 수 있도록 더욱 현실적인 근거와 구체적 대안을 제시하면서 투쟁해야 할 것이다. 진보정당은 시민단체들이 제기하는 환경, 여성, 인권 등의 문제들에 대해서 적극적으로 개입하고 투쟁함으로써 진보정당과 시민운동 간의 연대를 강화해야 할 것이다. 시민운동단체들은 낙천·낙선운동의 한계를 극복하고 근본적 정치개혁을 위하여 진보정치의 발전을 억압하는 제반 법률과 제도를 개선하는 작업을 진보정치세력과 연대하여 추진해야 할 것이다. 그리고 진보진영의 정파들은 이러한 조직과 투쟁의 실천에서 얼마나 노동자계급과 민중에게 봉사하였는지로 경쟁하고 평가받음으로써 지도력을 높이도록 해야 할 것이다.

현재 남북관계 개선이 급진전되고 있지만 기본적으로 국내·외적으로 자본주의적 모순이 더욱 심화되는 속에서 세계 민중들과 진보세력들이 신자유주의적 세계화에 본격적으로 반격하기 시작하는 상황이라고 할 수 있다. 한국의 시민운동은 1990년대 초반에 중요했던 부르주아 민주주의의 완성이라는 과제를 넘어서서 이제는 자본주의적 모순 심화의 문제를 외면할 수 없다는 사실을 직시해야 할 것이다. 부패정치의 여부를 넘어서서 계급정치가 본격화될 수밖에 없는 것이다. 이를 인식하고 적극적으로 대응하지 않을 경우 시민운동단체들의 '체제내화'가 급격히 빨라질 것이다. 이러한 속에서 진보정치 진영은 민중과 시민연대를 강화하고 북한의 민중들까지 고려하면서 민주와 진보의 통일을 추구해야 할 역사적 책임을 지고 있다.

13. 현 단계 한국사회의 성격과 사회운동의 과제[1]

총선연대를 계승·발전시킨 '정의사회민족민주연합'을 건설해야 한다

주종환 (한국사회경제학회 명예회장, 참여사회연구소 이사장)

1. 문제의 소재

현 단계 한국사회의 성격을 어떻게 규정하느냐 하는 문제는 시민운동 뿐만 아니라 민족·민주·민중운동에 있어서 결정적으로 중요한 문제이다. 현 단계 한국사회의 성격에 대한 과학적 분석은 운동의 성격과 목표를 과학적으로 설정할 수 있게 해주기 때문이다.

이 문제와 관련하여 1980년대에 이 땅의 운동권을 양분하여 진행되었 던 소위 민족해방파와 노동해방파 사이의 뜨거웠던 논쟁을 상기하게 된 다. 이 논쟁은 당시의 한국사회의 성격을 심도 있게 분석하는 데 일정 정 도 기여하였지만 운동사적으로 볼 때 이 논쟁은 필요 이상으로 이념논쟁 에 매달림으로써 운동권 사이의 대립을 심화시켰고 이로 말미암아 오히 려 사회개혁운동의 활력을 소모적으로 낭비하는 결과를 초래했다는 비 판을 면하기 어려운 상황에 놓여 있다. 그러한 상황은 1980년대 후반에 서 1990년대에 걸쳐 한국에서 전개되어온 실제적 상황이 이를 더욱 선명 하게 뒷받침하고 있다. 사실 1987년의 역사적 6월 항쟁에서 민족해방파 나 노동해방파 중 어느 세력도 역사의 흐름을 주도하지 못하였고 독재적

권위주의 세력의 온존과 이들과 연합한 개량적 권위주의파로서의 YS와 DJ 세력에게 주도권을 내맡기는 가운데 민족해방파나 노동해방파의 많은 주역들이 이들에게 흡수되고 만 현실을 직시해야 한다. 이런 현상을 동구권 사회주의의 몰락이란 요인의 탓으로만 돌릴 수는 없으며, 이들의 이론 그 자체의 결함이라는 측면에서 조명해야만 과학적 결론에 도달할 수 있을 것이다. 더욱이 2000년대에 들어서도 4·13총선 과정에서 여실히 드러난 바와 같이 어느 파에도 속해 있지 않다고 보이는 시민운동파(일단 그렇게 호칭해두기로 한다)가 사회개혁에서 보다 큰 흐름으로 자리잡고 있으며 민족해방파와 노동해방파의 맥을 이어 출범한 민주노동당의 숙원인 원내진출 실패라는 현실에 직면해 있음을 분명히 인식하지 않으면 안된다. 이론은 이론의 테두리에 머무를 수는 없으며 현실 속에서 검증될 때 비로소 이론으로서 정당성을 인정받을 수 있다고 본다면, 한국사회의 오늘의 혼미를 극복할 수 있는 이론틀이 과연 무엇인가에 대해 심도있는 분석적 검토가 있어야 할 시점이라고 본다.

그러한 분석적 검토를 위해서는 우선 무엇보다 현 한국사회의 성격을 과학적으로 분석할 필요가 있다. 그 다음에 편의상 4·13 총선을 하나의 비근한 예로 삼아 그 역사적 의의를 분석하고 거기서 얻어진 교훈을 거울삼아 앞으로의 방향을 모색해보는 것이 좋을 것이다.

2. 현 단계 한국사회의 성격: 그 후진성

현재 한국의 많은 사회과학자들은 현 단계 한국사회가 이미 선진국의 문턱까지 올라선 상당히 발전된 근대 자본주의사회라고 보고 있다. 그러나 필자는 이 점에서 매우 시각을 달리하고 있다.

첫째로 우리는 이유야 어찌되었건 민족분단의 비극을 극복하지 못하고 있다. 세계의 역사에 비추어보면, 근대사회의 전제조건은 우선 민족의 통일이다. 독일은 오랜 봉건적 지방할거주의를 1870년대에 극복함으로써 비로소 세계 무대에 근대국가로서의 모습을 드러내기 시작했다. 이탈리아 역시 민족국가로서 통일을 이룩한 것은 19세기 말 이전이다. 일본도 명치유신에 의해 민족국가로서의 통일을 이룩함으로써 비로소 근대국가의 면모를 갖추었는데 이것 역시 19세기 이전이다. 중국 역시 20세기 초에는 일단 신해혁명 등 일련의 과정을 거쳐 근대국가로서의 통합을 이룩했다. 이와 같은 세계사의 흐름에 비추어볼 때 우리 사회를 근대사회라고 할 수 있는가에 대해 근본적으로 의문을 제기하지 않을 수 없다. 우리나라는 20세기 초에 자력으로 근대국가의 대열에 진입하지 못하고 일제 식민지하에서 타율적으로 근대화의 물결에 휩쓸렸으며, 8·15 해방을 맞이했으나 21세기의 문턱에 선 오늘까지도 근대국가의 전제여야 할 민족의 통일을 이루지 못하고 있다. 말하자면 우리는 이 점에서 20세기를 거의 완전히 헛살았다고 해도 과언이 아닐 정도이다. 이런 상황을 놓고 볼 때 근대사회의 전제여야 할 민족의 통일조차 이룩하지 못하고 있는 오늘의 우리 사회를 과연 근대사회라고 할 수 있을지 근본적인 의문을 제기하지 않을 수 없는 것이다.

둘째로 우리는 이유야 어찌되었건 분단 냉전구조에서 비롯된 것이기는 하나 아직도 국가보안법 체제 아래서 정치적 민주주의를 제대로 확립하지 못하고 있다. 혹자는 1987년의 6·29를 분수령으로 하여 정치가 극우 반공주의적 권위주의 세력의 지배로부터 합리적 '온건' 자유주의(YS)와 개혁적·중도적 자유주의(DJ)로 이행했다고 보고 있다. 이런 분석은 YS와 DJ의 정부들이 자유주의 정부임을 인정한다는 전제 위에서 비로소 성립될 수 있는 입론이다. 그러나 원래 자유주의란 반대하는 정파와 이념에 대한 관용과 공존을 전제했을 때 비로소 성립될 수 있는 개념이다. 그렇다면 이유야 어찌되었건 일정한 정파와 이념을 금기시하고 탄압하는 국가보안법 체제를 견지하는 정부는 설사 자유주의를 표면상 내걸고 절차상의 민주주의의 존중을 서약하면서 자유주의의 수호자임을 아무리 강조해도 결코 자유주의 정부라고 할 수는 없다. 그것은 극우 반공주의적·권위주의적 지배의 한계에 부딪힌 기득권 세력들의 변형주의적 대응방식의 일종이라는 성격에서 자유롭지 못한 권위주의 정부의 하나의 변형형태로서 여전히 큰 틀에서 본 권위주의 정부의 범주에 넣어야 할 성격의 것이다. 이 점에 관한 인식은 매우 중요한 의미를 지닌다. 만일 현재의 DJ 정부를 자유주의 정부라고 규정한다면 국가보안법 철폐를 위한 운동이나 민주화를 위한 제도개혁운동 등은 불필요한 운동이 될 수밖에 없고 시민운동단체들의 민주화운동도 그 도덕적 사회적 정당성을 주장할 수 없게 될 것이기 때문이다.

세계의 역사에 비추어보면 자유주의에 바탕을 둔 민주주의 정치지배체제는 선진 각국에서는 일본을 포함하여 이미 19세기 말 이전에 확립되었고, 20세기 초 세계자본주의 체제의 위기에 직면하여 파쇼 체제와 같은 권위주의 체제가 국가독점자본주의 체제의 위기관리를 위해 선진 각국에서 기승을 부렸지만 20세기 중반에 이들 권위주의 체제는 역사의 유물로 사라지고 오늘에 와서는 거의 모든 선진국에서 사상의 자유와 반대당에 대한 관용과 공존을 전제로 한 민주정치가 하나의 공통된 제도로 보편화되었고, 이것이 급기야는 UN에 의해 범세계적 가치기준으로 권고의 대상이 되어 있다. 그러나 우리의 정치는 절차상의 모습만 갖추었을 뿐 이 UN의 기준에도 미치지 못하여 지속적으로 국가보안법 철폐를 권고받고 있는 지극히 후진된 모습을 보여주고 있음은 주지의 사실이다.

셋째로 국민의 의식구조 역시 지역패거리주의, 연고주의, 혈연주의 등 19세기적 가치관의 지배 아래 놓여 있다. 이로 말미암아 국민의 사회참여 의식이 희박하고 합리적 판단보다는 온갖 전근대적 정서를 우선시하는 경향을 나타내고 있다. 그것이 가장 두드러지게 표출된 것이 바로 지난 4·13총선에서 나타난 지역패거리주의적 투표 행태임은 두말할 나위도 없다. 이런 지역패거리주의를 극복하지 않고서는 한국정치가 한발짝도 앞으로 전진할 수 없음이 여실히 드러났으며, 한국정치의 발전을 위해 많은 사람들이 필요하다고 여기고 있는 진보정당의 원내진출도 이 지역패거리주의의 극복 없이는 빛을 보지 못할 것임이 분명해졌다. 우리는 겉으로 선진사회들이 갖추고 있는 물질문명의 도구들을 두루 갖추고 있고 선진국의 상징이라고 할 수 있는 OECD의 일원으로서 마치 선진사회의 문턱에 다달아 있는 듯한 착각에 사로잡혀 있으나 내용을 뜯어보면 우리 사회는 아직도 19세기적 낡은 의식구조에서 벗어나지 못하고 있음이 분명하다.

넷째로 우리의 경제 역시 겉으로 상당히 선진화되어가는 듯한 모양새를 갖추고 있으며 급속히 종속적인 주변부 산업자본주의 단계를 넘어 종속적 주변부 국가독점자본주의 단계에 접어든 지 오래되었으나, 국민경제에서 절대적 비중을 차지하는 재벌들의 존재형태는 여전히 전근대적 족벌체제의 지배 아래 놓여 있다. 다른 선진국에서는 재벌들의 족벌적 지배체제가 줄곧 기승을 부렸지만 20세기 중반 제2차세계대전을 고비로 하여 자율적 또는 타율적으로 해체되었다. 그러나 우리나라에서는 서구의 선진국들에서 이미 오래 전에 극복되어 사라져버린 시대착오적 족벌 지배체제를 21세기에 접어든 오늘에 이르기까지 온존시키는 가운데 이것이 국민경제 발전의 발목을 잡고 있다.

지금으로부터 12년 전, 1988년에 필자는 당시의 한국자본주의의 성격을 '종속적 주변부 국가독점자본주의 체제'라고 규정한 바 있었다.[2] 이 규정은 오늘날에도 여전히 유효하다고 생각되지만 위에서 누누이 강조해 온 한국사회의 전근대성을 고려한다면 '전근대성에 깊숙이 발목잡혀 있는 종속적 주변부 국가독점자본주의'라고 고쳐서 규정하여야 한다고 본다. 이러한 전근대성에 관한 인식은 6월 항쟁 이후 오늘에 이르기까지 우리가 겪어온 뼈저린 여러 경험을 바탕으로 얻어진 결론임을 이 기회에 특히 강조해두고자 한다. 그런 의미에서 그것은 실천적 경험에 뒷받침되어 있는 결론이라고 할 수 있다.

운동론과 관련해서 보면 위의 규정은 다음과 같은 중요한 의미를 가진다. 첫째 이 사회의 전근대성을 극복하는 운동이 매우 중요하고 시급하다는 점이다. 둘째로 종속성에 대한 인식은 민족 자주성의 확보와 남북 분단 문제의 자주적 해결의 중요성을 일깨워준다. 주변부성에 대한 인식 역시 강대국에 의한 패권적 지배의 배제가 중요하다는 의미를 가진다. 또한 국가독점자본주의라는 규정은 앞의 전근대성과 맞물리는 가운데 그 속성이라고 할 수 있는 혈족재벌과 국가권력의 유착에 기인하는 부패 의 만연과 이들 기득권 세력들에 의한 권위주의적 지배체제를 배제해야 한다는 과제와 민주주의적 제반 권리와 제도의 확립이라는 과제가 시급 함을 일깨워주고 있다. 또한 국가독점자본주의로서의 규정성은 그러한 역사적 과제를 해결할 수 있는 주도세력이 옛날 자본주의 발전 초기에서 와 같이 유산자계급이 아니라 기득권 세력에 의해 피해를 입고 탄압받아 온 광범한 근로인민대중과 지식인과 민족자본가의 연합체일 수밖에 없 다는 결론을 유도하게 된다. 그리고 그것은 한 걸음 더 나아가 이와 같은 여러 과제들이 중요도에 있어 경중을 가리기 어려울 정도로 서로 밀접하 게 얽혀 있음으로 해서 어느 것이 먼저고 어느 것이 부차적이냐를 가리 기 어려운 관계에 놓여 있다는 것을 일깨워주게 된다. 그것들은 모두 동 시적으로 해결될 수밖에 없는 성질의 것이라고 보아야 한다는 뜻이다. 따라서 이것은 노동해방이 먼저냐 민족해방이 먼저냐를 놓고 이념투쟁 을 벌였던 운동권의 적폐를 극복하는 길을 열어줄 수 있다는 것이 필자 의 생각이다.

3. 현 단계 한국사회의 후진적 성격과
민족·민주·민중운동의 과제: 연대의 필요성

운동권 안에 이른바 계급대립 문제를 우선시하는 이른바 PD계열의 사 조가 있고 이 사조가 노동운동을 비롯한 민중운동의 주요한 지도이념의 하나로 자리잡고 있는 것으로 알려져 있다. 그러나 우리 사회의 후진성 에 대한 인식을 전제해놓고 본다면 현 단계에서 계급대립 문제 그 자체에 지나치게 매달리는 것은 옳지 않다는 결론에 도달하게 된다. 자본가와 노동자 간의 계급대립은 자본주의사회의 본질적 속성임이 분명하지만 아직도 사람들의 의식구조가 전근대사회의 그것을 탈피하지 못하고 있을 뿐만 아니라 종속성과 주변부성을 아직도 극복하지 못하고 있는 전근대성에 발목잡혀 있는 종속적 주변부 국가독점자본주의 체제 아래서 이것과는 상당히 이질적인 서구사회에서나 볼 수 있는 발전된 국가독점자본주의사회를 전제로 한 노자간의 대립 문제에 노조가 지나치게 매달리게 되면 자칫 노조이기주의 또는 좌익모험주의라는 비판에 직면할 위험성이 있다. 그렇기 때문에 노자간의 대립을 직장현장의 문제로 왜소화시켜 보아서는 안되고 언제나 민족공동체의 이익, 한국 민주주의의 발전, 한국사회의 현대화라고 하는 대국적 공익적 관점에서 다른 계급 계층과의 상호 관계를 존중하면서 그 테두리 안에서 현장노동자의 이익을 극대화하기 위한 운동방식을 택하지 않으면 노조 그 자체의 발전도 기할 수 없게 되는 이유가 여기에 내재되어 있다고 생각된다.

노자간의 대립도 좀더 크게 본다면 사회 전체의 각종 모순 가운데 하나일 뿐이다. 이밖에 우리에게는 민족모순으로서 대외적 종속의 문제와 남북분단 극복이라는 매우 큰 민족사적 문제가 시급한 해결 과제이다. 어떤 의미에서는 이 문제가 노동자들의 생활안정과 복지향상 문제와 관련하여 더 큰 비중을 차지한다고 볼 수도 있다. 남북의 긴장완화와 평화정착으로 군비가 대폭 삭감되고 한국경제에 새로운 장이 열린다면 노동자들에게도 새로운 고용확대와 생활상의 각종 요구들을 관철시킬 가능성을 열어주게 될 것이기 때문이다. 정치면에 있어서도 민주적 정치제도의 확립을 결정적으로 가로막고 있는 국가보안법 체제가 극복되지 않음으로써 이에 기생하여 기득권을 유지해온 수구 보수지배체제가 기승을 부려왔으며 노동자들의 이익을 대변해줄 정치세력들의 원내진출이 가로막히고 있는 현실 속에서 이런 권위주의적 정치제도의 개혁은 노동자의 생활상의 요구 못지않게 중요하다고 할 수 있다. 또한 경제성장의 혜택의 공평한 분배를 가로막고 경제의 대외적 예속화에 대해 책임을 면할 수 없는 족벌 재벌 지배체제를 개혁하여 중소기업과 서민계층 그리고 노동자와 농민 등 기층 민중에게도 복된 생활을 보장할 수 있게 하는 선진화된 경제체제의 확립은 노동자 자신의 문제임과 동시에 사회 각계 각층의 공통의 요구이기도 하다. 그렇기 때문에 권위주의 체제의 희생자들 사이에서 광범한 연대가 가능하고 또 그런 연대하에서만 이들 모든 계급 계층의 소망이 비로소 햇빛을 볼 수 있게 되는 것이다. 부패의 척결과 정의로운 사회건설에 대한 요구도 역시 노동자만의 문제가 아닌 만큼 사회 각계 각층이 연대해야만 비로소 풀릴 수 있는 문제이다.

이와 같이 본다면 우리가 당면하고 있는 자주, 평화, 민족 대단결, 진정한 민주주의 정착, 부패척결, 재벌개혁, 사회의 현대화, 일하는 사람들의 생활권 보호와 권리 확보 등 이 모든 요구들은 결국 동시적으로 해결될 성질의 것으로서, 어느 것이 먼저고 어느 것이 나중이냐를 따질 성질의 것이 아니다. 이 모든 요구들은 그 성격상 묶어서 더불어 같이 갈 수밖에 없게 되어 있다. 그런 점에서 본다면 민족운동, 민주화운동, 민중생존권 수호운동 등 한국사회의 변혁을 위한 모든 운동들은 동전의 앞과 뒤와도 같이 하나로 되어야 할 필연적인 관계 아래 놓여 있다고 보는 것이 옳다. 그것은 현 단계 한국사회를 사회과학적으로 분석하여 얻어진 결론인 만큼 과학적 정당성을 주장할 수 있는 견해라고 할 수 있는 것이다.

그렇기 때문에 모든 문제를 노자간의 문제로 왜소화시켜 보려고 하는 견해는 '조합주의적' 오류로 배격받아 마땅하다. 다른 계급 계층과의 연대를 원천적으로 배제하는 듯한 언동은 노동자들의 사회적 고립화를 자초하는 자살 행위라고 해도 지나친 말이 아니다. 노조의 간부 가운데 어떤 이는 "지하철 파업을 '시민의 발' 운운하며 반대하는 시민운동은 시민운동이 아니다"라고 극언한 바 있다. 즉 반동으로서 배격되어야 한다는 뜻일 게다. 그러나 시민운동은 시민운동으로서 독자적 영역이 있음을 인정하고 이들과의 연대를 모색하지 않으면 안될 것이다. 그렇지 않으면 노조의 요구 그 자체도 결코 관철되지 못한다. 시민운동인 이상 시민의 발을 우선적으로 걱정하는 것은 오히려 당연하다. 그것은 그들이 반동이기 때문에 그런 것이 아니라 시민의 이익을 우선시하지 않을 수 없기 때문에 그런 것임을 이해해주어야 한다. 노조로서는 시민운동의 그런 속성을 이해해준 연후에 그들과의 연대를 모색해야 한다. 각자의 독자성을 전제하지 않는 연대란 있을 수 없다. 독자성이 있기 때문에 연대가 필요한 것이다. 독자성이 없고 아예 하나로 된다면 애당초 연대라는 말을 입에 담을 필요조차 없다.

세계의 역사에 비추어보더라도 어떤 사회개혁운동이든 간에 계급 계층간 연대 없이 성공을 거둔 예는 하나도 없다. 그렇기 때문에 상대방의 독자성을 인정하지 않고 다른 사회계층의 주장에 귀를 봉하고 자기의 주장에 무조건 동조하지 않는다고 원색적으로 비난하는 행위는 다른 계급 계층과의 연대를 원천적으로 배제하는 행위로서 개혁 그 자체를 가로막는 행위이며 그런 의미에서 일종의 적전 분열행위(그런 뜻에서 이적행위)라고 해도 과언이 아니다. 연대 없이 개혁이 성공한 예는 없기 때문이다. 일부 운동가들이 주장해 마지않는 노동해방도 역시 그렇다. 다른 계급 계층과의 연대를 전제로 해야 노동해방이라는 이상도 실현될 수 있음을 분명히 인식하지 않으면 안된다.

21세기에 접어든 오늘날 지극히 후진된 정치, 경제, 사회구조를 벗어나지 못하고 있는 한국사회를 개혁하는 과제는 노동자의 힘만으로 될 문제가 아니다. 사회의 각계 각층이 힘을 결집시켜도 될까말까 한 엄청난 과제이다. 이런 때일수록 각계 각층의 연대가 중요하다. 연대 없이는 아무것도 얻어내지 못한다. 이 연대에 있어 가장 믿을 수 있는 계급, 그런 의미에서 주력 부대라고 할 수 있는 계급은 역시 노동자다. 이들이야말로 기득권에서 배제되어 있는 가장 대표적인 계급이기 때문이다. 옛날 자본주의의 발생 초기에는 사회개혁의 주도세력이 산업자본가와 농민 등 유산자계급일 수도 있었다. 이들이 노동자와 일반서민들을 충동질하고 자기 편에 끌어들여 당시의 기득권 세력인 봉건지주계급의 지배체제를 무너뜨리고 자본의 이익을 옹호하는 새로운 제도로서 자본주의 제도를 확립하는 데 성공했다. 그러나 이제는 시대가 바뀌어 21세기에 접어든 오늘날 우리나라와 같이 전근대성에 발목이 잡혀 있는 종속적 주변부 독점자본주의 체제 아래서는 자본가계급을 비롯한 유산자계급은 사회개혁을 주도할 입장에 있지도 않고 그럴 생각조차 없다. 오히려 이들은 기득권을 지키는 데 혈안이 되어 있다. 그렇기에 오늘날 모든 사회개혁에 있어 그 주력 부대의 역할은 이들과 일상적으로 대결하고 있는 노동자계급이 떠맡을 수밖에 없다. 그러나 노동자계급 단독의 힘으로는 어느 나라에서건 사회개혁에 성공한 예가 없다. 이들이 사회개혁에 성공하려면 반드시 다른 계급 계층과 연대하지 않으면 안된다. 그리고 여러 계층 가운데 노동자와 가장 가까운 거리에 있는 사회계층은 역시 농민이다. 이들은 다소간의 자산을 갖고 있다는 점에서 유산자의식에 젖어 있는 경우가 많지만 노동에 생활의 근거를 갖고 있는 한에 있어서는 노동자와 유사한 사회적 성격을 갖고 있기에 노동자와 가장 가까운 거리에 있고 서로 연대할 가능성이 가장 크다. 지식인들이나 도시의 서민들도 역시 그것과 비슷한 맥락에서 노동자와 가까운 거리에 있다. 또한 중소 상공인들은 종속적 사대주의적 거대재벌 지배와 국가권력과의 유착을 바탕으로 한 국가독점자본주의 체제에 포섭되어 있으면서도 한편으로 그들의 지배 때문에 피해를 당하고 있는 입장에 놓여 있다. 그런 한에 있어서는 개혁에 동참할 가능성이 있는 계급이다. 그러나 이들 모든 계급과 계층 가운데 역시 주력 부대의 역할은 오늘날 노동자계급의 몫이 아닐 수 없다. 그러나 거듭 말하거니와 이들만의 힘으로는 역부족이다. 반드시 다른 계급과 계층과의 광범한 연대 없이는 결코 개혁에 성공하지 못한다. 비록 미완의 장으로 끝나기는 했지만 그러한 예를 우리는 1987년의 6월 항쟁에서 찾아볼 수 있다.

4. 시민운동과 민족운동 그리고 민중운동

한국의 사회개혁운동에서 두드러진 현상은 시민운동이 1990년대에 크게 대두되기 시작했다는 점이다.

이들 시민운동은 중간층의 생활상의 문제와 밀접하게 관계되는 부분적이고도 구체적인 문제들을 치켜들고 기득권 세력들로부터 피해 받아온 시민들의 불만을 발굴하여 이를 사회개혁운동의 활력소로 엮어내려는 운동임은 주지의 사실이다. 그 영역은 여성문제, 환경문제, 일상적 작은 권리 찾기 문제, 인권문제, 경제정의 확립 문제 등 다양한 영역에 걸쳐 있다. 그들 가운데는 친정부적·여당 지원적인 관변단체로부터 친노동조합적이거나 정부 비판적인 단체에 걸쳐 각양각색의 단체가 있고 그 중간에 중립적이고 시시비비적인 단체가 널려 있다. 그러나 시민운동의 사회적 기반과 역할은 공익성을 바탕으로 객관적 정당중립적 입장에서 정부와 기득권 세력을 감시 비판하고 필요에 따라 대안을 제시하는 운동이므로, 정부지원을 받고 있거나 정부 주도로 조직된 단체들은 엄밀한 의미에서 보면 시민운동단체라고 보기 어렵다.

정부에 대한 감시와 비판세력으로서의 시민운동은 4·13 총선을 계기로 한 낙천·낙선운동을 통하여 한국정치에서 무시할 수 없는 유력한 하나의 구성요소로 부상하였다. 이 운동이 지목했던 낙선운동 대상 국회의원 입후보자의 70% 가까이가 실제로 낙선했다. 또한 유권자들의 거의 80% 이상이 이 운동 초기에 지지를 표명한 것으로 보도되었다. 그러므로 이 총선시민연대를 비판적으로 분석 검토하면 시민운동, 민족운동, 민중운동 상호간의 바람직한 관계설정이라는 우리의 검토과제를 쉽게 풀어볼 수 있을 것으로 생각된다.

우선 이 운동의 소중한 성과는 무엇보다도 반민주적이고 부패 무능한 구정치권에게 일방적으로 끌려다니기만 했던 국민들에게 스스로의 힘의 소재를 일깨워주고 민중이 뭉치면 무엇인가 해낼 수 있다는 한가닥 희망의 등불을 싹트게 했다는 것이다. 이 운동의 결과 6·29 이후 좌절의 연속에서 허탈감에 빠져 헤어나지 못했던 민주·민족·민중운동세력이 되살아날 가능성이 엿보이게 되었다. 6·29 이후 내부의 반목과 갈등으로 사분오열되었던 운동권이 광범한 연대조직을 형성하면 세상의 물줄기를 바꾸어놓을 수 있다는 사실, 즉 민중의 힘의 소재가 입증된 것이다. 이것이 가장 소중한 성과였다.

그러나 4·13 총선의 결과는 한국사회의 현 단계적 성격과 시민운동의 현 주소와 한계를 극명하게 보여주었다.

첫째로 이번에도 국회의원선거가 지역 나눠먹기식 패거리선거로 귀착되었다. 선거 3일을 앞두고 발표된 남·북정상회담 소식도 수도권 지역에서 약간의 영향을 미쳤을 뿐 그다지 큰 변수가 되지 못했다. 오히려 그것이 야당성향의 경상도민들에게 위기감을 불러일으켜 한나라당이 이 지역을 싹쓸이하는 결과를 가져왔다는 분석도 있다. 정당간의 정책대결도 지역패거리주의에 가려 거의 맥을 추지 못했다. 한국사회의 최대의 걸림돌이 전근대적 패거리주의적 지역감정임을 분명히 드러냈고, 시민운동은 끝내 이 두꺼운 벽을 깨지 못했다. 이러한 전근대성을 우선 깨부수지 않고서는 우리나라가 한발짝도 앞으로 나갈 수 없다는 것을 이번 4·13 총선은 확연하게 보여주었다.

둘째로 지역패거리주의의 높은 장벽으로 말미암아 다음과 같은 한국사회 발전의 걸림돌들이 제대로 총선의 쟁점으로 떠오르지 못하고 묻혀버리고 말았다. 주지하는 바와 같이 한국사회의 현 단계의 걸림돌들을 중요도의 순서대로 열거하면 다음과 같다. 민족 분단으로 인한 남북간의 군사대결, 이로 인한 자주적 민족통일국가 수립의 지체, 냉전논리와 보안법체제의 상존, 여기에 기생해온 반민주 독재가담 수구세력들에 의한 구태의연한 지배의 온존, 이들을 이용한 전근대적 사대주의적 혈족재벌들의 국민경제 농단, 재벌과 결탁한 총체적 부패의 만연, 이로 인한 민족자본과 서민경제의 위축 등이다. 이러한 문제들의 근원은 우리 사회가 3·1,

4·19, 5·18, 6·29로 이어져온 민족민주운동의 정신을 제대로 계승하지 못하고 계속 수구세력들에게 농락당해왔기 때문임은 두말할 나위가 없다. 위에 열거한 문제들은 전민족의 사활이 걸린 중대 문제이므로 마땅히 4·13 총선의 최대의 쟁점으로 부각되었어야 했지만, 구태의연한 사색당쟁적 1인 지배 정당들간의 말초신경 자극적인 전근대적 지역패거리주의에 가려 행방불명되고 말았다.

셋째로 총선시민연대를 비롯한 시민운동세력들의 영향력이 크게 증가하여 많은 선거구에서 낙선운동 대상자들이 실제로 낙선하거나 고전하였다. 그러나 낙선운동 대상자들의 상당수가 지역패거리주의에 기대어 당선됨으로써, 시민운동의 현 단계의 역량이 아직도 미진하다는 사실이 분명하게 드러났다. 총선시민연대가 그 동안 갈기갈기 찢어져 연대를 이루지 못해왔던 시민운동세력들을 하나로 묶어 세우고 광범한 국민의 호응 속에서 그런대로 커다란 성과를 낳게 된 것은 이를 주도한 세력들의 높은 도덕성과 오랜 세월에 걸친 꾸준한 투쟁의 성과임에는 틀림이 없다. 그러나 한편 생각하면 그것은 기성 정치권의 극심한 부패에서 얻은 반사적 이익이라는 면도 없지 않다. 낙천·낙선운동은 일부 군사쿠데타 동조세력들을 낙선시키는 데 성공을 거두었고, 역사적으로 커다란 성과를 얻어냈다. 그러나 오래도록 지속된 군사독재 문화의 유산이 바로 수구적 부패 국회의원을 양산해온 근원임을 제대로 부각시키지 못함으로써 이들 반민주세력들의 척결을 낙선운동의 가장 주요한 목적으로 내세우지 못하는 한계를 나타냈다. 끝내 지역패거리주의의 높은 벽을 깨지 못했던 근본원인이 여기에 있다.

넷째, 총선연대는 종교계와 광범한 지역 시민운동세력과의 연대를 이룩하는 데 성공했으나, 민주노총, 한국노총 등 노동계의 요구를 제대로 수용하지 못해 이들과의 연대를 이루지 못했다. 또한 민족운동단체와 통일운동단체와의 연대를 이루지 못한 것도 한계점으로 지적될 수 있다. 갑작스럽게 조직된 총선연대에게 이런 주문을 하는 것은 확실히 지나친 일일 수도 있으나, 장래의 교훈으로서 반드시 짚고 넘어가야 할 대목이었다.

다섯째, 총선연대는 수구적 언론에 기대어 자신의 주장을 대중에게 알려야 하는 한계에서 끝내 벗어나지 못했다. 그리하여 자신의 주장에 찬동하는 대중들을 지지세력으로 조직화해내지 못했고, 그런 노력조차 하지 않았으며, 여전히 일부 명망가중심의 운동이라는 한계를 극복하지 못했다. 그럼으로써 광범한 지지세력을 운동의 주체로 묶어 세우는 일에 한계를 드러냈다.

여섯째, 총선연대는 시종일관 낙천·낙선운동이라는 부정 위주의 운동으로 나감으로써 국민의 정치정화에 대한 열망에 불을 당기는 데 성공했지만 이들의 열망을 담아 보다 높은 차원의 정치개혁으로 승화시키는 일에는 성공을 거두지 못했다. 또 예컨대, 서울 종로 선거구에서 민주당의 후보를 낙선시키는 데는 성공했으나 그 반사이익으로 당선된 한나라당 후보가 민주당 후보보다 더 나은 사람임을 장담할 수 없다는 식의 문제점을 드러냈다. 꼭 포함시켜야 할 사람들이 명단에서 빠지고 들어가지 않아도 될 만한 사람들이 포함된 경우도 일부나마 없지 않았다는 비판을 지울 수 없었다. 김종필 자민련 총재만 낙선 대상에 포함시키고 이회창 한나라당 총재나 이인제 민주당 선대위원장을 제외시킨 점에 대해서도 많은 비판이 쏟아졌다.

일곱째로, 총선연대는 국민의 열화 같은 지지 속에 정치개혁에 대한 소망을 담아냈으므로 총선이 끝난 후에도 그 여세를 몰아 그러한 국민의 소망을 계속 실현시키는 데 앞장서야 했음에도 불구하고 총선이 끝나자마자 자진해산함으로써 국민의 소망을 저버렸다는 비판을 불러일으켰다. 거품을 걷어내기 위해 불가피했던 것으로 알려져 있지만 귀담아들어야 할 점이 아닐 수 없다.

그러나 총선을 불과 3개월 앞두고 갑자기 조직된 총선연대에게 너무 많은 것을 요구하는 것 자체가 무리라는 변호론에도 일리가 있다. 첫 술에 배부를 수는 없을 것이기 때문이다. 오히려 이상과 같은 문제점과 한계의 인식을 교훈삼아 앞으로 보다 큰 도약을 위한 방안을 심도 있게 검토하는 것이 순리일 것이다.

첫째, 그 동안 힘들게 쌓아올린 부분 운동의 성과물들을 바탕으로 민주적 개혁의 성취, 남북간의 평화와 민족화합의 정착을 통한 냉전논리의 청산, 부패척결과 경제민주화를 통한 정의사회구현 등 보다 큰 문제를 내걸고 국민과 더불어 고민하면서 방향을 제시해 나가야만 한다. 이 목적하에, 이제부터라도 늦지 않으니 총선시민연대를 항구적인 전국적 연대조직으로 승화 발전시키고, 정의사회구현을 지향하는 민족·민주·민중 운동세력들의 결집체로 육성 강화하는 방안을 모색해야 한다.

둘째, 냉전논리는 이 땅의 발전을 가로막는 모든 문제의 근원이다. 민족의 동질성을 일깨우고 남북이 서로 화합하고 협력하도록 분위기를 조성하고 필요하다면 정치권에 압력을 가하기 위한 국민운동을 전개해야만 다가오는 남북정상회담을 민족이익에 부합하는 방향으로 이끌어갈 수 있다. 남북간의 자유왕래와 교류협력을 가로막아 온 모든 법적 제도적 장애물들을 걷어내기 위한 운동도 강력하게 전개해 나갈 시점이다.

셋째, 한·미 행정협정의 합리적 개정을 위해 고군분투하고 있는 서울 용산 구청장의 투쟁에 가담하고 있는 전국 지자체장들의 연대조직에 동참하고 미군기지 주변에서 각종 피해에 시달리면서도 제대로 보상조차 받지 못하고 있는 주민들의 투쟁에 동참하여 한·미행정협정상의 독소조항의 합리적 개정을 촉구하는 운동을 전개해야 한다.

넷째, 일본의 지도층 인사들의 역사의식을 바로잡기 위해 '모리' 일본 총리와 '이시하라' 동경 도지사 등의 망언 취소와 그들의 즉각적 퇴진을 요구하는 운동을 전개해야 한다. 아울러 독도 영유권 문제와 한·일어업 협정의 합리적 해결을 촉구하는 국민운동을 강력히 전개해야 한다.

다섯째, YS와 DJ의 집권욕의 제물이 되어 분간하기 어려울 정도로 흐트러져 퇴색되어 있는 민주주의와 민족주의의 깃발을 보다 선명하게 일으켜세우고, 부패세력과 반민주세력과 반민족세력이 더 이상 정치판을 오염시키지 못하도록 정치정화운동을 더욱 강하게 밀어붙여야 한다. 그 것만이 망국적인 지역패거리주의에서 우리 민족을 구해낼 수 있는 유일한 길이다.

여섯째, 3·1, 4·19, 5·18, 6·29로 줄기차게 이어져 내려온 정의사회 구현과 진정한 자주적 민족주의를 위한 투쟁의 역사적 전통을 이어받아 이를 꽃피우기 위해, 역사 바로세우기 운동을 강력히 전개해야 한다. 그 상징적 사업의 하나로서, 박정희 기념관 국고지원 반대운동과 박정희 바로보기운동을 전국민적 규모로 전개해야 한다. 이 운동과 병행하여 민주화운동 자료관 건립사업도 전국민적 운동으로 승화·발전시켜 나가야 한다.

이상과 같은 과제를 해결하기 위해서는 위에서 말한 바와 같이 노동자, 농민, 청년, 학생, 도시서민, 지식인, 종교인, 민족자본가 등 광범한 국민 대중이 다같이 찬동할 수 있는 강령을 내걸고 이들을 하나로 묶어내는 큰 테두리의 가칭 '정의사회민족민주연합'(이하 '정사련'으로 약칭)과 같은 연대조직을 형성하지 않고서는 평화정착과 자주적 민족국가의 수립, 진정한 정치·경제·사회적 민주화의 실현 등 우리 모두의 소망을 실현시킬 수 없을 것이다. 지역패거리주의와 부패한 수구세력의 지배에서 벗어나지 못하고 있는 정치권은 이미 그와 같은 국민의 소망을 담아낼 수 없음이 분명하게 드러났다. 줄곧 기득권 세력의 앞장을 서왔던 이한동 총리서리의 국회 동의요청이 이를 상징적으로 보여주고 있다.

우리의 급선무는 정치지체와 사회지체로 신음하고 있는 우리나라를 하루 속히 21세기에 알맞은 현대적인 자주적 민주적 복지국가로 개혁하는 일이다. 여기에는 좌와 우와 중도가 따로 있을 수 없다. 바로 이 점에 좌와 우와 중도의 모든 세력을 하나로 묶는 큰 테두리의 '정의사회민족민주연합'(정사련)을 결성하고 자주·민주·통일의 실현을 위한 범국민운동을 전개해야 할 역사적 필연성을 확인할 수 있다.

위에서 제안한 범국민운동은 이제까지 시민운동단체들이 전개해온 부분운동의 영역을 넘어선 운동영역들이므로, 현재의 총선시민연대를 발전적으로 계승한 '정사련'과 같은 새로운 연합체의 결성이 필요하다고 본 것이다.

5. 새로운 시민운동 연합체의 입지문제

아무리 좋은 취지하에 출발한 단체라고 하더라도 그것이 운동권 안에서 참신성을 인정받지 못한다면 또 하나의 비슷한 운동체로 낙인찍혀 새로운 입지를 차지하지 못하게 될 위험성이 있다. 그러므로 현재의 운동권의 상황 아래서 '정사련' 같은 새로운 국민운동조직이 과연 어떠한 새로운 입지를 확립하고 차지할 수 있을 것인가 하는 점이 문제가 된다.

우선 4·13 총선시민연대에 결집된 힘을 바탕으로 이를 총선 이후의 상황에 맞게 발전시킨 운동체로서 '연합'을 모색하는 것이 가장 현실적 방안일 것이다. 그런데 4·13 총선시민연대는 운동권 안에서 중도적 입장에 있다고 볼 수 있으므로 그 우와 좌를 순차적으로 고찰하는 가운데 '정사련'이 현재의 운동권 안에서 차지할 수 있는 공간이 어떤 것일 수 있는가를 살펴보기로 한다.

우측부터 먼저 살펴보면 자유총연맹을 비롯 새마을운동 등 관변단체들이 있고 그밖에 광복회, 삼일운동기념사업회, 김구 선생 기념사업회, 조소항의 사상을 추종하는 삼균학회, 여운형 선생 추종 모임, 조봉암 선생 추종 모임 등등 많은 단체들이 널려 있다. 관변단체들은 엄밀한 의미에서 운동권이라고 할 수 없으므로 이들을 제외해놓고 보면 우선 광복회, 삼일운동 기념사업회, 삼균학회 등이 과연 '정사련'에 동참할 수 있을까 하는 점이 문제로 될 수 있다. 이 가운데 광복회는 요즈음 관변단체로서의 성격을 농후하게 띠고 있는 것 같지만 그 구성원 개개인을 놓고 보면 양심적 민족운동가들이 많이 포함되어 있으므로 이들 인사들은 개별적 차원에서 '정사련'과 같은 국민운동단체에 동참할 수 있을 것으로 보인다. 또한 삼일운동기념사업회나 여러 독립운동가의 기념사업회와 여기에 참여하고 있는 개별적 인사들도 동참할 가능성이 있다. 이들 단체들의 제한성은 시민운동으로서의 적극성과 활동성을 결여하고 있다는 한계성을 스스로 통감하고 있고 '정사련'과 같은 광범한 대중적 기반을 가진 시민운동단체가 조직된다면 이에 동참함으로써 어느 정도 자신들의 제한성을 희석시킬 수 있으리라는 기대 때문에 '정사련'에 동참할 것으로 보인다. 한편 이들의 동참이 이루어진다면 '정사련'의 포괄 범위는 획기적으로 넓어질 것이기 때문에 '정사련'으로서도 상부상조의 대상이 될 수 있고 환영할 수 있을 것으로 보인다.

한편 중도적 입장에 있다고 할 수 있는 '민화협'은 어떤 의미에서는 '정사련'과 목적도 비슷하고 하고자 하는 일의 내용도 비슷한 면이 있으나 이 단체는 1998년 남·북이 공동으로 참여하는 8·15 경축축전 개최문제를 계기로 정부 주도하에 만들어졌다는 태생적 한계에서 벗어나지 못하고 있기 때문에 중립성을 인정받기 어렵다는 한계가 있다. 또한 제 2건국 운동이나 민주개혁 국민연합 등이 있지만 이들은 중립을 표방하면서도 그 지도부가 친정부적이거나 친여당적임을 드러냈다는 비판에서 자유롭지 못하다는 한계가 있다. 또한 '정치개혁시민연합'이나 '시민운동협의회'가 있지만 비교적 친정부적 여당지향적이라는 평에서 자유롭지 못하다. 결국 중립적으로 시시비비를 관철시키려고 하는 '정사련'과 같은 유력한 주체를 대신할 만한 단체를 '정사련'의 우측에서는 찾아보기 어려운 실정에 놓여 있다.

한편 '정사련'의 좌측을 살펴보면 여기에는 우선 '민족회의'가 있다. 이 단체는 평화적 민족 통일에 대한 열망을 조직화해낸 공적이 크고 이를 높이 평가할 수 있지만 운동의 목적이 통일문제에 국한되어 있기 때문에 그밖의 정치개혁이나 정의사회구현 등 구체적이고 개별적인 문제에 대처하는 데는 제한성을 가질 수밖에 없다. 또 '전국연합'이 있지만 역시 '민족회의'와 비슷한 제한성을 가지고 있다.

이밖에 노조나 농민 조직과 연대한 조직들이 있으나 특정 계급과 계층의 이익 옹호를 우선하지 않을 수 없다는 제한성이 있다. 이렇게 본다면 '정사련'의 좌측에 '정사련'을 대신할 만한 운동체는 존재하지 않는다고 볼 수밖에 없다.

위와 같이 살펴보면 '정사련'과 같은 정당 중립적이고 시시비적인 국민운동단체가 현재로서는 존재하지 않는다고 할 수밖에 없다. 여기에 '정사련'의 입지를 설정할 수 있으며 그 독자성을 인정받을 가능성이 있는 것이다. 그렇기 때문에 '정사련'이 4·13 '총선시민연대'에 결집된 조직 역량을 적절히 이어받는다면 크게 성공할 가능성이 충분하다고 생각된다.

이와 같은 시도는 우리나라의 국민운동사에 크게 부상되었던 일제 치하의 '신간회'와 비슷한 성격의 것임을 첨언해둔다.

6. 시민운동과 정당운동과의 차별성 문제

위에서 제안된 '정사련'과 같은 국민운동단체는 공익성, 도덕성, 정당 중립성, 시시비비성을 생명으로 하는 단체이지 않으면 광범한 국민 대중의 지지를 받을 수 없고 국민 속에 뿌리내릴 수 없다. 4·13 총선시민연대의 교훈을 이어받아 거기에 근거를 둔 조직이라면 그럴 수밖에 없다. 그렇기 때문에 일정한 이념을 중심으로 조직되는 정당 혹은 노조와 같은 이익단체와는 성격을 확연히 달리해야 한다. '정사련'은 앞서 말한 바와 같이 공익성, 정당 중립성, 시시비비성을 생명으로 하는 단체이기 때문에 만일에 이에 어긋나는 행동을 할 때에는 여지없이 국민으로부터 지탄받고 외면당할 처지에 놓일 수밖에 없다.

그럼에도 불구하고 민주노동당에 참여하고 있는 인사들 일각에서 총선연대가 4·13 총선거에서 민주노동당을 지원해주지 않았다고 해서 총선연대를 비판하는 사례가 간혹 있었다고 한다. 이것이 사실이라면 올바른 생각이라고 하기 어렵다. 총선 기간에 총선연대가 민주노동당에 가깝고 이를 지지한다는 낌새라도 풍겼다면 아마도 그 순간부터 총선연대는 대중의 지지를 잃고 침몰했을 것이다. 총선연대는 발족 초기부터 자민련 등 기득권 세력들로부터 줄기차게 정부여당과의 밀착설, 2중대설, 음모설, 홍위병설 등 온갖 음해에 시달렸다. 이런 판국에 만일 총선연대가 민주노동당에 가깝다는 낌새라도 풍겼다면 그 순간부터 홍위병설에 그럴 듯한 근거를 제공하게 되었을 것이고 보수언론들은 그것 보라는 듯 총공세를 퍼부어 국민대중과 총선연대를 갈라놓는 데 혈안이 되었을 것이다. 그런 점에서 총선연대가 끝까지 정당적 중립을 고수한 것은 백번 잘한 일이라고 보아야 한다.

국민의 거의 80~90%가 총선연대에 지지를 보내고 있고 6월 항쟁 이후 처음 보는 유리한 개혁지향적 상황 아래서 개혁을 갈망하는 광범한 국민대중의 소원을 선거판에서 표로 결집시킬 수 있느냐 없느냐는 전적으로 당사자들인 정당쪽의 몫이라고 보아야 한다. 표를 얻어내는 것이 바로 정당의 목적이기 때문이다. 개혁을 갈망하는 열기가 뜨거웠던 그 유리한 정치적 국면에서 개혁을 생명과 같이 금과옥조로 내걸었던 민주노동당이나 청년진보당이 그 개혁 열기를 표로 연결시키지 못했다면 그것은 전적으로 이들 정당들의 책임이라고 할 수밖에 없다. 그것은 전적으로 이들 정당의 정강정책이나 전략이나 조직이 잘못되어 있기 때문일 것이므로 다른 누구를 탓할 성질의 것이 못된다.

지금 민주노동당이 4·13 총선에서 국회진출에 실패한 것을 놓고 대체로 두 갈래의 견해가 맞서 있는 것으로 알려져 있다. 하나는 그래도 선전하여 기반을 닦았으므로 다음 지방의원과 국회의원 보궐선거에서는 상당히 큰 성과를 올릴 수 있을 것이라는 낙관론이다. 이에 대해 이대로 간다면 별 가망이 없다는 비관론도 있다. 민주노동당의 국외자로서 이 두 견해를 놓고 왈가왈부할 입장에 있지 않으나 민주노동당과 같은 진보정당의 발전이 이 땅의 정치발전에 획기적으로 기여할 것이라고 믿어왔던

한 사람으로서 굳이 의견을 말한다면, 필자는 가까운 시일 안에 민주노동당이 근본적으로 모습을 달리하여 국민의 광범한 개혁 열기를 담아낼 수 있도록 대폭적인 체제정비를 하지 않는다면 다가오는 보궐선거에서도 큰 성과를 기대하기 어려우리라는 것이 솔직한 전망이다. 기회는 남아 있으나 민주노동당이 위와 같은 두 가지 견해 가운데 낙관론에 매달려 당내 개혁을 소홀히 하는 한 별 가망이 없어보인다는 말이다. 사실 지난 4·13 총선은 그렇게도 뜨거웠던 개혁에 대한 국민적 여망을 표로 집약시킬 수 있는 절호의 기회였다. 과거 권위주의 시기에 '이민우' 돌풍으로 알려져 있는 '신민당'의 대승, 1990년대 초 소비세 인상에 불만을 품은 무당파층을 표로 집결시켜 예상을 뒤집고 초유의 '무당파 혁명'을 이끌어냈던 일본의 예에 비추어보더라도, 4·13 총선에서 그렇게도 뜨거웠던 절대 다수의 무당파층에게 대안세력으로서의 위상을 제시함에 실패하여 대다수 국민을 기권으로 내몬 가운데 단 1석도 건지지 못하는 참패를 가져와, 뜻있는 국민들에게 이루 말할 수 없는 허탈감을 안겨준 민주노동당은 책임을 통감하여 뼈를 깎는 자기 반성과 당내 개혁으로 국민에게 새롭게 다가서려고 하는 현명한 용단이 있어야 할 것이다.

7. 결론

총선시민연대가 4·13 총선에서 그토록 위력을 발휘했던 근본 이유는 오랜 세월에 걸쳐 대중이 일상생활에서 직면해온 여러 가지 생활상 요구들을 발굴하여 조직화해냄으로써 대중과 밀착한 운동 역량을 동원하여 총선국면에서 이들을 커다란 정치세력으로 승화시켰기 때문일 것이다. 여기서 우리는 대중의 통상적인 정서와 일상생활상의 요구에서 유리된 사회운동은 그것이 아무리 시급하고 중요한 운동이라고 해도 대중 속에 뿌리박기 어렵다는 교훈을 얻을 수 있다. 필자가 총선연대로 집결된 국민의 열망을 이어받아 그것을 발전시킨 운동체로서 가칭 '정의사회민족민주연합'(약칭 '정사련')과 같은 보다 종합적인 개혁운동체를 결성할 필요성을 역설하는 이유도 대중성을 기초로 해야 운동이 성공할 수 있다고 보기 때문이다.

물론 총선연대 이외에도 상당한 정도의 대중성을 확보하고 있는 단체들도 있다. 그러나 1990년대를 통해 총선연대처럼 광범한 대중을 조직화한 경우를 찾아보기 어렵다. 필자가 총선연대에 각별히 주목하는 이유가 여기에 있다.

거듭 말하거니와 현 단계 한국사회의 성격은 앞서 분석한 바와 같이 '전근대성에 발목이 잡혀 있는 종속적 주변부 국가독점자본주의사회"이다. 이 사회 아래서는 온갖 전근대적, 종속적, 주변부적 성격들이 국가를 배경으로 한 독점자본주의적 억압성과 부패성, 퇴폐성들과 뒤엉키는 가운데 기득권 세력들을 온존시키고 보호하고 있다. 그렇기 때문에 어떤 특정 분야에 치우쳐서 문제를 해결하려고 하면 해결의 실마리를 찾아내지 못한다. 전근대성, 종속성, 주변부성, 국가독점자본주의적 억압성과 부패성 등에 기생하면서 기득권을 누리고 있는 계층들의 힘이 너무나 종합적이고 막강하기 때문에 어떤 특정 분야에 매달려 문제를 해결하려고 해도 좀처럼 해결되지 못한다. 예컨대 노동자들의 일상의 생활권이 걸려 있는 노동현장의 문제 해결도 결국 한반도의 평화 정착과 자주적, 중립적, 민족국가 수립에 의해 불필요한 군사비지출 경쟁에서 벗어났을 때 비로소 획기적 개선을 기대할 수 있다. 또한 뒤집어 생각하면, 한반도의 평화정착, 자주적·중립적·민족국가 수립, 민주주의 제도의 확립, 정치적·경제적 개혁과 현대화라고 하는 우리의 오랜 숙원도 대중의 생활상의 요구와 밀접하게 연계되어 있으므로, 이 요구들을 종합적으로 조직화한 광범한 전국민적 연대조직 없이는 결코 해결의 실마리를 찾을 수 없다. 여기에서 우리는 앞서 필자가 제기한 '정사련'의 사회과학적 필연성과 정당성을 파악할 수 있다고 본다.

현재 한국의 운동권 안에 '정사련'과 유사한 목적을 가진 운동단체들이 없는 것은 아니다. 그러나 많은 경우 관변단체 아니면 정부여당과의 연계성을 의심받고 있을 뿐 아니라 일상생활상의 요구와 밀착되지 않고 있기 때문에 대중성을 확보하지 못하고 있는 것들이 많다. 이와 같은 공지가 있기 때문에 '정사련'이 현 운동권 안에서 독자적인 입지를 확보할 가능성을 발견할 수 있다.

4·13 총선시민연대의 경험에서 얻어진 교훈을 이어받은 발전적 계승체로 되어야 할 '정사련'은 도덕성, 공공성, 정당 중립성, 시시비비성에 입각해야 하므로, 노조와 같은 이익단체나 그밖의 정당활동과는 분명한 차별성을 가져야 한다. 그래야만 좌, 우, 중도를 망라한 광범한 대중을 '정사련'의 깃발 아래 결집시킬 수 있게 된다. 그러한 굳건한 토양 없이는 민주노동당과 같은 진보정당이나 노동조합 등 기층 민중세력도 제대로 꽃을 피울 수 없는 상황에 놓여 있다. 특히 민중진영은 이 점을 깊이 이해해야 한다.

오늘날 절대 다수의 국민은 어떤 형태이건 기득권층에 의한 핍박과 착취와 억압 속에 나날을 보내고 있다. 그리고 기득권층은 온갖 전근대적 잔재를 총동원하여 오늘의 종속적 주변부 국가독점자본주의 체제 아래서 구태의연한 남·북대결 구조에 입각한 냉전구조를 지키기 위해 혈안이 되어 있다. 이런 막강한 기득권층에 맞서 자주, 평화, 민족 대단결, 진정한 민주주의, 근로인민 대중의 생활권 옹호를 통한 복지 사회 건설 등 국민 대다수의 오랜 숙원을 쟁취하기 위해서는 이제까지 피해 받고 핍박 받아온 절대 다수 국민대중의 힘을 하나로 결집하는 광범한 '정사련'과 같은 연합체의 형성이 필수불가결하다. 기득권에 사로잡혀 당리당략에만 집착하고 있는 현 정치판은 다가오는 역사적인 남북정상회담을 우리 민족과 절대 다수 국민의 이익에 맞는 방향으로 이끌어갈 능력을 상실했음이 분명하다. 여기에 맞서 기득권층의 책략을 물리치려면 개별사안 중심으로 문제해결을 시도해서는 운동에 힘을 실어줄 수 없다. 역시 운동 역량을 결집시키기 위해서는 각 개별단체의 독자성을 존중하는 전제 아래 설사 극히 느슨한 형태라도 좋으니 운동권의 연합기구가 필수불가결하다고 믿는다. 여기에 바로 필자가 제안하는 '정의사회민족민주연합'의 역사적 필연성과 사명을 발견할 수 있다고 본다.

본문의 주

1. 국가 - 시민사회론: 한국정치의 새 대안인가?

1) 이처럼 시민사회 성장을 민주화의 원인으로 보는 경향은 자유주의적 시각에서부터 조절 이론(김호기, 「권위주의 정권의 해체와 민주주의로의 이행」, 산사연, 『한국사회의 변동』, 한울, 1994)에 이르는 시각까지 다양한 입장들이 자신들의 이론적 경향과는 별개로 공유하고 있는 이론적 가설이다.

2) 이는 '국가'라는 개념이 애매하지 않는 자명한 개념이라는 주장은 아니다. 국가라는 개념 역시 모호한 것이긴 하지만 시민사회라는 개념이 갖고 있는 모호성의 정도는 이보다 훨씬 더 크다. 참고적으로 국가에 대한 다양한 개념화에 대해서는 손호철, 「국가 자율성의 과학적 이해」, 『한국정치학의 새 구상』, 풀빛, 1990 참조.

3) 다양한 용법의 요약, 비교에 대해서는 유팔무, 「한국의 시민사회론과 시민사회 분석을 위한 개념틀의 모색」, 경남대 극동문제연구소 편, 『한국정치·사회의 새 흐름』, 나남, 1993 참조.

4) 임혁백, 「시민사회의 성장과 국가기구의 민주적 통제」, 한국사회학회·한국정치학회 편, 『한국의 국가와 시민사회』, 한울, 1992, 381쪽.

5) John Keane, *Democracy and Civil Society,* London: Verso, 1998; David Held, *Political Theory and Modern State,* Stanford: Stanford Univ. Press, 1989.

6) Antonio Gramsci, *Selections from Prison Notebook,* New York: Int'l Pub., 1971, p.12.

7) Andrew Arato, "Civil Society, History and Socialism," *Praxis International,* no.9(April/July 1989), pp.131~152.

8) 김세균, 「시민사회론의 이데올로기적 함의 비판」, ≪이론≫ 가을호, 1992.

9) 최장집, 『한국 민주주의의 이론』, 한길사, 1993, 379~386쪽. 최 교수는 초기의 국가-시민사회의 이분법에서 최근 들어 이 같은 삼분법으로 옮겨오고 있다.

10) 오해인지 모르지만 원래 그람시적인 시민사회론을 개진해왔으며 최근 최장집 교수의

정치사회론에 전적인 지지를 보내는 임영일 교수가 사실은 이 같은 입장에 가깝지 않은가 한다(임영일, 「한국의 노사관계와 계급정치」, 경남대 극동문제연구소, 앞의 책, 1993). 참고로 이 같은 국내의 이론틀의 분화와는 별도로 서구 학계의 경우 시민사회 자체를 '조직화된 시민사회'와 그렇지 않은 '무정형의 시민사회'로 세분화시켜 보려는 경향이 대두되고 있다(Samuel Valenzuela, "Is There a Link between Democratization and Civil Societies," Unpublished Paper Presented at Georgetown Confrence on Korea Ⅱ, May 1995 at Georgetown Univ., Washington D.C.).

11) Gramsci, op. cit., 1971, p.238.

12) 각각 K. Marx, "The Eighteenth Brumiare of Louis Bonaparte," "Critique of the Gotha Program," In Robert Tucker(eds.), *The Marx Engels Reader*, NY: W. W. Norton, 1978, p.606 & p.537

13) 이 같은 설명방식은 이 방면의 뛰어난 '1급 학자'들 사이에도 만연되어 있는 지배적인 경향이다. 임영일 역시 "1980년대의 민주화운동은…… 시민사회의 반격이다. 시민사회는 정당을 조직하고 사회운동을 조직하였다"(임혁백, 앞의 글, 1992, 391쪽), "무자비한 국가권력이 시민사회를 탄압하면 할수록……"(임현진·김병국, 「노동의 좌절, 배반된 민주화」, ≪계간 사상≫ 4호, 1991년 가을, 133쪽) 등의 예를 들면서 이 같은 경향을 문제삼은 바 있다(임영일, 앞의 글, 1993, 67~68쪽).

14) 이 같은 분석에서 가장 뛰어난 패러다임적 분석으로는 최장집, 『한국 민주주의의 이론』(한길사, 1993) 중 「한국정치 균열의 구조와 전개」(이 글은 Jang Jip Choi, "Political Clravages in South Korea," in Hagen Koo(ed.), *State and Society in Contemporary Korea*, Ithaca, Cornell Univ. Press, 1993으로 영역되어 있다). 한국정치 분석의 여러 이론적 혁신을 주도해온 바 있는 최 교수는 이 글들에서도 국가·시민사회론을 이용해 탁월하게 현대 한국 정치사를 분석해내는바, 이를 정확히 이해하기 위해서는 다음과 같은 두 측면에 대한 인식이 필요하다. 우선 뒤의 여러 인용이 보여주듯이 그는 세간의 속류화된 추세와 달리 시민사회를 다양한 사회세력이 각축하는 공간으로 인식하여 그 내부구성과 균열구조에 주목한다. 그러나 동시에 해방 정국 분석 등 그의 일부 분석 ("치열한 갈등은 이승만 체계와 시민사회에 존재하였다"<앞의 책, 163쪽>, "국가에 반하는 시민사회" <앞의 책, 401쪽> 등)는 국가·시민사회를 개별적인 행위자로서 서로 대립하고 투쟁하는 것처럼 그리는 문제점을 보이고 있다. 특히 문제는 그의 복합적인 분석을 단순화시켜 잘못 이해하여 후자의 행위자의 시각에서 한국 현대사를 분석하는 다른 연구자들의 속류화된 일반적인 경향이다.

15) 이 같은 분석은 주로 함자 알라비의 과대성장국가론을 논거로 들고 있으나 '훈고학적' 입장에서 짚고 넘어간다면 알라비의 주장은 인용자들의 주장과는 달리 국가가 그 '토대'에 대해 과대성장되었다는 것이지 '시민사회'에 대해 과대성장되었다는 주장은 아니었다(Hamza Alavi, "The State in Post-Colonial Societies," *New Left Review,* no.74, July/August 1972, pp.59~81). 그러나 문제를 곰곰이 생각해보면 다음과 같은 이유로 인해 알라비식의 주장보다는 시민사회에 대한 국가의 과대성장성이라는 주장이 이론적으로 '진일보한' 것이라는 느낌이 든다. 알라비는 식민지국가에서 토대에 비해 상부구조인 국가가 과대성장되었다고 주장하고 있으나 과연 상부구조가 토대에 조응하는 것이 아니라 과대성

장할 수 있느냐는 것이다. 즉 국가장치라는 면(전체 인구 중 공무원의 비율 등)에서 분명히 식민지국가는 과대성장되어 있었는데 그것은 민족모순과 계급모순이 이곳에 중첩되어 있어 이 같은 과대성장된 국가장치가 없이는 체제의 재생산이 어려웠기 때문인데, 이는 이 같은 장치적 과대성장성이 토대의 필요에 위한 것이라는 점에서 토대·상부구조 차원에서는 과대성장성이 아니라 조응관계일 따름이다(W. Zieman, et al., "State in Peripheral Societies," *Socialist Register,* 1977, p.145). 그러나 국가와 '시민사회' 간의 관계는 '토대·상부구조'간의 관계와 달리 '기능적 관계'가 아니기 때문에 시민사회에 대해 과대성장된 국가를 이야기하는 것이 가능하다. 사실 이 같이 국가가 시민사회에 비해 과대성장되어 있었던 상황이 위에서 지적한 바 있듯이 바로 그람시가 주목한 러시아적 특수성이었다.

16) 진덕규, 「미군정시대 정치사회의 시민사회적 함의성에 대하여」, 한국사회학회·한국정치학회 편, 앞의 책, 1993, 144쪽.

17) 최장집, 앞의 글, 1993, 163쪽.

18) 한완상, 서문, 한국사회학회·한국정치학회 편, 『한국의 국가와 시민사회』, 한울, 1992, 18쪽.

19) 진덕규, 앞의 글, 1992, 126쪽.

20) 이와 관련하여 일각에서는 중간 제 계층은 민중이 아니라는 견해가 피력될 수 있으나, '민중'과 '기층 민중'은 다른 것이며 전자가 결국 주모순이라는 측면에서 '권력 블록'과 대립되는 개념이라는 점을 상기할 때 중간 제 계층도 민중의 일부라고 볼 수 있다. 사실 국내 학계의 '전통적인 좌파'의 입장도 이 같은 입장을 견지해왔다(그 한 예로 서관모, 「식민지 반봉건 사회론과 식민지 국가독점자본주의론의 계급분석」, 『현실과 과학 2』, 1998, 196쪽.

21) 최장집, 앞의 글, 1992, 163쪽.

22) Hagen Koo, "Strong Society and Contenious Society," in Koo(ed.), op. cit., 1993, pp.231~249.

23) 힘의 관계에 대한 평가에 대해서는 결론 부분 참조.

24) 비생산적인 '지대 추구' 행위가 국가 행동의 주를 이루는 국가를 지칭하는 개념으로서 주로 '공공선택이론'에 의해 사용되는 개념이다(James Buchanan, et al.(eds.), *Toward a Theory of the Rent-Seeking Society,* College Station: Taxas A & M Univ. Press, 1980).

25) 제로섬적 축적이란 "생산적 활동…… 을 통한 새로운 부의 축적보다는 기존의 국부의 재분배 내지 해외 자산의 이전들을 통한" 축적을 칭한다(Leroy Jones, et al., *The Government, Business, and Entrepreneurship in Economic Development,* Cambridge: Harvard Univ. Press, 1980, p.273).

26) 서울사회과학연구소, 『한국에서의 자본주의의 발전』, 새길, 1991, 138~148쪽.

27) Robert Brenner, "The Origins of Capitalist Development: A Critique of Neo-Smithian Marxism," *New Left Review,* no.104, July/August 1977, pp.27~92; Clive Hamilton, Capitalist Industrialization in Korea, Boulder: Westview, 1986.

28) Jones, et al., op. cit., 1980, p.69.

29) Kyong-Dong Kim, "Political Factors in the Formation of the Entrepreneurial Elite in South Korea," *Asian Survey,* xvi: 5(May 1976), p.465.

30) Hyun-chin Lim, "Dependent Development in the World-System: The Case of South Korea, 1963~1979," Unpublished Dissertation, Harvard Univ., 1982, p.146.

31) D. Rueschemeyer and P. Evans, "The State and Economics Transformation," In P. Evans, et al.(eds.), *Bringing the State Back In,* Cambridge Univ. Press, p.62.

32) 이 절의 주요 부분, 즉 5·16 쿠데타 후의 제1차 5개년 계획에 대해서는 필자가 이미 손호철, 「5·16 쿠데타의 재조명」, 손호철, 앞의 책에서 자세히 다룬 바 있다. 그러나 이 같은 입장이 국제 학계에는 소개된 바가 없어 이를 본 논문 속에 포함시켰으며 국제학술대회에 발표한 영어 논문을 국문으로 번역하는 과정에서도 과거 논문을 발전시킨 점이 있고 국가-시민사회론을 이용한 한국 현대사를 시기별로 추적한 논문의 본래 취지를 살리기 위해 이를 생략하지 않고 그대로 남겨두었다.

33) 도구적 자율성과 구조적 자율성의 보다 구체적인 내용에 대해서는 손호철, 앞의 글 참조.

34) Adam Przeworski, "Structural Dependence of the State," *American Political Science Review.*

35) 이 같은 주장이 모든 자본주의 국가가 이 같은 상대적 자율성을 가지고 있고 따라서 항상 관념적 총자본의 기능을 성공적으로 수행한다는 '기능주의적' 주장은 아니다.

36) Gorden White and Robert Wade, "Developmental State and Markets in East Asia," In Gorden White(ed.), *Developmental States in East Asia,* NY: St. Martin's Press, 1988, p.7.

37) 『한국 군사혁명사, 1권』, 국가재건최고회의, 1963, 916-954쪽.

38) Joungwon Kim, *Divided Korea: Politics of Development,* Cambridge: Havard Univ. Press, 1975, p.22.

39) 국가적 위기의 이 같은 경향에 대해서는 Fred Block, "Beyond the Relative Autonomy: State Managers as Historical Subject," *Socialist Register,* 1980, pp.227~242.

40) 임영일, 「한국의 산업화와 계급 정치」, 한국사회학회·한국정치학회, 앞의 책, 1992, 189쪽

41) 일각에서는 이 둘을 사실상 동일시한 채 재벌의 경제적 자유화와 탈규제에 대한 요구를 정치적 민주주의에 대한 요구로 혼동하여 재벌이 민주화를 지지했다는 등의 잘못된 주장을 펴고 있다.

42) 부르주아 없이도 찬란한 민주주의의 꽃을 피운 고대 그리스의 경험을 상기할 때 이 유명한 공식도 사실은 엄청난 역사의 왜곡이다. 고대 민주주의와 현대 민주주의의 탁월한 비교에 대해서는 E. Meiksins Wood, *Democracy against Capitalism,* Cambridge: Cambridge Univ. Press, 1995 중 6, 7장.

43) 한국뿐만 아니라 세계 각지에서 민주주의 발전에 대해 자본가 계급이 수행한 역할에 대한 양면적인 대차대조표에 대해서는 D. Rueschemeyer, er al., *Capitalist Development and Democracy,* Chicago Univ. Press, 1992.

44) G. O'Donnell and P. Schmitter, *Transitions from Authoritarian Rule: Tentative Conclusion about Uncertain Democracies,* Baltimore: The Johns Hopkins Univ. Press, 1986, p.50.

45) 최장집, 앞의 책, 1993, 401쪽.

46) 사실 "한국의 부르주아는…… 진보적, 자유 민주주의적 태도와 가치를 가진 적이 없다. 이 점에서 한국의 부르주아는…… 브라질이나 아르헨티나의 부르주아가…… 군부독재와

의 정치 동맹으로부터 이탈하여 만주화를 지지했던, 그러한 부르주아 민주주의 세력의 역할을 할 수도 없었다"(최장집, 앞의 책, 1993, 369쪽): 최장집 교수의 경우 다른 국가-시민사회론자들과는 달리 문제의 핵심을 정확히 보고 있다. 그럼에도 불구하고 다만 "국가에 반하는 시민사회", 한국의 민주주의는 "부르주아나 중산층과 함께, 특히 민중이 주도할 수밖에 없다"(379쪽) 등의 표현은 민주화=시민사회의 성장 테제를 주장하는 것 같은 오해를 주고 있다.

47) 1980년 5월 광주에서의 대치선 역시 이 같은 국가 대 민중이었지 국가 대 시민사회가 아니었다는 실증적 연구로는 손호철, 「1980년 5·18항쟁: 시민항쟁이냐? 민중항쟁이냐?」 (본 책 수록) 참조.

48) 이 절의 내용 중 상당 부분은 2절과 마찬가지로 이미 다른 글에서 밝힌 내용들이지만 영어로는 이 같은 내용을 소개한 적이 없어 원래의 논문 속에 포함시켰다. 이를 번역하는 과정에서 중복을 피하기 위해 이 절을 삭제하는 것도 검토하였으나 국가-시민사회론의 입장에서 한국 현대사를 통사적으로 본다는 취지를 살리기 위해서, 다른 한편 이 절의 문제의식을 국가-시민사회론적 관점에서 재해석한 것은 이번 글이 처음이기 때문에 일부 내용의 중복에도 불구하고 그대로 번역하여 포함시켰다.

49) 이에 대해서는 Scott Mainwaring, et al.(eds.), *Issues in Democratic Consolidation,* Norte Dame: Univ. of Norte Dame Press, 1992.

50) 즉 '진정한 민주주의'라는 것이 정치적 민주주의만이 아니라 사회, 경제적 민주주의까지 포함한 민주주의냐는 의미가 아니라 단순히 최소한 정치적 민주주의에서만이라도 진정한 민주주의냐, 다시 말해 '진정한 정치적 민주주의'냐는 의미이다.

51) O'Donnell and Schmitter, op. cit., p.13. 이에 대한 자세한 내용은 손호철, 「문민정부와 정치개혁」(본 책 수록) 참조.

52) 이와 관련, 최근의 한국통신 사태 등 일련의 '노동분규'가 시사하는 바 크다.

53) Gramsci, op. cit., 1971, pp.181~132.

54) Carter Eckert, "The South Korea Bourgeoisie: A Class in Search for Hegemony," in Koo(ed.), op. cit., pp.95-130 참조.

55) 이에 대해서는 결론 참조.

56) 토지공개념의 이와 유사한 의미에 대해서는 손호철, 「자본주의 국가와 토지 공개념」, 손호철, 앞의 책 참조.

57) 《중앙일보》, 1993년 5월 18일.

58) 《한겨레신문》, 1995년 3월 25일.

59) 한국 은행 보고서, 《한겨레신문》, 1993년 6월 18일.

60) 《조선일보》, 1993년 6월 19일.

61) 《조선일보》, 1993년 7월 3일.

62) 최장집 교수는 유사한 시각에서 문민정부의 모델을 문민화된 박정희 모델로 특징짓고 있다("Is it Democracy: An Analysis of the Kim Young Sam Reforms in South Korea," Unpublished paper, 1994, p.12).

63) 이에 대한 자세한 것은 손호철, 「문민정부와 정치개혁」(본 책 수록) 참조.

64) 최장집, 앞의 책, 192쪽과 413쪽. 결국 최 교수의 주장은 1987년 이전에는 국가 대 "민

주화의 중심축으로서 국가에 반하는 시민사회"라는 분석틀이 유효하고 그 이후에는 국
가 대 시민사회가 아니라 시민사회(나아가 정치사회) 내의 계급적 역관계가 중심적인 분
석틀이 되어야 한다는 주장이다. 이 중 1987년 이후의 부분은 전적으로 동의할 수 있는
뛰어난 분석이나 문제는 1987년 이전에는 국가(=억압) 대 시민사회(=민주주의)라는 등
식이 유효하다고 보는 점이다. 위에서 보았듯이 1987년 이전에도 시민사회는 하나의 사
회적 공간이자 계급적 지형에 불과했고 이는 계급적 대립으로 분화되어 민주화에 대해
서도 상반된 입장이 대립하는 장이었다.

65) 임영일, 「한국의……」(앞의 글), 1993, 201쪽.

66) 양자를 더하면 제로가 되는, 즉 한쪽이 커지면 다른 쪽은 작아지는 등 양자가 반비례적
으로 운동하는 관계를 지칭한다.

67) 일반론의 수준에서는 Keane, op, cit., 1998, p.61; 한국에 대해서는 한완상, 앞의 글, 13쪽
과 Koo, op. cit, 1993 참조.

68) Keane, op. cit., 1998, p.15.

69) 최장집, 앞의 책, 1993, 78쪽. 위에서 누차 지적했듯이 이 뛰어난 분석에서 다만 아쉬운
것은 이 주장이 과거에는 시민사회 그 자체가 '민주화의 사회적 기반'이고 '국가에 반하
는 시민사회'였다고 전제하고 있는 점이다.

70) Peter Evans, "The State as Problem and Solution," In Stephan Haggard, et al.(eds.), *The Politics
of Economic Adjustment,* Princeton Univ. Press, 1992, p.141.

71) Ibid. 이후 이 주제와 관한 인용은 이 글의 쪽수만을 본문 속에 표기하였음. 이 주제를
발전시킨 에반스의 최근 저서로는 Peter Evans, *Embedded Autonomy,* Princeton Univ. Press,
1995.

72) 이에 대해서는 손호철, 「국가 자율성, 국가능력, 국가강도, 국가경도」, 앞의 책 참조.

73) 조절이론을 국가론에 접목시키려는 밥 제숍의 이론적 작업에 대한 비판적 평가에 대해
서는 손호철, 「전략·관계론적 국가론의 비판적 고찰: 밥 제숍을 중심으로」, 『현대 국가
론의 성과와 과제』, 한국정치학회 월례발표회 논문집 IV(1994) 참조.

74) Robert Brenner, er al., "The Regulation Approach: Theory & History," *New Left Review,*
July/August 1991.

75) Jang-Jip Choi, op. cit., 1993, p.50. 이 글은 최 교수의 한글 논문의 번역이지만(앞의 글,
1993, 197쪽) 한글 논문보다는 영어 논문이 논지가 정확하게 표현되어 있는 탓에, 다소
이상하지만 원래 논문인 한글 논문을 인용하지 않고 이의 번역본인 영어 논문을 재번역
하였다.

보론: '국가-정치사회-시민사회'?

1) 최장집, 『한국 민주주의의 이론』, 한길사, 1993, 제3부 제3장.

2) 그 대표적인 예가 임영일, 「한국의 산업화와 계급정치」, 한국사회학회·한국정치학회 편,
『한국의 국가와 시민사회』, 한울, 1992와 유재일, 「한국정치사회의 구조 형성과 변화」,
경남대 극동연구소 편, 『한국정치·사회의 새 흐름』, 나남, 1993.

3) 최장집, 앞의 책, 1993, 393쪽.

4) 임영일, 앞의 글, 1992, 177쪽.

5) A. Denisov, *The Theory of State and Law*, Moscow: Progress, 1987, p.16. 일반적인 통념과 달리 이들로 국가와 정당 및 다양한 정치조직들을 구별하여 후자들(정당과 정치조직)의 총체를 '정치 체제'로 명명하고 있다. 물론 이 경우 '사회를 위한 가치의 권위적 배분 행위의 총체'라는 의미의 주류 학계의 '정치체계론'의 정치체계 개념과는 그 의미가 전혀 다르다.

6) 임영일, 앞의 글, 1992, 197쪽.

7) 최장집, 앞의 책, 1993, 393쪽.

8) 알튀세르는 "정당은 특수한 이데올로기적 국가장치, 즉 지배계급의 정치적 이데올로기를 실현시키는 정치적 이데올로기적 국가장치의 한 구성 부분에 불과"하다고 지적하고 있다(Louis Althusser, "Note on ISAs," *Economy & Society*, 12: 4 <Nov. 1983>).

9) 그람시는 "현대사회에서 정당은…… 국가(기계적으로 이해되는 정부가 아니라 통합국가) 속으로 통합되어 발전한다"고 쓰고 있다(Gramsci, op. cit., p.27).

10) Joachim Hirsch, "The Fordist Security State and New Social Movement," *Kapitalistate*, no. 10/11(1983), pp.82~83.

11) Nicos Poulantzas, *Political Power & Social Classes*, London: Verso, 1973, p.300.

12) 어쩌면 이 같은 입장이 정치사회가 국가와 시민사회를 매개하는 선거와 정당의 영역이라는 원래의 문제의식에 충실한 것일지도 모른다. 이 같은 입장은 유재일, 앞의 글, 1993, 183쪽.

13) 선거사회주의 일반의 가능성과 현재에 대해서는 손호철, 「자유민주주의와 선거」, 손호철, 『전환기의 한국정치』, 창작과 비평사, 1993 참조.

14) 유팔무, 앞의 글, 260쪽.

15) "국가를 민주화하고, 그것이 가능한 수준까지 부분적으로 장악해나가며……"(최장집, 앞의 책, 1993, 393쪽)는 이 같은 해석의 여지가 있는 부분이다. 이 같은 국가 장악테제는 최 교수가 비판하고 있는 '객체 내지 대상으로서의 국가'론(국가는 장악해야 할 중립적 대상이라는)으로 귀결될 우려가 있다.

16) 한편 한완상의 모델은 그람시의 진지전을 시민사회에서의 진지전으로 보고 있으면서도 이를 "사회 민주주의적 처방"(한완상, 「서문」, 한국사회학회 · 한국정치학회 편, 『한국의 국가와 시민사회』, 한울, 1999, 215쪽)이라고 규정하는 점에서 잘못된 것이다.

17) 정치사회론과 직접 연결시키지 않았지만 최근의 민주주의 논의에 대한 이와 비슷한 우려는 임영일, 「한국의 노사관계와 계급정치」, 경남대 극동문제연구소, 『한국정치 · 사회의 새 흐름』, 나남, 1993, 62쪽.

2. 한국의 시민사회와 신사회운동

1) 이 같은 접근방식은, 베버의 입장을 따라서, 사회관계의 본질을 권력/권위의 갈등관계에서 찾고, 계급관계 또한 권력관계의 한 가지 주요한 형태로 파악하는 것을 의미한다. 물론 권력관계는 지배-복종관계(와 그것의 기능적 확대로서 착취-피착취관계)를 근간으로 하나 경우에 따라서는 상호 의존적이거나 호혜적 관계를 단기적으로 형성할 수도 있다.

2) 필자의 이념적 기반이라 할 수 있는 자유해방주의(libertarianism)는 역사적으로 아나키즘(anarchism)과 밀접히 연관되어 때로는 동일한 의미로 사용되기도 하였다. 자유해방주의

는 원래 자유의지 혹은 의지의 자유를 신봉하는 이념이었으나, 오늘날에는 다소 혼란스럽게도 최소국가를 주창하는 노직과 같은 우파들도 여기에 통칭적으로 포함되고 있다. 아나키즘과 자유해방주의는 모두 중앙집중화된 관료제와 정치적 권위를 거부하는 대신 사회적 다원주의를 추구한다. 그리고 자유해방성과 공동체성을 동시에 모색한다는 점에서, 기존의 상식과는 달리, 지역공동체주의(communitarianism)와도 연결되고 있다. 아나키즘과 자유해방주의의 미소한 차이를 굳이 지적하자면, (순수) 아나키즘은 보다 급진화된 이념으로서 모든 형태의 현존하는 국가(체제)를 부정하고, 개인과 사회는 국가와 정부가 없어야 더 잘 기능할 것이라고 믿는다. 반면 자유해방주의는 사회의 질서유지와 안전을 위하여 최소한의 권력을 국가에 위임하는 입장을 취한다. 따라서 모든 아나키스트는 자유해방주의자이지만, 자유해방주의자 모두가 아나키스트는 아니라고 할 수 있다 (Marshall, 1993: xii, 640~646).

3) 국가와 시민사회의 역학관계는 상부구조와 토대의 관계처럼 기능적 관계도 얼마든지 포함할 수 있다.

4) 대통령이나 재벌총수도 형식적으로야 시민사회의 구성원이나 그들은 지배권력의 구성원이요 나아가 기존의 지배체제를 유지하려고 하기 때문에 시민은 아닌 것이다.

5) 여기서 우리가 조심해야 할 사항은 시민의 내부구성이나 분류에 몰두하기보다는 시민사회와 국가와의 권력관계에 더욱 관심을 지닐 필요가 있다는 점이다. 나아가 지배와 피지배의 관계는 상황과 조건에 따라서 다양한 형태를 지니는 것이므로 획일적으로 그 동태성을 규정할 수 있는 것이 아니다.

6) 마찬가지로 시민사회의 문화, 종교, 각종 사회단체, 언론부문 등의 지배층도 국가영역의 지배층과 중복되거나 아니면 적어도 유사한 이해의 관계망을 구축하고 있는 것으로 파악할 수 있다.

7) "현재의 문민정부가 진정한 자유 민주주의인가?"라고 제기하는 질문 또한 정적 정답을 강요하는 작위성을 드러낼 뿐이다.

8) 혹은 시민사회가 성장/성숙하는 속도보다도 문민 이데올로기를 앞세운 국가의 헤게모니 장악 속도가 더 빠르게 전개되고 있는 것으로도 이해할 수 있을 것이다. 이 같은 상황을 감안해본다면, 시민사회가 민중운동의 민주화투쟁과 자본주의적 산업화를 기반으로 하는 초기적 성장을 거쳐 질적으로 보다 성숙해지기 위해서는 시민운동의 확대가 필수적이다.

9) 이에 관한 보다 상세한 논의는 김성국(1995b, 1996)을 참고할 것.

10) 비록 필자는 하버마스와는 상이한 시민사회의 개념을 지니고 있으나, 그의 시민사회론은 한국에서도 적극적으로 활용될 수 있다고 생각한다. 하버마스의 의사소통론은 서구적 합리주의에 구속되어 시민사회와 공론장의 비제도화된 운동형태와 표출양식에 한정된 자기 제한적 행위 공간만을 부여하기 때문에 체계와 생활세계 간의 균형을 추구함으로써 보다 근본적인 사회변화를 추구하려는 유토피아적 급진성을 결여하고 있다. 그러므로 하버마스에 입각한 시민사회론은 총체적 위기에 처한 한국의 현실에서는 비판적으로 수용되어야 할 것이다.

11) 그러나 손호철이 적절히 지적하고 있듯이 정치사회가 기껏해야 정당론이나 선거론의 대상에 불과한 것은 아니고, 일찍이 뒤르켐이 언급하였던 자발적 결사체로서의 중간적

전문직업집단이나 사회운동단체도 포괄해야 할 것이다.

12) 이에 관해서는 4절에서 보다 상세히 재론할 것이다.

13) 보다 상세한 논의를 위해서는 정수복(1993a, 1993b)을 참고할 것.

14) 물론 신사회운동과 구사회운동은 때로 상당한 정도의 연속성과 유사성을 공유한다. 신사회운동에 대한 다양한 접근들을 김호기(1995)는 마르크스주의의 위기에 대한 대응이라는 문제의식에서 비판이론의 신사회운동론, 조절이론의 신사회운동론, 그리고 라클라우와 무페의 신사회운동론의 세 가지로 분류하여 논의하고 있다. 그러나 코헨(Cohen, 1985)은 신사회운동론을 유럽의 정체성 지향이론과 미국의 자원동원이론으로 구분하기도 한다. 그밖에 문화결정론(Melucci, Touraine, Inglehart)과 구조결정론(Offe) 등의 분류가 있다(김호기, 1995: 180 n3).

15) 일부 환경운동에서 엿보이는 종교적 혹은 신비주의적 회귀는, 현 단계에서 성급하게 판단할 대상은 아니지만, 그 근본주의적 비판성과 성찰성이 갖는 장점에도 불구하고 보다 명확한 이념적 지향성과 사회적 실천논리를 제시해야 할 것이다.

16) 기존의 자본주의 생산양식에 대한 반대운동이 주로 경제부문을 중심으로 전개된 것이라면, 신생활양식운동은 자본주의적 소비주의를 거부하는 절약주의, 재사용 원칙, 자동차 안 타기, 동물의 권리인정(채식주의?) 등을 주요 내용으로 하는 생활세계의 사회운동이라 하겠다. 이와 관련하여 한국의 환경운동이 시급하게 시도해야 할 운동형태의 하나로서 반도로건설운동(anti-road movement)이 있다. 이에 관해서는 웰시와 맥라이시(Welsh & McLeish, 1996)를 참고할 것.

17) 현존하는 강고한 중앙집권주의 체제를 극복하여 명실상부한 분권적 지방자치를 실현할 수 있는 매우 합리적이고도 확실한 대안으로서 우리는, 성경륭(1994a, 1994b, 1994c, 1995)의 입장과 같이, 한국을 연방주의적 체제로 개편해야 한다고 주장한다. 연방주의적 개혁의 한국적 필요성은 시민사회적 다양성을 담을 수 없는 일원적 국가주의의 한계, 사회문화적 특수성을 간과하는 대의민주주의의 한계, 대량생산과 대량소비라는 포디즘적 생산방식의 한계라는 세계 공통의 문제와 민족분단과 지방의 낙후라는 한국의 특수문제로서 설명할 수 있다. 특히 한국에서는 연방주의적 개혁을 통하여 현존하는 지역감정과 이를 기초로 하는 정치적 지연주의의 폐해를 최소화할 수도 있을 것이다. 왜냐하면 중앙정부의 권한을 과감하게 축소해나가는 것만이 정치적 지연주의를 타파할 수 있는 유일하고도 확실한 방법이기 때문이다. 나아가 연방주의 체제는 정치적 지연주의를 자연발생적인 애향심이나 향토의식으로 전환시키는 데 있어서도 상당한 기여를 할 수 있다. 결국 현재 한국이 당면하고 있는 중앙집권주의의 폐해와 지연주의적 정치분열을 극복하여 명실상부한 지방자치를 구현할 수 있는 합리적인 정치적 대안은 연방주의 국가체제로의 과감한 변신을 시도하는 것이다.

18) 이 같은 공동체의 추구 경향은 오늘날 자본주의적 경쟁사회나 사회주의적 계획사회의 신화가 착취와 억압의 메커니즘에 불과하다는 인식이 확산됨에 따라서 새롭게 대두되고 있다. 특히 전지구적으로 확산되고 있는 관료제적 통제와 파편화로 인하여 인간의 내면적 자아와 인간의 삶 자체가 분열되고 소외되는 현상에 직면하여 사람들은 "작은 것이 아름답다"는 믿음과 함께 "협동하고 참여하는 즐거움"을 추구하기 시작하고 있다. "국가에서 공동체로" 전환되고 있는 사회적 관심은, 안승준(1995: 107~110)의 지적처럼 "국가

의 제도들이 부과한 지배의 구조를 벗어날 수 있는 유일한 길"을 따라서 "일상생활 속의 의사결정에 개인이 참여하는…… 일상생활의 혁명"으로 연결될 수도 있다. 한국에서의 지역공동체운동은 이미 언급한 국가체제의 연방주의적 개편을 내실화함으로써 상호 보완적 상승효과를 창출할 수 있다. 나아가 만약 이 같은 공동체운동이 환경/생태친화적 신생활양식운동과 연대하여 우리의 전통적인 두레 정신에 입각하여 농업과 농민문제 그리고 땅과 환경 문제를 동시적으로 해결하려는 "공생 두레 공동체"(천규석, 1995)와 같은 창조적인 지역운동과 결합될 수 있다면 한국사회의 미래는 유토피아로 다가가는 가능성의 출구를 발견할 수 있을 것이다.

3. 김성국 교수에 대한 반론: 자본인가, 국가인가?

1) 최장집, 1991, 「민중민주주의의 조건과 방향」, ≪사회비평≫ 6호.
2) 20 대 80의 사회란 신자유주의적 세계화로 인해 잘사는 20%의 사람과 약간의 오락물과 먹거리에 만족하는 80%의 사람으로 사회가 분리되는 것을 의미한다.

4. 손호철 교수에 대한 재반론: 자본주의 국가를 넘어서

1) 이 같은 대비가 손 교수를 이념적으로 경직되게 규정하려는 것은 결코 아니다. 마르크스주의의 비판이론적 (혹은, 좌파적) 전통을 승계한다는 "느슨한" 의미에서 사용하였다.
2) 5 · 18을 해석하면서 재차 손호철 교수의 민중 개념을 비판적으로 검토하고, 시민과 시민사회론을 보다 경험적, 역사적 차원에서 서술한 김성국(1998b, 1998c)을 또한 참고할 것.
3) 아나키스트적 관점에서 필자는 억압적 국가로부터 자율적 시민사회의 역사적 분리가 갖는 본질적 의미를 "사회에 고유한 자기 조직성과 자기 방어성이 발휘된 근대민주주의적 투쟁"의 결과로서 이해한다. 물론, 그것은 자본주의의 전개와 밀접하게 연관되었지만, 자본주의의 고유한 특성은 아니다. 국가와 시민사회의 분리란 억압적-규제적-간섭적 국가정치로부터 경제와 생활세계가 자율성과 자치성을 획득해나가는 과정을 의미한다. 이에 관한 보다 상세한 논의는 김성국(1998: 95~99)을 참고할 것.
4) 통상적으로, 일원, 이원, 혹은 삼원의 분화는 배타적-독립적-구조적 범주, 예컨대, 일체 "유심"조(一體"唯心"造)나 천상천하 "유아"독존(天上天下"唯我"獨尊), 음양(陰陽), 토대-상부구조, 천지인(天地人) 등의 속성에 기인하는 것이지, 동일 속성의 개념적 분류에 의거하지는 않는다.
5) 손 교수는 계급론적 뉘앙스를 풍기면서 민중을 일반 민중과 기층 민중으로 나누지만, 필자는 분열적 계급의식이 아니라 공동체적 저항의식으로서 시민의식을 담지하느냐의 여부에 따라서 비자주적 시민과 자주적 시민으로 구분하겠다.
6) 참고로, 진덕규 교수(1992: 138)는 역사적 단계로서의 시민사회는 다섯 가지 기본적 특성을 지니는 것으로 이해한다: "첫째, 시장의 기능적 확대로 산업화와 노동분업, 둘째로 새로운 계급으로 부르주아의 등장, 셋째로 이들 계급의 공동체적 연대성에 의한 이익의 동질성 추구, 넷째로 부르주아 계급을 기반으로 한 자발적 결사체의 활동, 다섯째, 시민사회와 국가관계의 이론적 설정 등이다."
7) 이 쟁점과 관련하여 필자가 조심성이 적었고, 다소 불분명하였음을 인정한다. 필자가 사

용한 민중이라는 표현은 최장집 교수(1993: 385)가 "언술의 수준"에서 존재한 지극히 "한국적"인 것으로서 "억압의 경험에 대한 기억"을 공유하는 전통으로서 역사 속에서 집단적 행위자로 인식한 것과 유사하다. 다만, 필자는 이 신민적(臣民的) 지위를 가졌던 저항집단의 민중적/계급투쟁적 성격은 민주주의의 발전과 함께, 즉, 시민사회의 성장과 함께 시민적 지위를 가지며 동시에 초계급적 성격으로 전화되는 것으로 규정한다. 한국 사회에는 분열적-전투적-도전적 의미의 계급형성을 억압하는 반계급적 분단정치 문화와 연고주의적 공동체 지향성이 존재한다(김성국, 1987).

8) 최장집 교수(1993: 395-396)조차 "시민운동으로의 운동의 중심축의 때이른 전환은 1987년 이후 위력적으로 표출된 바 있는 사회운동의 때이른 쇠퇴를 반영하는 것"이라고 인식한다. 나아가 그는 "적어도 언술의 수준에서는 시민운동이 중심에 놓이게 된 듯하다"고 인정한다.

9) 포스트마르크스주의자로서 라클라우가 현대의 변혁 주체로서 민중(people/popular sector)을 거론하고 있다는 손 교수의 지적을 차후에 상세히 검토해보겠다. 그러나 라클라우와 함께 급진적-다원적 민주주의(radical plural democracy)를 구상하였던 무페(1993: 70)가 이를 창출하기 위해서 시민권(citizenship)과 공동체(community)의 개념을 중심으로 "급진적 민주적 시민이라는 정치적 정체성의 창조(the creation of political identities as radical democratic citizens)"에 관심을 보이고 있다는 사실을 환기시키고 싶다.

10) 최 교수는 우리나라의 민중을 네 가지 수준, 즉, 경제적 수준, 정치적 수준, 세계체제와 남북분단의 수준, 언술적 수준에서 규정한다. 이 네 가지 수준의 민중은 각각 광의의 계급, 시민, 민족 그리고 한국 특유의 역사문화적 맥락에서 표상되는 저항집단을 지칭한다. 필자(1992)도 한국의 시민을 연고주의적 개인(파벌/패거리/우리 집단), 민족적 시민(민족), 지역적 시민(지역민/주민), 계급적 시민(계급) 등으로 구분하여 시민의 다차원적 정체성을 설명해보고자 하였다.

11) 최 교수(1993: 383~386)의 민중 개념의 핵심적 내용을 인용하면 다음과 같다. 민중은 "계급 1"(객관적으로 존재하는 계급)과 "계급 2"(사회적, 정치적 수준에서 계급의식을 갖는 실천의 주체로서의 정체성을 갖는 계급) 사이에 현실적으로 광범위하게 실재하는 경제적, 정치적, 사회적 수준에서 범주화될 수 있는 사회집단이다. 그것은 시민사회에서 존재하며 정치사회에서도 또한 존재한다. 그것은 객관적 범주이며 또한 주관적 범주이다…… 그런데 여기서 한 가지 핵심적인 요소가 강조되어야 한다. 민중은 포괄적이되 한 가지 필수적인 요소인 중심성을 갖지 않으면 안된다는 사실이다. 민중은 위의 네 가지 요소 가운데서 첫번째 요소를 반드시 내포하지 않으면 안된다. 이 점에서 민중은 계급 1을 중심에 두지 않으면 안된다.

12) 관계되는 문장을 직접 인용하겠다. "……the relation between civil society, the economy, and the state requires elaboration. This is the goal of chapter 9, which starts by mapping out the three-part model of civil society introduced by Gramsci in terms of the Habermasian distinction between the lifeworld and the economic and political subsystems. Chapter 9 must be read as a sympathetic revision of the Habermasian framework…Convinced that the theory of communicative action represents the most advanced contours of critical social theory today…Indeed, our reconstruction of civil society should be seen also as a political translation of

Habermasian critical theory…" Cohen and Arato(1994: xvi-xvii).

13) 파슨즈(Parsons)의 체계이론을 흡수한 하버마스로부터 출발하는 코헨과 아라토의 삼분 모델은 사회의 구조적-기능적 분화(differentiation)를 돌이킬 수 없는, 혹은 보다 정확한 표현으로, "돌이켜서는 안되는" 근대적 기획의 성과로 파악하기 때문에, 근본적으로 (자본주의)경제(체제)를 인정하는 균형모델이다. 생활세계의 식민화를 의사소통적 합리성/권력으로 해소하여 체계와 생활세계가 파슨즈식의 동적 균형을 이루는 사회발전을 모색하는 것이다. 그러나 아나키즘/마르크스주의에 뿌리를 두는 자기 확대적 급진주의의 이분 모델은 토대 혹은 시민사회가 국가를 장악, 흡수, 해체, 재형성하는 혁신모델이다. 필자의 "자기 확대적" 급진주의는 마르크스주의가 추구했던" 혁명적-비판적" 정신을 승계하나 그 방법론을 따르지 않는다.

14) 필자는 마르크스주의 계열에서 통용되는 "변혁"이라는 용어 대신에 아나키스트 고유의 창조적 파괴 정신을 나타내는 "혁신(革新)"이라는 표현을 사용하겠다.

15) 필자(2000)의 그람시 해석을 참고할 것. 필자는 그람시가 마르크스의 기본모델(토대/시민사회-국가)에서 시민사회의 비경제적 특성에 주목하였지, 토대로부터 완전히 독립된 상부 구조의 영역으로 간주한 것은 아니라고 이해한다. 민중론자로서 최장집 교수(1993: 181)의 그람시 독해(특히, 도표)는 필자의 해석에, 분명한 차별성을 갖지만, 친화력을 갖는 것 같다.

16) 예컨대, 신용하 교수(1973)는 조선말 개화파의 시민사회로의 지향, 독립협회의 시민사회 수립운동, 애국계몽운동과 시민사회 등을 논의하면서 근대 한국사회의 발전을 국민국가의 형성과 함께 시민사회의 성립이라는 관점에서 파악한다. 그러나 그는 식민지시대에는 시민사회의 수립 여부를 논의할 여지가 없다고 본다. 일제하 한국사회의 최대 과제는 해방된 민족독립국가의 건설이었다. 국가건설이 최우선적 과제였기 때문에 민족의 문제가 시민의 문제를 우선하였으며, 국가의 문제가 시민사회의 문제를 압도하였다. 농업이 핵심 산업이요, 농민이 압도적 다수를 이루었으며, 시민권이 전혀 보장되지 않은 식민지 시대를 시민사회로 간주하는 것은 지나친 의욕이다. 아예, 조선시대를 시민사회로 규정해보고자 하는 시도도 있다(조혜인, 1997). 최근, 산업사 연구에서 조선 초기인 15세기 서울 도성의 시전(市廛)으로부터 한국자본주의의 형성이 시작되었다는 주장도 제기되나 그것만으로 조선 시민사회를 거론하기는 매우 곤란하다.

17) 필자는 남한에 자유민주주의형 단독국가가 성립된 1948년부터는 시민사회의 개념을 적용해볼 수도 있다고 생각하지만, 역시 본격적이고 의미있는 분석은 4·19 시민혁명을 기점으로 출발하는 것이 어떨까 생각한다. 1960년대는 자본주의적 산업화가 급속히 진전되었고, 대학생, 지식인, 종교인 등을 중심으로 시민적 저항이 활성화되었기 때문이다. 해방 후 8년간을 국가와 시민사회의 급격한 축소와 급격한 팽창이 엇갈리며 전개된 반전의 시기로 파악하는 최장집 교수의 과대성장국가론을 비판적으로 검토한 임영일 교수(1992: 180~181)는 계급관계 및 계급적 세력관계의 지형이 형성되었느냐의 관점에서 1960년대 이후에야 국가-정치사회-시민사회의 분석이 가능하다고 본다. 한편, 진덕규 교수(1992)는 미군정시대의 시민사회적 함의에 대하여 "시민사회적 기반을 결여하였으면서도 시민사회적 지향의식을 보여주었다는 면에서" "유사 시민사회적인 현상을 증폭시켰지만 그 뒤 지배세력에 의한 국가수립과 억압기제의 동원으로 그러한 성격의 시민사

회적 성격마저 소진되는 양상을 보여주었다"고 한다.

18) 그렇다면, 근대적 국가체제의 골격으로서 관료화는 왜 베버(Weber)로 하여금 긍정과 부정의 쌍곡선을 그리게 만들었을까? 그것은 시민에게 효율적으로 봉사하기 위해 고안된 국가관료제가 지배세력인 국가 자체를 위한 기구로 변질되었기 때문이다. 관료화의 문제는 국가라는 지배체제의 본질적 속성에 따라서 도구적 합리성만 발전시킨 결과이다.

19) 손 교수의 가정과는 달리, 필자는 복지국가의 개념에 대해 미련을 갖지 않는다. 대신, 사회의 자기 조직성에 고유한 상호 부조의 공동체사회에 더 큰 기대를 한다.

5. 진보적 시민사회 형성을 위한 이론적 탐색

1) 현실적으로 나타난 국가의 퇴조와 시민사회의 부활은 시민사회를 민주주의의 원천으로 인식하게 함으로써 시민사회의 이상화를 낳았다. 민주주의가 발전하지 못한 것은 시민사회가 발전하지 못한 것과 등치되었고, 민주주의가 발전하지 못한 나라들에서 시민사회의 부재나 맹아를 발견하려는 시도들이 나타났다(Hall(ed.), 1995 참조).

2) 시민사회론은 다양하게 분류될 수 있다. 정태석(2000)은 이론적으로 시민사회론을 자유주의적 시민사회론, 마르크스주의적 시민사회론, 그람시적 시민사회론, 다원주의적 시민사회론, 사회주의적 시민사회론의 5개로 분류한다. 손호철(1995)에 따르면 이러한 서구의 이론들은 한국에 도입되어 사회주의적 시민사회론과 마르크스주의적 시민사회론의 국가-시민사회 이분법, 그람시 혹은 하버마스를 따르는 삼분법, 국가-정치사회-시민사회의 삼분법, 국가-정치사회-시민사회-토대의 사분법으로 나타난다. 이렇게 시민사회의 모델이 다양하기는 하지만 다양한 매개 개념을 제외한다면, 국가-시민사회의 이분모델과 국가-시민사회-경제의 삼분모델로 나뉘어질 수 있다. 이것은 시민사회에 경제를 포함시키느냐 시키지 않느냐에 따라 분리된다.

3) 이와 비슷한 시민사회의 개념화는 한완상(1992), 진덕규(1992) 참조. 이에 대한 비판으로는 손호철(1995) 참조.

4) '민중'이라는 언술은 1970년대부터 본격적으로 사용되어 초기에는 권력에서 제외된 모든 사람들을 의미했으나, 1980년대 이후 계급론적 관점에서 재구성되었다. 계급론적 관점이 민중 개념에 과학성을 부여한 것은 사실이지만 역사적으로 형성되는 피억압자계급으로서의 민중 개념을 경직화시킨 것도 사실이다. 초기 민중 개념에 관해서는 한국신학연구소 편(1984) 참조.

5) 보다 정확히 말하면 그는 "자기 제한적(=체제변혁적 혹은 방어적?) 급진주의와 자기 확대적(체제변혁적 혹은 공격적-해방적?) 급진주의 전략을 동시에 활용하는 이중적이고도 유연한, 즉 '이중적 유연성 전략'을 추구할 필요"가 있다고 주장한다(김성국, 1998: 48).

6) 1990년대 들어 민주화론과 시민사회론을 결합하여 한국의 민주화와 시민사회의 성장을 설명하려는 다양한 시도들이 있어왔다. 민주화론이 크게 역사-구조적 접근과 행위-과정적 접근으로 나뉜다면(임혁백, 1994:10장), 시민사회론은 시민사회를 하나의 행위자로 간주하는 접근과 세력 투쟁의 장 혹은 영역으로 파악하는 접근으로 나뉘어진다(손호철, 1995; 1부). 이러한 접근의 한계를 비판하고, 구조와 행위를 통합하면서 국가와 시민사회의 관계를 통해 민주화 과정을 인식하려는 시도도 있다(정대화, 1995; 김호기, 1995: 13장). 국가-정치사회-시민사회의 모델을 적극적으로 활용하는 논자로는 최장집(1993;

1996; 1997), 임영일(1992; 1997), 정대화(1995), 조희연(민주화운동 자료관, 2000) 등이 있다.

7) 이런 점에서 김성국의 '생활세계의 지배층'이라는 개념은 상당한 함의를 준다. 단순히 경제적 이익만이 아니라 생활세계 내에서도 삶의 민주화를 방해하는 세력이 있다는 인식은 민주화 이론이 갖는 한계를 상당 부분 보완할 수 있기 때문이다.

8) 한국에서의 삼분모델은 그람시보다는 하버마스적 전통에 기대고 있다. 특히 하버마스의 소통이론적 합리성에 근거하는 코헨과 아라토의 삼분모델은 영역 구분의 절대화를 극복하고 사회운동이 국가 및 경제사회에 대한 영향을 미칠 수 있음을 인정했다는 점에서 하버마스를 극복하고 있지만 여전히 생활세계의 소통합리성에 갇혀 있음으로써 시민사회를 규범적 영역으로만 인식하고, 그것의 갈등을 분석하지 못한다는 점에서 한계를 갖는다. 이러한 논의는 한국에서는 서구적 영역 논리가 확립되지 않았다는 점에서 더욱 큰 한계를 갖고 있다. 도구적 합리성이 체계의 영역에 확립되지 않은 상태에서 한국의 시민사회는 체계의 영역에 근대적 합리성을 제고시키면서도 그것이 가져올 피해를 예방해야 하는 이중적인 과제를 갖고 있다.

9) 홍미로운 점은 최장집(1998)이 김대중 정권의 '민주주의와 시장경제의 병행 발전'을 구체화하는 차원에서 삼분모델을 도입한다는 점이다. 그러나 변화된 그의 시민사회 개념은 계급투쟁이 포착되지 않는다는 점에서 한계를 보인다.

10) 시민사회의 공간적 측면과 역학적 측면의 구별은 유팔무(1995: 245)에 따른 것이다. 그에 따르면 시민사회의 형성, 성장, 혹은 활성화를 논할 때에는 공간적 측면과 역학적 측면으로 분리할 필요가 있는데, 시민사회의 역학적 측면은 공간적 측면의 확장 혹은 축소와 직접적인 함수관계에 있지 않다. 유팔무는 시민사회의 공간적 측면을 시민사회 내의 분화로 역학적 측면을 국가와 시민사회의 역학으로 보는데, 여기서는 이것을 재규정하여 사용한다.

11) 다원적 공론 영역의 기본 발상은 하버마스의 민중적 공론 영역(plebeian public sphere)에서 출발한다(Habermas, 1991). 이것에 입각해서 한국사회 분석으로는 이해영/황기돈(1998) 참조. 하버마스는 민중적 공론 영역을 일탈적 담론으로 이해함으로써 부르주아 공론 영역에 미치는 민중적 공론 영역의 영향을 부차화했는데, 이는 그가 사회운동을 중시하지 않았다는 점과 공/사의 이분법을 지키려 했다는 점에 기인한다. 그러나 공론 영역은 다양한 세력관계가 관통하는 사회적으로 조직된 장으로 이해될 수 있으며, 다양한 이슈, 범주에 따라 구성될 수 있다. 이러한 구성의 핵심이 사회운동이다. 사회운동에 의해 다양한 공론 영역이 형성되고, 세력관계에 의해 공적인 것과 사적인 것이 규정된다(Calhoun, 1992). 따라서 공/사의 분리는 지속적으로 유동하며, 이러한 과정을 통해 다양한 정체성이 형성된다(Fraser, 1992).

12) 진보적 공론 영역 개념을 적극적으로 받아들인다면, 시민사회의 규범성과 공공성은 소통적 합리성에 의해 전제되기보다는 진보적 공론 영역의 역사적 운동을 통해 지속적으로 형성되는 것으로 인식될 수 있다. 하버마스의 전체 작업은 공론 영역의 정당성의 근거를 확립하는 것으로 이해될 수 있는데, 그는 초기의 역사적 정당화에서 후기의 소통적 합리성에 의한 정당화로 변화하였다. 이에 관한 해설과 비판은 Calhoun(1992) 참조.

13) 김호기(1999: 273~274)는 "해방적이면서도 보수적인, 해방적이지도 않고 보수적이지도

않은 주체들이 활동하는 비결정성의 공간, 그것이 곧 시민사회"라고 주장하면서, "실증적 수준에서의 보수적 성격과 규범적 수준에서의 유토피아적 성격의 이중적 결합이야말로 한국 시민사회의 실체"라고 규정한다. 진보적 공론 영역은 이러한 비결정성의 공간에서 역사적으로 형성된 해방적 영역이다. 이런 의미에서 한국 시민사회의 유토피아적 성격은 규범적 수준이 아니라 실증적 수준에서 검증될 수 있다.

14) 상황을 이렇게 이해한다면 시민사회를 단일행위자로 상정하는 설명은 사실상 1987년 이전에 대한 설명에서도 타당성을 갖지 못한다. 단일행위자인 시민사회가 어느 날에는 진보적이었다가 다시 어느 순간에는 보수성을 띠는 것은 일관된 설명일 수 없기 때문이다. 이런 의미에서 중산층의 성격을 규명한다거나, 아니면 민중세력의 성장으로 1987년을 이해하려는 시도는 상당한 의미가 있는 작업이다. 이러한 설명은 적어도 시민사회를 단일한 세력으로 보는 것이 아니라 다양한 세력의 각축의 장으로 보기 때문이다. 그러나 시민사회가 계급적 정체성과 함께 비계급적 정체성이 형성되는 영역이라면 계급범주를 통해서만 시민사회를 설명하려는 것은 한계가 있다. 시민사회론을 도입할 때 중요한 것은 시민의 역사적 경험이 독자적 차원을 갖는다는 점이다. 저항적(contentious) 시민사회라는 구해근(Koo, 1993)의 개념은 이 점을 잘 포착하고 있다.

15) 이러한 운동정치가 제도화되지 못함으로써 참여연대나 경실련 같은 준정당적인 '종합적 시민운동'(조희연, 1999)이 발생할 수 있는 토양이 형성되었던 것이다.

16) 조희연은 제도정당 영역의 제도정치와 시민사회의 운동정치 간의 역동적 상관관계를 통해 한국 민주화를 분석한다(조희연, 2000; 민주화운동자료관, 2000). 이러한 틀은 민주화를 분석하는 데는 상당한 의미가 있지만, 민주화 이후의 사회를 분석하는 데는 한계를 가진 것으로 보인다. 민주화 이후에 문제가 되는 것은 시민사회 내의 갈등이기 때문이다. 조희연의 틀을 이용한다면, 진보적 공론 영역은 비제도적인 공론 영역이고, 운동정치의 영역이라 할 수 있다.

17) 적어도 한국의 공교육에서는 권위주의와 연고주의 같은 원리를 강조하지 않는다. 또한 한국의 공교육은 부정부패가 정당하다고 가르치지 않는다. 개인적 삶의 궤적에서 볼 때, 건전한 시민의식을 갖고 성장한 사람들이 여러 가지 전근대적인 행태를 보이는 것은 그가 체계의 영역과 부딪힐 때이다. 행정기관에 찾아가서 뒷돈을 주어야만 일이 처리되는 현실을 겪을 때, 한 개인은 부정적인 의식을 살기 위해 형성하는 것이다. 한국의 국가와 경제는 이중원리로 작동하고 있다. 곧 "법이 작동하는 국가기구, 국가행정과 법이 미치지 않는 지하행정, 법이 작동하는 경제와 법이 작동하지 않는 지하경제는 양자가 맞물려 돌아가면서 고도성장과 권위주의적 정치를 지탱하였던 기본구조였으며 한국사회의 작동 원리였다"(최장집, 1996: 291). IMF 시기에 논란이 되었던 '아시아적 가치'는 바로 이것의 반영이었으며, 이런 의미에서 '권위주의적 가치'(이승환, 1998)이다.

18) 이 문제는 한국뿐만 아니라 민주화 과정에 있는 나라들에서 해결해야 할 핵심적인 문제이다(신진욱, 2000).

19) 래시(Lash, 1990: 6~19)는 근대의 분화원리와는 달리, 포스트모더니즘의 의미작용의 체제를 탈분화(de-differentiation)로 정의한다. 그에 따르면 근대의 의미작용 체제의 특징이 분화 혹은 구별 작용이라면, 탈근대의 특징은 탈분화 혹은 탈구별 작용이다. 이 글은 한국사회의 근대적 분화가 구조와 의미의 양 수준에서 탈분화와 함께 진행되었다는 점을

지적하기 위해 이 개념을 차용하지만, 한국의 근대가 포스트-모던적이었다고 주장하는
것은 아니다.

20) 사회의 분화와 국가의 권위주의적인 탈분화의 과정은 단순히 전통적 요소의 잔존을 의
미하는 것이 아니었다. 국가는 전통과 현대의 지속적인 접합과정을 통해 정권을 재생산
하였다(김정훈, 1999).

21) '무책임의 사회'는 마루야마 마사오의 '무책임의 원칙'(마루야마, 1997: 173)에서 응용한
개념이다. 마루야마는 초국가주의에 의한 일본 근대의 형성이 근대적 개인주의의 성립
을 저지함으로써 사적인 일의 윤리성이 자신의 내부에 있는 것이 아니라 국가적인 것과
합일화되고, 이는 거꾸로 국가적인 것의 내부에 사적인 이해가 무제한으로 침입하는 결
과를 낳았다(마루야마, 1997: 51)고 주장한다. 이러한 국가주의 사회에서 일본 군국주의
자들의 정신 형태는 무책임의 원칙으로 요약될 수 있다는 것이다. 그는 전후 일본의 전
범 재판에서 전쟁을 일으켰으되 누구도 전쟁책임을 인정하지 않은 사실을 무책임의 원
칙의 실례로 들고 있는데(마루야마, 1997: 3장), 이런 점에서 광주청문회는 일본의 전범
재판과 너무나 흡사하다.

22) 이렇게 한국 시민사회의 역사를 이해한다면 한국의 민주주의는 '조숙한 민주주의'(최장
집, 1996: 20~23)가 아니라 '왜곡된 민주주의'로 이해될 수 있다. 곧 한국은 미국의 범위
에 의해 민주주의를 이식받은 것이 아니라 미국의 범위에 의해 민주주의를 왜곡당한 것
이다. 어떻게 위로부터 조직되고, '조숙한 민주주의'를 가진 시민사회가 그렇게 수많은
저항을 행할 수 있었는가를 이식된 민주주의를 주장하는 논의들은 해명하지 못한다.

6. 국가, 시민사회, 그리고 시민운동의 계급적 성격에 대하여

1) 이 글은 1997년 12월 12일 후기 사회학 대회에서 발표된 것이다.

2) 윤상철(1997: 26)은 시민사회를 이런 맥락에서 "계급적, 비계급적으로 형성되고 행위하는
국가에 대한 저항세력"이라고 규정하고 있다. 그는 자유주의적 시각과는 달리 시민사회
를 계급적인 관점에서 파악하고 있으나, 저항세력으로 보는 점에서는 자유주의를 답습
하고 있다. 그러나 시민사회는 국가에 대한 이데올로기적 지지기반으로 작용하는 보수
적 참호이기도 하고, '조직화된 시민사회'라 하더라도 관변적, 어용적, 보수적 사회운동
을 전개하는 경우가 흔히 있다는 점을 간과하고 있다.

3) 근래에 이러한 시각으로는 한완상(1997)도 포함시킬 수 있을 것이다. 그는 과거에는 국가
-시민사회의 이분법을 취했으나, 여기서는 명시적으로 '국가와 정당'(13), '국가와 정치사
회'(13; 14)를 구별하는 시각으로 바뀌고 있다. '정치사회'를 국가와 구별하는 삼분법적
모델이 지니는 문제점에 대한 비판적 논의로는 유팔무(1995), 손호철(1996: 51)을 참조하
라.

4) 윤상철(1997: 23), 정대화(1995: 63~65)를 참조하라. 정대화는 국가를 좁은 의미로 설정하
여 시민사회와 대립시키고 그 중간에 정치사회라는 매개구조를 설정한다(63). 그는 시민
사회와 정치사회가 비록 계급적/비계급적 갈등과 투쟁의 영역이라는 계급적 시각을 갖
지만, 정치사회를 "정당의 일상적 활동, 정당이 주체가 되어 선거가 이루어지는 공간, 의
회의 활동 등"(65)이라고 규정하면서 이를 국가와 명확히 구분, 사실상 야당 중심의 의회
정치, 혹은 집권층과 야당세력 간의 제도적 경쟁과 갈등의 장으로 간주하고 있다.

5) 윤상철(1997: 54)은 국가 개념을 지배 블록으로 대신하는데, 예컨대 한국의 3·4공화국 시기의 지배 블록이 군부, 민간관료, 대자본 등으로 구성되었다고 본다. 이 경우, 대자본은 지배 블록, 즉 국가에 포함된다는 이야기이다.

6) 손호철(1991: 18~19)에 의하면, 국가라는 개념은 국가론 논의에서 크게 여섯 가지 의미로 사용되고 있다고 한다. 그것들은 '영토에 기초한 정치적 커뮤니티'(나라), '객관화된 구조'(상부구조), '지배연합'(또는 지배 블록), '사회관계의 응집'(그람시, 풀란차스, '힘의 벡터'), '조직'(국가기구), '국가운영자들의 집단'(국가관료층) 등이다.

7) 본래 '총자본'이라는 개념은 마르크스에서 두 가지 의미를 지녔다. 하나는 '자본가계급 전체', 다른 하나는 국가를 의미하는 것이었다.

8) 사회과학계에서 김영삼 정권의 성격을 바라보는 다양한 시각들에 대해서는 손호철, 「김영삼 정권의 국가 성격: 중소자본의 국가, 중산층의 국가?」, 『해방 50년의 한국정치』(새길, 1996: 238쪽 이하)를 참조할 것.

9) 이는 어떤 계급, 계층이 선거를 통한 지지와 압력, 재정적인 후원과 압력 등을 보내는가의 측면이다. 이런 측면에 대한 고려는, '지배 블록'에 누가 속하고, '저항연합'에 누가 속하는지, 그리고 각각의 내부에서 각 세력들이 서로 어떤 연관관계 속에 있는지도 분석할 수 있는 여지를 담고 있다. 한국사회에서 통용되는 이른바 '정경유착'의 현상도 여기에 해당한다.

10) 손호철(1993: 130)은 계급정치 대신에 '계급정책'을 "국가정책의 한 유형으로서, 한 사회에서 계급의 형성, 계급구조의 재생산 등 계급문제와 (직접적인-필자) 관련이 있는 일련의 정책들"이라고 규정하고 있다. 김호기/김정훈(1997: 222 각주)은 계급정치를 "시민사회 내 상이한 계급들간의 이해관계가 정당과 노동조합과 같은 사회조직을 매개로 정치사회에 반영되는 정치"라고 정의하고 있다.

11) 노중기(1997)는 이러한 3차원의 계급정치를 노동의 측면에서 (1) 작업장 정치, (2) 노동정치, (3) 국가정치라고 구분하기도 한다.

12) 박형준(1997: 22; 26~27)은 비록 국가-경제사회-시민사회 삼분법을 취하면서도 시민사회의 핵심을 시민권에 있다고 본다.

13) 시민운동의 정치적 성격을 드러내주는 대표적인 예는 운동단체들의 정책목표이고, 이러한 목표를 달성하기 위한 출판, 캠페인 활동 등이다. 예컨대 경실련(경실련정책연구위원회, 1996)은 경제정의 실현을 위한 한국사회의 개혁과제를 총체적으로 제시해오고 있으며, 참여연대(참여사회 연구소, 1997)도 자신들의 정치적인 목표(참여민주주의)와 이의 실현을 위한 정책과제들을 총체적으로 제시하고 있다.

14) 전교조를 대신해서 교총을 설립한 경우도 이와 흡사하다.

7. 비정부사회운동단체(NGO)의 역사와 사회적 역할

1) 1988년 국정감사 자료에 따르면, 당시 시위는 1월부터 시작하여 6월에는 한 달 동안에만 3,362건이 발생하였고 참가자수는 100만 명에 달한 것으로 보고되었다(정철희, 1997: 117).

2) 1997년 전국연합의 회원단체는 전국농민회총연맹, 전국교직원노동조합, 전국노동운동단체 협의회, 전국노동단체연합, 전국민주주의민족통일중앙회의, 한국노동운동협의회, 카

톨릭노동사목전국협의회, 전국여성농민회총연맹, 전국불교운동연합, 한국대학총학생회
연합, 한국민주청년단체연합, 한국기독사회운동 연합 등 12개(≪시민의 신문≫, 1997 :
87)으로서, 12개의 지역 연합과 12개의 시·군 지부를 두고 있다.

3) 신철영(1995: 132)은 그 이유를 "경실련 노동자회가 사회적인 공공선을 위한 노동운동을
추구하였지만, 기존의 노동운동가들은 경실련 운동을 개량주의 운동으로 규정하였다."
"노동계급의 이익을 옹호하는 노동운동에 익숙한 노동자들에게 경실련이 추구하려는 노
동운동은 쉽사리 수용되지 못하였으며, 경실련 안에서도 그것을 필요한 경우에 한하여
연대사업으로 하자는 문제제기들이 있었기 때문이었다"라고 설명하고 있다.

4) 강릉(1995년 7월 창립, 회원 330명), 거제(1994년 11월, 회원 185명), 경주(1995년11월, 220
명), 광주(회원 200명), 구미(1995년 10월, 200명), 대구(1990년 6월, 300명), 대전(1989년
12월, 193명), 부산(1995년 9월), 부천(1994년 11월, 200명), 수원(1993년 10월, 120명), 안
동(1995년 2월, 170명), 안산(1993년 7월, 200명), 안양(1993년 12월, 303명), 익산(250명),
인천(1992년 10월, 700명), 전주(1994년 2월, 306명), 정읍(1995년 12월, 100명), 제주(1991
년 2월, 150명), 청주(1994년 4월 500명), 춘천(1993년 10월), 하남(1995년 3월 200명) 등이
다.

5) 현재 환경연 지역조직으로는 거제(1994년 10월 창립, 회원 500명), 경기 북부(1994년 10월,
350명), 광주 전남(1993년 4월, 800명), 대구(1993년 1월, 1,200명), 대전(1993년 9월), 마산/
창원(1991년 12월, 1,000명), 목포(1988년 8월, 438명), 부산(1993년 4월, 1,800명), 서산/태안
(1994년 4월, 350명), 속초(1995년 9월, 170명), 시흥(1995년 11월, 205명), 울산(1993년 6월,
600명), 원주(1993년 9월, 200명), 인천(1994년 12월, 500명), 전북(1994년 2월, 526명), 진주
(1993년 4월, 587명), 청주(1995년 4월, 320명), 충주(1994년 12월, 350명) 등이 있다(≪시민
의 신문≫ 1997).

6) 회원단체로는 거창 여성회, 경남 여성회, 광주 여성 노동자회, 광주 여성회, 기독 여민회,
대구 여성회, 대전 충남 여민회, 마산 창원 여성 노동자회, 부산 여성회, 새 세상을 여는
천주교 여성 공동체, 서울 여성 노동자회, 수원 여성회, 인천 여성 노동자회, 전국여성
농민회 총연합, 전북 여성 운동 연합, 제주 여민회, 지역 사회 탁아소 연합회, 충북 여민
회, 한국 여성 노동자회 협의회, 한국 여성 민우회, 한국 여성 사회 교육원, 한국 여성
연구회, 한국 여신학자 협의회, 한국 여성의 전화, 함께하는 주부 모임, 기독교 여성평화
연구원, 불교 인권 위원회 여성분과, 포항 여성회, 순천 우리 여성회 등이 있다(≪시민의
신문≫(1997: 229).

7) 1993년 경실련 상임집행위원 정성철 변호사는 정무 1장관 보좌관으로, 1994년 정책실장
정태윤은 민주자유당 서울 도봉을 지구당 위원장으로, 1995년 정책위원장 박세일 교수
와 상임집행위원장 이영희 교수는 청와대 정책기획 수석비서관과 민자당 여의도 연구소
소장으로 진출한 바 있다(≪한겨레신문≫, 1995년 2월 25일자; 박상필, 1998: 129).

8) 성경륭·김호기(1997)는 이런 맥락에서 시민운동을 "다양한 사회집단들이 참여하여 영향
력과 압력 등의 평화적 수단을 통해 사회질서를 점진적으로 변화시키려는 공익추구적·
개혁적 사회운동"이라 규정하기도 하였다. 그러나 "현실적으로 볼 때 시민단체라고 해
서 결코 사적·특수적 이익추구로부터 무관한 것도 아니고, 단지 1차적으로 공적, 일반
적 이익을 추구한다"는 단서를 붙이고 있다.

박상필(1998)은 "공공의 이익을 추구하는 시민단체의 자주적 활동은 국가권력과 경제권력의 견제, 사회구조의 다원화, 수평적 커뮤니케이션의 강화, 상호 협력과 연대를 통한 시민권리의 확보, 사회적 분쟁과 갈등의 조정 등 사회 전반에 걸쳐 중요한 역할을 한다"(4)라고 하면서 "시민단체는 민간단체로서 공공선을 추구하는 단체"(9)이고 "비정부, 비정파, 비영리 결사체로서, 시민들의 자발적이고 능동적인 참여로 이루어지고 자원주의(volutarism)에 입각하여 공익추구를 그 목적으로 한다"(35)고 규정하고 있다.

9) <그림 1> 참조.

10) 물론 당시까지의 순수한 비정부 사회운동단체들이 모두 이런 성격을 지니는 단체들이었다고 할 수는 없으며, 흥사단, YMCA, YWCA, 소비자 단체 등 그 중간 형태들도 존재해왔다. 그러나 이들은 대체로 절충적이었고 사회운동적인 성격이 약했던 것으로 보인다.

11) <그림 1> 참조.

12) 이 점과 관련해서는 송복 외(1994: 57)의 조사에서 시민단체 활동가들이 단체의 활동에 대해 평가한 결과가 매우 시사적이다. 응답자들 가운데 "시민단체들이 시민사회 전체의 발전을 위하여 열심히 노력하고 있다"는 데 동의한 경우는 68.9%에 달하지만, "자신이 속한 단체회원들의 이익에만 급급하다"는 데 동의한 경우도 21.9%, "대부분 지도자급 인사들의 정치적인 목적이나 이익 등에만 급급하다"는 데 29.8%가 동의하는 것으로 나타났다.

13) 여연과 참여연대는 경실련이 주도해온 시민협에 가입하지 않고 있다. 이들은 전국연합에도 가입하고 있지 않으나, 상대적으로 사안별 연대사업을 자주 벌이는 편이다.

8. 종합적 시민운동의 구조적 성격과 변화전망에 대한 연구

1) 이 글은 당초 '참여연대' 5주년을 기념하여 진보적 시민운동의 성격을 조명하기 위한 것으로 작성되었다. 여기서는 참여연대와 같은 진보적 시민운동을 염두에 두면서도 보다 일반론적으로 '종합적 시민운동'의 성격과 전망을 살펴보았다.

2) 시민운동 및 NGO에 관한 최근의 연구로는 다음을 참조. 김광식, 『한국 NGO, 21세기의 희망인가』, 동명사, 1999; 양용회, 이창호 외, 『비영리단체의 모금 전략과 자원 개발』, 아시아 미디어 리서취, 1997; 크리스찬 아카데미. 사회교육원 편, 『한국 시민사회의 이해』, 한울, 1998; 주성수, 『시민사회와 제3섹터』, 한양대 출판부, 1999; 이효선, 『현대 한국의 시민운동』, 집문당, 1997; 김호기 · 유팔무 편, 『시민사회와 시민운동』, 한울, 1995; 임희섭 · 양종회 편, 『한국의 시민사회와 신사회운동』, 나남, 1998; 나라정책연구회 편, 『한국 사회운동의 혁신을 위하여』, 백산서당, 1995; 강선미 · 이기호 편, 『한국사회운동의 과제와 전망』, 개마서원, 1997.

3) 조희연, 『한국의 국가 · 민주주의 · 정치 변동』, 당대, 1998, 3장 참조.

4) 조희연, 앞의 책, 1998.

5) 1980년대 후반의 대표적인 시민단체로서의 경실련의 초기 활동에 대해서는 다음을 참조. 서경석, 「경실련 운동의 평가와 전망」, 『경실련 출범 3주년 기념 자료집』, 1993; 서경석, 「1994년 경실련 운동의 방향」, 『경실련 출범 4주년 기념 자료집』, 1994; 서경석, 「경실련 5주년의 평가와 전망」, 경실련 편, 『경실련 창립 5주년 기념 자료집-깊어진 시민의식, 넓

어진 시민운동』, 1995; 「경실련을 위한 변명: 김현철, 비디오 테이프와 거짓말」, 1998, 1997년 4월호 월간 ≪말≫; 「눈물흘린 경실련 그리고 시민운동」, 『인물과 사상』 5권, 개 마고원; 정수복, 「경실련 운동 5년을 평가한다」, 창립 5주년 기념 심포지엄 자료집; 서경 석, 「경실련 3년의 평가와 반성」, ≪월간 사회평론≫ 1992년 8월호.

6) 신사회운동에 대해서는 다음을 참조. Claus Offe, "New Social Movements: Challenging the Boundaries of Institutional Politics," *Social Research* 52: 4, 1985. 클라우스 오페, 「신사회운동: 제도정치의 한계에 대한 도전」, 한국정치연구회 정치이론분과 편, 『국가와 시민사회--조 절이론의 국가론과 사회주의 시민사회론』, 녹두, 1993; Carl Boggs, *Social Movements and Political Power: Emerging Forms of Radicalism in the West,* Philadelphia: Temple University Press, 1986; 조돈문 편저, 『노동운동과 신사회운동의 연대 — 이론적 이해와 연대의 경험』, 한 국노총중앙연구원, 1996; 러셀 J. 달턴, 만프레트 퀴흘러 편, 『새로운 사회운동의 도전』, 한울 아카데미, 1996; 최종욱, 권용혁, 「새로운 사회운동론에 대한 이론적 설명담론」, 최 종욱 외. 『현대의 위기와 새로운 사회운동』, 문원, 1994 ; 김용창, 「한국에서 새로운 사회 운동의 올바른 논의를 위하여」, 『사상문예운동』, 1991 가을호 ; 이병천, 박형준 편저, 『후 기 자본주의와 사회운동의 전망』, 의암, 1995.

7) 이런 점에서 필자는 종합적 시민운동은 '정치적' 시민운동으로서의 성격을 띠고 있다고 생각된다. 이것은 종합적 시민운동체들이 자신의 정관에 강력한 '반(反)정치주의'적 규칙 (예컨대, 임원이 정치에 진출하면 임원직을 그만두어야 한다)을 가지고 있는 것과 대비 된다.

8) 「민중운동, 시민사회 그리고 시민운동」(조희연, ≪실천문학≫, 실천문학사, 1993); 『시민 사회와 시민운동』(유팔무 · 김호기 편, 한울, 1995) 3부에 실린 글들은 그러한 문제의식을 반영하고 있다.

9) 참여연대의 초기 정체성은 '종합적 권력감시 운동', 법을 독재정권의 지배도구에서 시민, 노동자, 민중의 권리 확장을 위한 투쟁 도구로 활용하고자 하는 '법률적 시민운동', 구체 적인 대안을 제시하면서, 대안을 가지고 '앞으로부터 끄는' 시민운동이 되고자 하는 '정 책(대안)적 시민운동', 친노동운동적인 시민운동, 보수적 시민운동에 대립하는 '진보적 시민운동' 등이었다.

10) 조희연, 「한국정치의 혁신과 세력 교체」, 민주노동당 창당준비위원회 주최 정책토론회, 국회헌정기념관, 1999. 9. 7.

11) 민교협 편, 『21세기 한국사회의 공공 영역 구축 전망』, 문화과학사, 1998 참조.

12) ≪시민의 신문≫에서 발행한 <한국 민간단체 총람 1997>에서는 — 무응답 단체를 제 외하고 — 3,500여 개의 단체가 조사되었고 3,500개의 단체를 지부의 수까지 계산할 경 우 1,000개 정도로 추산된다. <한국 민간단체 총람 2,000>에서는 6,000개 정도의 단체 가 조사되었고 지부까지 계산할 경우 2만 여 개가 되는 것으로 추산된다. 민간단체의 범 위를 어떻게 설정할 것인가, 조사에서 누락된 단체, 한 조직의 지부를 별개의 단체로 계 산할 것인가 등등 여러 쟁점이 존재하고 있고 있지만, 한국의 민간단체의 수는 수만 개 를 헤아린다고 추산할 수 있다.

13) 이런 점에서 참여연대 국제인권센터가 '글로벌 이슈'를 종합적으로 다루는 '국제민주연 대'(가칭)로 독립화하는 것은 상징적인 의미를 갖는다.

14) 시민사회 및 시민운동의 성격을 둘러싼 논쟁에 대해서는 유팔무·김호기 공편, 『시민사회와 시민운동』, 한울, 1995, 2장 참조.

15) 조희연, 『한국민주주의와 사회운동』, 당대, 1998, 6장; 조돈문 편저, 『노동운동과 신사회운동의 연대 I』, 한국노총 중앙연구원, 1995 참조.

16) Claus Offe, "New Social Movements: Challenging the Boundaries of Institutional Politics," *Social Research* 52: 4, 1985; 클라우스 오페, 「신사회운동: 제도정치의 한계에 대한 도전」, 한국정치연구회 정치이론분과 편, 『국가와 시민사회-조절이론의 국가론과 사회주의 시민사회론』, 녹두, 1993.

17) A. Gramsci, Selections from the Prison Notebooks, NY: International Publishers, 1971; Sassoon. A. S. 1980, Approaches to Gramsci, 사쑨, 1984, 최우길 역, 『그람시와 혁명전략』, 녹두; 칼 보그. 1991, 『다시 그람시에게로』, 한울 참조.

18) 조원희, 「소액주주운동, 타당한 재벌개혁 전략인가」, ≪경제와 사회≫ 1999 여름호, 한울.

19) 김성구, 「과대포장된 소액 주주 운동」, ≪한겨레21≫ 255호, 1999.

20) 김주용, 「소액 주주 운동 과대 포장에 대한 반론」, ≪한겨레21≫ 257호, 1999.

21) 김성구, 「진보적 경제 민주화운동으로 가야」, ≪한겨레21≫ 258호, 1999.

22) 외국의 경우, 비영리단체(NPO) 전체를 조사한 자료를 보면 정부보조금이 30%, 개인적 기부금이 20%, 회비와 수익금 등이 50%를 차지하는 것을 알 수 있다(電通總硏, 제진수 역, 『NPO』, 삼인, 1999)

23) 조희연, 「시민운동의 정치참여, 어떻게 볼 것인가」, 나라 정책연구회 주최 월례 포럼, 1999. 9. 27.

24) 이와 관련하여 민예총의 전통을 계승하면서 동시에 문화개혁 영역을 개척하고자 1999년 10월 출범한 '문화개혁 시민연대'가 있다.

25) 김어준 외, 「딴지일보 기자들이 본 시민운동: 앗! 씨바, 시민운동 졸라 엄숙해」, ≪월간 참여사회≫, 1999년 8월호.

26) 조희연, 『한국 민주주의와 사회운동』, 당대, 1998, 3장 4절 참조.

9. 시민운동에 대한 비판적 평가

1) 이 글은 시민운동에 대한 연구논문이라기보다는 현실에서 접한 시민운동의 경험과 시민운동 담론에 대한 개인의 비판적 평가서이다. 이 글에서 인용하고 있는 대부분의 글은 참여연대 5주년 심포지엄 자료집에 있는 조희연 교수와 김동춘 교수의 논문에서 인용한 것이다. 인용처를 특별하게 언급하지 않는 한 그 논문들의 인용임을 밝혀둔다.

2) 조희연 교수는 시민운동의 시기를 탈정치, 비정치적 시민운동의 1단계 시민운동(~1987년), 보수지향의 온건한 시민운동으로 존재한 2단계 시민운동(~1990년대 중반) 그리고 2단계의 정체성이 약화되거나 주변화되면서 진보적 성격이 강화되는 3단계 시민운동으로 구분하며, 참여연대를 3단계의 진보적 시민운동으로 규정하고 있다. 그러나 우리 논점은 시기구분 문제가 아니라 현재 세 가지 성향의 시민운동이 혼재하고 있는 현실에서, 그리고 세 가지 성향이 시민운동으로서 갖는 동질성이 무엇인가에 있다. 즉, 시민운동 담론의 효과가 무엇인가라는 점이며, 보수적 시민운동과 진보적 시민운동이 진보적, 보

수적이라는 가치지향에서는 다르지만 서로가 공유하고 있는 지반이 무엇인가라는 점이
다.

3) "시민운동의 일부로 인식되는 여성운동 같은 경우 1980년대 중반에는(반독재투쟁 과정
에서 민중운동의 헤게모니가 강하게 존재하고 있던 시기) 민중운동의 일부로 급진적인
성격을 강하게 가지면서 형성되었다. 그러나 1980년대 후반 및 1990년 초·중반에 여성
운동은 시민운동으로서의 정체성을 강조하는 방향으로 변화했다"(조희연).

4) 그것의 극단적인 경우가 작년 세계 NGO 대회이다. 이 대회에 NGO라는 이름으로 참석
한 단체들의 명단을 살펴보면, 과거의 관변 어용단체가 NGO라는 자기 정당화의 명칭과
면죄부를 부여받는 수많은 경우를 볼 수 있을 것이다.

5) 시민운동으로의 재호명은 사회운동에서 민중운동의 헤게모니적 지위를 파괴하고 주변화
되었던 중간단체들을 주도적 지위로 상승시키면서 시민운동의 헤게모니적 지위를 구축
하는 효과를 낳는다. 그리고 이 과정은 현실 사회주의의 몰락, 민중운동의 약화, 민간정
부(문민정부, 국민의 정부)의 합리적 개혁에 대한 기대 심리의 확산 등 주체적 요인과 계
급갈등을 대결적 구도가 아닌 협의적 구도로 전환시키고, 전투적 저항세력을 해체하고
합리적 개혁세력을 부각시키려는 자본과 권력의 이해, 그리고 이런 변화를 가능하게 했
던 신자유주의의 전세계적 확산과 NGO 운동의 세계화라는 요인들이 복합적으로 작용
한 것이다.

6) NGO의 연원은 '로마클럽'에서 기원한 것이며, 한국사회에서는 그린피스의 환경운동과
엠네스티의 인권운동이 대표적으로 알려져 있다. 그리고 NGO 담론은 리우 환경회의,
베이징 여성회의, 제네바 인권회의 등 NGO의 세계화와 국제연대가 본격화된 1990년대
에 들어오면서 본격적으로 확산되었다. NGO는 그 표현이 담고 있듯이 GO, 즉 정부, 국
가기구와의 관계에서 자신의 정체성을 정립한다. 비판적이든 협력적이든 GO와의 관계
속에서 자신의 정체성을 정립할 수밖에 없는 것이 NGO 운동인 것이다. 김대중 대통령
이 얼마 전에도 "정부와 시장과 시민사회(NGO)의 동반자적이고 협력적인 관계"라고 밝
힌 점에서도 알 수 있듯이 NGO 담론은 과거의 운동이 맹아적으로나마 가지고 있었던
체제 일탈성과 급진성을 순화시키고 거세시키는 것이다. 즉, 이런 의미를 극단화시킨다
면 진보적, 급진적, 체제일탈적 NGO라는 것은 논리적 모순이며, 앞의 수식어는 체제개
혁과 합리화를 지향하는 NGO 담론에 포섭되면서 그 의미가 거세될 수밖에 없는 것이
다. 혼동을 피하기 위해서 언급하자면, 이것이 NGO 활동가들의 전략목표라는 것이 아
니라 NGO 담론의 이념적, 사회적 효과라는 것을 분명히 지적하고자 하는 것이다. 왜 그
토록 보수언론들이 NGO 담론에 민감하게 반응하며, 정부는 NGO의 지위를 격상시키고
파트너화하고 있는가라는 문제제기에 대한 나름의 대답인 것이다.

7) 이 질문에 대한 대답은 앞부분에서도 언급했듯이 시민운동 담론의 사회적 효과라는 것
이 필요한 상황이었다는 점과 그것이 가능할 수 있는 물질적 기반, 사회구조와 계층적
기반이 실체로 등장했다는 점 그리고 신자유주의와 NGO 운동이 세계화되고 있었다는
요인들이 중첩적으로 작용한 것이라는 것이 우리의 시각과 문제설정이다.

8) 이 글의 논지에서 신사회운동에 대한 규정이 제한되고 있는 것이 사실이다. 즉, 광의의
개념에서 신사회운동이 아니라 협의의 개념, 더 좁혀서는 서유럽의 생태주의 운동으로
대변되는 사회운동을 집중적으로 표현하고 있다는 것을 인정한다.

10. 이제 다시 위태로운 모험의 기로에 선 한국 시민운동

1) 노동운동 진영에서는 여전히 시민단체들이 벌이는 재벌개혁 운동에 대해 '정권과 독점자본의 2중대'라는 평가를 노골적으로 내리고 있는 반면(김세균, 1998), 삼성자동차 문제, 현대그룹 주가조작 문제 등에 대한 시민단체의 주장에 대해 전경련을 필두로 한 재계에서는 자본주의 사회의 신성권리인 소유권까지 문제삼는 '지극히 불온하고 과격한 주장'이라는 불만을 공개적으로 드러내기도 한다.

2) '2000년 총선시민연대'의 낙천·낙선운동과 관련된 자세한 내용은 www.ngokorea.org에서 확인할 수 있다. 관련기사 및 여론조사, 그 동안의 활동경과, 공천반대인사 선정기준 및 선정 인물 등에 대한 모든 자료가 실려 있다.

3) 이하 표와 그림은 필자가 인터넷 홈페이지 www.naver.com에서 《경향신문》, 《중앙일보》, 《한겨레신문》, 《한국경제신문》, 《코리아헤럴드》등 5개 신문의 검색을 통해 지난 1997년부터 1999년까지의 내용을 재구성한 결과이다. 단, 단어검색을 통해 확인한 기사건 수 분석이기 때문에 가장 기초적인 자료에 지나지 않음을 전제해둔다.

4) 당시 논쟁에 대해선 유팔무·김호기(1995)를 참조.

5) 그나마 가장 논쟁이 진행되는 운동은 참여연대가 벌이고 있는 소액주주운동에 대해서이다. 소액주주운동이 재벌체제의 근본적 변혁을 이뤄내지는 못하고 있다는 김성구(1999a)의 비판에 대해, 재벌개혁과 재벌감시의 유효한 수단으로서의 소액주주운동에 대한 부적절한 비판과 함께(김주영, 1999; 조희연, 1999), 소액주주운동은 분명히 자유주의의 틀 안에 있으며(조원희, 1999), 중장기적으로는 본질적 선택을 요구받게 될 것이라는 주장도 제기되었다(조희연, 1999).

6) 이런 분위기는 과거 경실련이 기존 민중운동을 대체하는 '새로운 대안운동으로서의 시민운동'을 주창하고 나온 것에 비해(서경석, 1993: 15), 최근의 시민운동에선 그런 이분법적 주장은 별로 제기되고 있지 않기 때문에 나타나는 것일 수도 있다. 실제 운동의 현장에서 시민단체와 노동단체의 연대활동이 많이 이루어지고 있으며 그 둘의 관계를 지나치게 적대적이거나 양립불가능한 것으로 설정할 필요를 그다지 느끼지 못하고 있다. 그리고 이런 현장의 문제의식은 이론진영에도 이미 일정한 영향을 주고 있다(김동춘, 1999; 조희연, 1999).

7) 정보공개청구운동에 대한 더욱 자세한 자료는 참여연대 정보공개사업단이 펴낸『정보공개청구운동백서 1998. 5~1999. 5』나 2000년 2월 11, 12일 이틀간 서울 봉은사에서 19개 전국 시민단체들이 참가하여 진행한 '전국 판공비 공개운동 워크숍' 자료집을 참고할 것.

8) 이는 앞에서 살펴본 언론보도의 추이를 통해서도 확인할 수 있다. 시민단체, 시민운동에 대한 언론 보도의 횟수는 1998년 이후 급격한 상승곡선을 그리고 있다.

9) 지난 1월 5일, 90여 개 시민·사회단체가 발표한「새 천년 시민사회 선언: 참여와 공생의 시대로」에서는 신자유주의 반대, 사회적 약자와의 연대, 그리고 친노동적·친환경적·친여성적인 개혁적 시민운동의 출발이 선언되었다. 이 선언에서는 기존의 서울 중심이 아닌 지역을 포함한 전국적 네트워크, 노동운동과 민중운동, 시민운동의 새로운 연대성의 정립, 다양한 부문운동 간의 수평적 네트워크 구성이 주장되었다.

10) 하지만 그것이 시민운동의 중요한 장점이었음을 부정할 수 없다. 1980년대의 운동이 추

상적이고 이념적 주장에는 강했지만, 구체적인 현실의 문제점을 지적하고 이에 대한 대안을 제시하지는 못함으로써 오히려 실질적 영향력을 발휘하지 못했던 것과 분명히 대비가 되는 것이다. 정부나 기업이 시민단체의 의견을 쉽게 무시하지 못하는 큰 이유 가운데 하나는 구체적이고 각론적인 정책대안을 제시할 수 있다는 사실이다.

11) 그 대표적인 예가 바로 경실련의 경우일 것이다. 경실련이 등장하면서 주창했던 금융실명제 도입의 경우 그것이 갖는 개혁성에도 불구하고 이를 정부가 전격적으로 수용하는 순간부터 경실련은 급격히 운동 역량을 상실해갔다. 이는 단순히 경실련 인사들의 정·관계진출이라는 형식상의 문제가 아니라 시민단체의 운동성이 소진되었다는 내용상의 문제를 의미하는 것이다.

12) 이는 심정적으로 지지하거나 회원으로 가입하는 정도의 사람들만을 의미하는 것이 아니다. 적극적으로 자원활동에 참여하거나 직접 실행회의에 결합하여 자신의 전문적 식견과 경험을 공유하고자 하는 사람들 가운데서도 많은 경우가 그러하다.

13) 이미 각 시민단체의 활동가나 소속 전문가들 가운데는 개별적으로 민주노동당의 당원이거나 창당 과정에 깊숙이 연계를 맺은 사람들이 많다. 기존 정당과의 관계에 있어서는 이들이 시민단체 활동에서 배제되는 것이 당연하다고 받아들여지는 반면, 민주노동당에 대해서는 '예외'적으로 받아들여지는 분위기이다. 하지만 시민단체 내부의 이질적인 이념적 성향을 감안할 때, 이 역시 조만간 문제가 될 가능성도 분명히 있다.

14) 최근 한국노총의 자체 설문조사에서 자신의 제휴 파트너로 한나라당이 1위(19.5%)를 차지하고, 민주노동당이 2위(15.4%), 신당 3위(14.6%), 새천년민주당이 4위(13.5%)였다는 사실은 중요한 시사점을 제공한다(≪시민의 신문≫ 2000. 1. 31~2. 6). 최소한 노동자계급 내부에서조차 민주노동당이 자신을 대표·대변하는 정당으로 받아들여지고 있지 않는 상황에 대해 그들이 어떤 대안을 제시할 수 있을지 궁금할 따름이다.

11. 시민사회의 정치개혁운동과 낙천·낙선운동

1) 이 글은 2000년 5월 한국산업사회 학회 춘계학술대회에서 발표한 것을 손질보완하여 한림대 사회학과(4호), ≪한림사회학평론≫ 제6집(2000년, 한울)에 실린 것이다.

2) 1999년 9월 8일 40개 시민단체가 모여 '국정감사 모니터 시민연대'를 발족하고 국감시민모니터 활동에 돌입하였다. 국감시민연대는 선언문을 통해 "우리가 투표로 선출한 국회의원들의 의회활동에 대해 발언하거나 참여할 기회는 좀처럼 주어지지 않아 왔다"고 지적하고, 국감시민연대의 활동은 "국회를 유권자의 것으로 되찾기 위한 유권자들의 자구적 행동"의 시작이라고 표현하고 있다.

3) 경실련은 총선시민연대에 가입하지 않고 별도의 유권자 정보운동을 전개하였는데, 당시의 쟁점은 낙천·낙선운동이 '불법을 무릅쓴' 운동을 지향하고 있었던 데 반하여, 경실련은 합법 영역의 한계 내에서 유권자들에게 정보를 제공함으로써 유권자들의 합리적 투표를 지원하는 정보제공 운동을 지향한다는 취지였다. 낙천명단 발표 단계에서는 경실련, 정치개혁 시민연대와 총선시민연대가 낙천명단 발표를 별개로 발표하였던 반면에, 낙선운동은 총선시민연대를 중심으로 단일하게 추진되었다.

4) 총선시민연대의 선거법 입장에 대해서는 다음을 참조. 백승헌, 「총선연대 선거법개정안」, 2000. 2. 1.

5) 3월 2일부터 6일까지 명동성당에서 개최한 '정치개혁 국민광장'도 이러한 시도였다. 집중 캠페인 기간을 정하여, 공천 철회운동으로 협소화된 운동을 보다 국민적인 정치개혁 참여 운동으로 확장하는 노력을 하려 하였다.

6) 상향식 공천을 규정한 정당법을 제대로 준수하지 않은 정당들을 대상으로 100여 명의 시민들을 대신하여 공천무효 소송을 제기하였으나, 공천 신청자가 아닌 일반 시민들의 경우 소송을 제기할 자격요건이 없다는 점에서, 또한 판결의 효과가 없다는 취지에서 가처분 소송은 기각되었다. 그러나 전북 군산에서 입후보한 함운경 후보가 적법한 절차를 지키지 않고 낙하산 식으로 공천을 받은 강현욱 의원을 상대로 낸 공천무효 가처분 소송이 3월 24일 받아들여짐으로써 비민주적 공천에 일대 법적 경종을 울리는 사건이 발생하기도 하였다.

7) 특별히 부패사건에 연루되었지만, 무죄판결을 받았거나 형이 확정되지 않은 의원들의 경우 항변을 하고 있다. 공천 부적격자 선정에서 특징적인 것은 부패전력이나 돈 선거로 인한 선거법 위반 등을 중요한 선발기준으로 사용하고 있다는 점이다. 정경유착이나 뇌물수수 등 권력형 부패사건과 선거부정사건에 대해서는 1심에서 무죄판결을 받은 경우는 특별한 사유(예컨대 금품수수행위가 사실무근으로 밝혀지는 것)가 없는 한 최종 재판 결과와 관계없이 공천반대 대상으로 선정하였다. 또한 금품수수 등 비리로 추정되는 사실관계가 확인되는 정치인 중 '정치자금법' 등이 갖는 법적 미비점으로 인해 무혐의 처리된 경우에도 금품수수 사실이 인정되는 정치인 모두를 공천반대 대상에 선정하고 있다. 이것은 부패와 관련하여 '사실'이 확인된 경우 실정법적 처벌을 피해간 경우라도 모두 공천반대 대상에 포함시킨 것이 인상적이다. 형 확정 전에는 무죄추정원칙이 존재함에도 불구하고, 권력형 비리사건에 관한 한 사법적 정의가 살아 있지 않다는 판단을 전제하고 있으며, 반부패의 확고한 정치적 메시지를 전달하려 한 것으로 보여진다.

8) 낙천운동에 대한 언론의 반응은 먼저 시민권력론이라는 이름으로 시민단체가 본령을 넘어 과잉 정치적 행동을 하는 것이 아닌가, 시민단체가 과잉 권력을 갖는 것은 아닌가 하는 논조로 비판적으로 보도하는 신문들이 있었다. 또 하나의 대치점은 합법성 문제였다. 비판의 논조는 시민단체가 탈법적 운동을 해서는 안되며, 개정 선거법에서 허용된 활동을 넘어 '불법' 선거운동을 할 경우 혼탁선거를 부채질할 수 있고, 이것은 이익단체나 사조직들이 혼탁선거를 촉발하는 계기를 제공할 수 있다는 것이었다(『총선시민연대 언론대책 특별위원회 발족 기자회견 자료집』, 2000. 3. 10).

9) 낙선운동의 일반적 방침을 수행함에 있어서는 ① 선거법상 불법이 되는 유권자 대상 낙선운동을 어떻게 수행할 것인가하는 점과, ② 낙선대상 지지자들과의 충돌을 어떻게 회피하면서 낙선운동을 지속할 것인가 하는 점이 문제로 되었다. 총선연대 지도부는 불법을 무릅쓴 낙선운동을 감행하는 것으로 되어 있으나 '불법적인' 낙선운동의 경우 지속적으로 수행할 수 없다는 난점이 있었고, 불법적인 낙선운동 형태에 시민적 참여를 촉구하기가 어려운 난점이 있었다. 또한 불법을 감수하더라도 유권자 접촉 과정에서 전면적인 낙선 캠페인을 하는 경우 지지자나 선거운동원과의 충돌이 문제로 되었다. 이와 관련하여 총선연대의 일반적 방침은 중앙, 광역, 기초 단위 총선연대와 참여단체는 일반적으로 선거법상 허용한 낙선운동 방법을 최대한 활용하여 활동하되, 중앙과 광역 총선연대는 선택적으로 시민불복종 운동을 포함해서 '불법적인' 낙선운동 방법도 동원하며, 지지자

들과의 물리적 충돌을 최대한 범위 내에서 기초 총선연대는 자율적으로 낙선운동을 전개하는 것으로 하였으며, 학생, 종교계, 청년 등 부문 총선연대 조직은 자발적 결의에 따라 합법과 불법을 불문하고 낙선운동을 폭넓게 전개하는 것으로 정하였다. 낙선운동이 전개되면서 낙선대상 후보의 선거운동원 및 지지자들이 의도적으로 낙선운동 캠페인을 방해하고 지지자들과의 충돌이 발생하자, '비폭력 평화운동 수칙'을 정하여 적극적인 평화적 낙선운동을 전개하고자 노력하였던 것으로 보여진다.

10) 예컨대 한나라당의 이회창 총재 진영은 한편으로는 낙천·낙선운동의 요구를 일정하게 받아들이는 형식을 취하면서, 다른 한편으로는 자신의 경쟁 상대가 되는 중진후보들을 대거 공천에서 배제하였다. 한나라당은 총선시민연대에 대해 '유착설'을 제기하는 한편, 낙천운동의 요구를 부분적으로 수용하는 형식을 빌려, 자신의 리더십을 강화하는 방향으로 공천을 감행하였다.

11) 신당에 대해서는 총선시민연대 내부에 양론이 존재하였던 것으로 보여진다. 첫째는 전면적인 비판과 공격이 필요하다는 견해와 둘째는 개별 정당의 창당행위에까지 구체적으로 개입할 필요는 없고 낙천·낙선운동이 설정한 인물 중심의 비판에 초점을 맞추어야 한다는 견해였다. 전체적으로 보면, 후자의 견해로 경도되었다. 그러나 민국당의 경우, 그것이 한나라당의 다수당 체제를 균열시키는 데 부분적으로 기여하는 '결과적인' 효과를 갖는다고 하더라도, 그것이 착근하게 된다면 낙천·낙선운동을 정면으로 부정하는 의미를 담고 있기 때문에 일정한 비판은 불가피하게 행하게 된다. 특별히 민국당은 ① 공천 부적격자, 낙선자들 정당이며, ② 지역주의에 의존하는 정당(YS 부활로 상징되는 지역주의의 강화)이라는 점에서, 낙천·낙선운동이 반대하고자 한 지역주의와 부패정치를 상징적으로 보여주는 정당이었다.

12) 학계의 경우 민주화를 위한 교수협의회, 학술단체협의회, 사립대학 교수연합회, 국립대학교 교수협의회 등을 중심으로 정책자문 교수단이 처음 143명으로 구성되었다. 정책자문 교수단은 선거법 개정을 위한 교수 성명(275명), 전국 버스 투어 참여, 대학생 낙선운동 지지를 위한 전국 캠퍼스 대토론 주간 진행, 교육 7적인 함종한 집중 낙선운동 참여, 낙선운동 지지 및 개혁적 투표를 촉구하는 교수 907인 성명서 발표 등 다양한 낙선운동 지지 활동을 수행하였다.

13) 총선연대는 비례대표 의원 후보 20명(민주당 2명, 한나라당 12명, 자민련 2명, 민주국민당 2명)에 대하여 공천철회 요구를 하였다.

14) 전략지역은 4월 3일 낙천명단 발표시에 함께 공포되었는데, 처음에는 ① 공개적인 전략지역 선정이냐, 비공개적인 전략지역 선정이냐, 비공개적인 비공개 전략지역 선정이냐, ② 전략지역 발표시점을 추후 낙선운동의 중간에 할 것이냐, ③ 일차적으로 전체 낙선지역을 중심으로 운동을 전개하고 낙선운동의 중반쯤에 전략지역을 선정하여 집중할 것인가 하는 등의 쟁점이 존재하였다.

15) 낙선운동 기간 중 민주노동당 후보를 지원하는 민주노총과 달리, 한국노총이 26인의 친노동후보를 발표하였고, 한국노총 경기 지부 및 인천 지부는 독자적인 친노동후보를 발표하였다. 그런데 이때 인천의 이강회 후보와 경기의 이성호 후보 등이 포함되었다. 이에 대하여 총선연대는 이들을 친노동후보에서 제외하여 줄 것으로 요구하는 공문을 발표하기도 하였다.

15) 1987년 6월 항쟁은 JP '복권'의 성격도 지니고 있었다. 그러나 2000년 봄의 유권자 운동
은 JP '극복'의 성격도 띠고 있다는 점에서 진일보한 내용도 담고 있다.

17) 근대화 과정에서 나타나는 사회 각 층위간의 변화속도의 불일치를 표현하기 위하여 오
그번(W. Ogburn)은 문화지체(cultural lag)라는 개념을 사용한다. 문화지체란 경제적·기술
적 변화 속도에 비해 문화적 변화의 속도가 뒤지는 것을 의미한다.

18) 이러한 정치지체는 대의지체 혹은 대표체계의 저발전을 낳는다. 대표체계의 저발전은
정치사회에서의 민주적 게임규칙과 행위규범의 저발전, 정당 내부 민주주의의 결여, 공
통의 기득이익을 중심으로 하는 정치사회의 야합 등의 요인에서 연유할 것이다(최장집.
2000. 2. 10, 「한국의 민주화, 시민사회, 시민운동」, 한국정치학회 발제문.)

19) 조희연, 「'종합적 시민운동'의 구조적 성격과 그 변화의 전망에 대하여」, ≪당대비평≫,
1999 겨울호.

20) Philip D. Oxhorn, *Organizing Civil Society: The Popular Sectors and the Struggle for Democracy in
Chile,* Pennsylvania: The Pennsylvania State University Press, 1995.

21) 이른바 '위로부터의 보수적 민주화'의 경로에서 이러한 정치지체 현상은 더욱 두드러지
게 된다. 1987년 6월 항쟁 이전에는 '위로부터의 보수적 민주화'의 경로와 '아래로부터
의 급진적 민주화'의 경로가 각축하고 있었다. 그러나 전자가 지배적인 것이 되면서, 기
성의 정치세력들이 이니셔티브를 상실하지 않는 기조 위에서 민주주의 이행이 진행되게
된다(조희연, 『한국의 국가·민주주의·정치변동』, 당대, 1998a 참조).

22) 제도정당들을 중심으로 전개되는 제도정치가 정체성의 정치 혹은 영향력의 정치로 불
리는 시민사회 내에서의 생활정치(삶의 정치)와 최소한의 소통성도 확보하지 못하고, 또
한 다양한 계급관계에 기초하여 이루어지는 계급정치를 반영하지 못할 때, 시민사회와
제도정치의 괴리는 심화된다.

23) 제도정치권의 진입장벽을 의미한다.

24) 이에 대해서는 조희연, 『한국의 국가·민주주의·정치변동』, 당대, 1998a, 6장 참조.

25) 낙선운동의 결과가 압도적인 성공으로 나타나지 않을 것으로 예상하고, 총선연대 내부
에서는 '낙선율' 자체로 낙천·낙선운동을 평가하지 말고, 선거문화와 정치문화, 의정활
동 문화의 개선을 위한 새로운 분위기의 형성, 총선 후 당선자들이 시민사회의 개혁 요
구에 이전보다 훨씬 개방적이 됨으로써 나타나는 제도정치와 시민사회의 관계변화 등
간접적이고 무형의 효과들까지 고려하여야 한다는 주장을 하였던 것으로 보여진다. 낙
선율과 같은 현상적인 단일지표만이 아니라 직접, 간접, 유형, 무형의 효과를 고려하는
'종합적 평가'가 필요함을 강조하고자 하였던 것으로 보여진다. 그럴 정도로 '압도적인
낙선'은 예상을 뛰어넘는 것이었다.

26) 예컨대 낙천·낙선운동이 없었다면, 민국당의 지도부 인사들, 김윤환, 김광일 의원을 제
거하는 '도박'을 한나라당의 이회창 총재가 선택하지 않았을 것이다. 낙천·낙선운동이
라는 외압을 빌려, '걸림돌'이 되는 중진인사들을 제거하려는 '도박'을 하였고, 민국당이
출현함으로써 이러한 도박은 엄청난 결과를 가져올 위기상황에 직면하였으나, 민국당의
참패를 통해 '결과적'으로 도박은 성공한 것이 된 것이다.

27) 선거법의 경우 사전 선거운동 조항과 선거운동 조항 때문에 전면적으로 시민사회 운동
단체의 활동을 금지하여 오던 상태에서 언론 등을 통한 '간접적인' 유권자 운동은 허용

하는 방식으로 선거법이 부분 개정되었으며, 연중 개회, 국정조사 발의의 하향조정 등
국회법의 부분적인 전향적 개혁이 이루어졌다.

28) 7명의 위원 중 민간인이 4명 참여하는 방식으로 구성된 '선거구 획정위원회'에서는 선
거구를 축소하는 합의를 도출하였다. 선거구의 축소 자체에 대해서는 정치개혁운동의
한 성과라는 견해와 기성 정당들과 언론들이 시민사회의 정치개혁 요구를 선거구 축소
로 전환시킴으로써 일정한 정치개혁을 달성한 것처럼 보이게 했다는 비판적 견해가 있
었다.

29) ≪조선일보≫ 등 일부 보수언론들은 바로 이러한 시민사회단체의 '과잉 권력기구화'를
비판하기도 하였다(『2000년 총선시민연대 언론대책 특별위원회 발족 기자회견 자료집』).

30) 낙선운동 중간에 여성유권자연맹과 여성정치세력화를 위한 연대(여세연)이 추진하고자
했던 여성후보 당선운동이 낙선운동과 배치된다는 이름하에(물론 이들 명단에는 박근혜
후보나 임진출 후보, 한영애 후보 등도 여성후보라는 이름으로 당선운동 대상명단에 포
함되었다는 점은 차치하더라도) 중지되는 사태가 있었으며, 총선시민연대의 핵심을 구
성하고 있는 환경단체들도 친환경후보와 같은 별도의 당선운동 명단을 발표하지 않았
다.

31) 이 점과 관련하여, 향후 한국정치의 발전과정에서 이번 선거의 결과가 어떤 영향을 미
칠 것인가 하는 쟁점이 있다. 그것은 이번 선거를 통해 역설적으로 무소속이 축소되었을
뿐만 아니라 양당 체제가 오히려 강화되었다는 것이다. 다당제적 성격이 축소됨으로써,
새로운 정치세력의 진입이 오히려 어려워진 것이 아닌가 하는 쟁점이 있을 수 있다.

32) 386세대로 입후보한 어느 후보의 경우 청와대 초청 모임에서 DJ에게 '큰 절'을 하는 행
동으로 주위를 놀라게 한 사건도 있으며, 일부 386후보는 '신고'된 선거비용만에 따르면
최고 수준의 선거비용을 쓴 것으로 보도되었다.

33) 구(舊)정치의 핵심적인 특징은 ① 지역주의로 고착된 한국정치의 정체성, ② 부패로 점
철된 한국정치의 왜곡성, ③ 반공주의로 인한 한국정치의 폐쇄성, ④ 보스 중심의 당내
비민주성 등을 들 수 있다(조희연, 『한국의 국가·민주주의·정치변동』, 당대, , 1998a, 6
장 참조).

34) 이강준, 『국고 보조금은 정당의 쌈지돈인가』, ≪의정 감시≫ 1999 겨울호,

35) 이에 대한 논쟁에 대해서는 조희연, (「낙선운동-진보정당운동은 정치개혁운동 양 날개」,
『진보정치』 2호, 2000. 3. 31); 장석준(「조희연 교수의 '낙선운동 양날개론'을 비판한다」,
『진보정치』 3호, 2000. 4. 7), 조준상(「장석준 부장의 '낙선운동 양날개론 비판'에 대한 반
론」, 『진보정치』 4호, 2000. 4. 21) 참조.

36) 투표율의 저하와 관련하여서는, 기권 자체도 정치적 의사표현의 방식이기 때문에, 투표
율 저하 자체를 문제시하는 것 자체가 문제라는 견해도 존재한다. 또한 투표하는 것 자
체가 기성의 제도정치에 '묵종'하고 그것을 인정하는 것이기 때문에, 비제도권 '정치'가
'제도권' 정치에 편입되어가는 과정이라고 보는 견해도 존재한다.

37) 20·30대 젊은 유권자층의 정치적 관심회복과 관련하여, 구세대적 회복전략을 넘어 신
세대적 회복전략이 필요하다는 점도 여기서 지적되어야 할 것이다. 총선시민연대의 다
양한 활동 중에서 특징적인 것은 4월 8일 혜화동 페스티벌이었다. 미국의 반전문화 행사
였던 우드스탁을 염두에 둔 이 행사는 2만 여 명이 참가할 정도로 대중적 동원에 성공한

행사였다. 이 행사에서는 부패정치를 극복한다고 하는 '구세대'적 정치운동과 다양한 형태의 '신세대'적 문화그룹이 함께한 행사였다. 대표적인 인디밴드인 크라잉 넛이 노래를 부르면서 "27살인데 한번도 투표를 안했어요. 이번에는 투표를 해야겠어요. 그런데 누구를 찍어야 하나요"라고 말하는 것은 낙천·낙선운동의 상징적 위상을 여실히 보여주었다. 이 행사는 다른 코드와 언어와 문화적 감수성을 갖는 구세대들과, 신세대들이 소통하는 자리였다고 생각된다. 어떤 점에서 구세대적인 프리즘에서 포착되지 않는 문화적 감수성과 언어를 가지고 있는 신세대들에게는 구정치적 메시지가 꼭 다른 것만은 아니라는 인식을 전해주었으며, 구세대들에게는 자신들의 언어와 코드와는 다른 방식으로 소통하는 신세대들에게 코드 전환과 언어 전환을 통한다면 구세대적 정치의 저변이 훨씬 넓어질 수 있다는 것을 가르쳐준 행사였다고 생각된다. 구저항문화의 붕괴 속에서, 신세대들이 자본이 주도하는 소비문화에 깊이 포섭되어가는 상황 속에서, 신세대적인 문화와 코드로 저항하면서, 자본의 문화에 포섭되기를 거부하고 있는 신세대적인 저항문화를 견지하는 다양한 그룹이 존재하고 있으며, 이는 코드와 언어는 다르지만 구세대적 저항문화의 급진성과 연결될 수 있다는 것을 보여주고 있다고 생각된다. 이런 점에서 보면, 무차별적으로 신세대 다수를 재정치화하는 전략도 중요하지만, 이미 존재하고 있는 다종 다양한 형태의 저항적 신세대들과 연결되는 것이 선차적인 중요성을 갖는다고 할 수 있겠다.

38) 진보정당 역시 이 문제에 새로운 방식으로 대처하지 않는다면, 즉 구정치에 대한 '계급정치적' 안티테제로서의 성격만 부각시킨다면, 낮은 투표율을 반전시키는 데 기여하지 못할 수도 있다. 진보정당이 진보적 대중을 결집하는 차원을 넘어, 구정치 자체에 의해 전혀 '동원'되지 않는 20·30대 유권자를 '동원'하려면, '국민적'인 '신정치'를 보여주어야 할 것으로 생각된다.

39) 중간에 낙선명단 작성과정에서 시민단체의 회원들과 일반 시민들의 참여를 촉발하는 형태의 낙선명단 작성 '예비투표' 같은 것이 기획되기도 하였으나, 이 역시 실무적 어려움으로 진행되지 못하였다. 최대 인원을 동원하였던 대학로 문화페스티벌 같은 경우 문화행사의 특수성이 있었다고 할 수 있지만, 다양한 지역대중이나 부문대중이 폭넓게 참여하지는 못한 것으로 평가된다.

40) 이는 중앙 및 지역의 100인 위원회, 단체별 유권자 참여단 등을 망라하여 낙선운동 또는 유권자 약속 서명운동 등 총선시민연대가 펼치는 다양한 활동에 참여하는 시민들 및 소속단체 회원들의 모임을 지칭하는 것으로서, 대중참여적인 공간을 만들기 위하여 총선시민연대가 추진한 사업이었다.

41) 총선시민연대는 '정치개혁을 위한 시민사회 특위'를 만들어 후속 정치제도 개혁을 지속적으로 추진하겠다고 약속하였고, 선거법, 정치자금법, 부패방지법을 찬성한다고 하는 후보자 서약을 받았다. 또한 부패 무능 정치인에 대한 소환운동을 약속하면서 이에 대한 후보자들의 동의를 받았다. 이처럼 낙천·낙선운동 과정에서 약속한 후속 제도개혁 과제들이 이미 제시된 바 있다.

42) 그동안 IMF 국본을 중심으로 전개되어온 민중운동의 연대운동이 민주노총을 중심으로 한 '민중대회 위원회'를 통해 다양한 연대사업들을 전개하고 있다. 이는 민중진영의 연대질서의 재편의 과정으로 될 것이고, 이는 시민운동 진영의 연대질서의 향방에도 영향

을 미치게 될 것이다.

43) 통상 시민전선의 이슈들을 국민적 이슈로 상정하나, 이는 1980년대 말과 1990년대 초반의 이데올로기적 규정에 의한 것이라고 생각된다.

44) 이러한 일반민주주의 투쟁 영역을 담당해야 할 민중운동의 연합체인 전국연합은 통일문제만을 다루는 '정파적' 기구가 되어감으로써 이전과 같은 일반민주주의 투쟁에서 주도성을 상실하게 되었으며, 민중운동의 중심운동인 노동운동은 노동 이슈들을 중심으로 투쟁을 전개해 나갔다. 이처럼 민중운동은 점차 노동운동의 중심성이 강화되어갔는데, 노동운동은 노동 이슈를 중심으로 투쟁하고, 민중운동의 연합단체는 일반민주주의 투쟁에서의 주도성을 상실하게 됨으로써 시민운동이 일반민주주의 투쟁의 주도성을 갖는 역설이 나타나게 되었다고 생각된다.

45) 그렇지 않을 때 한국의 시민운동은 '자유주의 운동으로서의 시민운동' '관리주의 운동으로서의 시민운동'으로 한계지어질 것이며, 서구의 신사회운동이 갖는 급진성과는 거리가 먼 이데올로기적 운동이 될 수도 있다(정종권, 「시민운동에 대한 비판적 평가」, ≪경제와 사회≫, 2000 봄호, 한울).

46) "정부나 기업이 투명해지고 합리적으로 변하면 변할수록, 오히려 시민운동의 입지는 더욱 위축되거나 하위 파트너 정도로 전락할 위험성도 얼마든지 전망해볼 수 있다." 그런 점에서 자신을 부단히 진보화시키는 노력이 요구된다. 그렇지 않을 경우, 시민운동을 성장시켰던 '위기가 제공한 기회'는 더 큰 위기를 수반할 수도 있을 것이다(홍일표, 「이제 다시 위태로운 모험의 기로에 선 한국 시민운동」, ≪경제와 사회≫, 2000 봄호, 한울).

47) 조희연, 『한국의 민주주의와 사회운동』, 당대, 1998b, 5장 참조.

12. 4·13 총선, 진보정당과 시민운동

1) 이 글은 2000년 5월 한국산업사회학회 춘계학술대회에서 발표한 글을 손질 보완한 것이다.

2) 박상훈, 「4·13 총선 결과: 한국의 민주주의와 지역주의」, 『4.13 총선, 시민·민중운동 그리고 한국 민주주의』, 참여사회연구소·한국정치연구회 공동 심포지엄 자료집, 2000. 4. 22.

3) 조희연, 「낙선운동-진보정당 운동은 정치개혁운동 양 날개」, ≪진보정치≫2호, 2000. 3. 31.

4) 장석준, 「조희연 교수의 낙선운동 양날개론을 비판한다」, ≪진보정치≫3호, 2000. 4. 7.

5) 채만수, 「추악함과 강고함, 그리고 환상의 변주곡」, 『현장에서 미래를』, 한국노동이론 정책연구소, 2000. 4.

6) 청년진보당은 애초부터 원내진출이 아니라 좌파의 기치를 내건 정치세력이 존재함을 알리기 위하여 총선에 참여했다. 전국의 모든 당내 역량을 서울로 모아 선거에 참여했고, 선거운동 방식도 선거구별로 하지 않고 집중적인 집회방식을 택해 유권자와 접촉하는 것을 중요시하지 않았다. 서울지역 선거구 평균 3%의 득표는 청년진보당 후보들이 기성 정당의 대안세력으로서 인정받지 못하고 있음을 보여준다(오창엽, 2000). 적어도 10%의 득표가 돼야 가능성을 인정받고 차기 총선이나 지방자치단체 선거 등 공직선거에 출마할 수 있다. 청년진보당은 노동자계급의 의식보다 높은 의식을 가지고 있는 청년활동가

들의 정치조직이라고 자임하지만 노동자계급과 연결되지 않는 이념적 정치조직이 발전하는 것을 기대할 수는 없다. 당을 표방하고 있지만 내용적으로는 이념 서클적 수준을 크게 벗어나지 않고 있다. 청년진보당은 앞으로 노동자계급을 주체 세력으로 하는 민주노동당과 결합하여 당내의 한 그룹으로 역할하는 것이 바람직한 방향일 것이다.
7) 박찬식, 「실패와 좌절의 역사는 민주노동당에서 끝내야 한다」, 《노동운동동향》, 2000. 4. 24.
8) 윤인섭·김효규, 「민주노동당 울산시지부 16대 총선패배의 원인과 향후 과제」, 민주노동당(www.kdlp.org) 자료실, 2000. 4. 26.
8) 천병태, 「<긴급 좌담> 총선 평가와 당의 진로」, 《진보정치》 4호, 2000. 4. 21~27.
10) 《말》, 2000년 5월호 인터뷰 참조
11) 이선우, 「책임은 분열주의자들이 져야 한다」, 민주노동당 홈페이지 자유게시판
12) 조직에서 다수를 장악한 세력이 다른 의견을 제출하는 세력과 그룹에 대해 분열주의자로 규정하여 당내 민주주의를 질식시킨 사례는 학생운동에서 한총련의 주류를 이루고 있는 민족해방파들의 행태에서도 발견된다.
13) 김산, 「4·13 총선 평가와 민주노동당의 진로」, 민주노동당(www.kdlp.org) 자료실, 2000. 4. 26.
14) 평등연대 준비모임, 「총선평가와 향후 과제」, 2000. 4. 18.

13. 현 단계 한국사회의 성격과 사회운동의 과제

1) 이 글은 《동향과 전망》, 2000년 여름호에 실린 것이다.
2) 한국사회경제학회 편, 《사회경제평론》 제1집, 1998, 한울.

참고문헌

1. 국가-시민사회론: 한국정치의 새 대안인가?

김호기. 1994, 「권위주의 정권의 해체와 민주주의로의 이행」, 산사연, 『한국사회의 변동』, 한울.

임혁백. 1992, 「시민사회의 성장과 국가기구의 민주적 통제」, 한국사회학회 · 한국정치학회편, 『한국의 국가와 시민사회』, 한울.

김세균. 「1992, 「시민사회론의 이데올로기적 함의 비판」」, ≪이론≫ 가을호

최장집. 1993, 『한국 민주주의의 이론』, 한길사.

임현진 · 김병국. 1991, 「노동의 좌절, 배반된 민주화」, ≪계간 사상≫ 4호.

서울사회과학연구소. 1991, 『한국에서의 자본주의의 발전』, 새길.

John Keane. *Democracy and Civil Society*, London: Verso.; David Held. *Political Theory and Modern State*, Stanford: Stanford Univ. Press.

Antonio Gramsci. 1989, *Selections from Prison Notebook*, New York: Int'l Pub.

1.) Andrew Arato. 1989, "Civil Society, History and Socialism," *Praxis International*, no.9 (April/July).

Jang Jip Choi. 1993, "Political Clravages in South Korea," in Hagen Koo(ed.), *State and Society in Contemporary Korea*, Ithaca, Cornell Univ. Press.

2. 한국의 시민사회와 신사회운동

김성국. 1991b, 「노사갈등의 창조적 전개」, 한국사회학회(편), 『현대 한국사회 문제론』 한국복지정책연구소 출판부

______. 1992, 「한국 자본주의 발전과 시민사회의 성격」, 한국사회학회 · 한국정치학회(편), 『한국의 국가와 시민사회』, 한울.

______ . 1995a, 「지방자치와 분권주의」, ≪정신문화연구≫ 59호, 한국정신문화연구원.

______ . 1995b, 「시민사회론의 자유주의적(libertarian) 급진화」, 전기 사회학대회 발표 논문(1996년 6월).

______ . 1996, 「왜 다시 아나키즘인가 — 신사회운동과의 관련성을 중심으로」, 구승회·김성국(외), 『아나키, 환경, 공동체』, 모색.

김호기. 1995, 『현대 자본주의와 한국사회』, 사회비평사.

손호철. 1995, 『해방 50년의 한국정치』, 새길.

성경륭. 1994a, 「연방주의와 지방주의에 의한 국민국가 개혁: 분단극복과 지방의 부흥을 위하여」, 한림대학교 사회조사연구소 연구논문시리즈 #94~47.

______ . 1995b, 「지방 중심의 발전론 및 통일론 모색」, 『지방자치와 국가개혁』, 한림대학교 사회조사연구소.

유팔무. 1995, 「시민사회의 성장과 시민운동」, ≪경제와사회≫ 봄호.

정대화. 1995, 「한국의 정치변동, 1987~1992: 국가-정치사회-시민사회의 관계를 중심으로」, 서울대학교 대학원 정치학과 박사학위 논문.

정수복. 1993a, 『새로운 사회운동과 참여민주주의』(편역), 문학과지성사.

______ . 1993b, 「1968년 프랑스 5월 운동의 전개와 새로운 사회운동의 탄생」, 『새로운 사회운동과 참여민주주의』(편역), 문학과지성사, 11~40쪽.

최장집. 1993, 『한국 민주주의의 이론』, 한길사.

황태연. 1994 「하버마스의 공론장 이론과 민주적 법치국가론의 재건」, 『현대 국가론의 성과와 과제』, 한국정치학회 월례 발표회 논문집, 183~243쪽.

Alexander, Jeftrey C. 1997, "The Paradoxes of Civil Society," *International Society*, 12: 115~134.

Bookchin, Murray. 1982, *The Ecology of Freedom*, Palo Alto, California: Cheshire Books.

______ . 1986, *Post-Scarcity Anarchism*, Montreal: Black Rose Books.

______ . 1989, "New Social Movements: The Anarchic Dimension," *For Anarchism*, David Goodway(ed.), London: Routledge, pp.259~274.

______ . 1990, *The Philosophy of Social Ecology*, Montreal: Black Rose Books. Cohen, Jean L.

______ . 1982, "Between Crisis Management and Social Movements," *Teleos* 52: 22~34.

______ . 1984, *Class and Civil Society: The Limits of Marxian Critical Theory*, Amherst, MA: The University of Massachusetts Press.

______ . 1985, "Strategy or Identity: New Theoretical Paradigms and Contemporary Social Movements," *Social Research* 52.

Cohen, Jean L. and Andrew Arato. 1992, *Civil Society and Political Theory*, Cambridge, MA: The MIT Press.

Della Porta, Donnatella, and Diert Rucht. 1991, *Left-Libertarian Movements in Context: A Comparison of Italy and West Germany*, 1965-1990, FS III 91-102, Berlin: Wissenschaftszentrum.

Fisher, Robert and J. Kling. 1994, "Community Organization and New Social Movement Theory," *Journal of Progressive Human Services* 5-2: 5-23.

Habermas, Jurgen. 1989, *The Structural Transformation of the Public Sphere*, Cambridge, UK:Polity Press.

Keane, John. 1988a, *Democracy and Civil Society*, London: Verso.

_______ . 1988b, *Civil Society and State*(ed.), London: Verso.

Kitschelt, Herbert. 1990, "New Social Movements and the Decline of Party Organization," in *Challenging the Political Order: New Social and Political Movements in Western Democracies*(eds. by Russel J. Dalton and M. Kuchler), Cambridge: Polity Press, pp.179~208.

Kriesi, Hanspeter, R. Koopmans, J. W. Duyvendark, and M. G. Giugni. 1995, *New Social Movements in Western Europe*, Minneapolis: University of Minnesota Press.

Marshall, Peter. 1993, *Demanding the Impossible: A History of Anarchism*, London: Fontana Press.

O'Cornor, James. 1973, *The Fiscal Crisis of State*, New Yok: Basil Black Well.

_______ . 1984, *Accumulation Crisis*, Oxford: Blackwell.

Offe, Claus. 1977, "Crisis of Crisis Management," *International Journal of Politics* 6: 14~27.

Scott, Alan. 1990, *Ideology and the New Social Movements*, London:Unwin Hyman.

Tammers, Neil. 1996, "Shadows from the East: The End of New Social Movements? The Limits of a Civil Society Strategy," *paper presented for the Second European conference on Social Movements*, 2nd~5th, October, Vitoria-Gasteiz, Spain.

Welsh, Ian and Phil McLeish. 1996, "The European Road to Nowhere: Anarchism and Direct Action against the UK Roads Programme," *Anarchist Studies* 4~1: 27~44.

3. 김성국 교수에 대한 반론: 자본인가, 국가인가?

김성국. 1998, 「한국 시민사회의 성숙과 신사회운동의 가능성」, 임희섭·양종희 공편, 『한국의 시민사회와 신사회운동』, 나남출판.

유팔무. 1995, 「한국 시민사회론과 시민사회 분석을 위한 개념틀의 모색」, 『시민사회와 시민운동』 한울.

최장집. 1989, 「과대성장국가의 형성과 정치균열의 전개」, 『한국현대정치의 구조와 변화』, 까치.

4. 손호철 교수에 대한 재반론: 자본주의 국가를 넘어서

김성국. 1987a, 「한국에 있어서 시민사회의 성립과 지역주의의 대두」 ≪금호문화≫ 28: 13~27.

_______ . 1987b, "Class Formation and Labor Process in Korea: With Special Reference to Working Class Consciousness," Kyong-Dong Kim (ed.), *Dependency Issues in Korean Development*, Seoul National University Press, 398~421쪽

_______ . 1988, 「민중의 중산층화 혹은 중산층의 민중화」, ≪사회비평≫ 1: 70~91.

_______ . 1992, 「한국 자본주의의 발전과 시민사회의 성격」, 한국사회학회·한국정치학회 편, 『한국의 국가와 시민사회』, 한울, 149~169쪽.

_______ . 1996, 「왜 다시 아나키즘인가? 신사회운동과의 관련성을 중심으로」, 김성국·구승회 외 지음, 『아나키·환경·공동체』, 모색, 19~43쪽.

_______ . 1998a, 「한국 시민사회의 성숙과 신사회운동」, 임희섭·양종회 공편, 『한국의 시민사회와 신사회운동』, 나남출판, 15~71쪽.

_______ . 1998b, 「국가에 대항하는 시민사회 — 5·18의 자유해방주의적 해석」, 「한국사회

학회 편, 『세계화 시대의 인권과 사회운동 — 5·18 광주민주화 운동의 재조명』, 나남
　　출판, 91~159쪽.
______. 1998c, 「국가와 시민사회의 변화, 안계춘 편」, 『한국사회와 사회학』, 나남출판,
　　339~365쪽.
______. 1999, 「그람시: 국가로부터 시민사회로」, 송호근·서병훈 편, 『시원으로의 회귀』,
　　나남출판, 315~350쪽
손호철. 1995, 『해방 50년의 한국정치』, 새길.
신용하. 1973, 『독립협회의 사회사상 연구』, 서울대학교 한국문화연구소
임영일. 1992, 「한국의 산업화와 계급정치」, 한국사회학회·한국정치학회 편, 『한국의 국
　　가와 시민사회』, 한울, 173~201쪽.
조혜인(Cho Hein). 1997, "The Historical Orgin of Civil Society in Korea," *Korea Journal*, 37-2:
　　24-41.
진덕규. 1992, 「미군정시대 정치사회의 시민사회적 함의성에 대하여」, 한국사회학회·한
　　국정치학회 편, 『한국의 국가와 시민사회』, 한울, 117~148쪽.
최장집. 1993, 『한국 민주주의의 이론』, 한길사.
Cohen, Jean L. and Andrew Arato. 1994, *Civil Society and Political Theory*, Cambridge, MA: The
　　MIT Press.
Mouffe, Chantal. 1993, *The Return of the Political*, London: Verso.

5. 진보적 시민사회 형성을 위한 이론적 탐색

강정구. 1993, 「미국과 한국전쟁」, 『역사비평』 여름호.
김성국. 1998, 「한국의 시민사회와 신사회운동」, 임희섭·양종회 편, 『한국의 시민사회와
　　신사회운동』, 나남출판.
김정훈. 1999, 「남북한 지배담론의 민족주의 비교 연구 — 역사적 전개와 동질 이형성」,
　　연세대 사회학과 박사학위 논문.
김정훈. 2000, 「한국전쟁과 담론 정치 — 민족해방전쟁으로서의 한국전쟁과 반공 규율사
　　회의 형성」, ≪경제와사회≫ 46호.
김호기. 1995, 『현대 자본주의와 한국사회: 국가·시민사회·민주주의』, 사회비평사.
김호기. 1999, 『한국의 현대성과 사회변동』, 나남.
김호기, 김정훈. 1997, 「시민사회와 계급정치」, 『6월 민주항쟁과 한국사회 10년 Ⅱ』, 6월
　　민주항쟁 10주년 기념 학술 대토론회 자료집, 당대.
마루야마 마사오, 1997, 『현대정치의 사상과 행동』, 한길사.
민주화 운동자료관 편. 2000, 『한국 민주화운동의 전개와 구조』, 성공회대학교 출판부.
손호철. 1995, 「국가-시민사회론: 한국정치의 대안인가?」, 『해방 50년의 한국정치』, 새길.
신진욱. 2000, 「동시성의 문제와 시민사회의 이론모델」, ≪경제와사회≫ 44호
유팔무. 1995, 「한국의 시민사회론과 시민사회 분석을 위한 개념들의 모색」, 『시민사회와
　　시민운동』, 한울.
이승환. 1998, 「아시아적 가치의 담론학적 분석」, ≪열린지성≫ 4호.
이해영·황기돈. 1998, 「시장과 공공 영역 — 신자유주의 공세와 한국사회의 공공성의 위기」,
　　민주사회를 위한 변호사 모임 외 주최 '21세기 한국사회와 공공영역 구축의 전망토론

회' 발표문.

임영일. 1992, 「한국의 산업화와 계급정치」, 한국사회학회·한국정치학회 편, 『한국의 국가와 시민사회』, 한울.

______. 1997, 「한국의 노동운동과 계급정치(1987~1995) — 변화를 위한 투쟁, 협상을 위한 투쟁」, 부산대학교 사회학과 박사학위 논문.

정대화. 1995, 「한국의 정치변동, 1987~1992: 국가-정치사회-시민사회의 관계를 중심으로」, 서울대 정치학과 박사학위 논문.

정태석. 「6월 항쟁 이후 한국 시민사회의 변화와 사회운동론의 이데올로기」, 한국산업사회학회 주최 '2000 비판사회학 대회' 발표문.

정태석·김호기·유팔무. 1995, 「한국의 시민사회와 민주주의의 전망」, 『시민사회와 시민운동』, 한울.

조희연. 1999, 「참여연대 5주년의 평가와 반성」, 『한국 시민운동, 21세기 대안을 찾아서』, 참여연대 창립 5주년 기념 심포지엄 자료집.

______. 2000, 「제도정치와 운동정치의 역동적 상관관계로 본 한국 민주주의의 변화」, 한국 산업사회학회 주최 '2000 비판사회학 대회' 발표문.

진덕규. 1992, 「미군정시대 정치사회의 시민사회적 함의성에 대하여」, 한국사회학회·한국정치학회 편, 『한국의 국가와 시민사회』, 한울.

최장집. 1993, 『한국 민주주의의 이론』, 한길사.

______. 1996, 『한국 민주주의의 조건과 전망』, 나남출판.

______. 1997a, 「광주항쟁과 2단계 민주화」, 한국정치학회 주최 '5·18기념 학술 심포지엄' 발표문.

______. 1997b, 「한국 민주화의 특성과 질높은 민주주의의 건설을 위한 과제」, 한국정치학회·한국사회학회 주최 '한국 민주화 10년: 평가와 전망' 발표문.

______. 1998, 「김대중 정부의 개혁방향과 전략에 관한 소고」, ≪아세아연구≫ 100호.

한국신학연구소 편. 1984, 『한국민중론』, 한국신학연구소.

한완상. 1992, 「한국에서의 시민사회, 국가, 그리고 계급」, 한국사회학회·한국정치학회 편, 『한국의 국가와 시민사회』, 한울.

Calhoun, C. 1992, "Introduction: Habermas and the Public Sphere," Craig Calhoun(ed.), *Habermas and the Public Sphere*, Cambridge: The MIT Press.

Cohen J. and Arato, A. 1992, *Civil Society and Political Theory*, Cambridge: The MIT Press.

Fraser, N. 1992, "Rethinking the Public Sphere: A Contribution to the Critique of Actually Existing Democracy," Craig Calhoun(ed.), *Habermas and the Public Sphere,* Cambridge: The MIT Press.

Gramsci, A. 1971, *Selections From The Prison Notebooks*, New York: International Publishers.

Habermas. J. 1991, *The Structural Transformation of the Public Sphere*, Cambridge: The MIT Press, 1994, 이진우 역, 『현대성의 철학적 담론』, 문예출판사,

Hall J. A. (ed). 1995, *Civil Society*, Cambridge:Pdity Press.

Koo, Hagen, 1993, "Strong State and Contentious Society", in Hagen Koo(ed.) *State and Society in Contemporary Korea*, Ithaca: Cornell Univ. Press.

Lash, S. 1993, 김재필 역, 『포스트모더니즘과 사회학』, 한신문화사.

Rueschemeyer, D., Stephens, E. and Stephens, J. 1992, *Capitalist Development and Democracy,* *Chicago*: The Univ. of Chicago Press.

6. 국가, 시민사회, 그리고 시민운동의 계급적 성격에 대하여

경실련 정책연구 위원회, 1996, 『우리 사회 이렇게 바꾸자』, 비봉출판사.
김호기·김정훈. 1997, 「시민사회와 계급정치」, 학술단체협의회(편), 『6월 민주항쟁과 한국사회 10년』(II), 당대.
노중기. 1997, 「한국의 노동정치 체제 변동(1987~1997)」, 한국 산업사회학회 추계대회 발표 논문집.
박형준. 1997, 「주화, 권력의 재구조화, 그리고 성찰적 시민사회」, 《경제와사회》 여름호.
손호철. 1991, 『한국정치학의 새구상』, 풀빛.
______. 1993, 『전환기의 한국정치』, 창작과 비평사.
______. 1996, 『해방 50년의 한국정치』, 새길.
유팔무. 1995, 「한국의 시민사회론과 시민사회 분석을 위한 개념틀의 모색」, 유팔무·김호기 (편), 『시민사회와 시민운동』, 한울.
______. 1995a, 「시민사회의 성장과 시민운동」, 유팔무·김호기(편), 『시민사회와 시민운동』, 한울.
______. 1997, 「시민없는 시민운동」, 《당대비평》 겨울호.
윤상철. 1997, 「한국 권위주의 체제의 정치변동 ― 1983~1990」, 서울대 사회학과 박사학위 논문.
정대화. 1995, 「한국의 정치 변동, 1987~1992: 국가-정치사회-시민사회의 관계를 중심으로」, 서울대 정치학과 박사학위 논문.
조대엽. 1995, 「한국의 사회운동과 조직유형의 변화에 관한 연구」, 고려대 박사논문.
참여사회연구소. 1997, 『참여민주주의와 한국사회』, 창작과 비평사.
한완상. 1997, 「한국사회의 민주화: 반성과 전망」, 《경제와사회》 여름.

7. 비정부사회운동단체(NGO)의 역사와 사회적 역할

강선미·이기호. 1997, 『한국사회운동의 과제와 전망』, 한국 기독교 사회발전협회 편, 개마서원.
경실련. 1993, 경실련 제2기 3차 정기 중앙 위원회 자료집.
경실련. 1995, 경실련 출범 5주년 기념 자료집.
경실련. 1996, 「지방화 세계화를 준비하는 시민운동」, 창립 6주년 기념 자료집.
경실련 정책연구위원회. 1996, 『우리 사회 이렇게 바꾸자』, 비봉출판사.
구도완. 1994, 「한국 환경운동의 역사와 특성」, 서울대 사회학과 박사학위 논문.
권영준. 1996, 「시민단체 대해부 I. 재정」, 《참여사회》 5·6월호.
김기식. 1997, 「지역운동의 현황과 과제」, 강원 정치학회 학술대회 자료집, 『지방자치의 활성화와 시민단체의 역할』, 10. 23.
김동춘. 1993, 「한국 노동운동의 정치 조직화의 실패」, 《경제와사회》 겨울호.
김병오. 1996, 「한국정치와 노동자의 정치참여」, 예춘호 선생 고희 기념 논문집, 『한국사회 변동의 평가와 전망』, 녹두.

김호기. 1997, 「한국 시민운동의 전개, 현황, 전망」, 참여사회연구소 편, 『참여민주주의와 한국사회』, 창작과 비평사.

남인순. 1995, 「한국여성단체연합」, 조돈문(편저), 『노동운동과 신사회운동의 연대(1)』, 한국 노총중앙연구원.

노중기. 1997, 「한국의 노동정치 체제 변동(1987~1997)」, 한국 산업사회학회 추계대회 발표 논문집.

박상필. 1998, 「시민단체의 자주성과 공익 활동 능력」, 경북대 행정학과 박사학위 논문.

성경륭·김호기. 1997, 「시민운동 활성화를 위한 민간단체 육성방안 연구」, 정무장관 1실 정책 연구보고서 97-1.

송복 외. 1994, 『공동체 이념의 실천을 위한 시민단체 활성화 방안』, 연세대 사회발전연구소.

서울대 인구 및 발전문제연구소. 1993, 『시민운동단체 활성화 방안에 대한 연구』.

시민의 신문. 1997, 『한국 민간단체 총람』, 시민의 신문사.

신영숙. 1993, 「여성운동의 역사적 고찰」, 여성 한국사회 연구회편, 『여성과 한국사회』, 사회문화연구소

신철영. 1995, 「경제정의실천시민연합」, 조돈문(편저), 『노동운동과 신사회운동의 연대(1)』, 한국 노총 중앙연구원.

유팔무. 1995, 「시민사회의 성장과 시민운동」, 유팔무·김호기(편), 『시민사회와 시민운동』, 한울.

______. 1997, 「한국의 사회운동과 6월 항쟁의 성격」, 부산민주항쟁기념사업회(편), 6월 항쟁 연구논문집.

______. 1997a, 「교육의 민주화와 자율화 ― 현황과 과제」, 교육부 지원 연구과제 보고서.

______. 1997b, 「시민없는 시민운동의 극복」, 《당대비평》 겨울호

______. 1997c, 「국가와 시민운동의 상호 관계에 관한 시론적 연구. 계급정치적 역학관계를 중심으로」, 후기 사회학대회 발표논문.

이경숙. 1998, 「주부운동」, 한국여성단체연합(편), 『열린 희망 ― 한국여성단체연합 10년사』, 동국대 한국여성연구소.

이대훈. 1995, 「참여민주사회 시민연대」, 조돈문(편저), 『노동운동과 신사회운동의 연대(1)』, 한국노총 중앙연구원.

이미경. 1998, 「여성운동과 민주화운동 ― 여연 10년사」, 한국여성단체연합(편), 『열린 희망 - 한국여성단체연합 10년사』, 동국대 한국여성연구소

이상현. 1998, 「6·4 지방선거에 도전하는 시민후보들」, 월간 《말》 6월호.

이승희. 1994, 「1980년대 여성운동, 1990년대 여성운동」, 《환경과 사회》 여름 제3호.

이시재·이상훈. 1997, 「환경운동과 환경정책」, 학술단체협의회(편), 『6월 민주항쟁과 한국사회 10년(2)』, 당대.

장윤선. 1995, 「관변단체 지원금 40억원, 총선 '비자금' 의혹」, 『참여사회』 11·12월호.

전태일기념사업회. 1991, 『한국 노동운동 20년의 결산과 전망』, 세계.

정대화. 1995, 「한국의 정치변동, 1987~1992: 국가-정치사회-시민사회의 관계를 중심으로」, 서울대 정치학과 박사학위논문.

정종숙·남윤인순. 1998, 「지역여성운동」, 한국여성단체연합(편), 『열린 희망 ─ 한국여성단체연합 10년사』, 동국대 한국여성 연구소.

정철회. 1997, 「조직적 동원과 6월 항쟁」, 부산민주항쟁기념사업회(편), 6월 항쟁 연구 논문집.

정태석 외. 1995, 「한국의 시민사회와 민주주의의 전망」, 유팔무·김호기(편), 『시민사회와 시민운동』, 한울.

조대엽. 1995, 「한국의 사회운동과 조직유형의 변화에 관한 연구」, 고려대 박사학위논문.

조희연. 1993, 『현대 한국사회운동과 조직』, 한울.

참여사회연구소. 1998, 『소식』.

참여연대. 1996, 「참여 민주사회를 향한 시민행동」, 제2회 정기총회 자료집.

참여연대. 1997, 「시민의 힘, 세상을 바꾼다」, 창립 3주년 제4차 정기총회 자료집.

초의수. 1997, 「6월 항쟁 이후 부산지역사회운동단체의 발전과 과제」, 부산민주항쟁기념사업회(편), 6월 항쟁 연구 논문집.

한국교육문제연구회. 1989, 「제6공화국의 교육에 대한 지배정책」, 학술단체협의회(편), 『1980년대 한국사회와 지배구조』, 풀빛.

환경운동연합. 1997, 『1996 환경운동』, 환경운동연합.

황상규. 1995, 「환경운동연합」, 조돈문(편저), 『노동운동과 신사회운동의 연대(1)』, 한국노총 중앙연구원.

Boggs, Carl. 1986, *Social Movements and Political Power: Emerging Forms of Radicalism in the West*, Philadelphia: Temple U. Press.

10. 이제 다시 위태로운 모험의 기로에 선 한국 시민운동

강문구. 1992, 「민주적 변혁운동의 지반의 심화, 확장을 위하여: 김세균 교수의 '시민사회론' 비판에 대한 토론」, 《경제와사회》 겨울호.

김광식. 1999, 『한국 NGO: 시민단체, 21세기의 희망인가?』, 동명사.

김동춘. 1999, 「되돌아본 시민운동 10년, 21세기의 대안」, 참여연대창립 5주년 기념 심포지엄 '한국 시민운동, 21세기 대안을 찾아', 참여연대 부설 (사)참여사회연구소.

김성구. 1999a, 「과대 포장된 소액주주운동」, 《한겨레21》 255호.

______ . 1999b, 「진보적 경제민주화운동으로 가야」, 《한겨레21》 258호.

김세균. 1992, 「'시민사회론'의 이데올로기적 함의 비판」, 《이론》 2호.

______ . 1998, 「노동운동의 탈계급화, 탈정치화를 위한 최근의 시도들에 대한 비판」, 노동이론 정책연구소, 《현장에서 미래를》 제37호.

______ . 김주영. 1999, 「소액주주운동 과대 포장에 대한 반론」, 《한겨레21》 257호.

박원순. 1999, 『NGO, 시민의 힘이 세상을 바꾼다』, 예담.

서경석. 1993, 「경실련 운동의 평가와 전망」, 경실련 편, 경실련 출범 3주년 기념자료집.

______ . 1995, 「경실련 5주년의 평가와 전망」, 경실련 편, 경실련 창립 5주년 기념 자료집 '깊어진 시민 의식, 넓어진 시민운동.'

유종성. 1999, 「한국 시민운동의 문제점과 대안」, 참여연대 창립 5주년 기념 심포지엄 '한국시민운동, 21세기 대안을 찾아,' 참여 연대 부설 (사)참여사회연구소.

유팔무·김호기 편. 1995, 『시민사회와 시민운동』, 한울.

장석준·조하연·홍일표. 1997, 「대학사회의 위기와 학생운동의 진로」, ≪경제와사회≫ 봄호,
정태석·김호기·유팔무. 1993, 「한국의 시민사회와 민주주의의 전망」, 『한국 민주주의의
　　현재적 과제』, 창작과 비평사.
조원희. 1999, 「경제민주화운동 5년의 평가와 전망」, 참여연대 창립 5주년 기념 심포지엄
　　'한국 시민운동, 21세기 대안을 찾아', 참여연대부설 (사)참여사회연구소
조희연. 1993, 「민중운동과 '시민사회', '시민운동'」, ≪실천문학≫ 겨울호.
＿＿＿＿. 1999, 「'종합적 시민운동'의 구조적 성격과 그 변화의 전망에 대하여」, ≪당대비평≫
　　겨울호, 삼인.
주성수 편저, 1999, 『새천년 한국 시민사회의 비전』, 한양대학교 출판부.
참여사회연구소 편. 1997, 『참여민주주의와 한국사회』, 창작과 비평사.
채만수. 1999, 「김대중 정권의 재벌개혁 정책에 대해서」, ≪현장에서 미래를≫ 제48호, 노
　　동 이론 정책연구소
킴보보·재키 캔달·스티브 맥스 1999, 한국 휴먼네트워크 옮김, 『시민사회 단체 운영매뉴
　　얼』, (주)홍익미디어 CNC.
한국시민단체협의회. 1999, 『1999년 제2회 전국시민단체대회 자료집』.
함께하는 시민 행동. 1999, 『세계의 시민단체』, (주)홍익미디어 CNC.
http://www.naver.com

글쓴이 약력

김성국

미국 인디애나대 사회학박사.
한국사회학회 부회장 역임, 경력 부산경실련 공동대표,
한국아나키즘학회 회장 역임.
현재 부산대 사회학과 교수.
논저로 『아나키, 환경, 공동체』(공저), 「신사회운동과 한국시민사회」 등

손호철

서울대 정치학과 졸업, 미국 텍사스주립대(오스틴) 정치학박사.
한국사회정치연구회 회장, 민주화를 위한 교수협의회 공동의장 역임,
진보평론 공동대표 역임.
현재 서강대 정외과 교수.
논저로 『한국정치학의 새 구상』, 『해방 50년의 한국정치』, 『신자유주의시대의 한국정치』
　　등

김정훈

연세대 사회학과 졸, 연세대 사회학박사.
한국산업사회학회 운영위원장 역임.
현재 한국정신문화연구원 초빙연구원.
논저로 「남북한 지배담론의 민족주의 비교연구」, 「시민사회의 두 얼굴」 등

유팔무

서울대 사회학과 졸, 독일 자유베를린대 철학박사.
≪경제와 사회≫ 편집주간, 한국산업사회학회 회장 역임.
≪동향과 전망≫ 편집위원장, 춘천시민연대 공동대표.
현재 한림대 사회학과 교수.
논저로『시민사회와 시민운동』(공편),「20세기말 진보의 의미변천과 새로운 진보」,「한국
　　에서 ‘제3의 길’은 가능한가」 등

조희연

서울대 사회학과 졸, 연세대 사회학박사.
사회평론 편집기획주간 역임, 참여연대 집행위원장 역임.
현재 성공회대 NGO대학원 교수.
논저로『한국사회구성체논쟁』(공편),『한국사회운동과 조직』,
　　『한국의 민주주의와 사회운동』 등

홍일표

서울대 사회학과 졸, 박사과정.
현재 참여연대 간사(조세개혁팀).
논저로「일본의 식민지 동화정책에 관한연구 — 창씨 개명정책을
　　중심으로」 등

정종권

서울대 국사학과 졸.
진보민중청년단체협의회 중앙위원, 서울진보청년회 회장 역임.
현재 사회진보연대 정책기획국장.

장상환

서울대학교 경제학과 졸, 연세대학교 경제학 박사.
한국농어촌사회연구소 소장 역임, 민주노동당 정책위원장 역임.
현재 경상대 경제통상학부 교수.
논저로『한국경제론 강의』,『한국의 농업정책』,『진보정당을 말한다』 등.

주종환

일본 도쿄대학 경제학과 졸, 동국대학교 경제학 박사.
동국대 경제학과 교수, 한국농업경제학회 회장, 참여연대 고문 역임.
현재 동국대 명예교수, 참여사회연구소 이사장.
논저로『농업경제학 연구』,『한국경제현실과 이론』 등

시민사회와 시민운동 2
새로운 지평의 탐색

ⓒ 유팔무·김정훈, 2001

엮은이│유팔무·김정훈
펴낸이│김종수
펴낸곳│도서출판 한울

초판 1쇄 발행│2001년 6월 15일
초판 3쇄 발행│2013년 9월 15일

주소│413-756 경기도 파주시 파주출판도시 광인사길 153(문발동 507-14)
　　　한울시소빌딩 3층
전화│031-955-0655
팩스│031-955-0656
홈페이지│www.hanulbooks.co.kr
등록번호│제406-2003-000051호

Printed in Korea.
ISBN 978-89-460-4751-8 93330

* 책값은 겉표지에 표시되어 있습니다.